冶金工业出版社

普通高等教育“十四五”规划教材

学校心理健康教育

周向欣　郑维东　编著

北　京
冶金工业出版社
2021

内 容 提 要

本书从学校心理健康教育教师需求出发，以提高中小学心理健康教育教师专业技能为导向，对学校心理健康教育的基本理论、学校心理健康教育课程设计与实施、心理健康教育活动策划、学校心理健康教育组织与管理等内容进行了系统阐述。书中既有心理健康教育相关理论知识介绍，也有心理健康教育教学案例示范，学习者通过学习能够掌握开展学校心理健康教育所需的知识和技能。

本书可作为师范类院校心理学、心理健康教育、中小学教育等专业的教材，也可供从事中小学心理健康教育工作的教师及相关管理者阅读参考。

图书在版编目(CIP)数据

学校心理健康教育／周向欣，郑维东编著．—北京：冶金工业出版社，2021.1

普通高等教育“十四五”规划教材

ISBN 978-7-5024-8717-1

Ⅰ.①学…　Ⅱ.①周…　②郑…　Ⅲ.①心理健康—健康教育—高等学校—教材　Ⅳ.①G444

中国版本图书馆CIP数据核字(2021)第019258号

出版人　苏长永

地　址　北京市东城区嵩祝院北巷39号　邮编　100009　电话　(010)64027926

网　址　www.cnmip.com.cn　电子信箱　yjcbs@cnmip.com.cn

责任编辑　曾　媛　美术编辑　郑小利　版式设计　禹　蕊

责任校对　卿文春　责任印制　禹　蕊

ISBN 978-7-5024-8717-1

冶金工业出版社出版发行；各地新华书店经销；三河市双峰印刷装订有限公司印刷

2021年1月第1版，2021年1月第1次印刷

787mm×1092mm　1/16；15.75印张；380千字；244页

49.00元

冶金工业出版社　投稿电话　(010)64027932　投稿信箱　tougao@cnmip.com.cn

冶金工业出版社营销中心　电话　(010)64044283　传真　(010)64027893

冶金工业出版社天猫旗舰店　yjgycbs.tmall.com

（本书如有印装质量问题，本社营销中心负责退换）

前　言

20世纪80年代，我国开始重视学生心理健康状况的调查研究，并发表了一系列的研究报告，这些研究报告在教育界产生了广泛的影响。多位研究者一致强调心理素质在整个素质教育中的核心地位与重要作用，并呼吁在各级各类学校开展规范的心理健康教育，经过几十年的探索，学校心理健康教育普及面越来越广，从沿海到内陆，从城市到乡村，从高等学府到中小学校，心理健康教育取得前所未有的长足发展。为促进学校心理健康教育的发展，规范学校心理健康教育工作，教育部于1999年印发了《教育部关于加强中小学心理健康教育的若干意见》，并于2002年出台了指导、规范全国中小学心理健康教育工作的重要文件《中小学心理健康教育指导纲要》。随着中小学心理健康教育工作的不断推进，为了进一步科学指导和规范中小学心理健康教育工作，促进心理健康教育工作深入发展和全面普及，在认真总结各地心理健康教育工作经验的基础上，教育部组织专家对《中小学心理健康教育指导纲要》进行了修订完善，并于2012年颁布实施。

学校心理健康教育快速发展的同时，也面临着区域发展不平衡、经费投入不足、教师专业能力不强等问题，其中教师专业能力问题是制约学校心理健康教育发展的核心因素。如何培养一支专业素质过硬、实操技能突出、科研能力扎实的学校心理健康教育工作者队伍，是广大心理健康教育从业人员一直在思索的问题，也是我们编写本书的初衷。

学校心理健康教育者除应具备相应的职业资格和人格特质，掌握心理健康教育的基础知识、基本理论外，还应具备实际开展心理健康教育的各项技能。本书从学校心理健康教育教师需求出发，以提高中小学心理健康教育教师专业技能为导向，遵循理论与实践相结合的原则，对学校心理健康教育基本理论、学校心理健康教育课程设计与实施、心理健康教育活动策划、学校心理健康教育组织与管理等内容进行了系统阐述。书中既有心理健康教育相关理论知识介绍，也有心理健康教育具体教学案例示范；既有从事学校心理健康教育必备的经典理论，也有较前沿的新思想、新观点；既有显性心理健康教育课程设计介绍，也有学校心理健康教育隐性课程的阐述。学习者通过学习能够掌握开展学校心理健康教育所需的知识和技能，为开展实际工作奠定必要的基础。本书既可作为师范院校心理学、心理健康教育、小学教育专业本科生和硕士生的教材，也可作为中小学心理健康教育工作者的参考用书。

本书的编写者都是来自牡丹江师范学院心理学专业具有一定的理论基础及实践经验的老师。编写分工如下：第一章由郑维东编写，第二章由王茜编写，第三、第四章由周向欣编写，第五章由马莉编写，第六章由郑宇姝编写，第七章由徐丽丽编写，第八章由贯蕊编写，第九章由李洋编写，第十章由姜涛编写。全书由周向欣统稿。

感谢“黑龙江省哲学社会科学学科体系创新支持计划项目”的资助。在本书编写过程中，参考和引用了同行的教材、专著及相关文献资料，在此向这些著作权人们表示衷心的感谢。

由于时间仓促及编者水平所限，书中不足之处在所难免，恳请读者朋友们批评指正。

作　者

2020 年 9 月

目　录

第一章　学校心理健康教育概述

【本章导航】

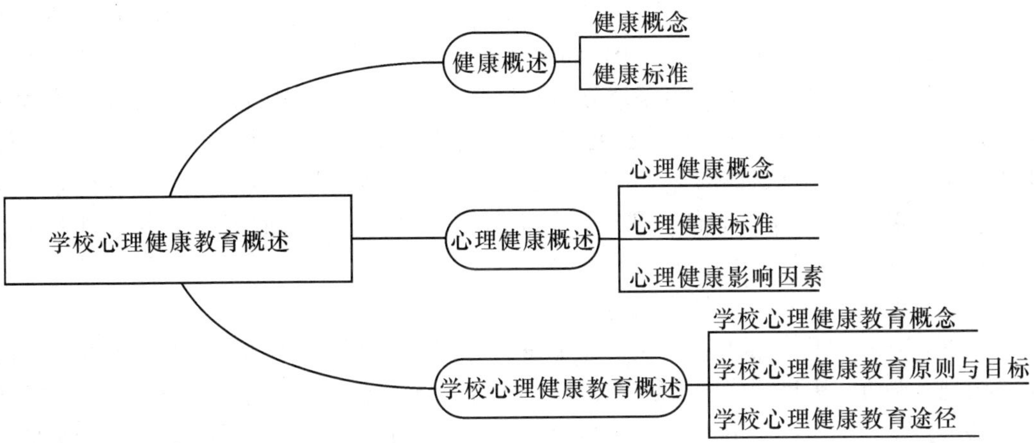

【学习目标】

（1）了解健康概念，领悟现代健康观。

（2）掌握心理健康的概念及标准。

（3）理解生理健康与心理健康的关系。

（4）熟悉学校心理健康教育的原则与目标。

（5）探讨学校心理健康教育的有效途径。

学校心理健康教育，是提高中小学生心理素质、促进其身心健康和谐发展的教育，是进一步加强和改进中小学德育工作、全面推进素质教育的重要组成部分。在中小学开展心理健康教育，是学生身心健康成长的需要，是全面推进素质教育的必然要求❶。

第一节　健康概述

2016年8月26日，全国卫生与健康大会通过《“健康中国2030”规划纲要》，“把人民健康放在优先发展战略地位，努力全方位全周期保障人民健康”。指导思想的提出，把“人民的健康”首次提升到了国家战略的高度。党的十九大报告也指出：“人民健康是民族昌盛和国家富强的重要标准。要完善国民健康政策，为人民群众提供全方位全周期健康

❶《中小学心理健康教育指导纲要》（2012年修订）。

服务。”健康是促进人的全面发展的必然要求，是社会发展的基础条件，是决胜全面小康、建设社会主义现代化强国的重要前提，也是广大人民群众的共同追求。

一、健康的概念

健康是一个历史的、发展的概念，随着社会和科学的发展进步，人类对健康概念的理解越来越深入、越来越科学。总的来说，对健康概念的认识经历了以下三个不同的发展阶段。

（一）古代朴素的健康观

在人类社会发展的早期，受生产力、生产水平的影响，人们对于健康的认识和理解还很局限，认为健康仅仅是为了维护个体的生命或基本生存的最低条件。这种朴素的以生命整体为基础的健康理念，可以粗略地分为两种基本的形态。一是将健康作为疾病的对立面，以个体是否患病及患病的严重程度作为衡量健康的尺度；二是将健康看作是生命机体的整体功能状态，强调机体的各个部分以及机体与环境之间的协调对于维护个体健康的重要性。这种健康观是在直观的水平上，借助哲学的思辨，概括地阐释了生命健康的整体性❶。

（二）近代的自然科学健康观

16世纪中叶以后，随着第一次工业革命的兴起，自然科学飞速发展。哈维的血液循环学说把实验方法引进现代医学研究领域，医学自然科学健康观逐渐取得统治地位。科技的发展进步使人类得以从生物学角度来解释生命现象，在器官、细胞和生物大分子水平上寻找形态结构和生化代谢等方面的变化，据此来确定生物致病原因，阐明其机理和规律，并探求治疗手段。在生物医学的框架内，健康被认为是人的生物学变量处于正常范围的状态。时至今日，这种观点仍有很大影响。相较于古代朴素的健康观而言，近代的健康观以自然科学的实验为基础，强调医疗技术进步和社会变革对于维护人类健康的意义，是一个历史的进步。但仅从生物学的角度来看待健康问题，忽视健康的生命整体性，是片面的。

（三）现代辩证的健康观

20世纪中叶后，由于现代科技与社会文化的迅猛发展，人们普遍面临着激烈的竞争、频繁的应激、紧张的生活，前所未有的巨大心理压力使人不堪重负，对人类的健康产生了严重影响。人们逐渐认识到心理、社会因素在健康与疾病及其相互转化过程中具有不容忽视的重要作用，因而身心统一的健康观念逐步得到确立。1948年联合国世界卫生组织（WHO）在世界保健大宪章中对健康做了如下定义：“健康不仅是身体没有病，还要有完整的生理、心理状态和良好的社会适应能力”❷。这就意味着衡量一个人是否健康，必须从生理、心理、社会、行为四方面分析，身体无病是健康的最基本条件，心理健康是精神支柱，身体健康是物质基础，良好的心理健康状态使生理功能处于最佳状态，反之则会引起疾病，社会适应性取决于生理和心理素质。身心统一的健康观明确告诉我们健康的含义，不仅意味着要有健康的体魄，还必须是心理活动正常、社会适应完满的综合体现。

1978年9月，国际初级卫生保健大会发表了《阿拉木图宣言》。宣言中提出：健康是

---

❶ 陈家麟．学校心理健康教育：原理、操作与实务［M］．北京：教育科学出版社，2010：3-6.

❷ World Health Organiation. Constitution of the World Health Organization, Chronicle of the WHO［R］. 947：3.

基本人权，达到尽可能健康水平是世界范围内一项最重要的社会性目标。而健康的目标是追求一种更积极的状态，更高层次的适应与发展，是身心健康、社会幸福的完满状态。20世纪90年代，世界卫生组织又把健康定义为“生理、心理、社会适应和道德品质的良好状态”，也就是说，健康不仅是没有疾病，而是包括躯体健康、心理健康、社会适应性良好和道德健康四个方面，这四方面相互依存、互相促进，只有四个方面都健全的人，才算是完全健康的人❶。

健康新概念的提出使过去人们对健康的片面理解得到纠正，这是对健康较为全面、科学、完整、系统的定义，它将人的健康推广到个体、人群乃至社会健康，特别是将道德健康列入健康的范畴，强调的是每个人不仅要对自己的健康负有责任，还要对全人类的健康承担义务，这也是人类文明和社会进步的标志。

二、健康的标准

健康是人类生存发展的要素，是一个整体、全面、综合的概念，对于健康的标准，20世纪80年代世界卫生组织根据时代的发展，提出了衡量健康的十大标准：

（1）充沛的精力，能从容不迫地担负日常生活和繁重的工作而不感到紧张疲劳；

（2）处事乐观，态度积极，乐于承担责任；

（3）善于休息，睡眠好；

（4）应变能力强，能适应外界环境各种变化；

（5）能够抵抗一般性感冒和传染病；

（6）体重适当，身体匀称，站立时头、肩、臂位置协调；

（7）眼睛明亮，反应敏捷，无眼疾；

（8）牙齿清洁，无龋齿，不疼痛，牙龈颜色正常，无出血现象；

（9）头发光泽无头屑；

（10）肌肉丰满，皮肤有弹性。

通过这10条健康标准，人们可以对健康理念有更直观更全面的理解，并按照该标准努力追求健康。

1999年WHO又制定了新的健康标准，基本思想和理念不变，但更容易被大众掌握与理解，即“五快”“三良”。

“五快”是：（1）食得快：进餐时有良好的食欲，不挑剔食物，证明内脏功能正常；（2）便得快：排泄轻松自如，证明胃肠功能良好；（3）睡得快：上床能很快入睡，且睡得深，醒后精神饱满，证明中枢神经系统功能正常，且无内脏病理信息；（4）说得快：语言表达正确，说话流利，表明头脑清醒，思维敏捷，中气充足，心肺功能正常；（5）走得快：行动自如，转体敏捷，证明精力充沛、旺盛、无衰老症状。

“三良”是：（1）良好的人格：性格温和，意志坚强，乐观，具有坦荡胸怀与达观心境；（2）良好的处事能力：看问题客观现实，具有自我控制能力，能适应复杂的社会环境，对事物的变迁能保持良好的情绪，能保持社会环境与机体环境的平衡；（3）良好的人际关系：待人接物大度和善，不斤斤计较，能与人为善，助人为乐。

---

❶ 王建平．健康教育：世纪的呼唤——中外学校健康教育比较［M］．北京：中国青年出版社，2001：14.

阅读资料

亚健康及亚健康状态自查

现实生活中，健康与疾病之间没有明确的分界点，20 世纪 80 年代中期，前苏联布赫曼教授通过研究发现，人们除了健康和疾病状态外，还存在着一种非患病的中间状态，布赫曼教授将这种状态称为“亚健康状态”，简称“亚健康”。

WHO 一项全球调查结果显示：全世界人口中，只有 5%左右属于健康人，处于疾病状态占到了 20%左右，大约 75%左右处于亚健康状态。亚健康是身体处于健康和疾病之间的一种临界状态，这些人在身体上、心理上没有疾病，但总觉得有许多不适的症状表现和心理体验。《亚健康中医临床指南》建议亚健康的诊断标准为：躯体：以疲劳、睡眠紊乱、疼痛等症状为主要表现；心理：以郁郁寡欢、焦躁不安、急躁易怒、恐惧胆怯、短期记忆力下降、注意力不能集中等精神心理症状为主要表现；社会交往：表现为人际交往频率降低、人际关系紧张。以上任何一种症状持续 3 个月以上，经系统检查排除疾病者，可分别诊断为躯体、心理和社会交往的亚健康状态。在这里要特别强调的是一定要在排除因机体原发性疾病引起的早期症状后才能诊断为“亚健康状态”。

亚健康状态在经济发达、社会竞争激烈的地区普遍存在，40 岁以上人群发病率较高。近年来，处于亚健康状态的人数一直呈逐年增加的趋势，必须引起人们的关注和重视。在著名的《维多利亚宣言》里提出了健康的四大基石，即合理膳食、适量运动、戒烟限酒、心理平衡。而四大基石中，心理平衡最重要。美国科学家曾经做过实验，他们给高血压患者服用了装满淀粉的胶囊，却告诉他们是降压药，结果，再次检测时，许多人的血压恢复了正常，大量研究表明，心理健康的人抵抗力强，少得病，即使生病也会很快痊愈。

您是否正处于亚健康状态呢？根据下面自查问卷的提示，选择适合自己的答案，您就能知道结果了。

如果你的累积总分超过 30 分，就表明健康已敲响警钟；如果累积总分超过 50 分，就需要坐下来，好好地反思你的生活状态，加强锻炼和营养搭配；如果累积总分超过 80 分，赶紧去医院找医生，调整自己的心理，或是申请休假，好好地休息一段时间吧！

（1）早上起床时，有持续的头发丝掉落。5 分

（2）感到情绪有些抑郁，会对着窗外发呆。3 分

（3）昨天想好的某件事，今天怎么也记不起来了，而且最近经常出现这种情况。10 分

（4）害怕走进办公室，觉得工作令人厌倦。5 分

（5）不想面对同事和上司，渴望一个人待着。5 分

（6）工作效率下降，上司已表达了对你的不满。5 分

（7）工作一小时后就感到身体倦怠，胸闷气短。10 分

（8）工作情绪始终无法高涨，无名的火气很大，但又没有精力发作。5 分

（9）一日三餐，进食甚少，排除其他因素，即使口味非常适合自己的菜，吃起来也如嚼干蜡。5 分

（10）盼望早早逃离办公室，为的是能够回家，躺在床上休息片刻。5分

（11）对城市的污染、噪声非常敏感，比常人更渴望能在清幽、宁静的山清水秀之处修养身心。5分

（12）不再像以前那样热衷于朋友的聚会，有种强打精神、勉强应酬的感觉。2分

（13）晚上经常睡不着觉，即使睡着了，也常是在做梦的状态中，睡眠质量很糟糕。10分

（14）体重有明显的下降趋势，今天早上起来发现眼眶深陷，下巴突出。10分

（15）感觉免疫力在下降，春秋流感一来，自己首当其冲难逃“流”运。5分

（16）性能力下降，经常感到疲惫不堪，没有什么性欲望。10分

专家提出预防亚健康的“十字方针”：（1）“平心”，即平衡心理、平静心态、平稳情绪；（2）“减压”，即适时缓解过度紧张和压力；（3）“顺钟”，顺应好生物钟，调整好休息和睡眠；（4）“增免”，通过有氧代谢运动等增强自身免疫力；（5）“改良”，通过改变不良生活方式和习惯，从源头上预防亚健康状态发生。

第二节　心理健康概述

早在中国古代，人们对心理与身体健康之间的关系就有了粗浅的认识。《黄帝内经》一书中写道，真正健康的状态是：“恬淡虚无，真气从之；精神内守，病安从来。”“故智者之养生也，必顺四时而适寒暑，和喜怒而安居处，节阴阳而调刚柔，如是则避邪不至，长生久视。”即一个人如果不能很好地控制自己的心理活动，就容易导致身体的损坏，可见，中国古代医学中就非常重视心理健康与身体健康的相互关系。

一、心理健康的概念

社会文化背景不同，研究问题的角度、方法相异，关于心理健康的定义，在当前学术界仍是一个有争议的问题，国内外学者尚未有统一的意见。

精神病学家门宁格（Karl Menninger）认为，心理健康是指人们对于环境及相互间具有最高效率及快乐的适应情况。不仅要有效率、有满足之感，还要能愉快地接受生活的规范。心理健康的人应能保持平静的情绪，敏锐的智力，适于社会环境的行为和愉快的气质。

英格利希（H. B. English）指出，心理健康是一种持续的心理状态，当事者在那种状态下能做出良好适应，具有生命的活力，并能充分发挥其身心的潜能，这是一种积极的丰富的情况，不仅仅是免于心理疾病而已。

波肯（W. W. bochm）认为，心理健康就是合乎于某一水准的社会行为。一方面能为社会所接受；另一方面能为自身带来快乐。

第三届国际心理卫生大会（1946）将心理健康定义为：心理健康是指在身体、智能以及情感上与他人的心理健康不相矛盾的范围内，将个人心境发展成最佳的状态。世界心理卫生联合会则将心理健康定义为：“身体、智力、情绪十分调和，适应环境，人际关系中彼此能谦让，有幸福感，在工作和职业中，能充分发挥自己的能力，过着有效率的生活。”《简明不列颠百科全书》将心理健康解释为：“心理健康是指个体心理在本身及环境条件

许可范围内所能达到的最佳功能状态，但不是十全十美的绝对状态。”

综合各家之长，我们认为心理健康至少包含两方面的含义：(1) 能够适应环境，与周围环境保持协调。适应环境包括适应社会环境（如处理各种人际关系）和自然环境（如气候、饮食的变化等）。(2) 心理活动达到良好的功能状态。心理健康概念可以解释为在正常发展的智能基础上形成的一种良好个性、良好处世能力和自我潜能最大发挥的心理特质结构。也就是说，心理健康的涵义不能停留在适应的层面，它还包括个体的自我完善和积极的发展。另外，在理解心理健康的涵义时，我们必须明白不同国家、不同民族对心理健康有不同的认识。

人的心理健康是一个动态连续变化的过程。连续变化指的是健康与不健康是一个连续体，由健康者变成心理疾病患者的过程，符合量变到质变的规律。这里的动态，是指由于健康是相对的，一个心理健康的人可能会因为某些原因出现心理问题，而一个心理不健康的人可能通过自己的调整或他人的帮助恢复健康。因此，从心理正常到出现心理疾病乃至精神疾病，是一个不断变化的连续过程。事实上，每一个人都有可能处在变化过程中的某一点上。因此，不能草率地对一个人下健康或不健康的结论。

一般来说，心理健康的人都能够善待自己，善待他人，适应环境，情绪正常，人格和谐。心理健康的人并非没有痛苦和烦恼，而是他们能适时地从痛苦和烦恼中解脱出来，积极地寻求改变不利现状的新途径。他们能够深切领悟人生冲突的严峻性和不可回避性，也能深刻体察人性的善恶。他们是那些能够自由、适度地表达、展现自己个性的人，并且和环境和谐地相处。他们善于不断地学习，利用各种资源，不断地充实自己。他们也会享受美好人生，同时也明白知足常乐的道理。他们不会去钻牛角尖，而是善于从不同角度看待问题，积极进行心理调适，维持自身的心理健康。

二、心理健康的标准

心理健康不像躯体健康那样有比较先进的检测手段和客观的评价标准。心理健康和不健康之间并没有一个清晰明确的界限。不同的社会制度、民族文化、历史发展阶段对心理健康的要求也不尽相同。因此，目前心理学界对心理健康没有一个公认的一致的标准。国内外许多心理学家从不同的角度对此进行积极探索，提出了各种观点。

研究者确定心理健康标准的依据可以归纳为以下六类，即统计学标准、社会规范标准、主观经验标准、生活适应标准、心理成熟标准、生理学标准。

第三届国际心理卫生大会（1946）具体指明心理健康的标志为：

(1) 身体、智力、情绪十分调和；

(2) 适应环境，人际关系中能彼此谦让；

(3) 有幸福感；

(4) 在工作和职业中能充分发挥自己的能力，过有效率的生活。

世界卫生组织提出的心理健康标准：

(1) 具备健康心理的人，人格是完整的，自我感觉是良好的，情绪是稳定的，积极的情绪多于消极的情绪，并有较好的自我控制能力，能保持心理上的平衡；

(2) 有比较充分的安全感，一个人在自己所处的环境中，能保持正常的人际关系，能受到别人的欢迎和信任；

（3）心理健康的人对未来有明确的生活目标，切合实际地、不断地进取，有理想和事业上的追求。

美国心理学家马斯洛和米特尔曼提出心理健康的十条标准：

（1）有充分的安全感；

（2）充分了解自己，并对自己的能力做适当的评价；

（3）生活的目标切合实际；

（4）与现实的环境保持接触；

（5）能保持人格的完整与和谐；

（6）具有从经验中学习的能力；

（7）能保持良好的人际关系；

（8）适度的情绪表达与控制；

（9）在不违背社会规范的前提下，能适当地满足个人的基本需求；

（10）在不违背团体要求的情况下，能做到有限度的个性发挥。

《云五社会科学大辞典》中将心理健康标准总结为：

（1）统计学标准：以统计学的正态分布理论为基础，近于均值为正常，偏离均值为异常，且偏离越远，异常情况越严重。统计学标准有其合理之处，因为心理健康标准的确定要保证群体中大多数成员属于健康范畴；但统计学标准也有其不合理之处，偏离均值就一定不健康吗？虽然高智商者不一定都是心理健康的，但仅仅依据智商高偏离了均值就将其排除在心理健康之外，显然不太合理。

（2）社会学标准：它是以社会规范作为标准，其行为符合社会公认的规范则是健康的；偏离公认的社会规范则被视为不健康或异常。社会学标准中存在着一个前提假设，即社会公认的规范一定是正确的，一旦当这个假设不成立时，就难以用该标准评估个体心理健康状况。

（3）医学标准：没有心理疾病症状的人是健康的，否则就判定为心理不健康。由于医学标准侧重在健康的病理方面，因此显得其所界定的范围过窄。

我国学者景怀斌以心理意义实在论为基础，提出了心理健康的5条标准：

（1）有健康的人生观；

（2）客观、准确地认识客观事物的心理机制；

（3）适应、和谐、发展的行为习惯；

（4）自我感觉良好的身心状况；

（5）具有自我调整的能力。

综合中外学者所总结的心理健康标准的基本要点，可以看出心理健康的具体指标基本围绕在以下七个方面：

（1）智力发展正常。智力正常是一个人学习、生活、工作最基本的心理条件，是人适应周围环境、谋求自我发展的心理保证，因而是心理健康的首要标准。只有智力正常的人才可能正确认识和处理现实生活中的各种问题。一般来说，智商在70以下为智力落后，智力落后的人较难适应社会生活，很难完成学习或工作任务。衡量一个人的智力发展水平要与同龄人的智力水平相比较，及早发现和防止智力的畸形发展，有利于保证个体心理的健康发展。

（2）情绪稳定乐观、反应适度。情绪稳定乐观是心理健康的主要标准，情绪的产生是由适当的原因所引起的，情绪的持续时间是随着主客观情况的变化而变化的，情绪活动的主流是愉快的、积极的、稳定的。心理健康的人能够经常保持乐观、自信、开朗的心情，能够热爱生活，积极向上，对未来充满希望，能够控制自己的情绪与周围环境保持平衡，做到适度表达、适可而止。但并不是心理健康的人就没有负面情绪，心理健康与否不在于是否有消极情绪，而是消极情绪持续时间的长短，以及它在整个情绪生活中所占比重的大小。心理健康的人，其积极的情绪占优势，他们能够控制、调节、转移消极情绪，避免消极情绪对自身的伤害。

（3）人际关系和谐，意志品质健全。人际关系是人与人之间因交往而产生的一种心理关系，是心理健康的重要标准，也是维持心理健康的重要条件之一，主要表现为人与人之间在交际过程中关系的深度、亲密度、融洽性和协调性。和谐的人际关系应在交往中平等相处、真诚信任、互相接纳理解、保持独立完整的人格、受到尊重和得到宽容，并且能够与人团结协助，友善和关爱他人。意志是人在完成一种有目的的活动时所进行的选择、决定与执行的心理过程。意志健全者在行动的自觉性、果断性、顽强性和自制力等方面都表现出较高的水平。意志健全的人在各种活动中都有自觉的目的性，能适时地作出决定，并用切实有效的方式解决所遇到的问题，在困难和挫折面前，能采取合理的应对方式，能在行动中控制情绪和言语，而不是行动盲目、畏惧困难，顽固执拗。

（4）健全的自我意识，行为表现规范。自我意识是个人心理健康的核心，是人对自己以及自己与周围世界关系的认识和体验。心理健康的人能正确认识自己、实事求是地看待自己、恰当地表现自己、正确地评价自己，并接纳自己从而完善自己。心理健康者的行为具有自觉的目的性，受意识的支配，即心理活动与行为方式处于和谐统一的状态。一个人只有了解自我、悦纳自我，才能修正自我、完善自我，个体的行为才能规范有序，否则，人的行为就容易产生偏差。

（5）人格完整独立，人生态度积极。人格也称个性，是由不同成分构成的一个结构系统，不同成分从不同侧面反映了人格的差异，是人类心理的重要组成部分，它不仅使人们心理活动和行为表现出各自不同的特点，而且还是人们各种心理活动和行为的动力源泉。心理健康教育的最终目标是使人保持人格的独立完整性，培养健全的人格。心理健康的人所思、所做、所言协调一致，具有积极进取的人生观，并以此为中心把自己的需要、愿望、目标和行动统一起来。

（6）良好的社会适应能力。社会适应能力指人对复杂多变的社会环境做出适当反应的能力。一个人如果没有良好的社会适应能力，就会对其心理健康带来危害，进而影响到个人的长远发展。心理健康的人，会与社会保持良好的接触，珍视和爱护环境，与社会政治有良好的适应关系，能使自己的思想、信念和行动跟上时代发展的步伐，与社会的进步与发展协调一致，如出现冲突和矛盾，能及时调整、修正，从而更好地适应社会，这也就是人们常说的“适者生存”。

（7）活动特点与年龄阶段相符。年龄特征是指个体在不同的心理发展阶段所表现出的一般特征（具有普遍性）、典型特征（具有代表性）和本质特征（具有深刻性）。人的心理和行为会随着年龄的增长不断发展变化，心理健康的人应当具有其所处年龄阶段的心理和行为特征，如果个人的心理和行为经常严重偏离该有的年龄特征，则是心理不健康的表现。

以上七个具体指标反映了心理健康者的身心和谐统一，心理不健康者不是七个方面全部都不达标，而是在其中某些指标上出现问题。我们要注意，人的心理健康是一个动态的过程，从健康到不健康只是程度的不同，而无本质性的区别，要正确理解和运用心理健康的标准。心理健康或不健康的界限很难确定，可能只是程度上的差异，不能仅凭借一件事、一个时间点或偶然的行为就做出心理健康与否的定论。

三、心理健康的影响因素

随着社会经济的不断发展，教育改革的不断深化，我们不难发现学生的心理健康问题也日渐凸现，近年来，学生因心理问题而引发的恶性事件呈上升趋势。心理健康的影响因素有很多，其中生理因素、学校因素、家庭因素和社会因素是影响青少年学生心理健康的主要因素。

（1）生理因素：包括遗传和疾病。一般说来，人的心理活动是不能遗传的，主要是后天在社会环境影响下形成和发展起来的。但人作为一个整体（身体、心理）与遗传因素的关系就十分密切，除体形、样貌外，人心理的特点如气质、智力和性格等都受遗传因素的影响，比如，性格的外向和内向、智商高低、脾气的温和和暴躁、好动和好静等都受到遗传因素的影响。除遗传因素外，病毒感染、神经生化、脑损伤等都可能导致心理障碍甚至精神异常。

（2）学校因素：学校是学生学习、生活的主要场所，学生的大部分时间是在学校中度过的，学校对学生了解社会、发展自我和人格，培养合乎角色的社会行为模式起着重要的作用，对学生的身心健康影响很大。学校因素主要有学校的管理和教学、学校环境、教师因素、同学关系等。如良好的校风、班风能够感染学生，促进学生积极向上、团结互助，人际关系和谐，而消极的校风、班风则会使学生情绪低落、焦虑，师生关系紧张，如不及时调适，可能会引起学生退缩、自卑，严重时甚至可导致心理障碍。

（3）家庭因素：家庭教育是人成长过程中必不可少的一部分，家庭代际关系、家庭氛围、家庭教育理念、家长素质、家长认识水平都会给学生的心理健康成长带来较大的影响。不良家庭环境因素容易造成家庭成员的心理行为异常，如父母离异、家庭教育粗暴或过于溺爱、家庭成员关系紧张淡漠等，可能会使孩子看待人际关系的角度和常人不同，行事偏激、没有安全感、过于自我或在情感上过于敏感，把一些小的事情人为地扩大化，造成情绪不稳或者引起冲突等。

（4）社会因素：社会因素主要包括政治、经济、文化、教育、社会关系等，随着人们的生活方式、价值观念的变化，人们的心理活动较之以前更复杂，社会生活中的种种不健康的思想、情感和行为，严重地影响着学生的心理健康，学生心理障碍发生率逐年增加。如社会上的不良风气，“走后门看后台”“金钱至上”等都会给学生的世界观、价值观、人生观造成不良影响，特别是当今网络飞速发展，大众传播媒介对学生的心理健康影响也越来越大，一些消极、不健康的信息通过网络、影视、书籍进行传播，对学生的思想和行为都会带来不好的影响，从而影响学生的身心健康。

影响心理健康的因素是多方面的，各种因素常常交织在一起，互相联系、互相作用、互相制约。因此，我们在观察、分析和评估个体心理健康水平时，必须充分考虑到各种因素的作用，全面分析后做出判断，并采取有效的措施进行调适或及时转介。

第三节 学校心理健康教育概述

学校心理健康教育是20世纪教育改革运动中出现的新理论，是现代心理学、教育学、社会学、生理学等多种学科理论与学校教育实践相结合的产物。学校心理健康教育的提出，一方面反映了时代的要求，即体现人的发展需求；一方面给学校传统教育提出的“教书育人”赋予新的内涵，使其具有广泛性，是贯彻落实人的全面发展教育方针的又一新的重大举措。在全面贯彻教育方针、实施素质教育的今天，学校心理健康教育工作已经引起社会各界的广泛重视。

一、学校心理健康教育的概念

1994年，中共中央国务院颁发《中共中央关于进一步加强和改进学校德育工作的若干要求》指出：“通过多种方式对不同年龄层次的学生进行心理健康教育指导”。1999年《中共中央国务院关于深化教育改革全面推进素质教育的决定》明确指出，健康的体魄是青少年为祖国和人民服务的基本前提，是中华民族旺盛生命力的体现。学校教育要树立健康第一的指导思想。学校心理健康教育是健康教育的一项重要内容，它在培养学生健康的心理和完善的人格方面发挥着重要的作用。切实加强学生心理健康教育是保障学生全面发展教育的重要任务。2012年教育部修订出台的《中小学心理健康教育指导纲要》明确指出心理健康教育是提高中小学生心理素质、促进其身心健康和谐发展的教育，是进一步加强和改进中小学德育工作、全面推进素质教育的重要组成部分。在中小学开展心理健康教育，是学生身心健康成长的需要，是全面推进素质教育的必然要求。

“学校心理健康教育”是学校心理健康教育领域最重要的概念，国内外很多学者都从不同角度对学校心理健康教育概念进行了界定。英国学者理查德（N. J. Richard）认为，学校心理健康教育“绝非一元现象，它是一个广泛的术语，对具有不同理论导向和不同工作的人有不同的含义”。我国学者崔景贵曾经对国内外学者对学校心理健康教育所下定义进行整理，一共有50多种，从广义到狭义，从词语本义到引申义，从要素到功能，从静态到动态，从过程到结果，应有尽有。学校心理健康教育概念界定的多样性，反映了人们对学校心理健康教育概念认识视野的多维性、广阔性。

自20世纪80年代我国大中小学开展心理健康教育以来，虽然各地区乃至各校在目标、内容、形式和方法等方面都大同小异，但在提法上却有相当大的不同。比较常见的、迄今仍在使用的主要有两类：一类是基于“心理”与“教育”相结合的称谓，如心理教育、心理素质教育、心理品质教育 、心理卫生教育、心理健康教育等；另一类则是沿用了传统的临床心理学的专业术语，如心理辅导、心理咨询、心理治疗、心理卫生等。在这些凌乱的称谓中，目前最为常用和较集中使用的当数心理健康教育、心理教育、心理素质教育和心理辅导、心理咨询等。

综合各家观点，我们认为“学校心理健康教育”是：教育者根据学生的生理、心理发展特点，运用心理学、教育学及其相关学科的理论与技术，通过心理健康教育课程、心理健康教育活动、学科渗透、心理辅导与咨询以及优化教育环境等有关心理健康的教育途径和方法，帮助学生自我认识、自我接纳、自我调节，解决成长中的心理问题，从而充分开发自身潜能，促进全体学生心理素质提高和心理机能健康、人格和谐发展的一类教育活动。

二、学校心理健康教育的目标与原则

（一）学校心理健康教育的目标

目标是对活动预期结果的主观设想，是在头脑中形成的一种主观意识形态，也是活动的预期目的，为活动指明方向。学校心理健康教育是一种有目的的教育活动，教育部2012年《中小学心理健康教育指导纲要（修订）》中明确规定，中小学心理健康教育的总目标是：提高全体学生的心理素质，培养他们积极乐观、健康向上的心理品质，充分开发他们的心理潜能，促进学生身心和谐可持续发展，为他们健康成长和幸福生活奠定基础。心理健康教育的具体目标是：使学生学会学习和生活，正确认识自我，提高自主自助和自我教育能力，增强调控情绪、承受挫折、适应环境的能力，培养学生健全的人格和良好的个性心理品质；对有心理困扰或心理问题的学生，进行科学有效的心理辅导，及时给予必要的危机干预，提高其心理健康水平。

（二）学校心理健康教育的原则

心理健康教育原则是心理健康教育者在实施此种教育时必须遵循的准则和规范，是心理健康教育能否顺利开展并且取得效果的关键。学习和贯彻心理健康教育原则，对于广大教育工作者自觉运用心理健康教育规律、掌握心理健康教育技巧、促进心理健康教育工作科学化、提高心理健康教育效果，均有着重要的理论和实践意义。学校开展心理健康教育应该遵守以下原则。

（1）现实性原则：学校心理健康教育的内容丰富、复杂多样。但就当前各学校的教育实际而言，落实学校心理健康教育的所有内容还有相当大的困难，因此，各校要根据本校的实际情况、教师的实际教育能力、学生发展的实际水平和需求，确定适宜于本学校的心理健康教育内容。

（2）教育性原则：学校的心理健康教育要努力使学生树立正确的人生观、世界观和价值观，有正确的价值取向，热爱国家，热爱社会，热爱人民，遵守国家和社会的各项行为准则和道德规范。针对学生在学习、生活和交往中的矛盾冲突所引起的种种心理问题，以及由此而产生的社会中的人和事的不满言行、错误观点甚至敌对情绪与态度，心理健康教育工作者应引导学生对问题进行客观分析，明辨是非，帮助他们建立积极的思维模式，使学生在发展良好心理素质和排除各种心理困扰、解除心理问题症结的过程中，不知不觉地受到辩证唯物主义思想的启迪和共产主义人生理想的教育。可以说，教育性原则比较鲜明地体现了社会主义学校心理健康教育的特点与要求。

（3）主体性原则：这一原则要求学校在对学生进行心理健康教育时，要尊重学生的主体地位，心理健康教育的所有内容、方法和措施都是为学生服务的，要注重调动学生的积极性和主动性。在心理健康教育过程中，教师要尽其所能了解学生，要尊重学生的人格和尊严，尊重学生的权利，从满足学生的合理需求出发，重视教学情感和教学态度，在组织活动时要注重调动学生参与的积极性，要注意突出学生的主体地位，并做好协助，让学生当主角、唱主角，使学生在参与活动的过程中逐渐形成学生良好的心理品质，保持良好的心理状态。

（4）全体性原则：确立与强调面向全体学生的心理健康教育原则是与当前学校心理健康教育的任务、客观条件和学生实际存在的问题及需要密切联系的。学校心理健康教育的主要任务和工作重点是努力提高全体学生的心理健康水平和心理素质，唯有以全体学生为服务对象，才能实现教育目标。因此，确定学校心理健康教育的内容时应选择具有普遍意义的、有代表性的主题内容，重视发挥心理健康教育的“预防、促进”功能。教育者首先要了解和把握学生的共同需要及普遍存在的心理健康问题，对学生要一视同仁，创造条件，最大限度让尽可能多的学生参与活动，另外，所有心理健康教育工作都要以促进全体学生身心健康发展为出发点。

（5）差异性原则：学校心理健康教育要关注和重视学生的个别差异，根据不同学生的不同需要，开展形式多样的、针对性强的心理健康教育活动，以提高学生的心理健康水平。不同学生的成长环境不同、家长素质不同、社会背景不同，学生的价值观念、认识问题和理解问题的角度就会不同，学生的心理健康水平也会存在明显的差异，这就要求学校心理健康教育在面向全体学生的同时，也要针对学生的不同特点，有的放矢，因材施教。学校心理健康教育工作者要了解学生的年龄差异、性别差异、学习差异、个性差异等，对不同学生采用不同的方法、手段和技术，认真做好个案研究，积累资料，总结提炼，增强个别教育的实效。

（6）保密性原则：在学校心理健康教育工作中，教育者有责任对学生的个人情况以及谈话内容等予以保密，学生的名誉和隐私权应受到道义上的维护和法律上的保障。保密性原则是学校心理健康教育中最为重要的原则，是鼓励学生畅所欲言和建立相互信任的心理基础，同时也是对学生人格及隐私权的最大尊重。在工作中教育者必须让学生清楚地知道、了解保密性这一原则，只有这样，学生才会对心理咨询教师信任，才会没有顾虑地和盘托出自己的实际情况，发生了什么事件，怎么看待这个事件，自己的真实感受是什么，理解不了的是什么，处理不了的是什么。当然，保密性原则也不是绝对的，在某些特殊情况下，如为了科学研究，为了求助学生和他人的生命安全免受侵害，可以考虑突破保密原则，但仍然要最大限度地保护求助学生的利益。

（7）活动性原则：根据实践性与应用性的要求，在确定学校心理健康教育的内容时应突出以活动为主的特点，把心理健康教育的内容渗透于灵活多样、富有情趣的活动中，发挥心理教育活动的优势，注重活动过程的教育作用。在学校心理健康教育的内容中，创造性地设计各种丰富多彩的活动与游戏，让学生在参与、体验中收获快乐和成长。

三、学校心理健康教育的途径

学校心理健康教育的目的，必须借助一定的方法和手段，通过一定的途径来实施。而学生心理健康的复杂性，也决定了学校心理健康教育需要运用多种方式和手段，只有将这些途径形成一个完整的心理健康教育运行系统，综合发挥各种途径的作用，才能确保学校心理健康教育的有效性，达到学校心理健康教育的最终目标。

（一）开设专门的心理健康课程

开设心理健康课程是实现学校心理健康教育目标的主要渠道，通过心理健康课程的学习，学生可以掌握必要的心理学和心理健康知识，了解常见心理问题产生的主要原因和表现，学会一些自我心理调适的方式方法，从而使他们可以更好地认识、把握自己的心理，更自觉地维护和增进自己的心理健康。除心理健康专门课程外，还可以通过举办心理讲座、报告、讨论、座谈，推荐阅读适龄的心理读物，组织有益于促进心理健康教育内容的竞赛、游戏、文体活动等对心理健康教育专门课程进行补充。

（二）开展心理咨询与团体辅导

心理咨询与团体辅导是达到学校心理健康教育整体目标的专门途径之一。在心理健康教育体系中，心理咨询是心理健康教育最直接、最重要的途径，也是专业化程度最高的部分。学校一般通过建立心理咨询中心、心理健康咨询室、心理健康辅导站等形式，对存在心理问题的学生进行适当的心理援助和疏导，帮助学生解决各种各样的心理问题和心理困惑，恢复心理健康，走出心理误区。

团体辅导是通过团体内人际交互作用，促使个体在交往中观察、学习、体验，认识自我、探索自我、调整改善与他人的关系，学习新的态度与行为方式，以促进良好的适应与发展的助人过程。团体辅导以学生的心理发展为立足点，心理需要为基础，关注学生自身的成长，旨在培养学生的健康心理。团体辅导是学校心理健康教育的有效途径，在学校心理健康教育中具有独特地位。团体辅导人员不宜过多，成员应由同年龄、同班级，或者是具有相似或共同的心理健康问题的学生组成。

（三）学科教学中渗透心理健康内容

心理健康教育不只是心理健康教师的工作，要达到心理健康教育的目的就要将其渗透和融合到教育教学的全过程中。各学科教师在教学中要自觉运用心理学的基本原理、方法及心理辅导技术，有针对性地帮助学生处理在学习、生活中出现的各种心理问题，从而有效地发挥各科教学在学生健康心理形成中的作用。这就要求学科教师在本身具有健康心理的同时必须树立心理健康教育的“渗透意识”，具有实施此种教育的修养和技能，学科教师以自然而然的方式实现教育目标，有潜移默化的效果，这比心理健康教育课及专题活动更为经济有效。

（四）班主任工作和学生活动中融入心理健康教育内容

班级、团队是学校的基层组织，对学生的心理健康发展具有重要的作用，结合班级、团队活动开展心理健康教育主要是班主任、辅导员等教育工作者的职责，这就要求教育工作者要增强心理健康教育的意识，使班级、团队活动和德育工作成为提高学生心理素质的载体；共青团、少先队、学生会等学生群体组织和社团应该为学生心理素质的提高开展丰富多彩的活动，为学生搭建展示锻炼的平台，让学生在寓教于乐的团体活动中丰富校园生活、培养生活情趣、提高审美能力，进一步增强荣誉感和获得感。

（五）优化学校心理健康教育环境

世界卫生组织专家委员会指出：与人生命的其他时期相比，青少年儿童的心理健康问题与周围环境有着更为直接的关系。在人的一生中占据重要位置的学校对学生心理健康的维护和促进起着十分重要的作用。学校心理健康教育中环境的优化内容有物理环境的优化和心理环境的优化。物理环境包括时空环境、设施环境和自然环境，如学生年龄与睡眠、学生年龄与学习时间，班级规模、座位编排方式，光线、声音、温度、空气、色彩和学校布局、设施和景观等；心理环境是由学校内部许多无形的社会、心理因素构成的一个复杂的环境系统，心理环境包括信息环境、人际环境、组织环境、情感环境和舆论环境等。良好的心理环境是保障学校各项教育工作顺利开展的基本心理条件，是学生获得人生启迪和人生智慧的重要途径，也是学校物质环境功能得以全面发挥的心理前提。

（六）建立校内外教育网络

建立和完善学校、家庭及社会的教育网络，也是学校心理健康教育的重要途径。家庭教育是教育的起点和奠基，人的一生最早接受的就是家庭教育，家长要自觉主动地创造有利的家庭环境并注意自己的行为方式，帮助、影响孩子形成健康良好的心理素质。学校应举办心理健康教育讲座，向家长宣传心理卫生常识，帮助家长了解学生的心理特点及易出现的心理问题，使家长提高认识，争取他们配合学校开展心理健康教育。社会环境作为一种无形的力量，对置身其中的人的心理健康产生着潜移默化的影响，社区是社会环境中影响心理健康的主要因素之一，是学校、家庭与社会的衔接点，是学生接触社会的入口，学校要积极主动地和社区联系，组织学生在社区中进行社区志愿服务、政策宣讲、文艺展演和实践调查等，在锻炼学生的交往能力的同时培养学生服务社会的意识和适应社会的能力。

学校在实施心理健康教育时，既要注意各种途径和方法的相互结合和补充，也要根据各地区、各学校的实际情况，发挥自身优势，弥补不足。此外，由于各种社会现象、社会舆论、影视文化与网络等其他因素也会不同程度地影响学生的心理健康，所以，学校在开展心理健康教育时还应注意调动全社会的力量，获取来自社会的支持和认可。

【本章要点】

（1）健康不仅是身体没有疾病，还要有完整的生理、心理状态和良好的社会适应能力。

（2）健康标准："五快"是食得快、便得快、睡得快、说得快、走得快；"三良"是良好的人格、良好的处事能力、良好的人际关系。

（3）心理健康是个体与社会环境相互作用时，个体能否使自己的心理状态保持稳定平衡，使情绪、需要、认知等因素之间保持相对稳定的状态，并表现出真实自我的相对稳定的人格特征，即个体与环境相互作用时所需保持的一种和谐状态。

（4）心理健康标准：智力发展正常；情绪稳定乐观、反应适度；人际关系和谐、意志品质健全；健全的自我意识，行为表现规范；人格完整独立、人生态度积极；良好的社会适应能力；活动特点与年龄阶段相符合。

（5）心理健康影响因素：生理因素、学校因素、家庭因素和社会因素。

（6）学校心理健康教育是教育者根据学生的生理、心理发展特点，运用心理学、教育学及其相关学科的理论与技术，通过心理健康教育课程、心理健康教育活动、学科渗透、心理辅导与咨询以及优化教育环境等有关心理健康的教育途径和方法，帮助学生自我认知、自我接纳、自我调节，解决成长中的心理问题，从而充分开发自身潜能，促进全体学生心理素质提高和心理机能健康、人格和谐发展的一类教育活动。

（7）中小学心理健康教育的总目标是：提高全体学生的心理素质，培养他们积极乐观、健康向上的心理品质，充分开发他们的心理潜能，促进学生身心和谐可持续发展，为他们健康成长和幸福生活奠定基础。

（8）学校心理健康教育的原则：现实性原则、教育性原则、主体性原则、面向全体原则、差异性原则、保密性原则、活动性原则。

（9）学校心理健康教育的途径：开设专门的心理健康课程；开展心理咨询与团体辅导；学科教学中渗透心理健康内容；班主任工作和学生活动中融入心理健康内容教育；优化学校心理健康教育环境；建立校内外教育网络。

【学习与实践】

（1）请根据所学内容谈谈你对心理健康标准的理解。
（2）请谈谈你对心理健康教育保密原则的理解。
（3）试举一种详细说明心理健康教育的途径。

【复习思考题】

（1）应如何理解健康，健康的标准是什么？
（2）心理健康的涵义是什么？
（3）心理健康的标准是什么？
（4）学校心理健康教育的涵义是什么？
（5）学校心理健康教育的原则有哪些？
（6）学校心理健康教育的途径是什么？

【推荐读物】

1. 陈家麟，学校心理健康教育：原理与操作，教育科学出版社，2002。
2. 郭黎岩，小学生心理健康与教育，高等教育出版社，2008。
3. 胡永萍，学校心理健康教育（第2版），中山大学出版社，2010。
4. 姜淑梅，中学生心理辅导，清华大学出版社，2015。
5. 蒋奖，中学生心理健康教育，中国轻工业出版社，2008。
6. 刘学兰，中学心理健康教育，暨南大学出版社，2012。
7. 卢家楣，青少年心理与辅导——理论和实践，上海教育出版社，2011。
8. 吴增强，学校心理辅导通论：原理、方法、实务，上海科技教育出版社，2004。
9. 伍新春，心理健康教育概论，北京大学医学出版社，2006。
10. 姚本先，学校心理健康教育——理论研究与实践探索的整合，安徽大学出版社，2008。

第二章　学校心理健康教育的组织与管理

【本章导航】

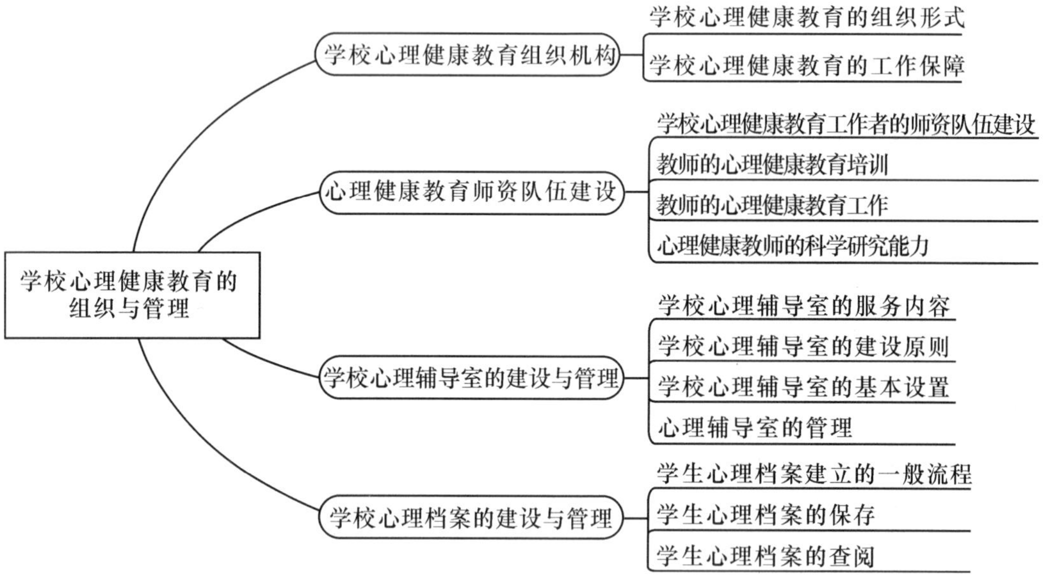

【学习目标】

（1）熟悉学校心理健康教育的组织和管理。

（2）了解学校心理健康教育的工作保障。

（3）了解心理健康教育师资队伍建设。

（4）掌握学校心理辅导室的建设与管理。

（5）熟悉学生心理档案的建设与管理。

学校心理健康教育是个系统的工作，学校心理健康教育组织和管理的内容非常丰富，既包括组织结构、制度文件、档案管理等内容，也包括专业人员建设、硬件条件等方面，这些都在不同层面上直接影响了学校心理健康教育活动的性质、效果以及作用。因此，想要确保学校心理健康教育的顺利、有效开展，整体规划、全面管理、协调统一是必要条件。强化管理，对处于发展初期的我国学校心理健康教育起到引导和促进作用。

阅读材料

教育部印发的关于《中小学心理健康教育指导纲要》（以下简称《纲要》）中，对中小学心理健康教育的组织实施提出了指导建议。

《纲要》中指出，应加强对中小学心理健康教育工作的领导和管理。各级教育行政部门要切实加强对心理健康教育工作的领导，制定规章制度，明确责任部门和负责人，支持和指导中小学开展心理健康教育工作。各地和学校要通过多种途径和方式，结合教育教学实际，保证心理健康教育时间，课时可在地方课程或学校课程中安排。各级教育行政部门要将心理健康教育工作列入年度工作计划，纳入学校督导评估指标体系之中，教育督导部门应定期开展心理健康教育专项督导检查。教育部将适时开展中小学心理健康教育示范校创建活动。

加强心理健康教育教师队伍建设。心理健康教育是一项专业性很强的工作，必须大力加强专业教师队伍建设。各地各校要制订规划，逐步配齐心理健康教育专职教师，专职教师原则上须具备心理学或相关专业本科学历。每所学校至少配备一名专职或兼职心理健康教育教师，并逐步增大专职人员配比，其编制从学校总编制中统筹解决。地方教育行政部门要健全中小学心理健康教育教师职务（职称）评聘办法，制订相应的专业技术职务（职称）评价标准，落实好心理健康教育教师职务（职称）评聘工作。心理健康教育教师享受班主任同等待遇。

大力开展心理健康教育教师培训。教育部将组织专家制订教师培训课程标准，分期分批对中小学心理健康教育教研员和骨干教师进行国家级培训。各省级教育行政部门要将心理健康教育教师培训纳入教师培训计划，分期分批对区域内心理健康教育教师进行轮训，切实提高专、兼职心理健康教育教师的基本理论、专业知识和操作技能水平。要在中小学校长、班主任和其他学科教师等各类培训中增加心理健康教育的培训内容，建立分层分类的培训体系。

要重视教师的心理健康教育工作。各级教育行政部门和学校要关心教师的工作、学习和生活，从实际出发，采取切实可行的措施，减轻教师的精神紧张和心理压力。要把教师心理健康教育作为教师教育和教师专业发展的重要方面，为教师学习心理健康教育知识提供必要的条件，使他们学会心理调适，增强应对能力，有效地提高其心理健康水平和开展心理健康教育的能力。

加强心理健康教育材料的管理。各种有关心理健康教育的教育材料的编写、审查和选用要根据本指导纲要的统一要求进行。自 2013 年春季开学起，凡进入中小学的心理健康教育材料必须经省级以上教育行政部门组织专家审定后方可使用。

加强心理健康教育的科学研究。各级教育行政部门要加强指导，增加经费投入，将心理健康教育纳入教育科学研究规划，积极组织相关课题申报和优秀成果评选。要积极引导高等学校、科研机构的研究人员开展相关研究，为心理健康教育实践提供理论基础和科学依据。要建立中小学心理健康教育教研制度，各级教研机构应配备心理健康教育教研员。要坚持理论与实践相结合，组织专家学者、教研人员、一线教师和学校管理人员结合实际情况积极开展心理健康教育教学研究，在实践中丰富完善心理健康教育理论，不断提高心理健康教育科学化水平。

资料来源：《中小学心理健康教育指导纲要》（2012 年修订）。

第一节　建立完善学校心理健康教育组织机构

在推进学校心理健康教育工作过程中，往往存在这样一种思想：成立一个心理健康教育部门，就是完成了心理健康教育工作。而实际上，心理健康教育部门的成立，只是学校心理健康教育工作的开始，如何推进工作才是重点。健全的组织机构，是顺利开展学校心理健康教育工作，进一步加强学校心理健康教育的宏观协调和指导，是提高学校心理健康教育水平，全面推进学校心理健康教育深入开展的必备条件。在实际开展心理健康教育过程中，教育行政部门和学校应根据自身发展实际，建立和完善心理健康教育工作体系。

一、学校心理健康教育的组织形式

（一）中小学心理健康教育的组织管理

目前，中小学心理健康教育的组织管理体制主要有以下六种❶。

1. 教研组模式

我国较早出现的管理模式，该模式中，将心理教师和其他科目教师的身份合二为一，由政治组或其他学科组管理，校长作为第一负责人，具体工作由分管教学的副校长组织领导，下设教研组组长，组织心理健康教育教师开展工作（见图 2-1）。有些学校，由于缺乏专职教师，又把心理健康教育和德育工作等同起来，很多心理健康教育工作由思政或其他教师担任。实践证明，这种管理模式不利于学校心理健康教育工作的开展，一方面因为分管工作的教学副校长、教研组长由于相应知识的缺乏，无法对此项工作有清晰的认识和把握，从事教育工作的教师也往往更重视本组专业的发展而忽视心理健康教育的专业提升；另一方面，将学校心理健康教育工作置于教研组层面，无法让工作在全校范围层面开展，影响工作效果。

2. 德育管理模式

是目前国内中小学心理健康教育中最常见的管理模式，即将心理健康教育工作纳入学生德育教育体系之中，置于学校德育处（学生处或政教处）的管理之下，把心理健康教育工作视为德育教育的一部分（见图 2-2）。

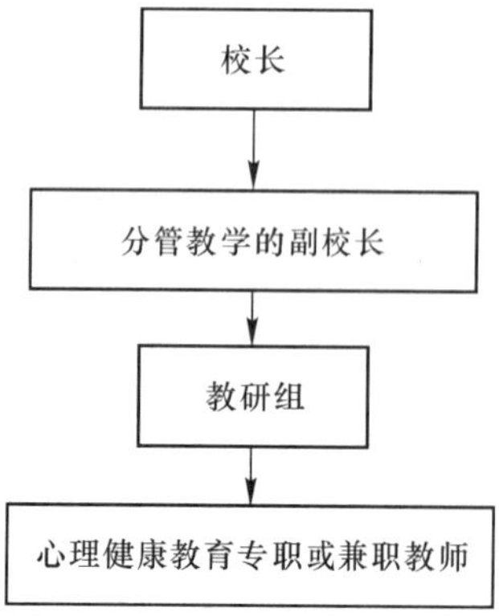

图 2-1　教研组模式

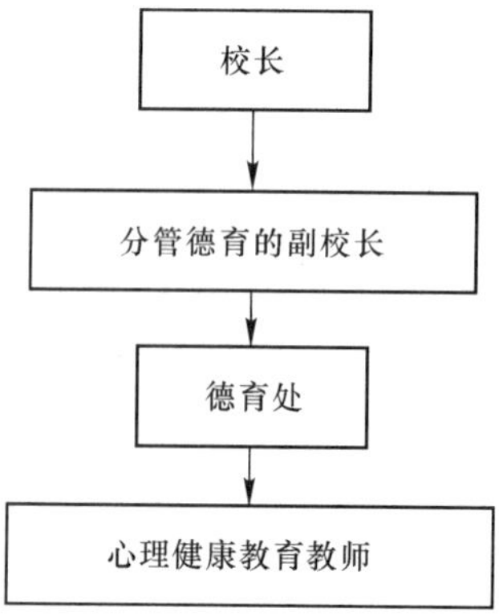

图 2-2　德育管理模式

❶ 王浩．对中学心理健康教育管理体制的一些思考［J］．教学与管理，2001（3）：33-34.

在该模式中，校长是学校心理健康教育的第一负责人，具体工作的开展由分管德育工作的副校长组织领导，德育处（学生处或政教处）组织心理健康教师落实具体工作。这种组织形式使心理健康教育工作与德育工作有机地结合在一起，提升了德育工作的实效性。但是缺点在于，易将心理健康教育工作和德育工作混淆，二者实则在工作内容、目标、方法、理念上都不同，作用各异，不可相互替代。

3. 教科研室模式

有些学校将心理健康教育工作置于教科研室管理之下，校长作为第一负责人，具体工作由分管教研的副校长组织领导，下设教科研室主任，组织心理健康教育教师开展工作（见图2-3）。

该模式强调学校心理健康教育的教科研功能，心理健康教育教师可以借助教科研力量开展心理健康科研活动，提高理论应用和工作的有效性的同时，也可以深化心理健康教育工作的各个领域，但存在对学校心理健康教育工作定位不清的问题，虽然科研是心理健康教育工作的重要部分，但是实践教育工作更重要，缺乏实践支撑，局限在教科研范围内，与心理健康教育应有的地位不相称。

4. 独立模式

有的学校专门设立心理健康教育教研室，负责学校心理健康教育的开展，具体工作由分管教学的副校长直接负责和指导，校长是第一负责人（见图2-4）。

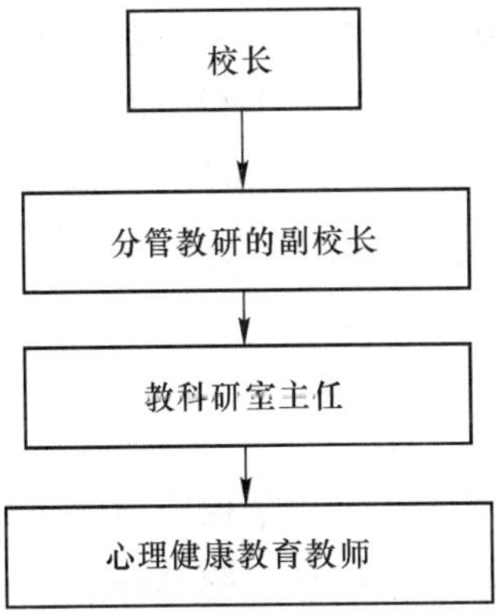

图2-3　教科研室模式

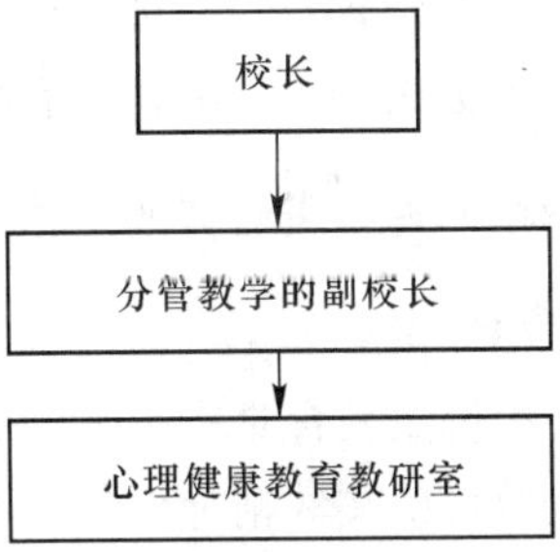

图2-4　独立模式

这种模式侧重心理健康教育课程的实施，有利于心理健康课程的规范化，但把心理健康教育工作局限在课堂教学，不利于咨询辅导等其他实践方面的管理和实施。

5. 全面渗透模式

在该模式中，将心理健康教育提升到整个学校层面考虑，建立与学校其他处室平行的机构，校长作为学校心理健康教育的总负责人，直接统筹教导处、政教处、各教研室、总务室、校长办公室、心理健康教育办公室等职能部门，全面开展心理健康教育工作。这种模式极大提高了心理健康教育工作在学校中的地位，强调全员参与，将心理健康教育工作与其他教学、德育、科研、总务、咨询辅导等工作有机结合，使得心理健康教育普及面更广，但因为对接部门太多可能导致分工不清、工作互相推诿的情况（图2-5）。

6. 班主任工作模式

有些学校在开展工作过程中，不设立专职心理健康教育教师，心理健康教育工作由德

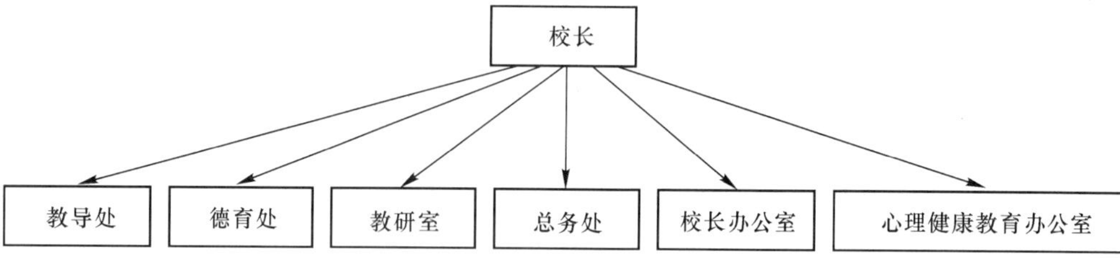

图 2-5　全面渗透模式

育处（学生处或政教处）布置，由班主任完成教育工作，即班主任兼职心理健康教育教师。班主任了解本班学生，有利于发现问题并及时开展教育工作，但心理健康教育不是德育教育，班主任管理者和心理健康教育工作者的身份无法统一，而且，很多班主任自身缺乏心理健康教育专业知识，无法很好地完成心理健康教育工作。

（二）高校心理健康教育的组织管理

高校的心理健康教育工作大多实行垂直管理，由学校主管学生工作的副书记或副校长作为第一负责人，对校内相关机构、师资进行资源整合和统一管理，保证心理健康教育工作顺利开展。一般来说，学生处为心理健康教育主管部门，心理健康教育与心理咨询中心为主要执行部门，心理健康教育教师为工作的主要负责人，同时和学校团委、校医院（或医务室）、保卫处等部门协调，院系分管学生工作的领导、辅导员、院系和班级学生负责人为主要执行者，学校、院系、班级几个层面各负其责。学校一般设有心理健康教育指导委员会、心理健康教育与心理咨询中心机构，院系设有学院心理辅导站、学生心理部等，班级设有心理健康委员，宿舍设有寝室心理联络员。

二、学校心理健康教育的工作保障

（一）人员保障

学校心理健康教育具有很强的专业性，教师队伍的专业化是学校心理健康教育的基础和保障。按教育部文件精神，各地各校要逐步配齐心理健康教育专职教师，中小学每所学校至少配备 1 名专职或兼职心理健康教育教师，2020 年 11 月 25 日，教育部在答复“关于建立中小学生心理危机精准识别机制的建议”中表示，要指导各地各校加强心理健康教育教师队伍建设，配备专职或兼职心理健康教育教师，逐步增大专职人员配备。高校应建设一支以专职教师为骨干，专兼结合、相对稳定、素质较高的大学生心理健康教育和心理咨询工作队伍，在校规模 1 万人以下的高校配备心理健康教育专职教师不少于 2 名，1 万人以上的高校，按照 5000∶1 的比例配备专职教师。逐步扩大专职教师队伍，同时，健全学校心理健康教育教师职务晋升和职称评聘体制，制定可行的评价标准，落实好心理健康教育教师职务晋升和职称评聘工作。

（二）经费保障

各学校每年要有心理健康教育专项经费，确保学生心理健康普查、学生心理健康教育活动、专家讲座等活动的顺利开展，根据教育部中小学心理健康教育特色学校标准，各学校应按照在校学生每生每年不少于 10 元的标准进行经费预算，保证学校心理健康工作的正常进行。

（三）硬件保障

每个学校应设立专门的心理健康教育与心理咨询场地，结合自身情况，展开建设，设立学生心理咨询预约等候室、个体心理咨询室、心理测评室、团体心理辅导室、心理宣泄室、心理放松室等，同时，按需配备相应的办公设备、心理测评工具、心理仪器、心理健康书籍和杂志等，确保心理健康教育工作顺利开展。

（四）制度保障

各学校应根据本校的具体情况，建立完善心理健康教育和心理咨询的各项制度，对心理咨询的职业道德、个体心理咨询、心理测评、档案管理、心理危机的干预等方面进行明确规范。

阅读材料

心理健康教育是提高大学生心理素质、促进其身心健康和谐发展的教育，是高校人才培养体系的重要组成部分，也是高校思想政治工作的重要内容。为深入学习贯彻习近平新时代中国特色社会主义思想和党的十九大精神，推动全国高校思想政治工作会议精神落地生根，切实加强高校思想政治工作体系建设，进一步提升心理育人质量，根据原国家卫生计生委、教育部等22部门联合印发的《关于加强心理健康服务的指导意见》和中共教育部党组《高校思想政治工作质量提升工程实施纲要》的工作要求，特制定本指导纲要。

一、指导思想

深入学习贯彻习近平新时代中国特色社会主义思想，全面贯彻党的教育方针，把立德树人的成效作为检验学校一切工作的根本标准，着力培养德智体美全面发展的社会主义建设者和接班人。坚持育心与育德相统一，加强人文关怀和心理疏导，规范发展心理健康教育与咨询服务，更好地适应和满足学生心理健康教育服务需求，引导学生正确认识义和利、群和己、成和败、得和失，培育学生自尊自信、理性平和、积极向上的健康心态，促进学生心理健康素质与思想道德素质、科学文化素质协调发展。

二、总体目标

教育教学、实践活动、咨询服务、预防干预“四位一体”的心理健康教育工作格局基本形成。心理健康教育的覆盖面、受益面不断扩大，学生心理健康意识明显增强，心理健康素质普遍提升。常见精神障碍和心理行为问题预防、识别、干预能力和水平不断提高。学生心理健康问题关注及时、措施得当、效果明显，心理疾病发生率明显下降。

三、基本原则

科学性与实效性相结合。根据学生身心发展规律和心理健康教育规律，科学开展心理健康教育工作，逐步完善心理健康教育和咨询服务体系，切实提高学生心理健康水平，有效解决学生思想、心理和行为问题。

普遍性与特殊性相结合。坚持心理健康教育工作面向全体学生开展，对每个学生心理健康发展负责，关注学生个体差异，注重方式方法创新，分层分类开展心理健康教育，满足不同学生群体心理健康服务需求。

主导性与主体性相结合。充分发挥心理健康教育教师、心理咨询师、辅导员、班主任等育人主体的主导作用，强化家校育人合力。尊重学生主体地位，充分调动学生主动性、积极性，培养自主自助维护心理健康的意识和能力。

发展性与预防性相结合。加强心理健康知识的普及和传播，充分挖掘学生心理潜能，培养积极心理品质，促进学生身心和谐发展。重视心理问题的及时疏导，加强心理危机预防干预，最大限度预防和减少严重心理危机个案的发生。

四、主要任务

1. 推进知识教育。健全心理健康教育课程体系，结合实际，把心理健康教育课程纳入学校整体教学计划，规范课程设置，对新生开设心理健康教育公共必修课，大力倡导面向全体学生开设心理健康教育选修和辅修课程，实现大学生心理健康教育全覆盖。公共必修课程原则上应设置 2 个学分、32~36 个学时。完善心理健康教育教材体系，组织编写大学生心理健康教育示范教材，科学规范教学内容。开发建设《大学生心理健康》等在线课程，丰富教育教学形式。创新心理健康教育教学手段，有效改进教学方法，通过线下线上、案例教学、体验活动、行为训练、心理情景剧等多种形式，激发大学生学习兴趣，提高课堂教学效果，不断提升教学质量。

2. 开展宣传活动。加强宣传普及，通过举办心理健康教育月、“5·25”大学生心理健康节等形式多样的主题教育活动，组织开展各种有益于大学生身心健康的文体娱乐活动和心理素质拓展活动，不断增强心理健康教育吸引力和感染力。拓展传播渠道，充分利用广播、电视、书刊、影视、动漫等传播形式，组织创作、展示心理健康宣传教育精品和公益广告，传播自尊自信、乐观向上的现代文明理念和心理健康意识。创新宣传方式，主动占领网络心理健康教育新阵地，建设好融思想性、知识性、趣味性、服务性于一体的心理健康教育网站、网页和新媒体平台，广泛运用门户网站、微信、微博、手机客户端等媒介，宣传心理健康知识，倡导健康生活方式，提高心理保健能力。发挥学生主体作用，支持学生成立心理健康教育社团，组织开展心理健康教育活动，增长心理健康知识，提升心理调适能力，积极进行心理健康自助互助。强化家校育人合力，引导家长树立正确教育观念，以健康和谐的家庭环境影响学生，有效提升心理健康教育实效。

3. 强化咨询服务。优化心理咨询服务平台，加强硬件设施建设，设立心理发展辅导室、心理测评室、积极心理体验中心、团体活动室、综合素质训练室等，积极构建教育与指导、咨询与自助、自助与他助紧密结合的心理健康教育与咨询服务体系。完善体制机制，健全心理健康教育与咨询的值班、预约、转介、重点反馈等制度，通过个体咨询、团体辅导、电话咨询、网络咨询等多种形式，向学生提供经常、及时、有效的心理健康指导与咨询服务。实施分类引导，针对不同学段、不同专业学生，精准施策，因材施教，把解决思想问题、心理问题与解决实际问题结合起来，在关心呵护和暖心帮扶中开展教育引导。遵循保密原则，建立心理健康数据安全保护机制，保护学生隐私，杜绝信息泄露。

4. 加强预防干预。完善心理测评方式，优化量表选用，禁止使用可能损害学生心理健康的方法和仪器。科学分析经济社会快速发展、互联网新媒体应用快速推进、个人成长历程、家庭环境等因素对学生心理健康的深刻影响，准确把握学生心理健康状况及变化规律，不断提高心理健康素质测评覆盖面和科学性。健全心理危机预防和快速反应机制，建立学校、院系、班级、宿舍“四级”预警防控体系，完善心理危机干预工作预案，做好对心理危机学生的跟踪服务，注重做好特殊时期、不同季节的心理危机预防与干预工作，定期开展案例督导和个案研讨，不断提高心理危机预防干预专业水平。建立心理危机转介诊疗机制，畅通从学校心理健康教育与咨询机构到校医院、精神卫生专业机构的心理危机转介绿色通道，及时转介疑似患有严重心理或精神疾病的学生到专业机构接受诊断和治疗。

五、工作保障

1. 队伍建设。各高校要建设一支以专职教师为骨干、以兼职教师为补充，专兼结合、专业互补、相对稳定、素质良好的心理健康教育师资队伍。心理健康教育专职教师要具有从事大学生心理健康教育的相关学历和专业资质，要按照师生比不低于 1：4000 配备，每校至少配备 2 名。心理健康教育师资队伍原则上应纳入高校思想政治工作队伍管理，要落实好职务（职称）评聘工作。设有教育学、心理学教学机构的高校，可同时纳入相应专业队伍管理。积极组织开展师资队伍培训，保证心理健康教育专职教师每年接受不低于 40 学时的专业培训，或参加至少 2 次省级以上主管部门及二级以上心理学专业学术团体召开的学术会议。充分调动全体教职员工参与心理健康教育的主动性和积极性，重视对班主任、辅导员以及其他从事高校思想政治工作的干部、教师开展心理健康教育知识培训。

2. 条件保障。各高校应落实心理健康教育专项工作经费，配备必要的办公场地和设备。有条件的高校，要建立相对独立的心理健康教育与咨询机构和院（系）二级心理辅导站。要建设校内外心理健康教育素质拓展基地，培育高校心理健康教育优秀工作案例，辐射推动区域和全国高校心理健康教育工作。

六、组织实施

1. 组织管理。各级教育工作部门要切实加强对学生心理健康教育工作的统一领导和统筹规划，积极支持开展大学生心理健康教育工作，要将心理健康教育工作作为高校思想政治工作测评和文明校园创建的重要内容。各高校要将心理健康教育纳入学校改革发展整体规划，纳入人才培养体系、思想政治工作体系和督导评估指标体系。要明确心理健康教育工作牵头负责职能部门，构建校内各部门统筹协调机制，研究制定心理健康教育的工作规划和相关制度。

2. 评估督导。各级教育工作部门要研究制定大学生心理健康教育工作的评价与督导指标体系，组织或委托心理学专家以及实践工作者，定期对学生心理健康教育工作开展评估、督导。评估、督导内容包括学校重视和支持程度、机构设置情况、专项经费保障、师资队伍建设、教学科研、开展辅导或咨询情况以及工作实效等。

3. 科学研究。各级教育工作部门和各高校要推动开展心理健康教育基础理论研究，逐步形成具有中国特色的心理学、教育学学科体系、学术体系、话语体系，促进研究成果转化及应用。开展心理健康教育相关理论和技术的实证研究，促进临床服务规范。开展心理健康问题的早期识别与干预研究，推广应用效果明确的心理干预技术和方法。

全国民办高校和中外合作办学类高校学生心理健康教育工作，参照本指导纲要执行。

资料来源：《高等学校学生心理健康教育指导纲要》（2018 年 7 月 4 日印发）。

第二节　加强规范心理健康教育师资队伍建设

加强和规范学校心理健康教育工作者师资队伍建设，培养适应学校心理健康教育发展需要的教师，维护教师心理健康水平，提高教师实施心理健康教育的能力，注重心理健康教育工作者的科学研究能力，是做好学校心理健康教育的关键。

一、加强规范学校心理健康教育工作者的师资队伍建设

（一）学校心理健康教育工作者的含义

在我国，心理健康教育教师、心理教师、心理辅导员、心理咨询员等都是对学校心理健康教育工作者的称呼，根据实际工作情况，心理健康教育教师最为合适❶。

学校心理健康教育工作者有广义和狭义之分。广义上，学校的所有教师都是心理健康教育工作者，因为，除了知识传授，维护学生心理健康，提高学生心理素质，是每位教师的职责所在；狭义上，指从事学校心理健康教育工作的教师，从业要求是必须经过规范、严格训练，掌握专业技能、知识，具备从业素质。

（二）学校心理健康教育教师的岗位职责

学校心理健康教师需要自觉并严格遵守职业道德，掌握相关的专业知识，具备一定的执业能力。

1. 学校心理健康教师的资格要求❷

教育部《中小学心理健康教育指导纲要》中指出，从事中小学心理健康教育的教师原则上须具备心理学或相关专业本科学历，取得相关资格证书，经过岗前培训，具备心理辅导的心理理论、专业知识和操作技能，定期接受心理专业培训。高校心理健康教师除应具备心理学及相关专业学历外，还需获得高校教师资格证，从事专职心理咨询工作的教师需具有心理学、教育学、医学硕士及以上学位，或具有上述专业中级或以上职称。

2. 学校心理健康教师的基本素质

心理健康教师的基本素质主要包括自身心理保健能力、人际交往能力、观察思考能力、言语表达能力等。

（1）心理健康教师需要具备心理保健能力，身心健康，乐观，有问题预防意识，以良好的精神状态做好心理辅导工作。

（2）有较好的人际交往能力，有和谐的人际关系和沉稳的心态，能冷静、耐心地倾听学生。

（3）有敏锐的观察力和理解能力，准确地感知学生的烦恼、焦虑和需要，善于观察，准确把握心理问题的本质和关键。

（4）有良好的语言表达力，口齿清楚，音量适中，语言生动，准确表达个人观点，措辞适当。

（5）有爱心、胸怀宽广，能接纳学生的异常、过错与失败，理解、关心、爱护学生。

3. 学校心理健康教师的专业要求

（1）定期的专业培训。应该接受并持续接受心理健康教育和心理咨询专业知识的各项培训活动。

（2）专业知识。必须具备基础心理学、心理统计与测量、心理诊断、心理咨询等方面的专业知识。

---

❶ 姚本先．学校心理健康教育新论［M］．北京：高等教育出版社，2010：365.

❷ 郑希付，罗品超．学校心理健康教育［M］．北京：中国人民大学出版社，2016：47.

（3）专业技能。包括开设心理健康教育课所需要的授课能力、课堂组织和管理能力、团体辅导等能力以及对学生进行心理辅导所需要的专业咨询技能，如开始的技能（包括建立咨询情境、增进相互了解、促进友善管理、养成倾听态度、妥善安排座椅等）、利用资料的技能（包括收集学生资料、利用社交评量、利用测验调查等）、情感反应的技能（应该注意并善用内容、意义、语言等情感反应方式等）、沉默的技能（包括应对性沉默、主动沉默等）、引导的技能（包括把握咨询目标、提问式“撞击”等）、恢复信心的技能（包括帮助来访者建立新的期待、择机向来访者预告问题成功的可能性等）、终结的技能等。

4. 学校心理健康教师的职业道德❶

学校心理健康教师需要兼具老师“教书育人”的师德和医生“治病救人”的医德，同时具备一定职业素养，要努力掌握坚实精深的专业科学知识，熟练运用心理辅导技术为学生提供有效的心理服务，坚持发扬诚实守信的工作作风，与学生建立良好的交往关系，始终保持热情友善的交往态度，通过尊重学生、平等地对待学生帮助学生敞开心扉，同时，严格遵守为来访学生保密的心理辅导原则。另外，在工作过程中，全心全意为学生服务，不利用心理辅导的关系谋求个人好处，绝不能接受学生或学生家长的任何馈赠，不利用工作便利对来访学生产生情感依恋或非分的意图和行为。

5. 学校心理健康教师的基本任务

（1）承担和开设学校心理健康教育活动课，了解学生的学习状态、能力、兴趣、爱好以及普遍存在的心理问题，设计适合学生身心发展规律的形式多样的心理活动训练，促进学生心理健康发展。

（2）为学校德育处、班主任等开展学校各种心理教育宣传与社会实践活动，提供专业知识培训和方法指导。

（3）为家长提供家庭教育、学习辅导、升学就业等方面的心理咨询和心理服务。

（4）开展提高学校全体教师心理健康水平的工作，帮助教师解决自身所遇到的各种心理问题，提高教师的心理调节能力。

（5）为学生建立心理健康档案，通过心理测量等技术，了解学生在智力、个性和情感方面的发展状态，并从心理和教育的角度为学生制订心理预防和心理干预、矫治等措施。

（6）开展学校心理咨询服务，为学生在学习能力、人际交往、情绪调节、个性发展、青春期性健康等方面，提供各种有效的指导方法与解决策略。

二、开展教师的心理健康教育培训

把对心理健康教师的培训列入师资培训计划和在职教师继续教育的培训系列之中，定期对教师的心理健康教育进行培训，是心理健康教育教师队伍建设的一项重要内容。结合我国现阶段学校心理健康教育的特点，中小学心理健康教师培训应建立以心理健康教育专、兼职教师为重点，班主任为主体，逐步推进到全体教职员工的培训机制；高校心理健康教师培训应建立以心理健康教育专、兼职教师为重点，班主任、辅导员以及其他从事学生思想政治工作的干部、教师为主体，逐步推进到全体教职员工的培训机制，进行有关心

❶ 姚本先. 学校心理健康教育新论［M］. 北京：高等教育出版社，2010：381.

理健康方面的培训。

（一）心理健康教师培训的目标

心理健康教师包括不同层次，他们在学校的职责、工作内容不同，对他们的心理健康教育专业要求不同，因此，应当分级进行培训，针对不同的培训目标设置不同的具体培训内容。

1. 学校心理健康教育培训的总目标

学校心理健康教育培训的总目标是通过培训，能够提高全体教师的心理素质，规范教师教育行为，完善自身人格，促进专业化发展，形成一支具有良好的心理素质、坚实的教育理论基础和实践能力的教师队伍。

2. 学校心理健康教育培训的具体目标

针对心理健康教育教学能手，有心理健康教育专长和实践经验的校长、主任，各地心理健康教育专、兼职教研员等心理健康教育培训者，培训目标是，使他们了解前沿的心理学知识，了解国家心理健康教育政策及工作热点、难点与发展动态，掌握心理健康教育的科研方法，指导与评价学校心理健康教育工作，同时，能够胜任本地市、县（区）、校心理健康教育的师资培训、教育教学研究与指导课题研究与实验等工作。

针对优秀的心理健康教育专、兼职教师以及有心理健康教育专长的优秀班主任等心理健康教育骨干教师培训，培训目标主要是更新教育理念，拓宽视野，提升心理健康水平和职业道德素养，提高实施心理健康教育的能力，成为学科带头人或中小学心理健康教育专家，发挥引领和示范作用。

针对心理健康教育专、兼职教师，主要是通过培训，提高自身心理健康水平和自我心理调节能力，较好地掌握心理健康教育的专业知识和心理咨询的基本技能，胜任学校心理健康教育工作。

针对班主任心理健康教育培训，主要是为了增强班主任自身心理健康水平和自我心理调节能力，掌握心理健康教育的基本知识和方法，并将心理健康教育的理念与方法渗透到日常学生管理和各项教育活动中，同时，参与到学校的心理健康教育工作中。

针对全体教师，培训的主要目的是提高对心理健康教育重要性的认识，更新教育观念，初步掌握心理健康教育基本知识和方法，树立心理健康教育意识，学会自我心理调适，有效提高自身心理健康水平。

（二）学校心理健康教师培训的方法

学校心理健康教师的培训方法应该结合参培教师的实际，灵活多样，根据不同层次教师的实际情况加以选择，合理地选择案例分析法、问题解答法、观察示范法、研讨交流法、现场模拟法、反思心得法、心理训练法、说讲评议法、微格教学法、岗位实践法、课题研究法，专题讲座与互动研讨相结合、活动观摩与自主实践相结合、经验介绍与案例解析相结合、面授与远程教育相结合、长期与短期相结合等方式。教育部在答复“关于建立中小学心理危机精准识别机制的建议”中表示，在“国培计划”中专门设置心理健康教育教师培训项目，对全国1万余名中小学心理健康教育骨干教师开展线上培训，帮助心理健康教育教师更新教育理念，优化知识结构，提高能力和水平。

学校心理健康教育工作是一个不断探索和发展的过程，需要教师持续不断地学习和提升。因此，除了短期培训之外，定期安排由专业人员组织心理教师围绕特定主题，以问题或事件为切入点，通过观摩、研讨等形式，共同学习、研究的教研活动是十分必要的，不仅能够促进心理健康教师教育水平和个人心理素质提高，同时，也有利于他们指导并带动全校教师开展工作。

在教研形式上，可以根据主题内容灵活安排。如对心理健康教育课的教研活动，可以采取集体备课、听课、评课、研讨、讲座、观摩、个人反思等形式；对于咨询理论与技术方面，可以采用讲座、研讨、案例分析等形式；对于心理咨询室的建立与开展、档案的建立与管理等，可以采用现场展示、参观与指导、经验交流等形式。

（三）学校心理健康教育教师的督导工作

学校心理健康教师长期从事学生、教师、家长的心理辅导工作，除定期参加培训，提高助人能力外，定期参加心理督导也是十分必要的。心理督导可以促进心理健康工作者在其自身出现心理问题时恢复心理健康，助人时（尤其是新手工作者），及时优化咨询策略，提高咨询技能。

根据督导与咨询师的关系，督导可以分为上级督导和同辈督导两类；根据时间安排，也可分为全职督导（即有固定时间安排的连续督导）和临时督导两种；根据被督者与督导者参与的方式，还可以分成个人督导与小组督导。结合现阶段学校心理健康教育的发展特点，可以采用临时上级小组督导和全职性同辈小组督导相结合，以全职性同辈督导为主的方式进行。可以每月或隔周做一次全职性同辈督导，把心理健康教师和骨干班主任，编成若干小组，隔周一次工作坊、沙龙或案例研讨等小组互动活动，每月或每两个月一次大组互动。每年邀请资深心理咨询师进行一次或若干次的上级督导。

三、重视教师的心理健康教育工作

教师的心理健康状况不仅影响着自身的成长和发展，对学生的成长和发展、价值观念和健全人格的形成也有重要作用，因此，一个优秀的教师需要兼顾自己和学生的心理健康，教师的心理健康是培养学生心理健康的必要前提。因此，必须把重视和开展教师心理健康工作，作为学校心理健康工作的重要的组成部分。

（一）自我调控

教师应该努力提高自身的心理素质，调节和维护好自己的心态与情绪，积极参与教育培训，不断提高自身的综合素质，不断学习和掌握新的知识，同时，多与其他教师讨论交流，注意劳逸结合，具体包括：（1）提高认知能力，客观地评价自我和他人，正确认识和面对困难；（2）调控情绪情感，合理认识和控制情绪，在合适的场合适度宣泄情绪；（3）适当调整行为，使行为符合角色期待，坚持体育锻炼，增强体质，预防生理疾病。

另外，当教师有心理障碍或心理疾病时，寻求专业的心理咨询或心理治疗，是寻求解决问题的方法的有效途径。

（二）社会支持

影响教师心理健康的因素是多方面的，教师的心理健康需要社会、学校、家庭等各方面的理解、关怀和支持。首先，应该从源头上抓起，本着对工作和个人负责的态度，适当提高教师资格准入的门槛，避免一部分自身心理素质较差的人成为教师队伍的一员。其次，全社会共同营造“尊师重教”等有利于教师心理健康的良好氛围，为教师营造宽松、愉快、积极进取的工作环境，提高教师待遇和社会地位，减轻过重的社会压力和心理负担。再次，有组织、有计划地开展教师心理普查、心理咨询和心理辅导活动，营造有利于保持教师心理健康的良好环境，出台专门的教师心理健康促进政策，从人力、物力、财力各方面为维护教师心理健康提供保障。坚持以人为本，不断改进领导方式，推行人性化管理等。

四、提高心理健康教师的科学研究能力

《中小学心理健康教育指导纲要》中明确提出了“加强心理健康教育的科学研究”这一要求，具体来说，应以构建学校心理健康教育的基本理论和实践操作为重点，提高理论创新、心理评估和问题解决的能力，是心理健康教育的专业化保障。

（一）搭建平台，加强指导

各级教育行政部门应深入调研，全面掌握心理健康教育的发展状况，根据心理健康教育的发展需求，搭建起心理健康教育的研究平台，设立相应的心理健康教育研究选题，科学规划，为心理健康教育研究提供专项经费支持，同时，完善教研制度，保证选题质量和科研成果水平，适时开展心理健康教育综合及专项调研，为教育行政部门提供决策咨询。另外，注重指导心理健康教育研究的成果应用和效益实现。

（二）协同创新，发挥优势

心理健康教育发展当中的问题涉及多个层面，专家学者、教研人员、一线教师、学校管理人员等不同层面的研究者专业优势不同，必须协同创新，才能有效推动心理健康教育的专业化发展。具体贯穿选题、研究、成果验证、推广应用等各个方面。依靠多股力量的协同创新，能够有力提升心理健康教育的科学研究能力。

第三节 学校心理辅导室的建设与管理

《中小学心理健康教育指导纲要》中指出：“心理辅导室是心理健康教育教师开展个别辅导和团体辅导，指导帮助学生解决在学习、生活和成长中出现的问题，排解心理困扰的专门场所，是学校开展心理健康教育的重要阵地。”完善心理辅导室的建设和管理，对于充分发挥心理辅导室的服务效能，促进心理健康教育服务体系建设具有重要意义。

一、学校心理辅导室的服务内容

（一）对学生服务

1. 普及教育

对学生进行心理健康状况普查，所有学生自入学起建立心理档案，开设心理健康教育课程，开展心理健康讲座、培训等活动，同时，充分利用多媒体、广播、校报等途径普及心理健康常识。

2. 专业辅导

根据学生实际需求开展个体咨询和团体辅导。另外，对有严重心理问题的学生应该及时识别并转介到相关心理服务部门。

（二）对学校领导服务

定期向学校以及有关部门提供学生心理健康状况报告，并提出专业性建议，参与学校

发展规划、教育计划的制订。

（三）对教师服务

参与学校班主任研讨活动，对一些学生存在的发展问题给出专业意见，与学科教师交流教学策略和教学方法。

（四）对学生家长服务

为全体家长提供心理健康教育知识宣传服务，对有需要的家长提供个别辅导和团体辅导服务，帮助家长修正教育观念、教育方法，改善亲子关系和身心健康。

二、学校心理辅导室的建设原则

（一）保密性

保密性是心理辅导能够取得良好效果的保证，是决定学生能否开放内心，与心理教师建立良好咨询关系的重要条件。

（二）科学性

心理辅导室与普通办公室不同，必须符合心理辅导的要求，满足心理咨询室建设的基本结构要素。

（三）针对性

心理辅导室的建设应遵循学生的心理发展规律，符合学生的年龄特点，以学生为本，充分从学生的角度出发，设计不同的心理辅导室，开展心理咨询与辅导活动❶。

三、学校心理辅导室的基本设置

（一）选址命名

1. 选址

心理辅导室的选址要满足心理辅导室的建设原则，应该满足：

（1）便于服务对象到达。尽量缩短来访者在寻求心理辅导过程中的犹豫，同时，避免来访者在寻求心理辅导的过程中受到其他因素的干扰。

（2）环境安静。安静的环境营造了安全的辅导氛围，有利于辅导对象敞开心扉，避免学生和心理辅导老师受到外界环境的干扰，有助于集中注意力。

（3）光线充足。阳光不足的阴暗之处，通风不良，会令人产生压迫感，不利于心理辅导工作的开展。

2. 命名

心理辅导室的命名需要兼顾专业服务的特点和服务对象的可接受性。对于小学而言，可以选择与心灵关怀相关的活泼、生动的方式命名；对于中学、高校而言，可以直接命名为心理辅导室、心理咨询室等。

（二）基本配置

参考教育部 2015 年颁布的《中小学心理辅导室建设指南》，学校心理辅导室应设置个体咨询室、团体辅导室、办公接待室等基本区域，有条件的学校可以单独设置心理测量室、放松室、宣泄室、沙盘室等区域。

---

❶ 郑希付，罗品超．学校心理健康教育［M］．北京：中国人民大学出版社，2016：50.

1. 个体咨询室（见图 2-6）

图 2-6　个体咨询室

（1）功能：主要为学生提供个体心理辅导的场所。

（2）面积：一般每间为 10～15m²，房间太大可能会产生不安全感，而太小又会有压迫感。

（3）基本设置：

1）两把简洁、舒适、带扶手的座椅或沙发，呈直角摆放。

2）一张小茶几，放置于座椅之间，茶几上层摆放纸巾、绿植、闹钟等；中间层放纸笔、辅导登记表、记录表等。

3）墙壁、地板、窗帘，选择温和、平静的色调，给学生安全、平和的感觉。

4）一套音响，用于播放放松的音乐或指导语。

5）心理挂图若干、饮水设备等。

6）有条件的学校还可安装录音、录像设备以及配备放松椅、单面透镜等❶。

2. 团体辅导室（见图 2-7）

图 2-7　团体辅导室

❶ 郑希付，罗品超．学校心理健康教育［M］. 北京：中国人民大学出版社，2016：51.

（1）功能：团体心理辅导室是针对某一心理问题进行室内团体辅导的主要场所，同时也是心理健康活动课的教室。

（2）面积：一般每间为40~60m²。

（3）基本设置：

1）轻松、活泼的布置格局，地板可选取耐脏易清洗的复合地板。

2）可拼装组合的桌椅，便于开展教学和团体辅导活动，保证上课和活动空间的便利性。

3）多媒体设备，便于采集和播放音乐、视频，开展活动。

4）移动式白板，用于活动中的分享交流。

5）活动耗材，如各类卡纸、彩笔等，便于活动主体做分享和展示。

6）钟表。

7）心理挂图等。

3. 办公接待室（见图2-8）

图2-8　办公接待室

（1）功能：办公接待室是心理咨询教师的主要办公区，同时，为学生提供预约登记、咨询等候等心理咨询前期接待工作。

（2）面积：一般为每间15m²左右。

（3）基本设置：心理健康教育教师日常办公用，包括：

1）办公桌椅、打印机、电话、钟表等。

2）电脑，用于文档处理、档案保管、网上查阅资料。

3）书柜，用于放置专业书籍、期刊、教学材料等。

4）档案柜，用于分门别类地放置心理档案。

4. 心理测评室

（1）功能：用于个别辅导中的来访者做心理测评。根据学校的实际条件，也可以兼有心理档案室的功能。

（2）面积：一般为每间15m²左右。

（3）基本设置：

1）测评用桌椅。

2）电脑及打印设备。

3）常规的心理测评工具或心理测评软件，使用中要符合规范。

4）多媒体等。

5）纸、笔等。

5. 心理放松室（见图2-9）

图2-9 心理放松室

（1）功能：在仪器设备的辅助下，消除学生紧张、焦虑、恐惧等负面情绪，通过对学生身心的调节达到放松的目的。

（2）面积：一般为每间15m^2左右，隔音效果良好，布局合理。

（3）基本设置：

1）音响设备或放松椅、零重力心理咨询专用椅等。

2）心理挂图、绿色盆栽等。

6. 情绪宣泄室（见图2-10）

图2-10 情绪宣泄室

（1）功能：用于来访者心理焦虑、紧张、压抑情绪的宣泄，达到情绪疏导、内心舒畅等目的。

（2）面积：一般为每间30m^2左右，隔音效果良好，布局合理。

（3）基本设置：

1）智能呐喊宣泄仪、智能击打宣泄仪、智能互动宣泄仪、智能体感互动宣泄仪、身心反馈运动调试平台等。

2）宣泄用的沙包、布袋、仿真宣泄人等。

3）心理挂图等。

（三）软件建设

学校心理辅导室的软件建设主要指心理测评系统的建设。测评系统对心理健康教师了解学生的心理状况起辅助作用，便于建立学生心理档案、评估学生的心理发展状况等，对于提高服务效能具有重要的促进作用。

从帮助心理健康教育教师了解学生的学习、生活以及心理危机等各方面情况的实际需求出发，测评系统主要包括：能力测评、个性测评、职业倾向测评、学习心理测评、心理健康测评、积极心理测评、亲子沟通测评和心理危机测评八个方面。具体可以根据学生实际需要和学校的条件，有选择地配备心理测评工具。

四、心理辅导室的管理

（一）心理辅导室的行政管理

心理辅导室与学校的其他组织机构一样，行政管理一般包含人、财、物、时、空五个方面。

1. 服务人员的管理

应根据心理辅导室工作成员的不同角色，对照各自的职责进行管理。一般包括：人员选聘、岗位职责制定、工作绩效评估等。

2. 服务经费的管理

应将心理辅导室的建设与工作经费纳入学校年度预算，确保心理辅导室的改造升级，日常开支和专、兼职教师的进修培训等方面顺利进行。

3. 服务设施的管理

建立心理辅导室服务设施的维护、保养制度，确保心理辅导室的所有常规工作顺利进行。

4. 服务时间的管理

明确心理辅导室的辅导时间，对于初次来访者要说明每次辅导的时限（一般为50分钟），对于多次来访者要注意辅导频次的时间间隔（一般为1周）。

5. 服务流程的管理

明确服务流程，消除服务对象对心理辅导室的神秘感。一般来讲，心理辅导的服务流程为：预约与接待——开展辅导——续约——辅导评估与随访。

（二）心理辅导室的专业管理

1. 心理档案管理

一般包括：档案类别与内容的确定、档案资料的搜集、档案资料的保管、档案资料的取用、档案资料的转移等。

2. 心理测评管理

（1）量表选择。心理辅导室所选择的心理量表应取得国家权威部门的认证，具有良好的信度和效度及相应的常模资料。所选量表必须符合测验的目的，适用于受测者的年龄条件。

（2）测评过程。测评过程在指导语等方面，必须严格按照测验指导手册进行，以确保测评的标准化。

（3）结果解释。测评结果不能由施测者随意解释，必须在充分熟悉测评指导手册的前提下，正确评分，并对测验结果给出科学、恰当的解释。

3. 服务效能管理

对学校心理辅导的效能管理需要做到：（1）有统一认定的绩效标准；（2）用尽量客观科学的方法；（3）对辅导活动有好、坏、成功与失败的价值判断；（4）明确效能管理是一种过程性而非单纯结果性的管理。

第四节 学生心理档案的建设与管理

建立学生心理档案是开展学校心理健康教育的基本工作之一。

一、学生心理档案建立的一般流程

（一）确定心理档案的内容

建立学生的心理档案需要从学生的实际需求出发选择内容。

（二）选择合适的测评工具

（1）标准化测验。根据每种测验的特定功能，对学生采用何种测验，应该慎重考虑，要熟悉测验的目的、功能、适用范围，尽可能选择信、效度高的测验。

（2）自编问卷。主要用来搜集学生的基本信息，如个人简介、身体状况、家庭环境、学校生活环境、重大生活事件等。

（3）观察法和访谈法。通过观察学生日常的学习、生活，通过与学生或其身边人的谈话，收集学生的更多信息。

（4）学校的其他评定、记录和生活作品。通过对学生的日记、作文、绘画作品、作业等进行分析，了解学生的心理活动状况[1]。

（三）结果解释和档案建立

1. 计分统计

客观、实事求是地记录统计结果。

2. 结果解释

对学生的报告，只需要报告测验结果的解释；对于共性问题可以通过开设心理讲座、开展集体讨论、团体辅导的形式解决；对于需要关注的学生，需要向学生的班主任、学校相关负责人汇报，除了汇报学生的心理状况外，还需提出干预策略。

---

[1] 郑希付，罗品超．学校心理健康教育［M］．北京：中国人民大学出版社，2016：59.

二、学生心理档案的保存

（一）管理机构

目前学生心理健康档案的管理机构主要设在学校的心理咨询中心，由心理咨询室负责管理；其他的管理机构还有校医院、学校综合档案室、专门的心理健康档案管理机构等。

（二）管理制度

（1）心理档案岗位工作制度。包括对心理档案的分工、收集、整理、查阅、保管等做出规定。

（2）心理档案的保密制度。对学生的隐私不受侵犯做出明确规定。

（3）重点预防和监测制度。对有心理问题的学生重点关注。

（三）管理职责

（1）做好学生心理档案的整理、鉴别、分类、编号和归档。

（2）妥善保管学生心理档案。

（3）及时更新学生心理档案。

（4）做好学生心理档案查阅登记。

（5）为需要查阅学生心理档案的人员提供帮助。

（四）反馈机制

学生心理档案的内容要视情况反馈给学生，以便学生了解自己的心理状态，利于学生进一步的治疗和调试。反馈时需要注意：

（1）必须由学校心理健康教育专职教师进行反馈。

（2）反馈时使用恰当、易懂、准确的语言。

（3）做好保密工作。

（4）对心理问题严重的学生，在必要时将心理档案信息反馈给学校和家长。

（五）保存条件

（1）纸质档案。纸质档案的保存要注意防火、防虫、防尘、防盗、通风等。

（2）电子档案。注意备份，有条件的学校可以购买专业的心理测评系统，提高工作效率，确保心理档案的动态更新。

（六）销毁制度

学生心理档案的保存和销毁制度，没有统一规定。一般而言，在学生离校3年后即可销毁。

三、学生心理档案的查阅

学生心理档案具有保密性。但在危急情况下，如学生的状况危及学生身心健康、生命安全、他人安全、社会安全时，允许把学生的心理档案提供给有关个人（法定监护人、临床医生等）或组织（学校、医院、公安机关等）。

【本章要点】

（1）目前，中小学心理健康教育的组织管理体制主要有：教研组模式、德育管理模式、教科研室模式、独立模式、全面渗透模式和班主任工作模式。

（2）高校的心理健康教育工作大多实行垂直管理，由学校主管学生工作的副书记或副校长作为第一负责人，对校内相关机构、师资进行资源整合和统一管理，保证心理健康教育工作顺利开展。一般来说，学生处为心理健康教育主管部门，心理健康教育与心理咨询中心为主要执行部门，心理健康教育教师为工作的主要负责人。

（3）每个学校应设立专门的心理健康教育与心理咨询场地，结合学校自身情况，展开建设，设立学生心理咨询预约等候室、个体心理咨询室、心理测评室、团体心理辅导室、心理宣泄室、心理放松室等，同时，按需配备相应的办公设备、心理测评工具、心理仪器、心理健康书籍和杂志等。

（4）学校心理健康教育工作者有广义和狭义之分。狭义上，指从事学校心理健康教育工作的教师，从业要求是必须经过规范、严格训练，掌握专业技能、知识，具备从业素质。

（5）学校心理健康教育培训的总目标是通过培训，能够提高全体教师的心理素质，规范教师教育行为，完善自身人格，促进专业化发展，形成一支具有良好的心理素质、坚实的教育理论基础和实践能力的教师队伍。

（6）心理辅导室的选址应该满足：便于服务对象到达，环境安静，光线充足的建设原则。

（7）学校心理辅导室应设置个体咨询室、团体辅导室、办公接待室等基本区域，有条件的学校可以单独设置心理测量室、放松室、宣泄室、沙盘室等区域。

（8）个体心理咨询室是为接待个体心理咨询而设立的，主要是为学生提供个体心理辅导的场所。对室内设备要求不高，但应该安静、简洁、舒适，让来访学生有安全感，有宁静、平和的感觉。

（9）团体辅导室是针对某一心理问题进行室内团体辅导的主要场所，同时也是心理健康活动课的教室。

（10）一般来讲，心理辅导的服务流程为：预约与接待——开展辅导——续约——辅导评估与随访。

（11）学生心理档案建立的一般流程包括：确定心理档案的内容、选择合适的测评工具、结果解释和档案建立。

【学习与实践】

（1）请根据所学内容，分析学校心理健康教育机构的位置放在什么地方比较合适。

（2）联系实际，分析学校心理健康教育的组织与管理的现状。

（3）请访谈5名在校学生，了解其所在学校的心理健康教育机构的建设和管理情况。

（4）请访谈5名学校心理健康教师，了解其所在学校的心理健康教育机构的建设和管理情况。

（5）请访谈5名在校学生家长，了解其对学生所在学校的心理健康教育机构的建设和管理情况的认识，以及自身对于学校心理健康教育的看法。

【复习思考题】

（1）学校心理健康教育管理体制主要有哪些模式？

（2）学校心理健康教育工作者的基本素质有哪些？

(3) 学校心理健康教育工作者的专业要求有哪些？
(4) 学校心理健康教育工作者的基本任务是什么？
(5) 教师心理健康应该如何维护？
(6) 学校心理辅导室的服务内容有哪些？
(7) 学校心理辅导室的建设原则是什么？
(8) 学校心理辅导室的选址有哪些要求？
(9) 如何建设学校个体心理咨询室？
(10) 如何建设学校团体心理辅导室？
(11) 学生心理档案建立的一般流程包括哪些方面？

【推荐读物】

1. 吴发科，中小学心理健康教育：实作与管理，广东高等教育出版社，2007。
2. 刘维良，学校心理健康教育实施与管理，重庆大学出版社，2006。
3. 张日昇，咨询心理学，人民教育出版社，2005。

第三章　学校心理健康教育伦理与督导

【本章导航】

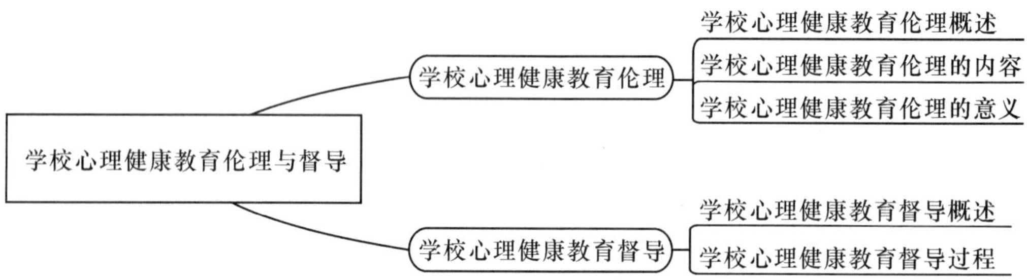

【学习目标】

（1）了解心理健康教育伦理的定义。

（2）理解心理健康教育伦理的作用。

（3）熟悉心理健康教育伦理的详细内容。

（4）理解心理健康教育伦理的深层次意义。

（5）掌握心理健康教育督导的相关基础概念。

（6）熟悉心理健康教育督导过程。

虽然现在各级教育部门对学生心理健康教育工作都非常重视，但因为我国的学校心理健康教育工作还处于发展初期，受过严格规范教育培训的专业人员严重不足，目前正在学校从事心理健康教育工作的人员中有很大一部分只接受过短期培训，他们边干边学，在做中积累经验。但这种专业成长模式显然难以应对复杂的学校心理健康教育工作，无法满足心理健康教育事业发展的要求。因此，制定明确、具体的学校心理健康教育规范，提升学校心理健康教育工作者的伦理意识和技能，普及学校心理健康教育督导制度已势在必行。

第一节　学校心理健康教育伦理

专业伦理是专业团体针对其专业特性研究发展出来的道德价值观与行为规范，是在该专业领域工作的理想指南，为专业人士在遇到伦理问题时提供抉择依据。学校心理健康教育工作的服务对象主要是学生，主要关注的是学生的人格、身心发展以及认知、学习、适应等，同时，也会根据学校教育工作的需要，为教师和学生家长提供适当的心理援助与咨询。由于心理健康教育是一种特殊的服务工作，涉及复杂的人际关系和寻求帮助者的隐私，心理健康教育工作既可以助人，也可能伤人。因此，更需要一套完整、明确的伦理道德标准，专业伦理是保证从业人员做好本职工作的必要条件。

一、学校心理健康教育伦理概述

（一）学校心理健康教育伦理定义

在中国，“伦理”二字的合用，最早见于《礼记》：“凡音者，生于人心者也；乐者，通伦理者也。”大约西汉初年，人们开始广泛使用“伦理”一词，以概括人与人之间的道德规范和伦理准则。美国的《韦氏大辞典》对伦理给出的定义是，伦理是一门探讨什么是好，什么是坏以及讨论道德责任义务的学科。

学校心理健康教育伦理是学校心理健康教育工作者在开展工作时应当遵守的行为规范和道德原则。是规范从业人员职业言行，维护本专业在公众中声誉，保障学生和学校心理健康教育工作者权益和学校心理健康教育工作健康工作有序发展的重要依据[1]。

（二）学校心理健康教育伦理的发展

学校心理健康教育伦理规范来源于心理咨询及心理治疗伦理规范。心理咨询及心理治疗伦理规范是在长期心理咨询及治疗的实践中总结出来的。美国心理咨询行业发展较早，学者 Wrenn 和 Darley 从 1947 年开始呼吁制定伦理规范，他们在 1952 年撰文阐述了咨询伦理的重要作用，引起学界对咨询伦理问题的关注[2]。多个专业组织都制定了专门的伦理规范，其中最具代表性的是美国心理协会（APA）1992 年出台的“心理学工作者的伦理学原则和行为规范”，该规范不仅明确了心理咨询工作的原则及在心理咨询工作中具体的伦理要求，还对心理咨询师本身的资质、能力和责任等方面作出了明确的规定。2002 年 4 月英国咨询与治疗协会（BACP）修订并颁布了《关于咨询和治疗的伦理规范和执业完善框架》，提出诚信、自决、慈善、无伤害、公正和自尊是心理咨询与治疗的基本伦理原则，并指出咨询师应该具有共情、诚实、正直、达观、尊重、谦虚、能力、公平、睿智和勇气等品质[3]。

虽然我国心理健康教育工作起步较晚，但很多学者已经意识到专业伦理规范对行业健康有序发展的重要作用，在参考美、英、日等国家的心理咨询与治疗工作伦理规范的基础上，制定出了适合我国国情的心理咨询专业伦理。目前已经颁布的伦理道德准则包括《心理测验工作者的道德准则》（1992）、《卫生系统心理咨询与心理治疗工作者条例》（1992）。2001 年，我国人力资源和社会保障部把心理咨询师作为一种劳动职业进行管理，通过政府认定的考核鉴定机构，按照《心理咨询师国家职业标准》中的任职资格条件，对报考者的技能水平或职业资格进行考核和鉴定，对合格者授予国家职业资格证书。专业资质认定对从业人员的从业资质、专业知识掌握、专业素养都提出了较高要求，对心理咨询工作的良性发展发挥了重要作用[4]。

各心理咨询专业机构也都根据自身具体情况相继制定了《咨询员伦理准则》，以约束

---

[1] 卓潇，姚本先，等．学校心理咨询伦理现状的质性研究［J］．内蒙古师范大学学报，2011（2）：65-67.
[2] 牛格正．辅导理论与实务—现况与展望［M］．中国辅导学会，台北：心理，1991：217-218.
[3] 石国兴．英国心理咨询伦理的专业化发展及其问题［J］．心理科学进展，2004，12（2）：304-305.
[4] 姚本先．学校心理健康教育新论［M］．北京：高等教育出版社，2010：450-451.

和规范本机构从业人员的行为。2007年，中国心理学会授权中国心理学会临床与咨询心理学专业机构在广泛征集有关专业人士意见后制定了《临床与咨询心理学工作伦理守则（第一版)》。制定该守则的目的是让心理师、寻求专业服务者以及广大民众了解心理咨询与心理治疗工作专业伦理的核心理念和专业责任，并借此保证和提升心理咨询与心理治疗专业服务的水准，保障寻求专业服务者和心理师的权益，增进民众的心理健康、幸福和安宁，促进社会的和谐发展。该守则不仅是中国心理学会临床与咨询心理学注册心理师的专业伦理规范，也是该学会处理有关临床与咨询心理学专业伦理申诉的主要依据。《临床与咨询心理学工作伦理守则》包括总则，专业关系，隐私权与保密性，职业责任，心理测量与评估，教学、培训和督导，研究和发表，伦理问题处理八个方面的内容。该守则出台后的十年是我国心理咨询与治疗行业发展最快的时期，行业的快速发展暴露出很多新的问题，中国心理学会又授权临床心理学注册工作委员会对第一版伦理守则进行了修订，于2018年出台了《中国心理学会临床与咨询心理学工作伦理守则（第二版)》，并于2018年7月启用。第二版伦理守则加入远程专业工作（网络/电话咨询）和媒体沟通与合作两章内容，其他几章内容也做了必要的调整和补充。

阅读资料

《中国心理学会临床与咨询心理学工作伦理守则（第二版)》

总 则

善行：心理师的工作是使寻求专业服务者从其专业服务中获益。心理师应保障寻求专业服务者的权利，努力使其得到适当的服务并避免伤害。

责任：心理师在工作中应保持其服务的专业水准，认清自己的专业、伦理及法律责任，维护专业信誉，并承担相应的社会责任。

诚信：心理师在工作中应做到诚实守信，在临床实践、研究及发表、教学工作以及各类媒体的宣传推广中保持真实性。

公正：心理师应公平、公正地对待与自己专业相关的工作及人员，采取谨慎的态度防止自己潜在的偏见、能力局限、技术限制等导致的不适当行为。

尊重：心理师应尊重每位寻求专业服务者，尊重其隐私权、保密性和自我决定的权利。

2010年高等教育出版社出版了姚本先编著的《学校心理健康教育新论》一书，该书对学校心理健康教育规范、伦理与督导进行了系统阐述。因该书是中国心理学会心理学教学工作委员会推荐教材，故被多所高等院校的应用心理学专业作为教材使用，该书的出版和推广对提高学校心理健康教育工作者的伦理意识、规范学校心理健康教育工作起到了非常重要的作用。

心理健康教育伦理的颁布和推广使公众有机会全面、客观地认识心理健康教育。但值得注意的是，因为社会在不断发展，人们对一些问题、行为的认识和评价也在不断变化，所以专业伦理有其历史和时间的局限性。另外，不是所有的问题都可以用伦理规范来约束，不管什么规范都难以穷尽所有情形。有时在考虑和处置各方利益和需要时，常会遇到困难和冲突。此外，专业伦理不具有预见性，无法使从业者在一种新的情境中知道怎么做才是恰当的。因此，建立、健全学校心理健康教育的专业伦理是一项持续性的工作。

（三）学校心理健康教育伦理的现状

虽然相关伦理规范已经出台，但受多种因素制约，现阶段我国学校心理健康教育工作中仍存在较多的伦理问题，主要表现为以下几个方面。

1. 实践能力不足

我国学校心理健康教育工作开始较晚，接受过系统专业培训的老师数量较少。有调查表明，目前中小学心理健康教育工作者多为半路出家或毕业时间较短的应用心理学专业本科毕业生。因为缺乏应用性技能和丰富的实践经验，这些只具备一定理论基础的心理健康教育工作者在具体工作过程中往往困难重重，有时也会因实践能力不足而引发一些问题。

2. 忽视知情同意权

研究发现，知情同意这一伦理原则在学校心理健康教育工作中并没有得到应有的重视。大多数学生思想单纯，维权意识差，对自己在学校心理健康教育工作中的知情同意权并不了解，或即便了解也不重视。有些学校心理健康教育工作者因工作对象年龄小，社会经验少，对学生的知情同意权也并不重视。

3. 存在认知偏差

（1）片面化。很多学校心理健康教育工作者没有接受过系统的伦理培训，只了解心理健康教育伦理中的部分内容，认为只要做到保密和不伤害对方就是遵守伦理要求了。

（2）轻视化。有些学校心理健康工作者把关注点放在心理健康教育基础理论的学习和基本技能的提升上，对学校心理健康教育伦理并不重视。

（3）角色定位模糊化。很多中小学的心理健康教育工作者在承担心理咨询工作的同时，还要进行心理健康教育课程的教学或做一些专业讲座，也被称为心理老师。心理老师与心理咨询师在工作原则和方法上有相同也有不同，但在学校不仅有很多学生把心理咨询师当成老师，就连部分学校心理咨询师也存在对自己角色定位模糊的情况[1]。

（四）学校心理健康教育伦理的作用

（1）可以调控学校心理健康教育工作内部的各种意见，消除彼此间的争议。这对心理健康教育这样一种具有众多不同理论和方法的职业来说，尤为重要。学校心理健康教育伦理保证和促进了行业内部的稳定和团结。

（2）可以为学校心理健康教育工作者提供必要的保护和指导。如果从业者所提供的职业行为是符合专业伦理的，则其行为就应该为社会所接纳，就应该受到保护。心理健康教育伦理为心理健康教育工作者指明了工作的方向，明确指出了心理健康教育工作者对学生和社会所承担的责任和义务。

（3）可以为学生提供保护自己的依据。学生可以依据学校心理健康教育工作的专业伦理，对教育者的行为做出评价，或采取必要的方式保护自己的利益不受侵害，确保公众不会因为个别不良和不合格的心理健康教育工作者的做法而丧失对心理健康教育行业的信心。

二、学校心理健康教育伦理内容

学校心理健康教育工作者的主要工作对象是学生，在解决具体问题时可能还要面对家

[1] 任珊珊，殷梦婕，王莹莹．中国心理健康教育伦理问题综述［J］．学理论，2012（9）：196-197.

长、同事和领导，工作过程中会涉及很多伦理问题。

（一）面对学生的伦理

心理健康教育的总目标是提高全体学生的心理素质，培养他们积极乐观、健康向上的心理品质，充分开发他们的心理潜能，为他们的身心健康成长和幸福生活奠定基础。围绕提高学生幸福感和促进学生健康成长的目标，学校心理健康教育工作者对学生工作时需遵循的专业伦理包括：无伤害、知情同意、获益性、尊重学生权益、隐私权和保密性等。

1. 无伤害

学校心理健康教育工作者应充分尊重和维护寻求专业服务学生的权利，努力使其得到适当的服务并避免伤害，促进其福祉。在具体工作中需注意以下几方面问题：

（1）学校心理健康教育工作者应避免伤害寻求专业服务的学生，如果伤害可避免或可预见，心理健康教育工作者应在对方知情同意的前提下尽可能避免，或将伤害最小化；如果伤害不可避免或无法预见，应尽力使伤害程度降至最低，或在事后设法补救。

（2）心理健康教育工作者不能代替寻求专业服务的学生做价值选择。对寻求专业服务的学生的个人风格、价值观、信仰等可以进行平等讨论，但不能予以倾向性的评价，更不能在工作过程中歧视、侵犯或压迫学生。

（3）学校心理健康教育工作者要尊重寻求专业服务学生的文化多元性，应充分觉察自己的价值观，及其对寻求专业服务学生的可能影响，并尊重寻求专业服务学生的价值观，避免将自己的价值观强加给寻求专业服务学生或替其做重要决定。

（4）学校心理健康教育工作者应清楚地认识其自身所处位置对寻求专业服务学生的潜在影响，不得利用寻求专业服务学生对自己的信任或依赖剥削对方、为自己或第三方谋取利益。

（5）学校心理健康教育工作者的专业能力不能胜任为寻求专业服务学生提供专业服务，或不适合与寻求专业服务学生维持专业关系时，应在和督导或同行讨论后，向寻求专业服务学生明确说明，并本着负责的态度将其转介给合适的专业人士或机构，同时书面记录转介情况。没有诊断资质的学校心理健康教育工作者一定不要随意给寻求专业服务学生贴标签，以免对其产生伤害。

（6）学校心理健康教育工作者应注重自我保健，警惕因自己身心健康问题伤害服务对象的可能性，必要时应寻求督导或其他专业人员的帮助，或者限制、中断、终止专业服务。

2. 知情同意

寻求专业服务的学生可以自由选择是否开始或维持一段专业关系，且有权充分了解专业工作的过程和心理健康教育工作者的专业资质及理论取向。具体包括以下几个方面。

（1）学校心理健康教育工作者应确保寻求专业服务学生了解双方的权利、责任，告知寻求专业服务学生享有的保密权利、保密例外情况以及保密界限。心理健康教育工作者应认真记录评估咨询过程中有关知情同意的讨论过程。

（2）学校心理健康教育工作者应知晓，寻求专业服务学生有权了解下列相关事项：1）心理师的资质、所获认证、工作经验以及专业工作理论取向；2）专业服务的作用；3）专业服务的目标；4）专业服务所采用的理论和技术；5）专业服务的过程和局限；6）专业服务可能带来的好处和风险；7）心理测量与评估的意义，以及测验和结果报告的用途。

（3）在与被强制要求接受专业服务学生工作时，学校心理健康教育工作者应在专业工作开始时与其讨论保密原则的强制界限及相关依据。

（4）当寻求专业服务学生同时接受其他心理健康服务领域专业工作者的服务时，学校心理健康教育工作者可以根据工作需要，在征得寻求专业服务学生同意后，联系其他心理健康服务领域专业工作者并与他们进行沟通，以更好地为寻求专业服务学生提供服务。

（5）只有在得到寻求专业服务学生书面同意的情况下，学校心理健康教育工作者才能对心理咨询或治疗过程录音、录像或进行教学演示。

3. 获益性

学校心理健康教育工作者应按照专业伦理规范与寻求专业服务学生建立良好的专业工作关系。这种工作关系应以促进寻求专业服务学生的成长和发展，从而增进其利益和福祉为目的。要鼓励学生认识自我、肯定自我、悦纳自我，提高挫折应对能力、情绪调控能力，发现自我潜能，树立切实可行的人生目标，并努力完善和超越自我。

4. 尊重学生权益

寻求专业服务学生拥有个人信息的隐私权；咨询目标、程序和结果的知情权；表达同意或不同意咨询的选择权；自主决定权及保留与咨询员不同意见的自主权。

学校心理健康教育工作者应按寻求专业服务学生的背景和能力，用他们能够掌握的方法和理解的语言与其进行沟通。寻求专业服务学生可自主表达其要求，学校心理健康教育工作者也应促进和保障他们的权益。我国的传统文化不太注重青少年学生的个体自主权，咨询员必须充分认识到尊重学生权益不仅有利于良好咨访关系的建立，也对其自我成长有重要作用。

5. 专业保密

学校心理健康教育工作者有责任保护寻求专业服务学生的隐私权，同时，明确认识到隐私权在内容和范围上受到国家法律和专业伦理规范的保护和约束。在具体工作中需注意以下几点：

（1）在专业服务开始时，学校心理健康教育工作者有责任向寻求专业服务学生说明工作的保密原则及其应用限度、保密例外情况并签署知情同意书。

（2）学校心理健康教育工作者应清楚地了解保密原则的应用有其限度，下列情况为保密原则的例外：1）发现寻求专业服务者有伤害自身或他人的严重危险；2）不具备完全民事行为能力的未成年人受到性侵犯或虐待；3）法律规定需要披露的其他情况。

（3）遇到寻求专业服务学生有伤害自身或他人的严重危险，或不具备完全民事行为能力的未成年人受到性侵犯或虐待的情况，学校心理健康教育工作者有责任向寻求专业服务学生的合法监护人、可确认的潜在受害者或相关部门预警；遇到法律规定需要披露的其他情况，学校心理健康教育工作者有义务遵守法律法规，并按照最低限度原则披露有关信息，但须要求法庭及相关人员出示合法的正式文书，并要求他们注意专业服务相关信息的披露范围。

（4）学校心理健康教育工作者应按照法律法规和专业伦理规范在严格保密的前提下创建、使用、保存、传递和处理专业工作相关信息（如个案记录、测验资料、信件、录音、录像等）。学校心理健康教育工作者可告知寻求专业服务学生个案记录的保存方式，相关人员（例如同事、督导、个案管理者、信息技术员）有无权限接触这些记录等。

（5）学校心理健康教育工作者因专业工作需要在案例讨论或教学、科研、写作中采用心理咨询案例时，应隐去可能辨认出寻求专业服务学生的相关信息。

（6）学校心理健康教育工作者在教学培训、科普宣传中，应避免使用完整案例，如果有可辨识身份的个人信息（如姓名、家庭背景、特殊成长或创伤经历、体貌特征等），须采取必要措施保护当事人隐私。

（7）如果由团队为寻求专业服务学生服务，应在团队内部确立保密原则，只有确保寻求专业服务学生隐私受到保护时才能讨论其相关信息❶。

（二）面对家长的伦理

学校心理健康教育工作者在与未成年学生工作时，必须尊重家长的监护权。父母作为未成年子女的监护人有监督、教育的权利和义务，有被监护人身份、行为以及身上事项的同意权。学校心理健康教育工作者应对家长的监护权加以重视，应熟悉民法对父母监护权的相关规定，以免侵犯家长的合法权益。家长对未成年子女有合法的监护权责，对子女的重大抉择及安危，他们有权知道真实情况，以采取必要、适当的保护措施。学校心理健康教育工作者有伦理及法律责任向家长提供这些资料，具体情况包括未成年子女有意私奔、离家、堕胎、自杀、严重犯罪行为或滥用药物等，如果有这些情况，学校心理健康教育工作者却隐瞒不报，而导致求助者或他人受到伤害，就是违反专业伦理，情况严重时可能会涉及法律诉讼。学校心理健康教育工作者对此类特殊状况要高度警觉，要采取合理的处理措施。

学校心理健康教育工作者在具体工作中，既要坚持保密原则，保护求助者的利益，也要保障家长的合法监护权益，避免发生涉及法律责任的纠纷，遇到含糊不清、无法确定的问题，应及时向专业同行请教或接受专业督导。

学校心理健康教育工作者如需与家长沟通，一定要告知学生，保证学生的知情权。若学校心理健康教育工作者向寻求专业服务学生承诺不告诉家长同时也认为不必告诉家长，那在与家长沟通时，可以从专业角度向家长解释心理健康教育的保密原则，并同时鼓励家长与子女直接沟通。若心理健康教育工作者认为有必要让学生的父母参与到心理健康教育工作中，可直接向学生父母提出合作建议。总之，围绕让学生幸福与健康发展这一核心目标，让学生和其父母的合法权益都能得到有效保障。

（三）面对同事的伦理

目前学校心理健康教育工作者多为多重角色，可能同时担任咨询师、教育者甚至管理者。可能会出现为目前正在修读自己课程的学生提供咨询、为自己学校教师提供咨询，或以教育者的身份要求学生接受咨询等情况。面对同一名学生，教育者、管理者的身份必然对专业咨询关系的建立有一定影响，处理不好会降低咨询效果。

在学校进行心理健康教育工作有很多方便条件，如容易收集到寻求专业服务学生的背景资料，容易通过老师了解学生在学校的表现，容易联络到家长等。但学校心理健康教育工作也有一些限制，其中一个限制是学校可能会有老师、行政人员和学校领导等很多人来帮助这个学生，多人关心有其优点，但同时也有其缺陷。有些老师或领导伦理意识不强，

❶ 中国心理学会．临床与咨询心理学工作伦理守则（第二版）[J]．心理学报，2018，50（11）：1314-1322.

在沟通或资料传递过程中不容易保密，可能会伤害到寻求专业帮助的学生。

另外，学校心理健康教育工作者在工作中可能会遇到与同事或领导的关系问题。班主任经常会推荐班级学生做咨询，并希望从咨询师那了解学生的咨询信息。这种情况下，该做何种选择呢？是为学生的利益坚持“保密原则”，还是告诉班主任一些信息，以便共同教育好学生呢？如果学校领导希望了解学生的情况，心理健康教育工作者是否要将学生的情况做汇报？或者，班主任老师与学校领导要求查看学生的心理档案，心理健康教育工作者是否应该同意？这类情况常常会在学校中出现。作为心理健康教育工作者，不仅应该学会如何拒绝同事甚至领导的要求，还要掌握与班主任和领导沟通这类问题的技巧。

不论伦理规范如何更新也不能解决现实工作中的所有问题，遇到问题要具体情况具体分析，在面对两难抉择时，两害相权取其轻可能是比较好的选择。

三、学校心理健康教育伦理的意义

徐凯文老师在他的心理咨询伦理课上反复强调：“咨询伦理不仅仅是行业规则、职业道德，咨询伦理中蕴含着的是心理咨询作为一个行业的价值观，是行业的灵魂所在。”对心理咨询师而言，咨询伦理是必修课，而且是终身必修课，因为遵守咨询伦理不仅是对求助者的保护，也是对咨询师自己的保护，更是对整个心理咨询行业的保护。学校心理健康教育伦理规范来源于心理咨询及心理治疗伦理规范，对学校心理健康教育工作者来说，增强伦理意识，认真学习领会伦理规范，并用伦理严格规范自己的行为具有重要意义。

（一）为学生健康成长护航

从工作对象来看，学校心理健康教育的工作对象是正在成长发展中的儿童和青少年，他们尚未成熟，天真、活泼、可爱，他们的健康成长既关系到未来社会公民的素质和幸福，也关系到民族的发展和强盛。从工作内容来看，学校心理健康教育常常涉及儿童和青少年的心理问题，心理问题能否得到及时有效干预直接关系到他们的人格完善、社会适应、潜能开发及人生发展；从工作性质来看，学校心理健康教育工作目标是提高学生的心理素质和心理健康水平，促进学生身心健康发展，它不同于普通的知识教育，可以进行补偿教育，点滴的差错和失误，都可能会产生广泛而深远的影响。

（二）深化咨询双方关系

学校心理健康教育工作者与任课教师、班主任或学校其他行政管理人员直接负责某一方面工作或某一班级不同，他们受到的约束较少，工作更独立。也有较多单独面对学生和与学生深入沟通交流的机会。心理健康教育是一个陪伴人、感动人、改变人的助人工作。在学生遇到困扰时，心理健康教育工作者有机会聆听他们的心声，了解他们的处境和感受，设身处地、深刻细腻地同理，有利于心理健康教育工作者与学生间关系的深入发展，并通过良好专业关系的建立进一步帮助学生整理自己的情绪、修正自己的认知偏差，促进其心理成长。

（三）合理调整、指导实践

严格规范的心理健康教育伦理对具有众多不同理论和方法的心理健康教育工作尤为重要。专业伦理可以对心理健康教育工作加以保护，保证从业者自主发挥职业功能，也可以为心理健康教育工作者提供专业指导。专业伦理可以调控学校心理健康教育工作者内部的各种意见，为最终的决策提供科学依据。作为心理健康教育工作者，必须将伦理原则应用到自己的实践工作中，只要始终保持伦理敏感性，将求助者的需要放在自己的需要之前，在遇到伦理困难时就可以做出恰当的决策。

（四）促进行业良性发展

心理健康教育伦理是从事心理健康教育工作与研究的专业伦理，是明确寻求专业服务学生及心理健康教育者权利与义务的规范，是维系整个心理健康教育专业存续与发展的基础。符合学校特定环境的、有针对性的、清晰明确的伦理规范，可使心理健康教育工作有章可循，使学生的权益得到真正保护，避免心理健康教育工作者的不当言行伤害学生，减轻心理健康教育工作者的伦理压力，促进学校心理健康教育工作良性发展。

第二节 学校心理健康教育督导

心理健康教育工作者要提高自己的专业胜任力，不仅要系统学习心理健康教育专业理论、基础知识和方法技术，还要不断接受督导，督导是心理健康教育工作者成长的必经之路。

一、学校心理健康教育督导概述

（一）学校心理健康教育督导的概念

督导是由一个高资历的专业人员对同专业内下级或初级人员提供的一种干预。这种关系是评价性的，需持续一定的时间，同时具有多个目标，能提高下级人员的专业能力，监控受导者向求助者提供专业服务的质量，并且，对即将进入本专业的人员进行评价和严格把关。

心理咨询（治疗）督导（以下简称督导）是对长期从事心理咨询工作的心理咨询师和心理治疗师职业化过程的专业指导。这种督导有两个目的：一是对受导者的心理咨询能力进行评估；二是提高受导者的心理咨询水平。学校心理健康教育督导是指受导者在有经验的督导师的指导下实践心理健康教育技巧，改进心理健康教育工作，提高自身专业水平的过程[1]。

心理咨询师实践技能的训练方法与临床医师不同，受保密伦理限制，心理咨询师既不能跟诊，也难以在咨询工作中得到老师的直接指导，因此，心理督导是心理咨询师成长过程中非常有效的经验学习途径，它可以很好地弥合咨询理论与咨询实践之间的巨大鸿沟，是心理咨询师实践能力提升的必经之路。督导兼有教学、咨询和辅导功能，但督导与教学、咨询和辅导又都有不同之处。教学重视遵循一定的课程程序，而督导工作要依据咨询师和他的求助者的需求开展，有明显的特定化、个别化特点；咨询的目的是解决求助者的心理问题，而督导是要提高受导者解决求助者心理问题的能力，一般不解决受导者的心理问题；辅导关系相对比较平等，而督导关系有明显的等级差别。

（二）督导师需具备的条件

督导师在督导过程中既是教师也是专业工作者，并非所有的专业教师都可以成为督导师，也并非所有第一线的咨询员都可以担当督导师。理想的督导师应具备以下条件：

---

[1] 姚本先．学校心理健康教育新论［M］．北京：高等教育出版社，2010：466-468.

（1）有专业教育及培训背景。督导师的任务是根据一定的标准对受导者的咨询过程加以观察、评估及指导，使受导者提高咨询技能，获得专业成长。这就要求督导师具备扎实的理论基础，丰富的专业知识及熟练的教学技巧。督导师必须接受过系统的专业教育或培训，并不断汲取新知识，才能胜任督导工作。

（2）有丰富的实践经验。督导师要协助受导者整合运用多种知识和理论，通过实际工作掌握咨询的方法和技巧。督导师没有丰富的实践经验，就不会熟悉咨询过程，不能帮助受导者解决在咨询中遇到的问题，也不能通过高质量共情与受导者建立督导关系。所以，只有理论没有实践的督导师难以高质量完成督导任务。

（3）有强烈的社会责任感。督导师的工作非常辛苦，不仅每周必须拿出固定的时间与受导者交流、讨论工作中遇到的问题和困惑，给予受导者专业指导，而且还要花费大量时间阅读、批改受导者的各种工作记录、咨询档案，处理一些突发问题，工作繁重，责任重大。如果没有维护专业声誉、提升民众心理健康水平、促进社会和谐发展的责任意识，很难长期坚持督导工作。

（4）有教授他人的能力。督导师不仅自身要有扎实的专业知识、丰富的实践经验，还要能熟练运用示范、讨论等科学的教学方法，能敏锐地发现受导者在工作中出现的问题并提出改进建议，能为受导者提供新的观念、知识和方法，并解答受导者的疑问。

（5）有成熟的人格和进取的人生态度。督导师在督导工作中展现出的成熟的人格、稳定的情绪、不断成长的热情，都为受导者做出了良好的榜样示范。督导师的专业精神、人格典范，以及不断克服困难自我完善、自我提升的品质会影响受导者督导目标的达成。

（三）督导的作用

督导之所以是心理健康教育培训中的重要环节，是因为心理健康教育培训作为一种专业训练，与其他纯理论学科的培训不同，督导师不仅要帮助学习者掌握专业基础知识、基本理论，还要帮助他们把理论、知识、概念转化为可在实际工作运用的专业技能，从而帮助寻求专业服务学生解决问题、摆脱困境。督导的作用主要包括以下几个方面：

（1）监督受导者工作。督导师通过对受导者工作的监督，可以及时发现、解答其在实践操作中遇到的问题和疑惑，指导其针对不同求助者的不同需求制定出科学合理的工作方案，并检查其方案实施情况。这种监督可以通过对心理健康教育工作者工作时的笔录、录音、录像和隔窗观察等方式来予以实施，其目的在于提高受导者对求助者问题的判断能力及心理健康教育技术的运用能力。

（2）促进受导者的个人成长。受导者在督导师的引导和帮助下，不断探索，尝试运用自己所学的理论和技术帮助求助者解决心理困扰，并对自己的工作及时反思、及时改进。在向求助者提供服务的过程中，受导者会逐步掌握助人的技巧，培植对求助者真挚的关怀，提升专业的责任感。通过督导，受导者会不断进行自我反思，使其在自我意识、人际沟通、人格完善以及专业知识的领悟等方面不断提升。因此，督导不仅可以提高心理健康教育工作者的助人能力，也可以帮助受导者自我成长。

（3）帮助受导者顺利完成在业务提高中的转折与过渡。这种转折与过渡是渐进的、自然的、水到渠成式的。心理健康教育工作者的业务提高会经过三个时期，分别是停滞期、困惑期和整合期。在停滞期，心理健康教育工作者会表现出对心理健康教育工作中遇到的问题认识不清、不敏感及强烈的移情反应；在困惑期，心理健康教育工作者会渐渐意识到自己在工作中的种种认识不足和处理不当，却无法确定什么方法才是恰当的、合理的；在整合期，心理健康教育工作者会明显提高自己对心理健康教育问题性质的认识并不断改进处理方法，逐渐形成个人的工作特点和风格。

（4）考核受导者的实习表现。督导师可以通过对受导者工作态度、判断能力、操作技巧、专业知识和非专业知识的合理运用，以及对心理健康教育方法和技术的个人领悟等方面的考核评估，对受导者工作的胜任力予以客观公正的评价❶。

二、学校心理健康教育督导过程

（一）个别督导过程

个别督导是其他形式督导的基础，是最传统、最重要、最常用的督导类型，个别督导是指督导师针对受导者在心理健康教育工作中的表现、工作中遇到的困难和出现的问题与受导者一对一地分析、讨论，以帮助受导者提高工作能力，每位心理健康教育工作者在职业成长过程中都要经历个别督导。

心理健康教育工作者在职业发展过程中，主要有两种情况需要接受督导：第一种是职业培训阶段，包括处于外行帮助者、初级学员和中级学员阶段的心理健康教育工作者；第二种是专业提升阶段，包括新入职的心理健康教育工作者和有经验的心理健康教育工作者。第一种情况往往是执业资格授予机构强制要求的，通常对督导师的资质、接受督导的时长和督导的结果有明确的要求；第二种情况主要是心理健康教育工作者接受执业资格授予机构的要求，完成继续教育任务的时候，或是心理健康教育工作者在遇到难以解决的问题时主动接受督导。个别督导包括以下几个环节。

1. 确定督导目标

通常初次接受督导的受导者容易出现没有督导目标的情况。在督导关系建立的初期，督导师就必须和受导者探讨督导目标，让受导者清晰了解督导可以实现的目标和他的期望值之间的差距，并在此基础上协商确定督导目标。

2. 确定督导方式

为了实现督导目标，督导师必须选择自己能够执行的、适合受导者的督导方式。博德斯和莱迪克认为，督导师选择督导方式需要考虑以下情况：受导者的学习目标、受导者的专业能力、受导者的学习风格，以及与之相对应的督导师可达成的督导目标、督导师的专业能力、督导师的理论取向。

结构化的督导以督导师引领为主，首先制订一个相对明确、具体的督导计划，受导者按计划执行咨询任务后向督导师反馈，然后督导师给予点评、指导或训练；在非结构化的督导过程中，受导者表现出更多的主动性，督导师更多地给予支持、确认，和受导者一起讨论、总结，指导、训练相对较少。

督导师和受导者的专业水平以及学习或工作风格决定督导方式的结构化水平。一般来说，培训水平低、倾向具体化认知风格的受导者或督导师比较适合结构化督导，性格比较急的受导者或督导师也比较适合结构化督导，而对缺少计划性、学习组织能力差的受导者可以选择非结构性的督导。

---

❶ 吴增强．学校心理辅导实用规划［M］．北京：中国轻工业出版社，2012：376-377.

从督导师理论流派来看，认知行为学派的督导师偏向于结构化的督导风格，而精神动力学流派和人本主义流派的督导师偏向于非结构化督导风格。

3. 获取信息

在建立督导关系后，督导师就要开始收集受导者的咨询信息，受导者正在咨询的案例经常成为督导的载体。通过受导者和求助者的互动过程，督导师不仅可以了解到受导者对求助者心理问题的理解，还可以通过咨询过程信息的收集，评估受导者在咨询设置、个案概念化、咨询技术的使用、咨询伦理的遵守等方面是否存在问题。受导者常通过自我报告、咨询过程记录与案例记录、咨询录音及咨询录像等途径向督导师汇报咨询过程信息。

自我报告，是督导过程最常用的信息获取方法，它主要依赖受导者对咨询过程的回忆来实现。受导者在自我报告之前一般都会在回忆咨询过程的基础上对信息进行梳理或抽象概括，然后通过言语和非言语途径传递给督导师。

咨询过程记录与案例记录，是通过文字记录来反映咨询过程的方法。前者包括会谈内容、受导者与求助者的互动过程、受导者对求助者的感受、咨询过程中使用的干预方法及其理论依据等；后者主要记录干预、管理等咨询过程的重要信息，特别是咨询过程的记录。

咨询过程的录音和录像，可以精准记录咨询的全过程，可以获得比较全面的咨询信息，可以让督导师有现场督导的感觉。事实证明，督导师和受导者一起回顾、分析心理咨询的录音、录像资料常常会让心理健康教育工作者产生深刻的积极感受，能够大大提升督导效果，目前咨询录音已成为应用最多的督导资料来源。使用咨询录音、录像作为督导信息来源，要注意以下几点：首先，要注意遵循知情同意伦理，要提前与求助者沟通，得到求助者同意后方可对咨询过程进行录音、录像。其次，要注意充分利用其信息保留完整的优点，尽量避免容易引起求助者和受导者阻抗这一缺点。为此，督导师可以同意受导者提供经过整理的录音、录像资料，或只提供与督导有关的录音、录像片段，这样既可以减轻受导者的阻抗，也可以节省督导时间。

4. 教学与互动

获取足够信息后，督导师要与受导者一起完成以下督导任务：如回顾咨询过程，理解与概念化求助者的心理状态和心理过程，分析或修正咨访关系、评价并指导干预技术等。但并非每次督导都要完成这些任务，要依据具体情况确定每次督导工作内容。

（二）团体督导过程

团体督导，也称小组督导或集体督导，团体督导是运用团体讨论的形式，让多个受导者针对实习或工作中面临的共同问题及需要，交流思想和经验，督导师从中加以引导，以达成督导目标的方法。团体督导通常 5~8 人一组，由 1~2 个督导师带领。这种督导形式的优点是团体成员就某一问题探讨交流，从多角度探索问题，集思广益，不仅可以训练受导者的沟通表达能力，还有助于受导者辩证思维能力的培养，而且团体动力也可为受导者提供支持和帮助，但团体督导也有其局限，主要表现为难以顾及每一个受导者的要求和个性差异。

1. 督导师的任务

团队督导与个别督导的最终任务都是提升受导者的职业能力，但是个别督导是以“督导师—受导者”之间的心理互动为主渠道来完成，而团体督导则主要通过“受导者—受导者”之间的互动来完成，因此，团体督导的焦点在受导者，而个别督导的焦点在求助者。

团体督导师的工作任务主要有：维持小组“挑战—支持”的平衡；让成员在安全、自由的环境中积极观察，剖析个案、自己和他人；关注心理健康教育工作者对其求助者的反应；讲授干预方法；提供案例信息、建议或反馈；关注并处理成员之间以及成员与督导师之间的关系，消除不良关系对督导进程的阻碍；让小组经常处于开放、探索和反应的良好工作状态。

2. 团体督导的准备阶段

这一阶段要完成团队成员选择和决定督导地点两项任务，团队成员的选择要依据督导目标、督导师与受导者的受训背景来决定。

选择成员的主要依据是成员的同质性，同质性是指团队成员之间相似的程度。相似程度高的团队称为同质团队，反之为异质团队。同质团队的成员之间受训背景相似、咨询经验相当、理论取向相同，同质团队成员之间更容易相互信任、产生共情。异质团队的成员具有各自不同的特性，在督导过程中可以互相沟通交流、取长补短。由于同质团队和异质团队各有其优缺点，因此，督导师在进行督导团队设置时一定要合理安排。

通常，建议新手督导师或新入职的心理健康教育工作者选择同质性团队，因为受导者在经验水平相当的情况下会更容易对彼此共情，互相欣赏，产生信任感。经验丰富的督导师或心理健康教育工作者对自己的咨询能力有足够的自信，也有更好的包容性，可以考虑选择异质性团队，因为成员间不同的咨询风格、咨询经验、思考问题的角度有助于受导者专业知识的整合和专业技能的提升。

3. 督导团体形成阶段

这一阶段的首要任务是督导师行使领导权力，进行督导小组活动设置，制定团体成员行为规范。主要包括会谈时间、会谈次数、个案提交方式、伦理规范等。

团体督导一般每周 1 次，每周督导时间相对固定，这样的安排有助于降低团队成员的焦虑感，提高信任度和凝聚力。团队成员需根据规则按时出席，尽量避免缺席、迟到和早退，否则将会改变团队的动力方向。

案例是督导的载体，案例提交的方式、案例报告与讨论的过程对实现督导目标至关重要。首先，一次讨论避免同时提交多个案例，以免造成信息过载，动力过于复杂，影响成员对案例的理解与感受；其次，心理健康教育工作者应避免提交没有背景资料的案例，这样的案例只有具体问题，没有支持讨论的动力基础；再次，在讨论求助者的动力之前必须先讨论心理健康教育工作者的动力状态。

团体督导需注意两个问题，首先，团体督导受导者人数较多，保密措施似乎不那么有保障，容易出现违反保密伦理的情况。团体督导师有责任对团队成员重申这一原则，确保保密原则的遵守。其次，与个别督导不同，团体督导师的基本工作之一是在了解、分析和处理案例报告后观察成员的反应，并在此基础上实现督导目标。

4. 团体督导的具体过程

从第一次会谈开始，成员间就出现了以协作和竞争为基本形式的心理互动。督导师要通过调整“挑战—支持”平衡来调控成员间的协作和竞争关系。协作和竞争在小组督导的不同时期会表现出不同的比例。一般来说，团体督导的开始阶段以协作为主，中间阶段可以允许更多的竞争，后期部分要进入新阶段的协作。

督导中间阶段是竞争关系凸显的风暴阶段。这种竞争情景可以激发成员的思考，活跃组间动力，但是督导师必须始终关注、保护较弱的成员，保证他们不在这一阶段受到过大的冲击。必要时督导师也可以引导团队成员讨论团队风暴，引导挑战性过强成员调整自己的心理行为，避免对其他团队成员产生伤害。

经过风暴阶段，督导师可以观察到成员的不同表现，团队内可能会出现各种互动情绪（如挑战性、消极性等），此时督导师需制定行为规范，以保护弱者、激励强者，保持既可以安全地自我暴露，又可以尽情展示自我的督导氛围。

行为规范的内容是动态发展的，会随督导环境的变化而变化，行为规范的最终目的也是为了维持“支持—挑战”的动态平衡。

5. 团体督导的实施

这一阶段团队成员在互动过程中投入的心理资源更多，心理凝聚力更强，能够积极探索自我、反思自己的咨询实践。这时，督导师可以暂时退出主导位置，将提供心理支持的任务交给成员。这一阶段的特点：一是成员之间互相信任、相互支持。支持的力量不必来自督导师，成员之间可以自发地提供相互支持，团队具备良好的“平衡—挑战”自我调节能力。二是成员不需要隐藏，可以自由展现自己的独特个性，阐述自己的独特看法，每位成员都可以通过团队活动展示自我、丰富视角、收获成长。

该阶段，督导师可以有目的地给成员布置任务。如，有针对性地观察；角色扮演；依据某一特定理论取向观察会谈，并通过观看会谈，做出一个描述性比喻等。值得注意的是，并不是所有的团队督导都可以进入实施操作阶段，能够进入这一阶段的督导一般都会是一个收获颇丰的督导。

6. 团体督导的结尾

绝大部分的团体督导都有时间限制，为保证督导顺利结束，督导师需注意以下几点：首先，督导师必须做好预先设计，制定的计划和目标要让团队成员能感觉到督导结束的临近，以便自行处理可能出现的心理问题；其次，督导师要将团体督导的结尾纳入学习框架，让成员明白，这一阶段的体验、问题也是督导学习过程的重要组成部分；再次，督导师要指出每位成员今后的学习方向；最后，成员要总结各自的收获，并依据这些收获制订未来的学习计划。

（三）现场督导

现场督导是指督导师通过单面镜、录像机等直接观察受导者面见真实求助者的工作过程，利用电话、对讲机，亲自进入咨询室内，或邀请受导者到单面镜后进行讨论等方法，直接针对咨询过程向受导者提供及时的指导，提高咨询效果。常见的现场督导技术：耳机督导、案主现场观察、直接介入、电话指导等。

现场督导是最有效的训练及学习模式，督导师的介入，可以及时帮助受导者发现问题，指引方向，提高工作成效，而且由于督导师能直接观察到咨询过程，可以避免受导者口述或笔录时可能出现的细节信息疏漏，可以做到训练、反思和修正有机结合。因此，有学者提出现场督导的方法能更有效地提高受导者的学习动机，可避免受导者因知识技巧不足而影响服务质量。现场督导既可以保障求助者的利益、又有助于受导者的专业成长。

现场督导有许多优点，但实施起来却并不容易。首先，现场督导的督导师不仅要有扎实的专业知识基础及丰富的实践经验，还要有敏捷的思维和良好的沟通技巧，目前我国能够进行现场督导的督导师数量很少。另外，受导者虽然能接受，也愿意接受现场督导，但在实际督导过程中会很容易紧张、焦虑，受导者会担心自己做不好被批评，怕在督导师面前暴露弱点而影响评价。这样的情绪状态会影响受导者咨询技能的发挥。要解决这两个问题，首先，要选拔培养一批高水平督导师，他们必须接受过专业教育及培训，有5年以上从事心理咨询与辅导的实际经验，并坚持定期进修，提高督导水平；其次，受导者要信任现场督导的功能，愿意接纳现场督导的形式，了解现场督导的作用，与督导师协商确定督导目标。

阅读材料

某学校咨询督导报告基本要求

一、基本提纲

（1）受导者基本情况描述。

（2）个案基本情况。

（3）督导过程（围绕受导者处理个案的主要情节、难点和困惑）。

（4）对受导者的评价。

——处理个案的能力、方法的评价。

——受导者与求助者的关系。

——受导者的自我认识与反思。

——接受督导时的表现。

——受导者的专业成熟度。

（5）督导者自我评估。

——督导关系（有没有冲突，如何化解）。

——督导方法与能力。

——值得肯定之处。

——教训与需要改进之处。

（6）对督导的体会与进一步认识。

二、撰写要求

（1）条理清晰，语言简洁。

（2）围绕具体事物（个案故事、受导者与督导者的内心感受）。

（3）焦点对话要呈现。

（4）把内心的冲突、焦虑或者愉快等真实感受和体验写出来。

【本章要点】

（1）学校心理健康教育伦理是学校心理健康教育工作者在开展学校心理咨询和辅导活动过程中应当遵守的行为规范和道德原则，是规范从业人员职业言行，维护本专业在公众中声誉，保障学生和心理健康教育工作者权益和学校心理健康教育工作健康工作有序发展的重要依据。

（2）《临床与咨询心理学工作伦理守则（第二版）》包括总则，专业关系，知情同意，隐私权与保密性，职业胜任力和专业责任，心理测量与评估，教学、培训和督导，研究和发表，远程专业工作（网络/电话咨询），媒体沟通与合作，伦理问题处理。

（3）学校心理健康教育伦理的现状：实践能力不足；忽视知情同意权；存在认知偏差。

（4）学校心理健康教育伦理的作用：可以调控学校心理健康教育工作内部的各种意见，消除彼此间的争议；可以为学校心理健康教育工作者提供必要的保护和指导；可以为学生提供保护自己的法律依据。

（5）学校心理健康教育伦理内容包括：面对学生的伦理、面对家长的伦理以及面对同事的伦理。学校心理健康教育工作者面对学生的伦理包括：无伤害、知情同意、获益性、尊重学生权益、隐私权和保密性等内容。

（6）学校心理健康教育伦理的意义：为学生健康成长护航；深化咨询双方关系；合理调整、指导实践；促进行业良性发展。

（7）心理咨询（治疗）督导（以下简称督导）是对长期从事心理咨询工作的心理咨询师和心理治疗师职业化过程的专业指导。这种督导有两个目的：一是对受导者的心理咨询能力进行评估；二是提高受导者的心理咨询水平。学校心理健康教育督导是指受导者在有经验的督导师的指导帮助下实践心理健康教育技巧，改进心理健康教育工作，提高自身专业水平的过程。

（8）督导师需具备的条件：有专业教育及培训背景；有丰富的实践经验；有强烈的社会责任感；有教授他人的能力；有成熟的人格和进取的人生态度。

（9）督导的作用：监督受导者工作；促进受导者的个人成长；帮助受导者顺利完成在业务提高中的转折与过渡；考核受导者的实习表现。

（10）个别督导是指督导师针对受导者在心理健康教育工作中的表现、工作中遇到的困难和出现的问题与受导者一对一地分析、讨论，以帮助受导者提高工作能力。

（11）个别督导包括确定督导目标、确定督导方式、获取信息、教学与互动等环节。

（12）团体督导，也称小组督导或集体督导，团体督导是运用团体讨论的形式，让多个受导者针对实习或工作中面临的共同问题及需要，交流思想和经验，督导师从中加以引导，以达成督导目标的方法。

（13）现场督导是指督导师通过单面镜、录像机等直接观察受导者面见真实求助者的工作过程，利用电话、对讲机，亲自进入咨询室内，或邀请受导者到单面镜后进行讨论等方法，直接针对咨询过程向受导者提供及时的指导，提高咨询效果。

【学习与实践】

（1）请寻求本校心理教师协助，学习本校的心理健康教育伦理规定，并总结你的学习感想。

（2）分别对 1~2 名学生、学生家长进行调查访谈，了解学生和学生家长对心理健康教育、伦理和督导的认识。

【复习思考题】

（1）什么是学校心理健康教育伦理？具体的内容有哪些？

（2）学校心理健康教育伦理的作用有哪些？

（3）学校心理健康教育伦理的意义是什么？

（4）简述督导的定义和意义。

（5）常见的督导过程有哪些？试选一种详细说明。

【推荐读物】

1. Bernard & Goodyear，王择青、刘雅颖等译，临床心理督导纲要（第三版），中国轻工业出版社，2005。

2. Frawley & Sarnat，李梵、傅文青等译，督导关系，中国轻工业出版社，2011。

3. 姚本先、林家兴，心理辅导专业伦理规范与督导，新蕾出版社，2008。

4. 吴增强，学校心理辅导通论——原理、方法、实务，上海科技教育出版社，2004。

5. 吴增强，学校心理辅导实用规划，中国轻工业出版社，2012。

6. 李江源，教育规范的基础（论文），复旦教育论坛，2004（3）。

7. 教育部社会科学研究与思想政治工作司，重在建设，立足教育：科学规范大学生心理健康教育工作（论文），中国高等教育，2002（5）。

8. 叶一舵，中小学心理健康教育教程，福建教育出版社，2015。

9. 宋宁，心理教育的“朋辈督导”（论文），中小学心理健康教育，2006（4）。

10. 中小学心理辅导网站，http：//www. xhyf. net。

11. 中国儿童与青少年心理健康网，http：//qsxl. psych. ac. cn/。

第四章　学校心理健康教育的内容

【本章导航】

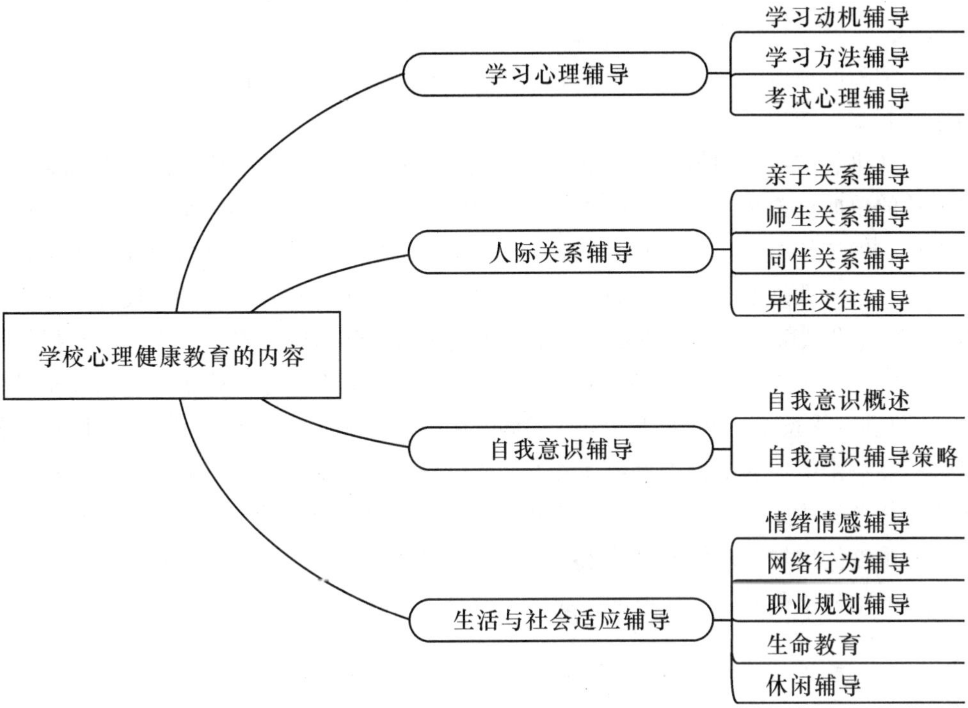

【学习目标】

(1) 了解学校心理健康教育包括的主要内容。

(2) 掌握学习心理辅导的三个主要辅导方向及辅导策略。

(3) 熟悉人际关系辅导主要内容。

(4) 掌握亲子关系的辅导策略。

(5) 熟悉异性交往辅导的具体内容。

(6) 了解自我意识的定义分类，掌握自我意识辅导内容。

(7) 探讨情绪情感辅导、网络行为辅导以及职业规划辅导的方法策略。

(8) 掌握生命教育的含义和辅导策略。

(9) 了解休闲活动的定义与作用，并掌握休闲辅导的过程。

第一节　学习心理辅导

一、学习动机辅导

（一）学习动机概述

1. 学习动机定义

学习动机指的是学习活动的推动力，又称“学习的动力”，是直接推动学生进行学习的一种内部动力，即激发个体进行学习活动、维持已经引起的学习活动，并使个体的学习活动朝向一定学习目标的内部启动机制；是推动学生进行学习活动的内在原因，是激励、指引学生学习的强大动力，是影响学生学习的一种重要的非认知因素。学习动机在学生的学习中具有重大作用。

学习动机和学习之间是辩证关系。奥苏伯尔（D. P. Ausubel）指出：动机与学习之间不是简单的单向性关系，而是典型的相辅相成的关系。一方面，学习动机对学习活动的开始和维持有促进作用；另一方面，在学习过程中，学生学到的知识又可以反过来增强学习动机，学习本身就是下一步学习的动机。心理学研究表明，学习动机的强度与学习效率间呈倒“U”型曲线关系。即动机强度处于中等水平时，学习效率最高；当学习动机的强度超过最适宜的中等强度时，学习效率反而会下降。例如，严重考试焦虑多是由动机过强引起的。耶克斯-多德森定律（The Yerks-Dodson Law，1908）表明，如图 4-1 所示，各种活动都存在一个最佳的动机水平；动机不足或过分强烈，都会使工作效率下降。动机的最佳水平随任务性质的不同而不同。在比较容易的任务中，工作效率随动机的提高而上升；随着任务难度的增加，动机的最佳水平有逐渐下降的趋势。也就是说，在难度较大的任务中，较低的动机水平有利于任务的完成。

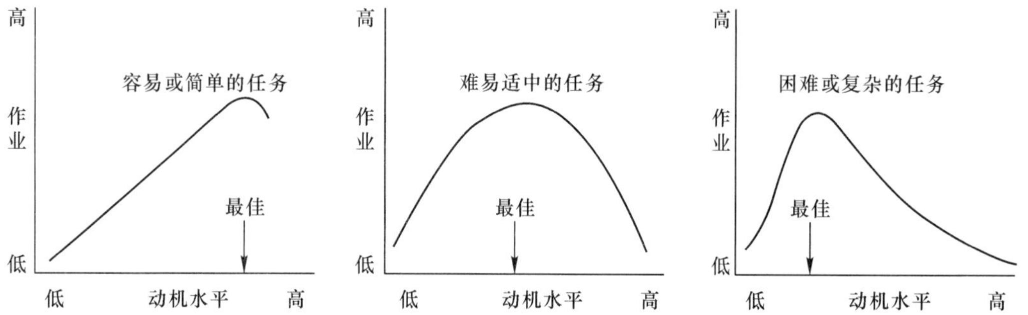

图 4-1　耶克斯-多德森定律

学习动机对学习活动的促进作用主要体现在推动和维持这两个方面。当学生缺乏学习动机时，教师可以通过多种形式的学习活动逐步地激发其学习动机；而学生的学习动机一旦形成，又能改进其学习活动❶。

---

❶ 吴增强．学校心理辅导通论——原理・方法・实务［M］．上海：上海科技教育出版社，2004：87.

2. 学习动机组成

学习动机并不是某种单一结构，学生的学习活动是由各种不同的动力因素组成的整个系统所引起的，其心理因素包括学习需要和学习期待。学习需要是个体在学习活动中感到有某种欠缺而力求获得满足的心理状态，是个体从事学习活动的内驱力和最根本动力，学习需要包括：对学习的必要性的认识及信念（对知识价值的认识，即知识价值观），学习兴趣、爱好或习惯等。从事学习活动，除要有学习需要外，还要有满足这种需要的学习目标。学习目标指引着学习的方向，可把它称为学习的诱因或学习期待。它是个体对学习活动所要达到目标的主观估计，包括对自身学习能力的认识（学习能力感）、对学习成绩的归因（成就归因），以及由此给自己设定的长远目标或短期目标，远大目标或具体目标，内在目标或外在目标等。

学习目标或学习期待和学习需要一起，成为学习动机的重要构成因素，两者协同作用，使学习活动得以发动、维持和完成，并通过推力、拉力与压力三种形式表现出来。推力是个体发自内心的学习愿望和需求，它可以通过学生对学习必要性的认识、对学习的求知欲、对未来的理想等产生，表现为主体的一种学习需要；拉力指外界因素对学习者的吸引力，使学生从事学习活动，表现为主体的学习期待，学历学位、社会地位等可对学生的学习活动构成拉力；压力指客观现实对学习者的要求，迫使其从事学习活动，考试、家长与学校要求、社会现实都可以成为压力。作为学习动力因素的推力和拉力都可以独自而长久地发挥作用，推动个体的学习，但压力对个体学习的动力作用，却往往难以独立、持久地起作用，必须真正地转化为推力或拉力才能发挥其动力作用。

3. 学习动机类型

奥苏伯尔指出学习动机主要由三方面驱力组成：即认知内驱力、自我提高的内驱力和附属内驱力。认知内驱力是一种要求理解事物、掌握知识、系统地阐述并解决问题的需要，源于个体内在的好奇心与求知欲；自我提高的内驱力是个体为提高自己的地位、成就感、威望等的需要；附属内驱力则是指个体为了获得重要他人的赞许而表现出来的把学习搞好的一种需要。这三种动机可以相互补充，共同促进个体的学习行为。

（1）直接学习动机和间接学习动机。学习动机按内容指向可分为直接学习动机和间接学习动机。直接学习动机直接指向学习活动本身，是由对学习的直接兴趣以及对学习活动的直接结果的追求所引起的，如学生感到学习是快乐的，是实现自己目标的途径等；间接学习动机则是与社会意义相联系的动机，是社会要求在学习上的反映，如学生为获得奖励、荣誉，或被家长、教师强制要求学习。二者对个体的学习都具有非常重要的动力作用。虽然直接学习动机多导致更高的学习成就，但是，由于间接学习动机可以缓解个体的内心压力，其作用有时甚至强于直接学习动机的作用，因此，教学中要注意激发学生不同的学习动机。

（2）内部动机和外部动机。学习动机按来源可分为内部动机和外部动机。内部动机是因个体内在需求而产生的学习动机，例如，出于提高自身文化素质、求知欲、兴趣与爱好、乃至自尊心、自信心而努力学习。一般来说，内部动机会比外部动机更持久地推动个体进行学习。当然，外部动机在一定条件下也可以转化为内部动机。

外部动机是指受外在环境因素影响而形成的学习动机，例如，取得优秀成绩、考入重点中学、受到老师与父母的表扬等，都是激发学生学习的外在环境因素。对于短期的目标而言（期末考、中考、会考、高考），外部动机的短时激发作用甚至会强于内部动机；对于长期的目标而言，则内部动机要优于外部动机。

（3）主导性学习动机和辅助性学习动机。学习动机按在学习活动中所起作用的不同分为主导性学习动机和辅助性学习动机。主导性学习动机是指一个学生的几种学习动机中起主导作用的学习动机；辅助性学习动机是指在几种学习动机中不占主导地位的学习动机。辅助性学习动机有的能促进主导性学习动机，因而会与主导性学习动机同时并存；有的则不能促进主导性学习动机，因而会被抑制甚至完全克服掉。

例如，利用外部奖励的方式作为辅助性学习动机时，对物质和金钱贫乏的学生、家庭和地区，便能促进学生的主导性学习动机（学习改变命运等）；对于物质和金钱相对富裕的学生、家庭来说，则很难促进学生的主导性学习动机（如学习实现自己的理想与抱负）；对于物质和金钱方面非常富有的学生来说，奖励的作用有时不但不能促进其主导性学习动机（学习赢得奖励），反而会抑制其主动性学习动机（如学生会认为奖励少没面子）。因此，无论是物质奖励还是精神奖励或其他方面的奖励，都应该综合考虑奖励对象的特点，适时改变奖励策略，促进其学习动机的形成。

（二）学习动机辅导策略

学习动机辅导的主要目标是要培养和激发学生的学习动机。

1. 加强学习目的教育，激发学生的学习热情

学习目的明确、学习目标合理的学生，能够理解学习是自己的事而不是学校、家长、老师安排的任务，会为了实现自己的目标而努力学习，自然就会有较强的学习动机，从而产生强烈而持久的学习热情。

2. 激发和培养学生的学习兴趣

兴趣是开启成功的大门。学习兴趣不仅使学生渴望获得知识，有促进学习的作用，而且，因为兴趣可使学生在学习过程中产生愉快的情绪体验，因此会引发学生的持续学习。教育实践表明，学习动机不一定会发展为学习兴趣，但学习兴趣一定会激发学习动机。因此，要采取多种方式培养学生的学习兴趣，促进和推动学生的学习。一般来说，学生容易对下列事物或环境产生兴趣：对抱有成功希望的事情、对符合个人能力水平的活动、过去经历过并获得成功结果的事情、新颖并能引起好奇和注意的事物。

3. 合理利用奖赏与惩罚

教学活动中教师常常会运用一定的奖赏激发学生的学习动机，奖赏是激发外部动机的主要方法，但并不是所有奖赏都能提高学生的学习动机。

（1）在运用奖赏时要注意以下几点。

1）淡化奖赏的外部控制作用。若奖赏只是为了让学生得到奖赏物，则会使奖赏成为外部控制手段，反而抑制了他们对学习的兴趣。奖赏不是目的，而是辅助性评价，给予奖赏意味着对个人学有成效的肯定。教师过多依靠控制性奖赏会引发学生的消极动机模式。

2）奖赏要与学生实际付出的努力相一致，使他们感到自己无愧于接受这种奖赏，适当的奖励，能够转化为学生的自我奖励，从而能持久地激励其学习。

3）建立一套明确稳定的奖励办法，凡符合规则的行为均可获得奖励。具体实施时，老师切忌根据自己的情绪波动随意变更奖励。

4）奖赏方式要适应学生的年龄特征，低年级学生喜欢有形的实物强化，而高年级学

生更希望无形的奖励，如获得自由活动的时间等。

5）奖励要以精神奖励为主，物质奖励为辅，如伴有感情色彩的鼓励和赞扬。

（2）合理使用惩罚。惩罚是与奖励相对的概念，是用不愉快的事件（或刺激）抑制或消除个体不适当行为的发生。一般而言，教师在课堂里实施惩罚也有以下几点需要注意。

1）惩罚应就事论事，避免翻老账，避免过多地涉及学生过去的经历，不能因某人的某些行为影响对其的整体评价。

2）切忌把惩罚作为教师报复泄愤的手段。研究表明，学生能迅速区别公正的和武断的惩罚，泄愤的惩罚会严重影响惩罚效果，甚至会进一步影响到师生关系。

3）切忌体罚学生。惩罚大致有两种，一种是施加某种痛苦厌恶的刺激（如体罚、训斥），另一种是取消某种喜爱的刺激（如取消娱乐活动等）。班杜拉认为，常使用体罚或变相体罚是为侵犯行为提供示范。此外，体罚有辱学生的人格，往往会使学生产生对立情绪。

4）坚持正面教育为主。斯金纳主张，教师要强化学生的积极行为，抑制或消退其不良行为，即要坚持以正面教育为主。

4. 成就动机训练

成就动机指一个人对他认为有价值的工作不仅愿意去做，且力求做好的一种内在推动力量。Atkinson 从成就动机中区分出两种动机倾向：追求成功的动机和避免失败的动机。一个人的行为动机由这两种动机倾向的合力决定。追求成功动机占优势的人（求成型的人）对成功有极大的兴趣，对失败则并不在意；而一个避免失败动机占优势的人（避败型的人）对失败深感羞耻。当所面临的任务有50%把握能完成时，求成型的人完成任务的欲望最为强烈，他们愿意去做更难的工作；而避败型的人则焦虑水平最高，回避倾向最强烈，他们愿意去做更容易的工作。

成就动机作为一种人格特征可以通过专门训练加以培养。训练的目的是让学生学习高成就动机者的思想、言论和行动方式，增加主动积极的行为。训练步骤大致如下。

（1）实施主题统觉测验（TAT），了解学生的成就动机。主题统觉测验以一套20张意义模糊的图片作材料，测验时要求被辅导学生根据图中所描绘的人物或事件构思出一个故事，其主导动机可以在他构思的故事内容中投射出来。

（2）通过阅读有关资料、观看录像片，识别高成就动机者的思想和行为特征。

（3）通过个别谈话和团体讨论，帮助学生认识自己的动机倾向与抱负水平（是追求成功者还是避免失败者），了解成就动机在个人未来生活中的作用。

（4）组织学生参加投环、掷镖等游戏，从中学习通过设定与自己实际情况相符合的目标获得成功的体验。鼓励学生冒中度的危险（敢于面对有50%把握完成的任务），尝试新的思维与行为方式。

（5）在学科教学活动中，鼓励学生制定符合自身实际的目标，体会成功的经验。

5. 归因训练

在学生的学习过程中，学业失败往往无法完全避免。重要的是，学生对自己学业成败原因的解释，会影响他的自信心、学习活动的坚持性以及对后续学习活动成败的期望，影响今后学习动机的强弱。归因训练的目的是帮助学生建立积极的归因模式，引导他们把成功归因于自身因素。同时，要防止学生把失败归因于能力这样不可控的因素，将成功归因于运气与难度低等外在因素。归因训练的方法主要有观察学习法、团体发展法和强化矫正法等❶。

（1）观察学习法。让学生观看有关归因训练的录像片。录像片的内容是学生在完成任务后如何进行归因，片中每当学生做对题目时，就会给予纪念品奖励并显示绿灯，并且告诉大家："他做对了，说明他努力做了。"当做错题目时，不给奖励并显示红灯，并且告诉大家："他答错了，还应更加努力，才能做对。"学生在观看录像后重复类似任务，以促使观察学习的效果迁移到自己的认知模式之中。在运用观察学习法时，应使录像片中学生的特征，如性别、年龄、文化背景等，与接受训练的学生尽可能相似，所从事的任务也尽量与受训者的实际学习任务相一致，以提高观察学习的效果。

（2）团体发展法。这种方法是以集体讨论的形式进行的，小组成员一般为3~5人。首先由辅导教师向小组成员介绍有关成败归因方式及其在学习活动中的作用，再让学生一起分析讨论影响学习成绩的原因，并填写归因量表，要求从一些常见的备选原因中选出对自己学习成绩影响最大的因素，并且对几种主要因素（能力、努力、任务难度、运气等）所起作用的程度做出评定。辅导教师对其归因和评定及时做出反馈，指出其归因偏差，对学生合理的归因予以肯定、鼓励，对不合理的归因加以引导纠正，帮助学生建立起积极合理的归因模式。这种方式比较适合小学高年级以上的学生。

（3）强化矫正法。让学生在规定时间内完成不同难度的任务，并让其在事先准备的归因因素中做出选择，对完成任务情况做出归因，填写归因量表。每当学生做出比较积极的归因时，及时给予鼓励或奖励（即强化），并对那些很少做出积极归因的学生给予暗示和引导，促使他们形成积极合理的归因模式。

二、学习方法辅导

学习方法是指在学习过程中人们为了完成学习任务所采用的手段、方法或途径。我国《学记》中就有如"善学者，师逸而功倍，又从而庸之；不善学者，师勤而功半，又从而怨之"。的记载，指出了学习方法与学习效果之间的关系。一般而言，学生的学习是由预习—听课—复习—作业四个环节组成。如果能使学生掌握好这四个环节的学习方法，不仅能闻一知十、触类旁通地掌握好其他适合其个性的学习方法，而且可以使学生通过科学学习方法的使用有效提高学习效率，提高学业成绩。

（一）预习方法辅导

预习就是学生在课前自学，即在老师讲课之前，学生独立地学习新课内容，做到初步了解，并做好学习新知识的准备工作。

1. 预习的作用

（1）预习有助于扫除学生听课中的知识障碍。课堂教学有两个特点：一是学习新知识要用到原有知识；二是教师要面对全班学生授课，只能按照一种教学速度去讲。学生听课时如果原有知识遗忘，学习新知识容易遇到障碍，这种障碍难以在课堂完全解决。通过预习，不仅可以扫除这类障碍，而且由于明确了新知识和原有知识间的联系，也有利于知识

❶ 阴国恩．非智力因素及其培养［M］．杭州：浙江人民出版社，1996：117-119.

的系统化和加深对新知识的理解。

（2）预习有助于提高学生听课效果。预习时会遇到一些不懂的问题，期待上课时能得以解决。这样，听课时必然目的明确，态度积极，注意力集中。而且，当老师讲解预习中学生已经初步了解的知识时，学生可把老师的思路与自己的思路进行比较，了解老师提出、分析和解决问题的思路，通过对比加深思考的深度。这样不仅可以使学生对所学知识的掌握更为扎实，思维能力得以提高，而且可以提高学习的自觉性。

（3）预习有助于学生找到记课堂笔记的方法。通过预习，学生对课本上的内容已有初步了解，因此，可以很好把握老师的讲课内容和黑板上板书内容的差异，凡是书上有的内容，上课时可以不记或少记，也可以留出空待课后补记。上课时着重记书上没有的部分，或自己不清楚的部分，以及老师反复提示的关键问题。这样做，也有利于学生把更多的时间用在问题思考上。

（4）预习有助于提高学生自学能力。预习是学生独立地接触新知识，需要自己阅读和思考。经过长期预习实践的锻炼，就会加快阅读速度，提高分析、综合、比较、归类、抽象、概括等思维操作能力。这种独立获取知识的自学能力一经形成，将使学生终身受益。

2. 预习的步骤

一般而言，预习有六个步骤。第一，读。先略读一遍以领会教材大意，然后再精读，边读边思考。对读不懂和思不透之处，要能提出疑问。第二，划。即划层次，划重点。如果读过之后看不出层次，抓不住重点，那就是没有读进去。第三，批。即将自己的看法、体会写在书旁。这些看法、体会对不对，可以在听课中验证。第四，写。即把自己不懂的问题简单整理出来。第五，思。读后合上书本，思考以下问题：下一节课老师要讲什么，自己懂不懂？与新问题有关的旧知识是什么，自己是否掌握？自己还有什么问题不懂需要上课时听老师讲解。第六，做。如果时间许可，可以做几道练习题，以检验预习效果。

3. 预习需注意的问题

为了做好预习工作，还要注意以下两个问题。

首先，预习不必全面铺开。由于预习需要一定的时间，故为保证预习效果，最好先选择1~2门学科进行预习，待取得经验后再逐步展开。对个人的优势学科，可以不预习或少预习；对个人的劣势学科和语文、数学、外语等基础学科，则必须多预习。

其次，预习必须因时制宜，要根据个人的学习时间来安排。时间多时，预习内容可以多一点，钻研的可以深入一点；反之，预习内容可以少一点，钻研的可以浅一点。预习中有疑难问题是正常现象，不必要求在预习中解决所有问题。

（二）听课方法辅导

听课是学生学习的中心环节。全日制学校中，学生一周要上32~34节课，一学期要上640~680节课，听课是学生获取各学科基本概念、基础知识，发展智能的主要途径。此外，由于教师是课堂教学的主导，教师要根据教学大纲要求，从学生的实际出发，以教材为基础，参考有关资料，经过认真备课后再进行教学。这就使教师的教学无论在深度还是广度上都超过了教材本身。加之教师一般都深谙教育学、心理学和教材教法理论，若再辅以现代化教学手段，便可保证高效率地把知识传授给学生以发展他们的智能。

具体的听课过程，教师需提醒学生注意以下五点。

（1）做好准备。这里的准备包括五方面内容，一要做好物质上的准备，凡上课所需的课本和笔、尺等学习用具，在课前都要准备好，以便随时取用；二要做好知识上的准备，主要是通过预习来完成；三要做好生理上的准备，上课要靠大脑进行感知、记忆、思维、想象，需要让大脑保持最佳兴奋状态，因此，学生必须做到早睡早起，中午和课间运动适宜，午睡时间合适且午睡后要留点活动时间，保证大脑逐步从抑制状态过渡到兴奋状态；四要做好心理上的准备，在学习过程中，动机、兴趣、情绪、意志等非智力因素也起着非常重要的作用。因此，为了提高听课效率，就必须保持强烈的求知欲、饱满的学习热情、浓厚的学习兴趣、坚强的学习意志等，这些都是心理准备。

（2）专心听讲。俄国教育学家乌申斯基曾经形象地比喻说，注意是学习的窗户，没有它，知识的阳光就照射不进来。确实，一个注意力涣散的学生，虽然天天在上课，但由于心不在焉，自然会一无所获。要保障听课效果，学生必须努力做到以下几点：一是寄希望于课堂。对于在校学生来说，课堂学习时间最长，课堂是学生掌握“双基”、发展智能的主要途径，因此，要想有好的听课效果，好的学习成绩，学生要寄希望于课堂而不是课外。当学生以这种心态上课时，就容易做到精神饱满、全神贯注；反之，如果认为反正有书本，回家看看就行了，或者认为有父母、有家庭教师，回家补补就行了，则难于集中注意专心听讲。二是要积极进行思考。教育心理学研究表明，在学习中，如果一个人的思维能够始终处于积极活跃状态，那么，他的注意力也能在较长时间内保持高度集中。三是要养成注意习惯。苏联心理学家西·索洛维契克说过：“要想在课堂上集中注意力，我们还是从一年级就学会做简单的事情开始吧：身体坐正，振作起来，做好听课准备……这样，我们就会非常容易地把注意力集中在老师的讲解上。”他曾在对一些学生进行培训后让学生选择自己认为最枯燥的课程做实验，结果学生仍然能保证较好的听课状态。确实，如果学生头歪在座椅靠背上，或趴在桌上听讲，怎么能使注意力集中呢？所以，为了学生能上课专心听讲，必须从培养良好的坐姿开始养成良好的注意习惯。

（3）当堂掌握。知识的掌握包括知识的领会、巩固和应用三个阶段。弄懂语言的含义、了解事物的性质、掌握概念与原理等均属领会的范畴；巩固是指对所学知识的持久记忆，即对信息的编码和储存；应用则是将所学知识通过练习或解决具体问题以达到具体化，即提取和应用信息的过程。学生要想掌握当堂所学知识，必须认真观察、积极思考；要把听课的重点放在认识事物的思维过程上，而不能跳过这一过程去死背结论；要知道概念、规律的表述本末，具体表述为末，其形成推导过程则是本，舍本而逐末，既不能深入理解掌握所学知识，也不能发展智能。

（4）理清思路。思路即思考问题的方法和步骤。弄清思路，就是把老师上课时应用的思维形式、方法和过程理解清楚，目的是向老师学习如何科学地思考问题，以锻炼自己的思维能力和进一步提高学习效率。

（5）归纳总结。要提高听课效率，学生需把握所学课程特点和任课教师教学风格。就课程而言，语文、英语等学科，主要是通过学习字、词、句、篇，并通过听、说、读、写来更好地掌握语言文字；而物理、化学等以实验为基础的学科，主要是在观察实物和进行实验的基础上学习。因此，对语文、外语等学科的学习，要认真听、大胆说，经常进行读、写练习；而对物理、化学等学科的学习，要注意观察、积极思考和动手实验，否则就很难学好这些课程。就教师特点而言，每个教师都有自己的教学风格。如有的老师语言简练，很少重复，这就需要学生听课时高度集中注意；有的老师上课时的开头语和结束语都是教材的重点和难点，这就需要学生特别注意听好开头语和结束语。只有根据老师的教学风格听课，才能获得事半功倍的听课效果。

（三）复习方法辅导

复习是指重新学习已经学过的知识。从现代教育学的角度来看，复习的作用主要有四个方面：一是使获得的知识系统化；二是有利于对知识的进一步领会；三是弥补课堂学习上的一些缺漏；四是使基本技能进一步熟练。

一般来说，复习可分为课后复习与系统复习两种。

1. 课后复习

课后复习的主要任务是理解、巩固当天所学的知识，可以系统和整体地整理知识。从学习心理学的角度来看，课后首先应当考虑的是复习当天的学习内容，课后复习主要包括四个步骤：

（1）尝试回忆。即不借助任何学习工具独立地把老师上课所讲的内容回想一遍，并通过反问的形式，如今天老师主要讲了几个问题？哪些自己已经懂了？哪些不懂？哪些不完全懂？实践证明，这样不仅可以及时检查当天听课的效果，还可以增强记忆能力，养成善于动脑思考的习惯，同时也能增强看书和整理笔记的针对性。

（2）阅读教材。学生尝试回忆后要阅读教材。在阅读教材时，一是要根据尝试回忆的情况查疑除惑；二是要用彩笔把书上的重点内容、新的概念和容易忽视的地方勾画出来，在书的空白处可简单记录学习体会或写上有利于记忆的带提示性的词句。以便日后再看书时能迅速从这些批注中得到启示，回忆起书中的关键内容。

（3）整理笔记。笔记本不应当仅仅是老师讲课内容的记录本，而应把它变成一份经提炼加工的适合自己使用的复习资料。为达到这一目的，学生课后复习时要及时对课堂笔记进行整理。整理笔记时要做以下工作：一是把上课时没有记下来的内容补上，使知识更加完整系统；二是更正课堂上记得不太准确的内容，加深对知识的理解；三是参考教材或其他参考书补充老师讲课时的某些遗漏之处，即将课后看参考书得来的重要资料，以及相关心得写进笔记中；四是把自己之前理解错误的内容记上，以免重蹈覆辙。为了整理笔记方便，可养成这样的习惯：即画一竖线将笔记本上的纸分为两部分：左侧 2/3 用于课堂笔记，右侧 1/3 用于课后整理笔记。这样，经过整理后的笔记本就成为一本经过精加工的专属复习资料。到了系统复习的时候，打开笔记本心中就有数了，这样能避免复习时突击查书、找资料、重新思考、临时归纳花费大量时间。学生通过看笔记，就能迅速回忆起有关的旧知识。

（4）看参考书。如果学有余力的话，看点参考书是非常必要的，因为这样做有助于加强对知识的理解和掌握。看参考书要注意以下几点：一要选好参考书，一般可在老师的推荐和指导下，每门课程有选择地读 1～2 本；二要先看教材，在对教材内容基本理解后，再去看参考书；三要围绕中心看参考书，中心即当天的讲课内容或学生自己的疑问；四要边看边记，凡参考书中的精彩内容、题目等，都应及时摘录进笔记本相应部分中。如果时间紧也可将参考书中重要内容拍照输出后粘在笔记本上，还可借助一些微信小程序，把拍照的内容转换为文字经编辑后输出，再粘到笔记本上。

2. 系统复习

系统复习是用比较集中的时间对学过的知识进行再加工的过程。系统复习从时间上分，有周复习、期中复习、期末复习等；从内容上分，有章节复习、单元复习和总复习等。

系统复习的主要目的是：通过回忆重现，使知识掌握得更加牢固；查漏补缺，使知识更加完整化；融会贯通，使知识更加系统化；综合应用，使知识更加具体化。为达到这些目的，在系统复习时需注意以下几方面问题。

（1）做好准备工作。在系统复习前，要把所需要的教材、笔记、作业、试卷、参考书等准备好，以便能让自己快速进入复习状态。

（2）注意围绕中心。系统复习前，要按照知识特点将需复习知识进行整理，最好能做出思维导图，这样更有利于知识的理解和记忆。

（3）善于发现问题。学生系统复习的效果往往不尽相同，这主要取决于复习时是否善于发现问题。在理解相关基础概念并做练习习题后，还应该深入钻研，善于发现问题，只有这样才能达到好的复习效果。

（4）进行解题练习。通过系统复习使知识系统化后，可适当做点综合性的练习题，以检验复习结果，加深对知识的理解，培养运用知识解决问题的能力。这里需要注意的是，每做完一道题后，可以分析整理下解题思路、逻辑关系和题目类型，以便举一反三，提高解题效率。

（5）讲究复习方法。系统复习方法颇多，较为常用的有：一是循环复习法。即在学完一部分内容后，及时地复习，然后再学下一部分内容，如此一环套一环地进行。同时，学到一定阶段，要把复习内容分成若干单元，每个单元复习后都做一次大循环，内容多的还可以穿插中循环。二是列表复习法。即将所学知识通过归类，列成表格。表格使用文字少，表现力强，能准确揭示知识点间的内在联系，也容易记忆。除此之外，作为系统复习的方法，还有变化复习法、过渡复习法、读议结合法等。

（四）作业辅导

做作业是学生经过自己独立思考，将所学知识应用于实际，自觉灵活地分析问题、解决问题的过程。通过做作业，可以及时了解、检查自己的学习效果；可以加深对知识的理解和记忆；可以进一步形成技能和技巧；可以提高学习的自觉性和积极性，培养良好的学习习惯；也可以为复习积累资料。通常可将作业辅导分为六个步骤。

（1）做好准备。作业是学习过程的一个环节，不是孤立的，它是建立在预习—听课—复习基础上的一种智力操作活动。因此，应该先复习，再做作业；否则就会本末倒置，被动学习。简而言之，做好准备就是要先复习。

（2）仔细审题。审题即了解题意，明确题目的目的要求，弄清楚题目所给予的条件和问题，审题是正确解题的重要前提。为了审好题学生必须明确四要点。一要看得准，即要弄清楚题目的要求和范围；二要分得清，即要善于把一道题分解成各个部分和各种因素，把握各种已知、未知和潜在的条件等，从而化大为小，化繁为简，逐步解决问题；三要联得起，即在分析题目的基础上，能联系有关知识，找到题目各部分之间的关系，能联想起过去解题时用过的有关思路和方法，融会贯通、灵活应用；四要学会画，有时题目比较复杂，为了思考方便，可将审题过程画成简图，这样思考有了支撑点，记忆负担减轻了，会非常有利于分析、解决问题。

（3）认真解题。解题是将思路表达出来的过程。解题时要注意以下几点：一要准确，即思路、表达、运算都要尽可能准确无误；二要规范，即要严格按照规定的格式和步骤做，书写要工整，条理要清楚，行要平，边要直，要留出必要的空白，以便教师批阅和自己修改、补充；三要快速，即作业不仅要做得对，还要做得快。如果在速度方面与同学差距过大，则必须采取措施消除此种差距。

（4）细心检查。作业做完后，应验证一下做得是否正确。这既是保证作业质量必不可少的步骤，也是培养独立思考能力的重要途径。检查方法主要有四种。一是逐步检查法，即从审题开始一步步检查，发现错误及时纠正；二是联系实际法，即将所得结果与生活实际联系起来，有时也能发现错误；三是代入法，即将计算结果代入公式或式子，看是否合理；四是逆运算法，即应用逆运算关系反过来计算一下，看结果是否与题设相符。

（5）及时改错。对作业中的错误能否及时订正，有时甚至比做题本身更有价值。因为出错的地方正是学生知识、能力上的薄弱点，及时纠正了这些错误，有助于知识的掌握和能力的培养。学生在改错的同时还要分析作业中出现错误的原因，通过分析发现常犯错误的类型，找到解决办法，避免再犯。

（6）不断提高。作业检查完后，若还学有余力便可继续做一些提高工作。提高工作内容包括两个方面：一是一题多解；二是多题多解。这样学生可以通过对问题从个别到一般的比较归类将做题的获益最大化。

三、考试心理辅导

（一）考试心理概述

1. 考试与考试心理

考试作为检查学生基础知识、基本技能掌握情况和能力形成情况的主要手段，是教学过程的重要组成部分。对教育管理部门来说，考试是评估教学质量、检查教学效果和考核教师业绩的重要依据；对教师来说，考试是获得教学反馈信息、了解学生学习情况和检验教学效果，以便能更好地总结教学经验和改进教学工作的有效方法；对学生来说，考试是了解和检验自己的学习状况，明确努力方向、调整学习计划及激励进取精神的必要手段。由此，就不难理解考试在教学活动的重要地位。

2. 考试焦虑

考试作为一种常见的教育现象，也是学生面临的主要应激源之一，对学生的学业成绩和身心健康有很大影响。考试心理辅导作为学习心理辅导的基本组成部分，主要是针对学生考试前后出现的各种问题，对学生进行心理教育和辅导，以帮助学生以正确的心态和方式参加考试，争取更好的成绩。考试心理辅导主要关注两点：如何解决考试焦虑，如何提高应试技能。

考试焦虑（test anxiety）是学生在面临考试时产生的一种特殊的心理反应，是在应试情境刺激下，受个人的认知、评价、个性特点等因素影响而产生的以对考试成败担忧和情绪紧张为主要特征的心理反应状态。

考试焦虑是一种常见的以担心、紧张或忧虑为主要表现的复杂而延续的情绪状态。在考试之前，当考生意识到考试对自己具有某种潜在威胁时，就会产生焦虑的心理体验，这在面临高考或中考的学生中是非常普遍的现象。他们会怀疑自己的能力，忧虑、紧张、不安、失望、行动刻板、记忆受阻、思维迟钝，还可能会伴随血压升高、心率加快、面色苍白、多汗、呼吸加深加快、小便频繁等一系列生理变化。这种状态持续时间过长会出现坐立不安、食欲不振、睡眠障碍，会严重影响身心健康。考试焦虑是考生对考试有自律性和责任心的表现，一般来说，在学生中存在的考试焦虑主要有两种趋向：一种是临近考试就开始紧张、焦虑；一种是在学习过程中长期存在学习焦虑，到考试前会表现得更为强烈。这两种情况都是由考试这一紧张情境直接触发的，第一种情况的学生学习成绩有好也有差；第二种情况的学生多是因成绩一直不是很好，对自己缺乏信心所导致。

考试焦虑的具体表现有以下四个方面。

（1）认知反应，是人对客观事物的认知和评价。考试焦虑状态下的学生对考试这件事的认知和评价主要表现为："我会考不好，考不好后果很严重"。这种认知是考试焦虑的"罪魁祸首"，其他反应都是由认知原因附带产生的。

（2）情绪反应，人在对客观事物认识的基础上会产生喜欢、害怕、厌恶、热爱、愤怒等情绪情感反应。考试焦虑的情绪反应通常有内心慌乱、焦躁不安、害怕恐惧，有一种大难临头却又无法躲避的感觉，想做点什么，却什么也做不进去。

（3）身体反应，情绪反应多会伴有身体上的反应。就考试焦虑而言，不同学生的焦虑程度不一样，身体反应的症状和轻重程度也会有所不同。常见的身体反应有：心慌，多汗，头皮发紧、胀痛，呼吸表浅而急促，失眠，胃肠不适，尿频、尿急等。

（4）行为反应：考试焦虑的行为反应也因人而异。这种差异主要表现为有的学生会做出毁物、伤人等行为，有的学生却能对自己的行为予以克制，不表现出来，即有的是外人能观察到的行动，有的却是个体内心的一种行为冲动。

考试焦虑引起的行为冲动主要有两种。一是防御或逃避的冲动。如不愿参加考试或匆匆应付等；二是攻击冲动，这种反应是比较常见的。一个人在受挫折或面临某种困境时，往往会产生敌意、愤怒或攻击反应。当这个造成挫折或困境的对象是可以攻击、发泄的事或者人的时候，其攻击矛头就直接指向这个对象；当这个对象不能被攻击的时候，便会转移泄愤目标。如因为无法对考试发火，所以家人便成了替罪羊，会无缘由地冲他们发脾气；另一类出气的对象则是身边物品，如文具、书本等。

焦虑是人或动物对紧张情境的一种自然反应，教师要引导学生正确认识焦虑。心理学研究发现，心理紧张水平与活动效果呈倒"U"形曲线关系。紧张水平过低或高，都会影响成绩。适度的焦虑，有助于激发学生的动机和潜能，提高学习效率和考试成绩，产生良好的活动效果。一点都不焦虑的同学很容易大意失荆州，而过度焦虑的同学会对自己形成一种抑制影响，导致考试时心神不宁，发挥失常，并引发一系列躯体和情绪反应。

（二）考试心理辅导

考试心理辅导主要关注两点：一是如何缓解考试焦虑；二是怎样提高应试技巧。教师可以指导学生采用多种方法进行自我训练、自我心理调适。

1. 缓解考试焦虑

（1）客观评价自己，制定切实可行的目标。教师应引导学生客观地自我评价和自我分析，了解自己的优势和不足，学生可以对自己的学习水平、在班级中的名次、各科的优劣做客观的分析，并根据分析结果制定合理的复习和考试目标，这是排除心理焦虑的第一步。目标定位过高，容易产生恐慌感。要客观分析和评价自己的能力，既不要盲目乐观，也不能妄自菲薄。要振奋士气，树立必胜信心，这是防止怯场的有力保障。

（2）制订复习计划，保证复习效率。科学制定复习计划意味着与成功签订了合同。有了复习计划，后期复习任务的完成就有了具体的参考依据，就可以避免忙乱无序的紧张状态，使学生在临考前情绪稳定，考试正常发挥。制订复习计划要注意几点：一是复习计划与考试同步；二是复习计划与课表接轨；三是复习计划与课堂学习互补；四是复习计划与休息统一。

另外，学生要调整好生活节奏。考试前，除了要保证充足的休息和睡眠外，还应该自觉地、有目的地调整好自己的生物钟。要确保白天头脑清醒，不要晚上精神，白天犯困。

（3）根据知识类型不同，采取不同的复习方法。知识可分为两类：一类是记忆性知识；另一类是应用性知识。记忆性知识的复习任务主要是巩固和提取。巩固的方法有自问自答、尝试回忆、归纳与总结、图表与大纲等；提取的方法有按知识的逻辑、个人的理解、图表、口诀、特殊符号等。当我们想记忆某些知识时，要将其变为自己的语言，也就是变为自己容易想起来的形态储存起来。同时，在考试前要注意重新复习当时记忆的线索，对以前的笔记标题和索引等重新复习和整理，以便在考场上容易找到提取记忆信息的线索。在安排考前复习任务时，对每一个要复习的专题，应安排相对集中的时间来消化、理解，并把思考的成果以复习笔记的方式记录下来，作为以后记忆与巩固的依据。对于那些已经消化理解的知识，用分散的时间去看一看，记一记。对于应用的知识必须采取练习的方法，如精选典型习题，概括解题思路，做到理论与应用互动、知识与生活互动、讲解与练习互动等。

（4）增强自信，调整心态。信心是考生的精神支柱，如果没有考试成功的信心，考试就难以成功。应如何增强自信呢？一是目标期待适当。考生要根据自己平时的实际水平和心态情况，客观确定考试目标。目标过高会因为难以达到而焦虑，影响考试的发挥；目标过低又会影响潜能的发挥。二是加强实力。考试信心是建立在考生实力的基础上的，因此，认真复习，提高实力是强化信心的重要措施。考生努力学习，提高复习效率，扎实掌握知识，学会利用已有的知识解决问题，有助于强化考试的信心。

（5）优化情绪，以平常心对待考试。积极情绪有利于学生潜能发挥，能提高考试成绩；消极情绪会影响学生考试发挥，降低考试成绩。因此，积极稳定的情绪是考试成功的关键。教师要引导学生理解考试是对阶段性学习成果的检验，通过考试学生可以发现自己的问题，找到自己未来努力的方向。成绩、排名受多种因素影响，不必太过在意。

2. 提高应试技能

学生要充分做好考前准备工作，包括物质准备、知识准备、体能准备和心理准备等。要做好答卷的前期工作，全面浏览考题，综合分析全局，根据试题的分值分配、难易程度，确定答题顺序和时间分配等。答题前要认真审题，明确题意和答题要求，以免答非所问或遗漏问题；答题时注意质量和速度；注意不同题型的解题策略，注意简明扼要；对无法确定的题目，要冷静分析、仔细推理，并合理猜测；保持卷面工整美观；重视复查，并科学把握时间。

第二节 人际关系辅导

一、亲子关系辅导

（一）亲子关系概述

1. 亲子关系定义

亲子关系原是遗传学用语，指亲代与子代间的生物血缘关系，后被心理学、社会学、教育学等学科借用来指父母与子女之间的相互关系。现代的亲子关系是指父母与其亲生子女、养子女或继子女之间的关系。从家庭的角度来说，亲子关系是夫妻关系之外的第二种最基本、最重要的关系，是维系家庭的第二纽带，具有永久性，是不可选择和不可改变的。

亲子关系大致经历三个发展阶段：第一阶段主要是父母对未成年子女的保护和教育；第二阶段是子女成年后直到父母衰老，一般情况下，这一阶段父母与子女关系是比较平等的，没有太明显的向某一方倾斜的抚养关系；第三阶段是父母衰老后，子女对父母的赡养和扶助。现在比较流行的亲子教育、亲子沟通，以及大部分关于亲子关系的研究都是针对亲子关系第一阶段而言的。

许多心理学研究表明，亲子关系会在很大程度上影响人在其他人际关系中的表现。具体来说，亲子关系有以下几方面功能：第一，父母为子女提供的最早、最基本、最具有奠基性的教育、指导和训练是孩子成长的基础；第二，父母培养子女规范的信念、态度和行为模式，这是子女顺利步入社会的基本条件；第三，父母对子女无条件的接纳、支持和关爱有助于子女安全感的培养，可以舒缓和消除子女与外界接触时的紧张和压力；第四，父母根据社会文化的要求和准则对子女的行为进行约束和控制，对文化传统进行传承，这是子女早期社会化的主要渠道；第五，父母为子女提供的一切养育事项和资源是子女生存的保证。

2. 亲子关系问题

父母与子女间的相互关系表现为亲子亲合和亲子冲突。亲子亲合是指父母与子女之间的情感联结，包括亲子间的相互依赖、亲密感、信任与沟通等；亲子冲突是指青少年与父母之间公开的行为对抗或对立，它表现为争吵、分歧，甚至身体冲突等。亲子关系问题往往主要表现为亲子冲突，亲子冲突有言语、情绪、身体冲突三种表现形式。亲子冲突多表现为言语和情绪冲突，身体冲突相对较少。

青少年早期，父母与子女间的冲突开始显著增多。研究发现，20%的家庭有严重、反复、不健康的冲突。这种持久、剧烈的冲突往往和离家出走、青少年犯罪、早孕、吸毒等青少年问题联系在一起[1]。

亲子冲突的焦点主要集中以下五个方面：

（1）社会生活和习俗。青少年容易在社会生活和习俗方面与父母发生冲突。这当中最容易出现摩擦的有：朋友的选择、可以外出多长时间、外出可以到什么地方、可以参加什

[1] 雷雷，张雷．青少年心理发展［M］．北京：北京大学出版社，2003：125.

么类型的活动、衣服和发型的选择等。

（2）责任感。青少年表现得不负责任时，父母会非常恼火，进而引发一些冲突。父母希望孩子在以下方面负起责任：做家务、管理自己的物品、爱护家庭财产等。

（3）学习。青少年的学习成绩、在学校的行为表现以及对学校的态度，都会引起父母的注意。父母特别关心的问题有：考试成绩、家庭作业和学习习惯、正常出勤、在校表现等。由于我国传统文化对学习的重视，学习始终是父母与孩子发生冲突的最主要原因。

（4）家庭关系。这方面冲突多来自于：对父母的态度和尊重水平，与亲戚、特别是祖父母的关系，依赖家庭的程度等。青少年对父母不屑一顾的态度往往会激怒父母。

（5）价值观和道德。这方面父母尤其关心的是：网络过度使用、喝酒、抽烟、吸毒、说脏话、诚实守信、性行为等❶。

（二）亲子关系问题的原因

亲子间的影响是相互的。一方面，父母的品性、行为表现、教养态度、教养方式、受教育水平等都会不同程度地影响子女的人格发展和习惯养成，影响亲子关系；另一方面，子女自身的性格特征、认知水平也对亲子关系起重要作用。

1. 青少年独立性的发展

在学前期，孩子的主要交往对象是父母。小学阶段，师生交往和同伴交往快速发展。进入青春期后，随着生理和心理的急剧变化，孩子的独立性、自主意识增强，认知水平不断提高，他们经常对父母的建议和要求提出质疑和反对，认为自己在某些事情上知道的与父母一样多甚至比父母多。青少年渴望能对自己的事情及自己的角色担负起更多的责任，他们不愿再接受父母在日常生活中的权威地位，敢于公开反对父母的意见。很多父母难以接受孩子的这种变化，对孩子企图脱离自己控制的做法感到不安，父母认为十几岁的孩子还在学习适应阶段，会遇到很多困难，希望孩子多听取自己的意见。这样，青少年与父母间的相互期望变得不一致，出现期望背离现象，极容易导致亲子间冲突的增多。

2. 家庭环境

家庭气氛会影响亲子关系。消费、社会生活、户外活动、家务等冲突多发生在独裁型的家庭，而不是民主型的家庭。父母之间的频繁冲突也会影响家庭氛围，对青少年身心发展产生不利影响。研究发现，有将近一半的父母冲突较多的家庭亲子冲突也较多；而欢乐、关爱、民主的家庭氛围能有效降低亲子冲突发生的频率。父母不能妥善处理离异问题也会影响亲子关系，如父母在离异前及离异过程中激烈而频繁的冲突，父母离异后非抚养家长与子女接触时间减少，或父母在孩子面前贬损、攻击另一方，这些都会对亲子关系造成消极影响。

（三）亲子关系辅导策略

任何人际关系都是双向的，亲子关系也不例外。也就是说，在进行亲子关系辅导时，要涉及双向的理解和尊重。

1. 父母学会理解和尊重子女

蹲下来和孩子说话，蹲下来不仅是一种身体姿势，更是一种心理姿态。对于学生家长来说，有些孩子已经比父母更高更壮了，此时的父母已经失去了身体上的优势，往往想用

---

❶ 李群，方双虎．学校心理健康教育［M］．芜湖：安徽师范大学出版社，2016：164-165.

家长的威严来保持对孩子的掌控。而处在青春期的学生已经产生了强烈的反抗权威的意识，这也是这一时期亲子冲突发生较多的原因。很多亲子冲突，看似问题出在孩子身上，其实根源却在父母身上。

学校和教师应借助家长会、电话、微信等途径与父母沟通，引导父母更多地理解子女、尊重子女。引导的内容主要包括以下几个方面：

（1）了解子女对父母的期望。子女对父母有以下几方面期望：

1）爱和关怀。马斯洛认为，爱和归属是人的基本需求。父母在满足子女生理需求的基础上，还要给予孩子足够的爱和关注。事实上，子女多是根据父母是否能让他们感受到温暖和被关注来衡量他们与父母之间的感情，他们更在意的是在自己需要的时候能得到父母的关爱，而不仅仅是物质生活的满足。

2）倾听。在信息高度发达的时代，学生能从许多渠道获取信息，而后形成自己的价值判断标准。缺少社会经验和判断能力的青少年学生接受了来自不同渠道的繁杂信息后可能会形成一些错误的观点，父母若只是一味地批判子女的观点，后果很可能是子女不敢再轻易表达自己的观点。然而不表达不代表没有，这种不表达，会使父母失去引导子女形成正确价值观的机会。因此，父母首先要学会倾听子女的观点，与子女平等沟通交流，客观分析评价其观点，进而给予正确引导。好的倾听者应具备的特点有：适当地使用目光接触；容忍且不打断；使用语言和非语言进行回应；用不带指责和威胁的语气提问；深度共情；展示关心的态度；不批评。

3）接受和支持。爱的一个重要表现就是无条件接纳。子女希望父母接纳自己的一切，包括好的方面和坏的方面。当青春期的子女遇到困惑以及他所不能解决的问题时，父母即使不能给子女提供有价值的建议，只要能接纳他们当时的想法和情绪，他们就会感到一种支持。

4）信任。青春期的孩子因生理上的迅速发展，会获得了一种成人感，他们对父母是否信任自己极其重视和敏感。这里的信任有两方面。一是父母相信自己有不能做某事的辨识力。例如，子女希望父母相信自己能把握好与异性朋友交往的尺度，不会“越界”。二是父母相信子女有完成某事的能力。例如，是否需要补课、文理分科选择等，这些都是孩子证明自己具备某种能力的时机，也是孩子对家长是否信任自己特别敏感的时候。有时怀疑的眼神比用玩笑的语气提出质疑对青少年的影响更大。信任的力量是巨大的，父母对子女的信任，可以为子女提供自由发展的空间和动力。信任是建立在父母对子女了解的基础上的，若子女主动与父母交流自己的思想活动，父母会更信任他们。

（2）调整对子女的期望。现实生活中很多父母都会说，只要孩子健康、快乐就好。可当孩子慢慢长大，上学以后，父母就会希望他们能有好成绩，能考上好高中、好大学。父母对子女的期望值不断在提高，而且总是期望子女在同辈团体中是最好的。这种望子成龙、望女成凤的心情是可以理解的，但这种期待会带给孩子巨大压力，可能会压得他们喘不过气来。父母在给子女设定期望值时一定要充分考虑到孩子的能力，若设定的目标太高，是孩子即使失去快乐甚至健康仍然不能达到的，则会使孩子产生消极、否定的自我评价，继而出现焦虑、自卑等负面情绪。另外，父母也不能将自己未能实现的“人生理想”强加给孩子，让孩子替自己去实现，而忽略孩子自身的智能水平和兴趣所在。父母要根据子女的能力、特点调整期望值，让孩子既能增长才智又能快乐成长。

父母在与孩子互动时一定要明确：每个人都是独一无二的，都有其优点和不足，不要随意将孩子与他人对比，贬低孩子。父母要尊重孩子的独立个性和处事风格，对孩子在成长过程中出现的问题，父母应定位为辅助角色。另外，父母也要正视自身的问题，不对时要坦诚承认，积极和孩子沟通。

2. 子女学会理解和尊重父母

教师要教育青少年学生理解父母、尊重父母，并指导他们与父母有效沟通，使学生认识到在任何家庭中父母与孩子之间都会不可避免地出现矛盾或冲突。美好的家庭不是没有矛盾和冲突，而是善于解决、处理矛盾或冲突。良好人际关系的基础是满足交往双方的需要，特别是心理、情感的需要。因此，要处理好亲子关系，子女不但要考虑自己的情感需要，也要考虑父母的情感需要，在言语表达和行为方式上要遵守社会的行为准则，以避免激化矛盾，对彼此造成伤害。

3. 子女的换位思考和问题解决

教师要引导学生了解，虽然父母有时做得不对，但其出发点一般都是好的，做父母前他们没有接受过专门的培训，他们也在边做边学。子女应该多体谅父母，尽量避免与父母发生冲突。教师要指导学生学会与父母进行有效的沟通，一方面要向父母表明自己可以理解他们，感谢他们的关心；另一方面也要让父母了解自己的想法，让父母感到你确实长大了，懂道理了，从而使父母改变态度。同时，自己的缺点和错误一定要及时改正，如果家庭的矛盾是由于你的不良行为引起的，要有承认错误和改正错误的决心和行动，这是解决矛盾冲突的最好方法。

二、师生关系辅导

（一）师生关系概述

1. 师生关系定义

师生关系非常特殊。如果说学校是学生的第二个家，那么教师就是学生的“第二个母亲”。但不同于真正母亲的是，教师的主要职责不在于学生的饮食起居、衣食住行，而是知识的传播、经验的传授、思想的传承。教育部《普通高等学校辅导员队伍建设规定》中将师生关系定义为：“师生关系是教师与学生在教育过程中为完成一定的教育任务，以‘教’和‘学’为中介而形成的一种特殊的社会关系，是学校中最基本的人际关系。”

社会发展需要教育，并使教育者与受教育者形成一定的关系，即师生关系。其根本目的在于开发受教育者的潜能，促进受教育者的发展。对于教育过程中师生关系的认识，一直存在“教师中心论”和“学生中心论”两种分歧。以赫尔巴特为代表的传统教育派认为：教学过程是教师以学生为对象，主动影响、控制学生发展的过程。在这一过程中，教师是绝对的控制者、指挥者、给予者，学生则是接受教师给予的影响，处于被动的地位。这种观点就是通常所说的“教师中心论”。以杜威为代表的“学生中心论”则认为，教师应放弃监工和指挥者的角色，只充当助理者，学生是教育过程的中心，一切教育措施都要围绕学生来组织。“教师中心论”与“学生中心论”都有各自的合理性，但是不能完全概括当代的师生关系。基于这两种理论，国内的教育学界提出了一种较为合理的观点，即“教师主导，学生主体”说。这一观点在一定程度上调和了“教师中心论”与“学生中心论”的矛盾。该观点认为，在教学过程中不必完全否定教师的主导作用，但是这种主导作用只是在一定范围内的，即教师设计了一个能使学生成为主体的学习环境。在这样的学习环境中，学生能够充分发挥自主性，在自己已有的知识系统上，与教师形成良性互动，相互交流观点、理念。❶

2. 师生关系主要问题

2013年，有媒体在安徽合肥近12所中小学进行了调查，发现九成初中生最讨厌老师“言语中伤”，近七成学生最害怕“老师打小报告”，六成中学生生活中没有把老师当朋友。❷

青少年时期很难完全避免师生关系问题，青少年时期的师生关系问题主要表现为师生冲突和师生交往的实质性缺失两方面。

（1）师生冲突是师生交往中的常见问题，在青少年早期发生较多，但在青少年晚期逐渐减少，师生冲突多是一般性冲突，对抗性冲突较少。在师生冲突中，教师多占据优势地位。严重的师生冲突可能会给师生双方带来消极、破坏性的影响，危害师生双方的身心健康。但适度的冲突及其恰当解决有利于师生双方的共同成长，冲突双方借此释放内心的压抑及不满，维持良好的心理健康状态；同时，冲突还能促使师生双方自我反思，完善和发展自我。

（2）师生交往的实质性缺失主要表现为师生交往停留在“知—知”层面的授受关系，缺乏“情—情”层面的相互交流，课上交往多，课下交往少，师生关系紧张、冷漠。师生交往的实质性缺失是高中阶段师生关系的主要问题。国内许多关于“中学生心理健康状况调查”的资料表明，师生交往的实质性缺失非常常见。调查显示，有70%左右的青少年很少得到教师的表扬，65%的青少年在教师面前难以自由表达内心的想法，58%左右的青少年认为教师不是很关心自己，47%左右的青少年认为教师一点也不了解自己。

3. 师生关系的作用

（1）影响教与学的效率。对教师而言，良好的师生关系能使学生尊敬并且信赖教师，这对教师是一种激励。教师为了保持自己在学生心目中的地位，对待教学就会更加负责，会竭尽所能去教好学生，尽量把每节课都上得完美。这样教师的课就会越来越生动、越来越精彩，会进一步获得学生的尊重及好感，这样教师又会不断地从学生的进步中得到激励，提高教学效果，形成良性循环。若师生关系非常紧张，则会严重影响教师的教学热情，影响教师的讲课状态，进而影响教学效果。

对学生来说，融洽的师生关系使学生喜爱、尊重教师，这样他们就会对这名教师所教授的课程感兴趣，专心听讲、积极配合、勤于思考，进而提高学习效果。

（2）影响学生的学习动机。和谐的师生关系能有效激发学生的学习动机。学生喜欢一个教师，自然就会喜欢上该教师的课，进而就会喜欢上该门课程，尽管有些课程在学生看来枯燥无味，但有了良好的师生关系，学生也会全力以赴地去学习。

（3）影响师生的创新能力。对学生来说，和谐的师生关系有利于培养学生的创新能力。在和谐融洽的气氛中，学生的思维更加敏捷、想象更加丰富、记忆更加牢固，从而有利于对学生创造性的培养。反之，若师生关系不良，互动就会减少，教师可能会不愿意耐

---

❶ 刘视相，郑日昌．中学生心理健康教育［M］．北京：开明出版社，2012：89-90.

❷ 桑红青．九成初中生最讨厌老师“言语中伤” 六成中学生没把老师当朋友［N］．市场星报，2013-09-09.

心解答学生的疑问，或者对于敢于提出疑问的同学严加指责，学生与教师沟通时顾虑重重，这就谈不上创新能力的培养了。因此，教师要努力创造一个民主、和谐的课堂氛围。

对教师来说，和谐的师生关系有利于教师不断改进教学内容和方法，教学过程中也会不断更新和创造。在这样的环境中，教师与学生分享知识和经验，交流情感和观念，从而丰富教学内容，使双方都获得新的发展。

（4）影响德育效果。师生关系不仅影响课堂教学质量，还会影响德育的效果。在良好的师生关系中，学生视教师为楷模，教师的关爱让他们相信人与人之间是真诚的、美好的，从而学会尊重、诚实、互助互爱等道德经验。师生关系融洽，在感情上学生更愿意接受教师的教导。反之，学生容易对教师产生逆反心理。可见，融洽的师生关系有利于教师对学生的道德教育，有助于及时矫正学生的不良行为。

（5）影响师生心理健康。和睦的师生关系会使教师感到被尊重和信赖，尽管教学过程辛苦、培养任务艰辛，但教师的自尊、自信和荣誉感也会增强。这样，尽管工作很辛苦，压力很大，报酬也不高，但精神上很充实，心理上很满足。学生正处于生理和心理发展的关键阶段，具有思维活跃、积极向上的特点。在学习过程中，师生间保持亲密、和睦的关系，学生受到教师的关爱、尊重及信任，就会感到自信、心情愉悦，心理也能够得到健康发展。不良的师生关系会导致学生痛苦失落、举止冲动、态度生硬、胆小懦弱等一系列心理问题。

（二）师生关系辅导策略

教师在师生关系中居主导地位并发挥重要作用，为建立和谐的师生关系，教师应为开创新型师生关系承担更多的责任，付出更多的努力，真正成为学生的良师益友。

1. 更新教育观念

在社会发展和教育进步的新形势下，教师要打破原有的教育观念，不再将师生关系看作是“传道、授业、解惑”的单向关系。要建立一种双向互动的民主、平等的师生关系，把学生看作是与教师一样有情感、有意志、有尊严的人。以学生为主体，尊重学生的人格和个体差异，促进学生主动、和谐地发展。

师生交往的场所也不应完全局限在课堂上和学校内，还应走到课下甚至是校外。交往内容也应从学习拓展到兴趣培养、情感陶冶及价值观形成等。教师可以充分利用课余时间与学生进行非正式的师生交往，使师生在自由自在、无拘无束的气氛中交往，缩短社会角色等外来因素所造成的心理距离。教师只有在充分尊重学生需要、爱好的基础上，才会有诚挚的、不加掩饰的心灵交流，才有可能形成真正的良师益友关系。

2. 采取民主型的教育管理方式

教育研究和实践都表明，民主型的教育方式效果较好，也比较容易受到学生的欢迎。这样的教育风格可以使学生在轻松愉快的心理环境中学习，调动积极性。每个学生各尽其能，不仅有利于智力的发展，而且有利于培养学生的协调和交往能力，有利于各种优良品德的形成。在注重民主的同时，教师要注意保持自己的权威，这样才能增强感召力和影响力，保证教育的效果。教师的教育权威往往与其教学风格和人格魅力有关，与知识水平相比，人格魅力对学生的影响更大。

教师在实际的教育和教学活动中，要在民主和权威之间选择一个较好的平衡点。教师可以利用下面的一些问题来衡量自己的教育管理方式是否适当：（1）是否鼓励学生在课堂上自由发问或发表意见；（2）是否喜欢称赞学生；（3）是否了解学生；（4）是否偏心；（5）是否大声责骂或嘲笑学生；（6）对学生是否有耐心；（7）是否过于严厉粗暴；（8）处罚学生是否公平；（9）是否因部分学生犯错误而处罚全体学生；（10）是否鼓励学生独立思考与判断。

3. 培养良好的人格品质

教师良好的人格品质可以改善和促进师生关系，有利于建立和谐融洽的师生关系。事实上，由于教师劳动的示范性与感染性，教师的良好个性还会在“潜移默化”中影响着青少年的心理健康和个性发展。

4. 利用教师的期待效应

教师对学生的积极期待是促进师生良好互动的有效手段。教师会根据学生的行为表现、人格特点对其形成一定的评价，进而对其产生相应的期待。教师的期望又在很大程度上影响着学生的自我评价和行为表现。教师对学生的积极期待会使学生增强自信，努力提高学习成绩，密切与教师的关系。教师对学生忽视冷落则容易使学生自我怀疑，失去自信，在学习上放弃努力，自暴自弃，与教师的关系也逐渐疏远。因此，教师应在充分了解学生的基础上对每一位学生提出合理期待。

三、同伴关系辅导

（一）同伴关系概述

1. 同伴关系定义

同伴关系是指同龄人或心理发展水平相当的个体在交往过程中建立并发展起来的一种人际关系。同伴交往在学生行为、认知、情感以及人格的健康发展和社会适应中起着重要作用。良好的同伴关系有利于学生社会价值的获得、社会能力的发展、学业的顺利完成以及认知、情感、个性的健康发展，而同伴关系不良则可能导致学校适应困难，甚至会对成年以后的社会适应造成消极影响。因此，学生同伴交往辅导是学校心理健康教育的一项重要任务，表4-1所示为不同年龄段的个体对朋友的定义。

表4-1　不同年龄段的个体对朋友的定义

发展阶段	主要特点
游戏伙伴（3~7岁）	朋友就是和自己一块玩的那些小朋友
助手（4~9岁）	朋友就是那些能够提供帮助，并相互按照对方的命令去做的那些人
合作者（6~12岁）	朋友必须合作、有共同的目标和行事程序以及相互让步
知己和互相支持者（9~15岁）	朋友之间应该分享价值观和目标，保持亲密和提供支持；牢固的友谊虽然经历偶尔的不愉快但仍能持续下去
依赖但自主（12岁以上）	对相互间的依赖有成人一般的理解，互相需要，但在保持个性和独立品质的基础上发展关系

不同于垂直的亲子关系和师生关系，同伴关系是一种水平的人际关系。所谓水平关系是指个体与那些跟他处于相同认知水平和具有相同社会权利的他人之间形成的一种关系。也就是说，在同伴关系中，没有明显的一方为另一方提供物质或精神帮助。一般来说，同伴关系的发展与维持是建立在互惠的基础上的。彼此平等是同伴关系的主要特征。这种水

平人际关系的主要功能是给个体提供学习技能和交流经验的机会。人在任何一个阶段都需要同伴，因为同伴是最好的镜子，是人进行社会比较不可缺少的参照物。同伴关系是个体在成长过程中社会化发展水平的重要影响因素，在某一阶段的影响比垂直的父母关系和师生关系更大。

2. 同伴关系类型

（1）同伴关系类型。依据亲密程度可将同伴关系分为亲密朋友、普通朋友及一般同伴，不同的群体为个体提供的社会支持是不同的。一般同伴群体可以提供归属感和包容感；工具性或指导性帮助、抚慰、陪伴和自我价值感既可以从朋友关系中获得，也可以从一般同伴群体中获得；而亲密朋友关系可以提供爱、亲密和可靠的同盟。无论是哪一种社会支持，都会使个体感觉自己是安全的、被关爱的。当个体体验到自己的某种能力或人格被一个团体认同，不但会提高个体的自尊水平，而且他会更愿意遵守这个团体的规则，从而表现出更多的利他行为。

（2）如何择友。在学校教育中，教师要引导学生明白什么才是真正的朋友，该交什么样的朋友以及如何交朋友。

善交益友。对自己的思想、学习、生活有帮助的朋友称为益友。益友有助于开阔自己的视野，使自己获得更大的发展。孔子认为益友分为三类：友直（品行正直的朋友）、友谅（诚实守信的朋友）、友多闻（知识丰富有学问的朋友）。但学生一定要知道，友谊是一种互惠的关系，因此，学生要交到益友，就要努力提高自己的能力和素养，完善自己，争取也成为他人心中的益友。

乐交诤友。能够直言不讳地指出自己的错误、批评自己的朋友是诤友。有些学生认为，那些一味讨好自己，对自己只有赞同没有批评的就是自己的好朋友。然而，真正的朋友虽然不能总是指责，但也不能总做“老好人”，这样的朋友是不真诚的，对自己的发展也是不利的。

不交损友。对自己的道德品行产生不良影响的朋友称为损友。孔子也有对损友的见解：“损者三友：友便辟（心术不正的人）、友善柔（华而不实的人）、友便佞（阿谀奉承、花言巧语、谄媚的人）。”学生应该学会分辨损友，远离损友。

（二）同伴关系辅导策略

1. 利用课堂教学，促进同伴互动

随着社会的发展和社会对人才需求的变化，培养学生的人际交往能力、合作能力、沟通能力已成为教育的重要任务之一。教师要学会利用群体动力学理论和技术安排课堂上老师和学生之间以及学生与学生之间的相互作用活动，使学生在互动和交往过程中，更好地学习科学知识，提高社会交往技能，协调同伴之间的关系。

2. 了解同伴关系现状，科学处理同伴冲突

从预防的角度看，教师要注意学生和教师两个方面的因素。学生方面，教师首先要充分了解每个学生的个性特点及同伴关系现状，了解同伴之间、同伴团体和同伴团体之间的关系，尽量避免可能发生的冲突；教师方面，要平等对待每一位学生，防止某些认为自己受到不公平对待或受到委屈、忽视的学生，将不满和敌对情绪转向受重视的学生。

从同伴冲突的解决看，首先，教师要客观全面地了解实际情况，努力做到公正、公平，尤其注意不要歧视学习成绩比较差的学生。其次，教师要根据冲突的具体情况提出解

决的办法。另外，教师要引导和鼓励学生自己处理和解决同伴冲突和矛盾，培养他们解决人际冲突的能力。

3. 建立班级规则，合理利用团体

学校或班集体必须制定详细具体的规范，说明在集体中同伴之间如何交往、如何互动等。这样学生就有了同伴交往的依据。学生干部的选举要公正、民主，学生干部要在同学中有一定的威信。在学校中，除了班级、少先队和团组织等正式团体外，在同伴自由交往中还形成了各种非正式团体，教师要充分利用这些非正式团体，尤其是要重视争取非正式团体中的核心人物来形成班级的凝聚力。

4. 创设良好班风，和谐同伴关系

同伴关系主要发生在班级环境中，因此班风对同伴关系有重要作用。积极、友爱、团结、信任、平等、互助的班风，有助于形成和谐、良好的同伴关系；消极、冷漠、分裂、敌对的班风，不利于同伴关系的和谐发展。教师在班级形成和建设过程中，要注重良好班风的创设。

5. 提高人际认知水平，调整交往认知结构

良好的人际关系基于一定的人际认知水平。教师可以从学生对自己的认识、对他人的认识、对和周围人关系的认识、对人际交往中的因果关系的认识等几个方面入手，帮助他们认识人际关系的本质，使他们知道建立良好关系需要每个同学的努力。

6. 学习社会交往技能，主动参与交往活动

有了合理的人际认知并不能保证人际交往的成功，许多人际交往问题的产生是由于缺乏必要的人际交往技能，尤其是社会交往退缩行为、攻击行为以及异性交往困难等更是如此。所以，训练人际交往技能是人际关系辅导的一个重要方面。

维系同伴关系的技巧有：

（1）学会倾听。学会倾听是有效沟通的开始，倾听能让对方感受到被在意、被尊重、被理解，这对于维持好的同伴关系有着非常重要的意义。

（2）学会感谢。把感谢这种交往习惯带到同伴交往中，既肯定了他人的贡献和价值，也让自己有了感恩之心。

（3）学会“提意见”。在现实生活中，有时学生为了避免冲突，或希望获得朋友的好感，不敢对朋友提意见。实际上只要掌握好的方法，“提意见”不仅不会伤害朋友的感情，反而会增进友谊。

（4）学会换位思考。在人际交往的过程中，难免会发生冲突和矛盾。有些学生由于不知道如何处理可能发生的冲突，而尽量避免与他人接触。其实，在人际交往的过程中，冲突是必然的，若处理得当反而会促进人际关系的和谐发展。在学生遇到冲突情境时，教师可以引导学生从不同的视角看待、分析问题，学会从他人角度考虑问题，让学生了解成长于不同家庭、受到不同教育的孩子会有不同的想法和处事风格，你在接受他人的同时，别人也在接受自己，不能接受这种差异就很难拥有良好同伴关系。这样既能达到处理和解决冲突与矛盾的目的，同时也能培养学生解决人际冲突的能力。

许多研究表明，具有良好同伴关系的个体易表现出友好、谦虚的品质和低焦虑的情绪，它有利于情绪的社会化。

四、异性交往辅导

（一）异性交往概述

生活中男人和女人互称为异性。异性学生间交往建立的一种人际关系称为异性关系。严格来说，异性学生之间的关系也是同伴关系，由于青少年时期心理发展的特殊性，故此处单独阐述。

进入青春期的青少年，由于体内性激素的作用，出现了第二性征，性意识开始觉醒。开始对异性同伴产生朦胧的好感和渴望，喜欢与异性交往。男女生之间的正常交往和友谊是一种合理的需要，有利于学生的身心健康，家长和老师应予以鼓励和支持。然而，由于部分学校、家庭青春期教育滞后，使学生的心理发展落后于生理发展，这种身心发展的不平衡，使学生常常陷于困扰之中，有些学生在异性交往方面会出现一些不良倾向。如有些学生在异性关系中表现得比较随便、没有分寸，甚至放荡不羁。这种情况不但不利于学生的心理健康成长，还可能对其一生造成难以弥补的伤害。良好的异性关系对学生的身心健康有重要意义。

1. 促进青少年自我同一感的发展

异性交往可以促进青少年自我同一感的发展，根据心理学家埃里克森的观点，青少年阶段的关键任务是发展同一感。异性交往通过两种作用方式影响青少年同一感：（1）异性交往有利于青少年建立清晰的自我感知。相对于那些与异性交往少的青少年，与异性交往较多、异性关系较好的青少年能更客观地评价自己和自己的交往能力，也更加自信。（2）异性交往及自我概念还能影响个体的自我价值感。因为在与异性交往过程中形成的自我概念与众多其他自我概念相关，这些不同方面的自我概念综合决定了个体的自我价值感。

2. 有利于青少年的心理健康

异性交往可以满足青少年的心理需求，有利于青少年个性的完善，有助于青少年心理平衡。而缺乏异性交往可能会引起自卑、退缩等情绪困扰。既有同性朋友又有异性朋友的青少年，性格往往比较开朗，为人诚恳热情，乐于帮助同学。那些只与同性交朋友的青少年，往往缺乏丰富的情感体验，缺乏与异性沟通的能力，社交范围和生活圈子也比较窄。

3. 增进同伴友谊，奠定成熟爱情基础

异性交往能增进青少年间的友谊，为将来获得成熟爱情奠定基础。健康的异性交往，不仅扩大了青少年的交友范围，异性交往的有益经验还可以迁移到同性交往中，因此，异性交往对于发展青少年友谊的广度和深度有着十分重要的作用。通过异性交往，青少年可以积累与异性健康交往的经验，可以使青少年逐渐学会进行比较与鉴别，能够理智区分友谊与爱情，从而更稳妥地把握自己的情感，为将来成人后的恋爱和婚姻生活做好准备。因此，指导学生培养异性交往能力和积累异性交往经验，为其进入社会做好准备，是十分必要的。

（二）异性交往常见问题

当前青少年异性交往主要存在以下几个问题。

（1）交友观不正。有的青少年以异性朋友多为荣，借此炫耀自己的魅力和交往能力，满足自己的虚荣心。还有些青少年交异性朋友是为了达到自己的私欲，如交往的目的是从异性朋友处获得礼物或帮助等。

（2）超越友谊界限。一些青少年分不清友谊与爱情的本质区别，将异性朋友之间的相互吸引和愉快相处误认为是“爱情”，把握不住自己的感情而陷入恋爱的旋涡，有的甚至过早地发生两性关系。

（3）交往方式不当。受社会认知能力和判断能力的限制，青少年异性交往时往往随意性较强，交往对象也良莠不齐。还有学生因害怕家长、教师的干预和训斥，将异性交往转入“地下”，隐蔽性青少年网恋已经成为一个不容忽视的社会问题。

（4）择友标准不当。有些青少年以学习好、能力强、思想品德高作为选择异性朋友的标准，但也有部分青少年在选择异性朋友时以“讲义气”“有钱”“出手大方”“漂亮”等为择友标准，这种只注重外在条件，忽视内在品质的择友观很难交到真正的朋友。

（5）“一对一”的异性交往带来的困扰。在集体交往过程中，某些异性同学之间难免会出现较为亲密、频繁的“一对一”的交往，这种交往即使是正常的，也容易招来同学、老师、家长的猜疑与议论，给关系的维持带来困扰和压力。这种异性间的交往也很可能逐渐超越正常友谊的界限，学生过早地坠入爱河，会给学习和生活带来不利的影响。

（6）爱情错觉。有的青少年因受到对方言谈举止的吸引，或受自己的某种主观体验的影响而懵懂地坠入爱河，或因自以为某个异性对自己有意而产生“被爱”的错觉，并因此感到困扰。

（7）心相近而形相远的矛盾。由于生理和心理的发育，青少年产生了强烈的与异性交往愿望，但由于缺乏与异性交往的技巧，某些青少年会因害羞和不安而以反向的方式来表达自己对异性的关注，从而表现出特殊的“心相近而形相远”现象。

（8）拒绝异性交往与异性交往困难。一些青少年由于以往的生活经历造成了对异性的偏见或者是由于个性特点，使他们厌恶、回避、拒绝乃至仇视异性❶。

阅读材料

友情与爱情的区别

友情与爱情都是学生们向往的美好情感，但两者之间存在着很大的区别。

友情往往是开诚布公的，而爱情往往比较隐蔽。友情不会在同学、家长、老师面前避讳或隐瞒，也不会私下交往，往往是在众多同学之间进行的。有时班里会有男生和女生互相以好哥们或好兄弟相称，这都是在友情范围之内的。而爱情则往往比友情隐蔽，不愿意让别人知道甚至对好朋友也会隐瞒。友情具有多向性的特点，这就好比是招贤纳士，彼此有共鸣或是欣赏对方的才干才可能成为朋友，不一定只存在于两人之间。而爱情则是单一的，不容许有第三者的加入。

如果学生的感情两方面都不太像。我们就认为这种感情处在临界状态。所谓临界，就是处于友情和爱情的边缘，这是一种包裹在蚕茧里朦朦胧胧，说不清道不明的情怀。高中生对异性的倾慕很多都处于这个状态，多年以后当他们自己回想起这段感情时，就会明白这并不是真正的爱。这是一种非常单纯而美好的感情，没有成人世界的杂质。对于这样的感情，我们没有必要去强化他们的感觉，特别是不能给他们贴上“早恋”的标签并采取高

❶ 王磊．青少年异性交往心理问题研究综述［J］．心理科学，2004（4）：916-919.

压政策。因为过分压制可能反而会让学生错把自己的感情当成爱，甚至在逆反心理的作用下感情发展偏离正常轨道❶。

（三）异性交往辅导

对学生的异性交往辅导，要采用引导和教育的方式，一方面要鼓励学生自己思考，如何选择、如何交往；一方面要加强孩子对异性交往的认识。青少年内心萌发的异性吸引，是性生理和性心理发展的必然结果，是一种正常的表现。

教师要引导学生将正常交往与不当交往区分开来，摒弃“异性交往就是谈恋爱”的错误观点，引导青少年正确区分友谊和爱情，在对青少年异性交往观念进行指导时，要同时进行人生观、价值观、交友观和友谊观的教育。这是因为人生观、价值观制约着人际关系的亲疏，是交往关系亲密性、深刻性和持久性的主要调节器，能够不断净化、优化交往心理，使择友、交友从盲目的自然状态上升到自觉的理智水平。

1. 家长对孩子的异性交往辅导

异性交往的教育需要家长在日常生活中进行渗透教育。涉及到个性化、私密化问题的性教育是学校课堂教育很难提供给孩子的，需要家长的指导和帮助。家长要改变传统的异性交往观，正确认识学生在青春期的异性交往，重视并鼓励异性交往，消除神秘心理。在对孩子进行异性交往辅导时，家长要注意强调两个原则。

（1）自然原则。所谓自然原则，就是在与异性交往时，言语、表情、行为举止、情感流露及所思所想要做到真实、自然，既不过分夸张，也不闪烁其词；既不盲目冲动，也不矫揉造作。消除异性交往中的不自然感是建立正常异性关系的前提，同学关系不要因为异性的加入和存在而变得不舒服或不自然。

（2）适度原则。所谓适度原则，是指异性交往的程度和异性交往的方式要恰到好处，既不因异性交往而过早萌动情爱，又不因回避或拒绝异性而对交往双方造成心灵伤害；既不过多地与异性同伴独处，又不在异性面前如临大敌，拒不接受异性的热情帮助。

2. 学校和教师对学生的异性交往辅导

学校和教师作为学生异性交往教育的主力军，应该把教育的重心从规范教育转为认知教育。

（1）专题知识讲座。针对青春期的异性交往问题，学校应成为学生性教育的重要场所。教师应摒弃传统观念的影响，对学生进行全面、细致、科学的青春期性教育。必要时可将男女生分开，通过专题讲座的方式使他们了解男女在生理和心理上的差别，帮助学生了解青春期生理和心理变化，从而更好地认识自己、了解异性。

（2）心理健康教育课程。学校可在心理健康课中设置相应专题，在心理健康课上开展系统的异性交往教育。心理健康教师在课堂教学上要依据不同年级学生身心发展特点选择授课内容和授课方法。在进行异性交往辅导时，教师要注重对学生进行性道德教育，使学生学会分辨是非美丑，树立自尊、自重、自爱和尊重异性的观念。

（3）营造青少年异性交往环境。教师可以通过组织丰富多彩的文体活动，缓释青少年的能量，满足他们渴望交流和自我展示的心理需求。例如，安排劳动时，把轻重任务分开，让男女生各展所长，既为青少年营造了集体交往的环境，改变了学生交往单一的闭锁状态，

❶ 崔丽娟. 了解你的学生［M］. 北京：北京大学出版社，2008：56.

又充分发挥了他（她）们的才能。另外，也可以开展“在人生起跑线上”“怎样看待异性之间的友谊”等主题班会，引导学生明辨是非，在轻松愉快的氛围中达到自我教育的目的。

第三节　自我意识辅导

一、自我意识概述

（一）自我意识定义

自我意识是个体对自身及与周围客观世界关系的认识。人在客观世界的影响下，不仅能产生感觉、知觉、思维、想象、记忆、情绪、意志等心理活动，而且能认识和觉察到这些心理活动。概括地说，自我意识是指一个人对自己以及自己和他人之间关系的认识。如一个人对自己的身高、外貌的了解，对自己能力、性格的认识，对自己与他人相处的融洽程度、自己在他人心目中地位的理解和评价等，这些都是自我意识的具体表现。自我意识是意识的核心部分，是对“自我”的意识，是自己对自己的认知，是自我概念、自我评价、自我理想的辩证统一。

阅读材料

改变爱因斯坦一生的故事

爱因斯坦小时候是个十分贪玩的孩子，他的母亲彼林经常为此忧心忡忡。母亲的再三告诫对他来说毫无用处。16 岁那年的秋天，一天上午，父亲将正要去河边钓鱼的爱因斯坦拦在屋子里，给他讲了一个故事，正是这个故事改变了爱因斯坦的一生。

父亲说：“我昨天同咱们的邻居杰克大叔一起去清扫南边的一个烟囱，那烟囱只有踩着里面的钢筋梯才能上去。你杰克大叔在前面，我在后面。我们抓住扶手一级一级地爬上去。打扫完我们钻出烟囱，发现了一件很奇怪的事：你杰克大叔的后背、脸上全被烟囱里的烟灰蹭黑了，而我身上竟一点烟灰也没有。”

“是吗？”爱因斯坦一下子来了兴趣。

爱因斯坦的父亲继续微笑着说：“是啊！你知道吗？我当时看见你杰克大叔的模样，心想我一定和他一样，脸脏得像个小丑，于是我就到附近的小河里去洗了又洗。然而，你杰克大叔呢，他看我钻出烟囱时干干净净的，就只在那儿简单洗了洗手就上街了。结果，街上的人都笑破了肚子，还以为你杰克大叔是个疯子呢。”

爱因斯坦听罢，忍不住和父亲一起大笑。父亲笑完后，郑重地对爱因斯坦说：“孩子，你知道吗？我给你讲这些，其实是想提醒你，无论任何人，都不能做你的镜子。拿别人做镜子，即便是白痴都有可能把自己照成天才。”

人之所以为人，是因为人具有自我意识，能够形成自我知觉，能够在头脑中勾画出现实的我是什么样子，理想的我又是什么样子。人类从来没有停止过对自我的探索，但人类也常常会迷失在自我当中，“不识庐山真面目，只缘身在此山中”。人难以脱离自己，常会以局外人的身份来审视自己并参照周围人来认识自己，因此，很容易受到周围信息的暗示，同时还会把他人的言行作为自己行动的参照，出现自我知觉的偏差，这被称为“巴纳姆效应”。“巴纳姆效应”主要表现在两个方面：一是更相信他人对自己的评价；二是容易相信一个笼统的、一般性的人格描述，即使这种描述十分空洞，也仍然认为反映了自己的人格面貌。如你很希望别人喜欢并尊重你、你有自我批评的倾向等，这其实是一些戴在绝大多数人头上都合适的帽子。

（二）自我意识分类

一般认为，自我意识是认知、情感、意志三种成分的结合。

（1）认知。认知成分包括自我感觉、自我观察、自我分析、自我评价等，是个体对自己的心理特点、人格特征及自身社会地位、价值等的自我评估，也称为自我认识。自我认识是指主体我对客体我的认知和评价，即自我认知和自我评价。自我认知是自己对自己身心特征的认识，自我评价是在自我认知的基础上对自己做出的某种判断。在客观的自我认知基础上做出正确的自我评价，对个人的心理状况、行为表现及个人在社会群体中人际关系的协调都具有重要作用。正确认识自我，对自己有一个较全面而客观的评价，是主体自我接纳、自我教育的基础和前提。若一个人能够全面、正确地认识自我，客观、准确地评价自我，就能量力而行，能确立合适的理想自我，并会为实现理想自我而不懈努力。对自我的客观认知和评价，对个人的身心健康发展有着不可忽视的作用。

（2）情感。情感成分包括自尊心、自信心、自豪感、责任感、义务感、自爱、自恃、自卑、自惭和自怜等，是评价事物发展的结果是否符合自己需要所产生的一种情绪体验，称之为自我接纳。自我接纳是对自己的本来面目抱认可、肯定的态度，同时相信自己存在的价值，认同自己的能力。是否接纳自己是能否发展健康自我体验的关键和核心。它涉及一个人是以积极的态度认可自我，形成自尊、自信的人格品质，还是以消极的态度拒绝自我，形成自卑的人格倾向。自尊者对自我充满信心，乐于接受对自我的教育和要求，有利于积极客观自我意识的形成；自卑者片面夸大自身的缺点、短处，对自己持悲观态度，甚至否认自我存在的价值，会阻碍客观自我意识的形成。因此，在自我接纳的教育与辅导过程中，教师应有意识地采取有效措施，培养和提高个体的自尊心和自信心❶。

（3）意志。意志成分是在自我评价的指导下，在自我体验的推动下，个体对自己心理活动和行为的自觉而有目的的调整，包括自我监督、自我激励、自我动员、自我控制等，表现为自立、自主、自制、自强、自律等，称之为自我完善。简单来说，自我完善是指学生在实现自己的理想或目标的过程中，有意识地调控自己的心理和行为，充分发挥自己的主体作用。自我完善特别强调学生本人的能动性，学生能够自觉地把自己看作是教育的对象，积极寻求发展的机会。

自我意识的教育与辅导是指运用有关心理健康教育的理论和技术，帮助学生科学地认识自我、悦纳自我、激励自我、调适自我、管理自我，促进学生良好自我概念的形成和自我意识的发展，形成自尊、自信、自重、自爱、自强、自制的健康人格的一种教育活动。

二、自我意识辅导策略

（一）自我认知辅导

认识自我是健全自我意识的基础，只有在正确认识自我的前提下学生才可能产生正常

❶ 姚本先，伍新春．学生心理健康教育［M］．北京：中国轻工业出版社，2008：29.

的自我体验和行之有效的自我控制。因此，教师应该引导青少年从生理自我、心理自我和社会自我三个方面进行深刻的自我分析，并且传授正确了解自我的渠道和途径。

（1）学生可以通过认识他人来认识自己。学生可以运用自己认识他人的方法、技巧来认识自己，这是因为我们与他人共同生活在社会中，我们拥有群体的共同特征。学生还可以通过对他人的分析进行自我评价，以此认识自我，这需要老师和家长帮助学生客观地分析他人对自己的评价，尤其要客观、理性地对待他人对自己的负面评价。

（2）学生可以通过社会比较来了解自己。学生可以选择与他人尤其是与自己条件相当的人比较，也可以对当下的自我与过去的自我和将来的自我进行比较，将自己的理想目标与现实表现进行比较等。

（3）学生可以通过自我观察来认识自己。学生可以通过观察自己的外部行为表现，从自身的行为以及行为结果来推断自己的能力、气质、性格等心理特征，也可以觉察自己的内部心理活动，从自我体验、自我分析、自我反思中认识自己。

（4）增强学生的自我评价能力与社会认知能力，使其能够客观对待他人的评价，避免产生自我认识的偏差。如有的学生总是喜欢与比自己优秀的人比较，其后果就会总感觉自己一无是处、自惭形秽；而有些学生却喜欢与比自己差的人比较，其后果就会夜郎自大、沾沾自喜、不思进取。常常听到学生说："我的学习成绩算是好的了，比我差的人还多得是。"所以老师和家长应该注意引导学生客观评价自己，从多个角度、多个侧面合理地评价自己，一方面，要进行横向比较，与超过自己的人、与自己相似的人、与不如自己的人进行比较；另一方面，也要进行纵向比较，教师要引导学生明晰现实自我与理想自我的差距，看到现实自我与过去自我的不同，积极看待自己的进步。引导学生找出自己与他人存在差距的原因，并结合自身特点加以分析与思考，以获得比较客观合理的评价，既不妄自菲薄，也不自负自满。

（二）自我接纳辅导

自我意识发展健全的核心与关键是接纳自己。个体首先要接纳自我才能被他人接纳。在自我接纳的基础上，培养学生的自信、自立、自强、自主的心理品质，才能促进学生的自我发展和自我完善。

教师和家长作为学生自我意识培养的主要引导者，可以通过学生喜欢和欣赏的古今中外名人对待自身不足与缺陷的事例，启发引导学生思考如何看待和接纳自己。使学生懂得自我悦纳就是接受自己的一切，包括好的或坏的、优点或不足、成功的或失败的、有价值的或无价值的，所有自身现实的一切都应该积极接纳，并理智地对待自己的优劣和成败，用乐观的、发展的眼光看待自己。既不自欺欺人，也不消极回避自身的缺陷与不足。一个人既不可能十全十美，也不可能一无是处。教师应鼓励学生不要一味地关注自己的弱项和失败经历，而应将注意力和精力转移到自己最感兴趣、也最擅长的事情上去，从中获得的乐趣与成就感将强化学生的自信，驱散学生自卑的阴影，缓解学生的心理压力。教师或家长可鼓励学生先选择一件自己较有把握也较有意义的事情去做，做成之后，再确立另一个目标。这样，学生既可以不断收获成功的喜悦，又可以在成功的喜悦中不断走向更高的目标。每一次成功都将强化学生的自信，弱化学生的自卑，一连串的成功体验会使学生的自信心趋于巩固。

教师和家长应引导学生积极接纳自我。重点要关注以下两方面：（1）与学生交流时注意技巧，尽量采用建议性的口吻，学生大多不喜欢被成人呼来唤去，如成人用命令的口气指挥或指使学生做事，可能会使其十分反感，激发其叛逆心理；还可能会使他们形成自己很笨、不重要、不如他人等消极自我评价，从而对他们自尊心和自信心的发展产生消极影响。所以教育者应该多用建议性、商量性的语气与学生进行交谈，如“你觉得呢?”“你看这样行吗?”等，这样他们会更乐于接受教育者的建议，会收到较好的效果。(2) 注意维护学生的尊严。在处理一些具体问题时要考虑到学生的尊严。教育者应以平和宽容的态度与学生交流，给学生在班集体中、在家长面前留面子，这样对学生的自尊心和自信心的发展十分有利。

(三) 自我完善辅导

(1) 确立合理的理想自我。自我分化是中小学生自我意识发展的重要特点。理想自我与现实自我分化后的再统一，是自我完善的关键。一方面，客观地设计理想自我应该注意其方向性，即“理想自我”的设计要符合社会发展需求，遵循社会道德准则；另一方面，又要注意其现实性，即理想自我设计必须从实际出发，从社会发展水平来考虑自己的学习、工作和生活。同时，教师要引导学生根据自己的特点和能力确立理想自我，发挥自己的专长、优势，而不能对力所不能及的事想入非非。此外，还要注意理想自我的激励性，理想自我应高于现实自我，保持适度差距，才能对学生有激励作用，但差距也不能过大。没有差距会缺乏动力，差距过大又会失去信心。

(2) 加强自我监督与自我教育。个体通过不断地自我反省，找出现实自我与理想自我的差距，一方面通过自我监督来克制、约束自我，服从既定目标；另一方面按社会要求自觉对自我实施教育，以实现现实自我与理想自我的积极统一，促进自我意识的健全发展。

(3) 有效进行自我调节，科学实施自我管理。让中小学生掌握自我调节的科学方法，如补偿、宣泄、疏导、升华、积极的自我暗示、自我激励等，有效调节由挫折引起的不良情绪，不因一时的挫折而沮丧，也不因挫折而拒绝接受自我。努力维持心理平衡，增强适应社会的能力，使自我意识朝着健康的方向发展。另外，教师要引导中小学生学会自我管理，学会对自己的行为负责。教师首先要引导学生掌握自我管理的具体方法，如怎样确定自我行动的目标、计划，怎样与干扰作斗争，怎样克服不良行为习惯等。其次，要引导学生针对个人的具体情况进行自我管理，因为每个人的心理发展水平不尽相同，所以自我管理的具体要求、进度等允许有所差别[1]。

第四节　生活与社会适应辅导

一、情绪情感辅导

(一) 情绪情感辅导概述

1. 情绪情感定义

情绪、情感是人对客观事物是否符合自己的需要所产生的态度体验。情绪、情感是人类重要的心理活动形式，它们不仅对个体其他心理和行为起着重要的调节作用，对社会交往和适应具有信号和协调功能，而且对个体的身心健康具有重要的意义。

情感和情绪同属于感情性心理活动，是同一过程的两个方面，虽然不尽相同，却不可

[1] 薛亚萍．青少年自我意识偏差的分析与调节、完善策略［J］．继续教育研究，2008（3）：161-162.

分割。一般而言，稳定的情感是在多次情绪体验的基础上形成的，并通过情绪表现出来，而情绪的表现和变化受已经形成的情感制约。因此，情绪是情感的基础和外部表现，情感是情绪的深化和本质内容。

从需求角度看，情绪多是与人们的物质或生理需求相联系的态度体验，是相对低级、简单的体验，是人类和动物所共有的。例如，饱食后感到心情畅快、遭受攻击时感到恐惧。情感则更大程度上与精神或社会需求相联系，是高级、复杂的体验，为人类所特有。人类社会富裕的物质生活、丰富的精神生活、良好的社会道德风尚等都给人以愉快、满足、幸福等积极情感，而生病、死亡、战争、犯罪则使人产生痛苦、厌恶、绝望等消极情感。

从发展的角度看，情绪出现早，情感产生晚，情感会随着年龄的增长而逐渐发展。例如，初生的婴儿并没有道德感、美感等情感，这些情感会随着他们的社会化过程逐渐形成。

从反应特点看，情绪具有情境性、暂时性、激动性和外显性特点，往往随着刺激情境的改变或需要的满足而消失。情感反应则稳定、持久和内隐。例如，对丑恶现象的憎恶、对美的欣赏不会轻易改变，这些都体现了情感的稳定性。

心理健康教育工作者要能区分情绪和情感问题的层次。当情绪发作，干扰了日常学习和生活，但尚能自我控制的时候，我们称之为情绪心理问题或情绪困扰；当情绪发作，严重影响个体日常社会功能，当事人明确知道必须加以控制却无法自控，情绪泛化到社会生活各个领域却无法自拔，或长期未愈时，我们称之为情绪障碍。情绪困扰问题，可由学校心理健康教育工作者对其进行心理辅导。当学生有情绪障碍时，则要转介到专门的心理咨询与治疗机构。

2. 情绪情感辅导

情绪辅导，也称情感教育，是运用有关心理健康教育的理论和技术，帮助学生认识、接纳和恰当地表达自己的情绪，识别他人的情绪并能有效沟通，掌握控制、疏导不良情绪的适当渠道和方式，避免和克服消极、冲突的情绪，培养良好情感品质的一种教育活动。

我国台湾心理学家吴武典提出的情绪辅导目标是：增进社会认知能力；增进情绪理解能力；增进情绪表达能力；增进自我控制能力；增进挫折容忍力；较少焦虑、沮丧和退缩；较能与人分享和合作；较能有效地处理冲突等。

我国学者吴增强提出的情绪辅导目标是：帮助个体正视和理解自己的情绪；帮助个体恰当地表达自己的情绪；帮助个体养成乐观的生活态度，增强对快乐的情绪体验；帮助个体学会控制自己的情绪，处理自己的情绪困扰。

（二）情绪情感辅导策略

1. 情绪情感认识辅导

情绪情感认识辅导主要是要让学生明白情绪的内涵、功能、分类，情绪对学习、生活、工作、心理健康的重要意义，使学生认识人类情绪和情感的丰富多样性、先天遗传性及社会文化制约性，懂得乐观与悲观是情绪序列上的两极，掌握其间的区别。

2. 情绪情感识别辅导

情绪情感识别辅导就是要训练学生能更好地觉察和认识情绪，进而正视和理解自己的情绪，敏锐地体察他人的情绪。丹尼尔·戈尔曼（Daniel Goleman）认为，情绪自我察觉能力（即当某种情绪刚一出现时便能察觉的能力）乃是情感智力的核心。

情绪情感识别训练的主要方法有情感辨析技术和情景体验法。情感辨析技术是帮助学生学习辨别与分析其内在情绪情感的复合状态，使他们明晓其中所涵盖的各种情绪的性质、强度和比例，使其情绪情感状态在意识层面上从“混沌”趋向“有序”。情景体验法是让学生进入教师设计的模拟情景、实际情景或想象情景中去体验、思考、分析，了解自己的心理反应，获得情绪情感体验的方法。

3. 情绪情感沟通辅导

情绪情感沟通辅导着重训练学生运用言语和非言语手段正确、合理、适当地表达自己的情绪与情感，理解他人的情绪与情感，培养学生移情（即同理心）的能力。移情，既能“感人之所感”，也能“知人之所感”，是指既能分享他人情感，对他人的处境感同身受，又能客观地理解、分析他人情感的能力。

移情训练包括情绪追忆、情绪换位、作品深化三种方法。情绪追忆是运用言语指示唤醒学生在过去生活经历中亲身感受到的、最强烈的情绪体验，加强情绪体验与特定社会情境之间的联结。情绪换位则是提供一些假定的社会情境，让学生转换到他人的位置去体验情境。如假设：“若你是一个行动迟缓、无人照顾的老人，你的心情如何？你希望别人怎样对待自己？”通过情绪追忆和情感换位，学生更易于把过去的情绪体验迁移到相应的社会情境，使自己置身其中，加强对情境中他人状态的替代性情绪情感反应。作品深化则是对上述活动的引申，是让学生以书面语言记录自己的真情实感，使他们不再拘泥于具体情境，而是掌握抽象的普遍性的情绪情感规律。学生描述自己的情感后教师应提供反馈信息，以强化学生作品中的正确表达。

情绪沟通训练还可以通过哑剧表演和空椅对话等方式实现。哑剧表演是指教师提出一个主题或一个情景，要求学生不用言语而用表情和动作表演出来[1]。如让学生表演喜怒哀乐的面部表情、愤怒时的动作表情、喜欢别人或讨厌别人时的肢体表情等。运用哑剧表演的方法，可以提高学生识别情绪与合理表达情绪的能力。空椅对话技术只需一个人表演，其具体做法是将两张椅子面对面放好，让学生坐在一把椅子上，面对另一把椅子，先大声说出自己的某一观点，然后坐到对面椅子上扮演他人，以对方的立场说话。这种方法可以增加扮演者的自我觉知和对他人的觉知。

4. 情绪情感调控辅导

进行情绪调控训练时，先要让学生了解什么是不良情绪、不良情绪对个体身心健康的危害，承认不良情绪存在的事实。在此基础上，指导学生掌握正确疏导和宣泄情绪的方法。常见的情绪情感调控方法包括理性情绪疗法和合理宣泄两种。

（1）理性情绪疗法是心理健康教育活动中常用的情绪调节方法。认知理论认为，人类生而兼具理性的思考和非理性的、歪曲的思考倾向。情绪或行为产生的原因不是事件，而是个体对事件的判断和解释。理性情绪疗法认为，情绪并不是由某一诱发事件直接引起的，而是由经历这一事件的个体对这一事件的解释和评价引起的。所以，理性情绪疗法的做法是通过分析情绪背后的想法，消除这些不合理信念，建立合理信念，从而达到消除或调节不良情绪的目的。其操作步骤依次是：了解目前要解决的情绪问题；确定情绪的诱因；寻找情绪背后的想法；针对以上想法进行剖析；树立新的合理的想法；感受新想法下的新情绪。

---

[1] 吴增强，沈之菲．班级心理辅导［M］，上海：上海教育出版社，2001：116.

（2）合理宣泄是指从情绪方面控制可能发生的冲动行为，采取合理或间接手段适当宣泄，化消极不良情绪为积极健康的建设性行为，如可以化嫉妒为动力、化愧疚为助人、化悲痛为力量等。人的心理承受力是有限的，不良情绪长期积郁在心中，人的心理就会出现严重的失衡，也很容易导致躯体或心理疾病。通过对不良情绪的处理或建设性的宣泄，能够恢复身心平衡状态。情绪宣泄可从身心两个方面着手，如在适当的环境下放声大哭或大笑，向亲近和信任的人倾诉衷肠，给自己写信或写日记，阅读文艺作品，闭上眼睛听音乐、让自己的感觉随音乐流动，从事体力劳动、体育运动，大声歌唱、尽情舞蹈等。

情绪情感辅导的关键是培养学生积极的认知模式，使学生的正向情绪多于负向情绪。此外，在情绪情感辅导中，还要引导学生提高情感修养，最终形成学生的理智感、道德感和美感等高尚情操。

二、网络行为辅导

（一）网络行为辅导概述

1. 网络行为辅导的背景

共青团中央维护青少年权益部、中国互联网络信息中心联合发布的《2019 年全国未成年人互联网使用情况研究报告》显示，互联网对于低龄群体的渗透能力持续增强，32.9%的小学生在学龄前就开始使用互联网。2019 年我国未成年人互联网普及率达到 93.1%，经常使用网络的未成年为 1.75 亿。调研结果显示：互联网已成为青少年学习、交友的重要载体。学习、听音乐、玩游戏位列未成年人上网经常从事活动的前三位。随着网络信息技术的迅速发展和普及，未成年人不可能独立于网络之外。为应对未来的发展之需，特别是为应对网络学习平台的常态化运用，青少年也需要善学善用网络。但互联网对未成年人的健康成长也带来了巨大冲击。一是未成年手机用户中，工作日玩手机游戏日均超过 2 小时的达到 12.5%，这会严重影响其正常生活和学习；二是短视频成为仅次于听音乐和网络游戏中使用最普遍的网络娱乐之一。2019 年，未成年网民娱乐活动中短视频占比达到 46.2%，较 2018 年提升了 5.7 个百分点。短视频题材丰富，且平台会利用人工智能算法针对用户兴趣偏好推送内容，使很多未成年人沉迷其中。同时，短视频内容为用户主动上传，未成年人不可避免地看到低俗或不健康内容；三是互联网交往成为阻碍未成年人正常人际关系建构的重要因素。调查显示，上网聊天已成为未成年人最主要的网上社交方式，占 58.0%。由智能手机等做“玩伴”长大的青少年儿童，缺少父母关爱、缺乏基本的情感依恋，基本情感的缺失将导致青少年儿童很难形成完整的社会情感、国家情感；四是过度使用手机、平板等电子设备会危害青少年儿童身体健康。青少年儿童过度用眼会引发屈光不正、干眼等眼部疾患，2018 年 6 月，国家卫健委发布了一组数据：我国近视人数已经超过 4.5 亿，近视发病呈现年龄早、进展快、程度深的趋势。其中，小学生近视发病率约为 30%，大学生约为 90%，儿童青少年的近视问题已成为重大社会公共卫生问题；另外，长时间低头玩手机、平板等电子设备也会对颈椎造成损害，现在颈椎病低龄化趋势已非常明显。

2. 网络对青少年的负面影响

从信息技术革命的发展趋势看，智能手机将日益取代台式机、笔记本电脑，成为学生交往、学习、娱乐的综合移动平台。科学引导学生合理使用网络，减少网络对学生的负面影响已刻不容缓。网络对青少年学生的负面影响主要表现在以下几个方面。

（1）过度依赖网络。我国学者欧居湖提出网络成瘾是指以网络为中介，以网络中储存的交互式经验、信息等虚拟物质为成瘾物引起的个体在网络使用时，沉醉于虚拟的交互性经验、信息中不能自主，长期和现实社会脱离，从而引发生理技能和社会、心理功能受损的行为❶。学生受其年龄、社会阅历等因素限制，难以对网络信息进行有效筛选，极容易在接触某些新事物（游戏等）时表现出一定的盲目性，在内容选择、时间控制等方面出现问题，甚至出现沉迷于网络不能自拔的情况。

（2）情感淡漠，阻碍人际关系正常发展。青少年学生在成长过程中需要通过与他人的现实接触进行情感交流，学习沟通技巧，发展个人情感，从而逐渐完成个体的社会化。而网络发展虽然打破了时空界限，拓宽了青少年的交往圈，但如果青少年学生无法有效地实现现实世界与虚拟世界中角色的有效转换，则很容易被动地迷失于具有巨大诱惑性的网络交际中，慢慢地与现实生活隔离，变得孤僻、不合群，甚至远离人群，严重时可导致不同程度的心理问题，如人际交往障碍、情感冷漠以及其他交际危机，这些对青少年学生的心理健康都有极大危害，不利于其日后的发展。

（3）道德观念弱化，不利于形成积极正确的人生观、价值观。青少年学生受年龄、知识水平等因素的限制，还难以准确把握和理解社会规范，缺乏用社会规范约束自我的意识和能力，因此，在现实社会中需要家长及老师的引导。而网络平台的"自由性"极大地助长了某些青少年希望触犯底线、为所欲为的"叛逆心理"，导致一些青少年学生是非观念淡薄，道德意识差，肆意地做出违反道德规范的行为。"丰富多彩"的网络世界，满足了青少年猎奇的需求和挑战的欲望，但其中的一些色情、暴力信息可能会使他们的人生观、价值观出现偏差。

面对纷繁复杂的网络世界，教育者应用平和的心态引导青少年，以平等的立场同青少年沟通，给予他们一定的信任，培养他们独立思考能力和自控能力，引导青少年健康合理地使用网络，促进青少年健康人格的形成。

（二）网络行为辅导策略

网络对学生来说既是学堂，也是乐园，但它是一个鱼目混珠、赤墨兼备的"大染缸"。学生能否利用好网络，关键在于教育者的引导。

1. 引导健康网络行为

教师应帮助学生提高辨别能力，使他们能够区分现实世界和虚拟世界，能够识别好坏、美丑，树立正确的价值观。在实施网络行为教育时需把握以下几个方面。

（1）主动提前预防。教育者要主动及时地对青少年普及健康的网络使用知识，密切关注学生的心理健康状况，提前打好预防针，对可能出现的情况进行告知和解释，帮助青少年正确看待、合理应对网络上出现的各类现象。

（2）利用网络开展有意义活动。在对青少年网络行为指导过程中，要结合课堂学习的内容在网络上进行一些拓展性的、研究性的学习，不要过度束缚学生在网络世界中的探索，要尊重学生的人格及个人需求，必要时可指导学生选择一些健康益智的游戏。

（3）培养学生的自我控制能力。教师要引导学生培养自控能力，学生在上网之前，可

❶ 代美霞，孙继华．青少年学生网络成瘾与心理健康的关系［J］．潍坊学院学报，2008（3）：134-136.

以制订个小计划，明确上网要做的事情和使用的时间，并努力遵守。也可以请家长、朋友监督自己的上网时间。但老师和家长都应了解自控力的提升不是一时之功，需要家长、老师、孩子的通力合作，在这个过程中家长和老师要给予孩子更多的理解，也要学会使用一些具体的行为矫正技术。

2. 开展健康网络行为的教育

（1）开展网络使用主题班会，调动学生积极地交流讨论。班会是班主任根据教育教学要求和班级学生的实际情况确立主题，并围绕主题开展的教育活动。在进行主题班会前，教师要针对班级学生的具体情况确定富有教育意义的主题，比如“健康上网，人人有责”“净网从我做起”等。根据班级内学生的意愿进行组织，充分发挥学生们的积极性，主题班会可通过演讲、小品等形式展开，以提高班会的趣味性，生动形象地宣传不健康网络行为的危害，普及青少年网络安全知识，加强学生的网络安全意识，形成健康的网络行为。

（2）建立班级特色主页，及时更新引导信息。对待网络应积极主动面对而非消极逃避，教师应引导学生了解健康网络行为的重要性，激发学生共创文明、和谐网络氛围的决心。可以根据班级具体情况制作属于班级的特色主页，除了添加班级的基本情况之外，还可以设置信息窗口，及时更新网络使用小贴士，让同学们共享个人认为有趣的网站，介绍内容健康、有趣的文章。这样既可以丰富学生的知识，开阔视野，又能满足学生娱乐身心、愉悦生活的需求。

（3）将家庭教育与学校教育相结合，家校合作促进学生身心健康发展。除了学校以外，家庭是引导学生形成健康良好价值观的另一重要场所，教师应积极与家长沟通，及时反馈学生在学校中的表现，鼓励家长增加与孩子的互动时间，指导父母通过自己的言行引导孩子正确观念的形成。只有家校共同努力，才能为学生营造更好的学习环境。此外，教师还可以指导学生合理利用课余时间，为同学们推荐优秀的读本及电影，提高学生的鉴别能力，促进其心智的发展成熟，指导学生学会在复杂的网络环境中筛选有益信息，抵抗不良诱惑。

（4）利用网络开展心理健康教育，点面结合。教师可以利用网络的便捷性和多元性，将心理健康教育和网络技术结合起来。将相关的心理健康内容放入信息窗口中供学生学习，在网上与他们交流，在保证学生个人隐私的前提下，最大限度地帮助他们解决个人困扰。网络心理健康教育在打破了时间和空间界限的同时，还能及时有效地帮助他们解决问题，取得有效的教育效果。网络的平等性使学生在与教师沟通时能够大胆表达个人观点，教师也能更直接地了解学生的真实想法，真正地进行“平等对话”，走进学生的内心世界，感受他们内心的真实想法❶。

三、职业规划辅导

（一）职业规划概述

职业即个人所从事的服务于社会并作为主要生活来源的工作。社会上的职业多种多样，千差万别，但都由以下几个要素构成：一是职业劳动属性。任何职业都离不开劳动，离不开劳动创造，否则就不能称之为职业。二是劳动的专门化职能。每一种职业都有专门的职能，职能就是从事某种职业所应有的职责与功能。三是职业的岗位特性。每一种职业

❶ 李群，方双虎. 学校心理健康教育［M］. 芜湖：安徽师范大学出版社，2016：200-203.

都具有特定的工作岗位，都要求从业者具备相应的条件，如身体条件、知识与技能、思想品质、心理素质等。

职业规划辅导，也称职业生涯辅导，是指教育者运用心理健康教育的理论和技术，以学生的职业生涯发展为着眼点，帮助学生树立正确的职业观，帮助学生认识职业、探索职业、选择职业、准备职业、安置职业，并在职业上取得成功的一种教育活动。由于各国的职业规划辅导侧重点不同，职业规划辅导有不同的名称：美国和英国称为“职业规划辅导”，日本称为“出路指导”。

近年来，我国高校职业指导发展很快，相比之下，中学生的职业规划意识仍十分模糊。虽然国家相关部门对中小学生职业规划的研究已开展多年，但多数学校还没有正式进入课堂。很多西方国家，会通过职业模拟、看录像、实际操作等方式使中小学生了解职业、了解自己，逐步规划自己的职业目标。如果学生能在中小学阶段就对自己的兴趣、爱好、个性、能力等有所了解，对自己长大后想从事的职业有所思考，并在中学阶段对这一职业进行一些探索，那么，他们在选择大学专业和毕业后就业时就不会盲目，在职业生涯发展道路上就会少走很多弯路。中学生职业生涯规划旨在让中学生尽早认识自我、认识职业、认识课程与职业的关系、学习职业决策，并根据自己的职业目标，从知识、技能和综合素质等方面不断增强自己的职业竞争力。

（二）职业规划辅导策略

1. 了解职业与专业

（1）了解职业的分类。美国著名的职业指导专家霍兰德（Holland）提出了个性类型和职业类型学说，把人的个性类型划分为六种：现实型（R 型）、研究型（I 型）、艺术型（A 型）、社会型（S 型）、企业型（E 型）和常规型（C 型）。对应这六种个性类型，职业也划分为六大基本类型，任何一项工作都可以归属于这些类型中的一种或它们的某种结合。霍兰德理论的核心思想是：个体趋向于选择最能满足个人需要、实现职业理想的职业环境，最理想的职业选择是使个性类型与职业类型相互协调与匹配，具体见表 4-2。

表 4-2 个性类型与职业类型适配表

个性类型	人格倾向	典型职业
现实型（R）	具有顺从、坦率、谦虚、自然、坚毅、实际、有礼、害羞、稳健、节俭的特征	一般工人、农民、土木工程师
研究型（I）	具有谨慎、批评、好奇、独立、聪明、内向、条理、谦逊、精确、理性、保守的特征	数学、生物方面的工程师、科研人员
艺术型（A）	具有复杂、想象、冲动、独立、直觉、无秩序、情绪化、理想化、不顺从、有创意、富有表情、不重实际的特征	诗人、艺术家
社会型（S）	具有合作、友善、慷慨、助人、仁慈、负责、圆滑、善社交、善解人意、说服他人、理想主义、富有洞察力等特征	教师、辅导人员
企业型（E）	具有冒险、野心、独断、冲动、乐观、自信、追求享受、精力充沛、善于社交、获得注意、知名度等特征	推销员、政治家、企业经理
常规型（C）	具有顺从、谨慎、保守、服从、规律、坚毅、实际、稳重、有效率但缺乏想象力等特征	出纳、会计、秘书

（2）了解中学课程与职业的关系。让学生了解中学课程与职业的关系，可使其明白学习活动与未来职业的关系，进而激发学习动机，提高学生的职业意识。

（3）了解专业与职业的关系。专业是大专院校和一些职业技术学校根据社会分工需要划分的专业门类，通常按照学科和技术门类进行划分，一种专业可以针对某一具体职业，也可以面向多个职业或一个职业群。从某种意义上讲，选择专业就是选择职业。当学生选择某一职业时，不仅意味着要进行这个专业的学习，同时也意味着必须接受这个专业所界定的职业范围。因此，教师应指导学生了解专业和职业的关系。

2. 了解对应的职业心理

（1）了解自己的职业或专业兴趣。比如，你适合从事什么职业，你的兴趣和爱好是什么？也可以通过心理测试量表如《专业兴趣调查表》来了解自己的专业兴趣。

（2）了解自己的职业能力。职业能力是指直接影响职业活动的效率，以保证职业活动顺利进行的心理特征，它包括一般职业能力和特殊职业能力。任何一种职业活动，都要求具备与该职业活动内容相符合的特殊职业能力。只有了解自己的职业能力，才能扬长避短，选择适合自己的职业或专业。例如，口头表达能力较强的人比较适合于从事教学、外交、播音、记者、咨询、公关等职业；手指灵活的人比较适合于从事打字员、裁缝、外科医生、雕刻师等。

（3）了解自己的职业气质。不同气质类型与职业选择也有一定的关系，不同的职业有不同的气质要求。四种气质类型所适宜的工作见表 4-3。

表 4-3　气质类型与职业类型适配表

气质类型	适宜的职业类型
胆汁质	导游、演讲者、节目主持人、推销员、外事接待人员、演员、运动员、航空员、勘探员等
多血质	外交官、管理员、驾驶员、纺织工人、服务人员、医生、律师、运动员、新闻记者、演员、检票员、军官、士兵、侦探、警察、公关人员、艺术工作者等
黏液质	科学研究人员、法官、医务人员、出纳员、保育员、话务员、播音员、会计师、调解员、图书管理员等
抑郁质	文书、打字员、校对员、排版人员、化验员、检查员、雕刻工作者、保管员、机要秘书、办公室职员、作家、画家等

3. 填报升学志愿策略

（1）搜集专业信息。这些信息应包括不同专业的多方面情况，如各专业的课程设置、培养目标、将来的就业趋向以及对考生的一些特殊素质和健康条件要求等，通过这些信息，考生才能对他们要选择的专业有全方位的认识和评价，才能进行充分的比较，做出正确的选择。

（2）掌握填报志愿的策略。这些策略包括：充分了解招生信息；清醒把握自己，按自己的兴趣爱好、性格特点、能力水平选择专业类别；了解招生工作的政策和方法；正确分析市场供求关系；认真推敲志愿的梯度等。

4. 选择职业策略

（1）做到“三个了解”。合理选择职业应做到了解自己、职业和社会。了解自己包括了解自己所受教育、求职意愿、能力倾向、个性、健康、动力等；了解职业包括了解职业的工作内容、报酬、要求及合作共事者的特点等；了解社会包括了解社会需求量、竞争系数及社会发展趋势等。

(2) 把握“四个准则”。在正确职业价值观的指导下，选择职业时应把握四个准则，即择己之所爱、择己之所长、择己之所需、择己之所利。但在实际择业过程中会出现许多矛盾，这就要分清主次，进行科学决策。在对能力、兴趣与需要满足三方面考虑的权重上，应以能力是否胜任为前提；在能力与兴趣一致的情况下，职业价值应与社会现实统筹考虑，应从可能谋求的职业中选择那些能满足心理需要的职业。

四、生命教育

(一) 生命教育概述

人类对于生命的追求与探索一直未曾停歇过，生命的意义是什么？生命最终归向何处？宇宙当中是否还有其他的生命存在？这是人类不断追问的问题。从古老的壁画、图腾中的生殖崇拜，到现代高度发达的医学技术，都体现了人类对生命的尊重与重视。生命的传承是自古以来一直存在的，然而真正意义上的生命教育却开始于近代。生命教育兴起于20世纪60年代的美国，并迅速发展成全世界范围的教育共识。

生命意识教育思想最早由美国学者杰·唐纳·华特士（J. D. Walters）于1968年提出，他认为生命意识是指个体能清楚地意识到自己、他人及世界上一切生命的存在，理解生命间错综复杂的联系和关系。从哲学角度讲，生命意识就是指个体对生命存在的一种自觉的意识，是个体对自身存在的一种深刻感觉，是个体对自身生命存在终极价值的审视。

学者肖川认为：“所谓生命教育就是为了生命主体的自由和幸福所进行的生命化的教育。它是教育的一种价值追求，也是教育的一种内在形态。生命教育的宗旨就在于捍卫生命的尊严，激发生命潜质，提升生命的品质，实现生命的价值。”

刘环从尊重生命的事实出发，强调生命的本体价值，教导学生珍爱与尊重生命，他认为“生命教育是通过认识生命的起源、发展和终结，从而认识生命、理解生命、欣赏生命、尊重生命，进而珍惜有限的生命，建立起乐观、积极的人生观，生理、心理、社会适应能力全面均衡发展的教育”。

生命教育研究者兼实践者石室中学校长王明宪认为“生命教育是引导学生正确认识生命的价值、理解生活的意义、追求生活的信仰、提升生命的质量的一种教育活动，包括生命意识教育、生命质量教育和生命价值教育三个层次”，并提出生命教育的三维目标体系：第一层次，强化学生的生命意识感；第二层次，引导学生的生命幸福感；第三层次，提升学生的生命价值感。

综合各种观点，我们认为生命教育是一种价值观教育，重在培养学生感知生命的意义，通过认识生命起源、发展和终结，使学生珍爱生命、尊重生命，最终提高生命的价值。

生命教育的内容很丰富，综合以往学者对生命教育的认识，可以将学生生命教育的内容综合概括为三方面。一是认识生命：即了解生命的起源、特点及发展规律等。这是生命教育在认知层面上的内容，是生命教育的基础。二是保护及发展生命：学会基本的生存和求生技能，并提升生命的质量。这是生命教育在技能层面上的内容。三是尊重及珍视生命：要求个体对自我、他人、社会和自然抱以积极乐观的态度，接纳生命的每一个发展过程，体悟生命的价值和意义，并在此基础上发展出自然的尊重生命和热爱生命的情感。这是生命教育在情感、态度和价值观层面上的内容。

（二）生命教育

从广义的角度看，生命教育不仅是要引导学生尊重自己和他人的生命，还要引导学生尊重动物，甚至是植物的生命，形成对“生命”的敬畏。

生命教育可以从以下几个方面开展。

1. 开设生命教育课程

生命教育课程有丰富的内涵，包括外显形态的生命教育活动和课程教学，也包括渗透在学科教学中的活动。

独立设置的外显生命教育教学活动是学校实施生命教育的主要途径。如定期进行的安全教育、安全演习等活动。在这些课程和活动中可以使学生系统了解生命知识、习得生存技能和培养尊重生命的态度。这种外显课程可以是心理健康教育课程的一部分，如心理健康教育课程中的性健康教育部分就会揭示生命的起源，让学生体会生命孕育的艰辛，从而形成积极对待生命的态度。综合实践活动中，如社区服务、研究性学习以及体育活动中都可以进行外显性的生命教育。如组织远足活动，在活动中，学生不仅能锻炼身体，提高生命的质量，更能真切地用身体体会生命活动过程。

由于生命教育内容的广泛性，学科渗透也是进行生命教育的有效途径。语文、英语、生物、思想政治等很多常规课程中都蕴涵着进行生命教育的良好契机。比如在语文和英语的练习中，使用与生命教育相关的文章，潜移默化地进行生命教育。

阅读材料

推荐教案：热爱生命

一、教学目标

（1）通过事例，引发学生思考，激发学生对生命的热爱；

（2）通过讨论和角色扮演活动，使学生初步形成生命价值观；

（3）通过课后拓展，使学生真切地体会生命的过程。

二、教学过程

1. 引入

生命是一个自古以来一直受到人们关注的话题，生命既神圣又脆弱，既神奇又普遍。人类在探索生命的道路上一直在努力，虽然我们不能登上月球看看那里是不是有生命的存在，但我们在教室里一样可以用我们的头脑来一探生命的究竟。

2. 事例讨论

什么是生命？我们应当如何看待生命？我们先来看几个故事。

事例一：2004 年 7 月 20 日中午，在福建，17 岁的刘某因高考成绩不理想，怕挨父母打骂而离家出走，从福鼎城关坐车到了沙埕港，又乘船来到嵛山岛。这时他已身无分文，又举目无亲，一时间他万念俱灰，从一块 6~7 米高的礁石上跳进海里，自杀身亡。

事例二：2004 年 4 月的一天，沈阳市某中学课间休息时，张某到操场玩。从教学楼向操场走时被冯某撞了一下，张某一气之下打了冯某两个耳光。冯某跑回教室，一会儿拿了一把尖刀朝张某刺来，尖刀扎进了张某腹部，直接导致张某死亡。

事例三：2002 年 1 月 29 日，清华大学大四学生刘海洋将掺有火碱的饮料泼向北京动物园里一只正与游客戏耍的黑熊。2 月 23 日，刘海洋故技重施，又将掺有硫酸的饮料泼向两只无辜的黑熊。对于为什么要残害动物，刘海洋的回答很平淡："我曾经从书上看到过熊的嗅觉敏感，分辨气味的能力特别强。但人们又总说"笨狗熊"，所以我想验证一下狗熊到底笨不笨。"

故事四：2003 年 3 月 20 日晚，成都某名牌大学一位大二女生，把一只仅三个月大的小狗放入微波炉烤了一分多钟，而小狗的主人就是这位女生。问她为什么如此对待这只小狗，她的回答很冷漠："只是想看看小狗的反应。"

思考讨论：

(1) 听了以上四个故事，你有什么感受？

(2) 为什么会出现这些惨剧，如何能避免这些情况的发生？

(3) 什么是生命？我们应当如何看待生命？

3. 拓展活动

两名同学为一小组，选择一个情景进行角色扮演。

情景一：高考结束了，你的一位好朋友成绩很不理想，产生了轻生的念头，你将如何说服你的朋友打消轻生的念头呢？

情景二：你同学的家人去世了，恰巧他（她）家养了多年的小狗也走失了，他（她）很伤心，你将如何帮助他（她）走出低谷呢？

4. 情感升华

欣赏：《敬畏生命》(冰心)。

5. 总结

生命来之不易，生命只有一次，我们如何能使它有更高的价值呢？我们虽然不能决定生命的长度，但我们能够决定生命的宽度。希望通过这节课，大家能对生命有更深刻的理解，能够珍惜自己和他人的生命，使生命更有意义。

6. 课后作业

给每个学生发三粒牵牛花种子，要求学生种植。通过照顾植物，观察它生长、开花、结果、枯萎的过程，能够使学生更真切地体会生命的过程❶。

2. 实施分享与体验教学

虽然生命教育的内容丰富，但生命教育的最终目的是达到对价值观、情感态度的培养。体验式教学是激发学生情感的重要教学途径。教师可在心理健康课程中设计角色扮演、角色互换等活动。通过角色扮演、角色互换模拟他人的生活，使学生获得丰富的情感体验，进而学会尊重他人、关爱他人。教师还可以让学生将书包背在前面，模拟怀孕的状态，然后尝试完成拣起地上的东西、系鞋带等动作。通过这些体验可以让学生体会怀孕过程的艰辛，体会生命的来之不易，从而感恩父母，珍惜生命。

体验教学不应局限于课堂，在有条件的时候还可以带领学生走出教室，走进大自然，在真实的环境中体会生命的伟大。北京市古城高级中学的老师就在假期中带领学生走进西

❶ 刘视相，郑日昌．中学生心理健康教育［M］．北京：开明出版社，2012：145.

部，寻梦敦煌，在浩瀚的戈壁上，望着茫茫的荒漠，学生体会到了生命的渺小与伟大，这种真切的体验是课堂教学难以实现的。受条件制约，这种户外式的体验教育不是每所学校都能做到的，但我们依然可以通过现代化的教学工具开展生命教育，观看纪录片就是一种很好的方式，如《荒野求生》《国家地理》等都可以增强学生对生命的感受，加强学生对生命的理解。

五、休闲辅导

（一）休闲活动概述

1. 休闲活动定义

从休闲研究的历史来看，在不同时代、不同文化背景中，人们对休闲的理解不尽相同，但总的来说，主要是从以下几个角度来定义的：

（1）从时间的角度来看，Aristotle 把休闲称为“手边儿的时间”；H. May 和 H. Petgen 将休闲理解为“在生存问题解决以后剩下的时间”；一般社会学认为休闲是人们除工作时间、工作往返时间、家务劳动时间、抚育子女时间、满足生理需要时间以外，剩余的、可供个人自由支配的时间，即自由时间、空闲时间。

（2）从活动角度来看，休闲被定义成一系列不同类型的自主活动，如 J. Dumazedier 认为休闲乃是免于工作、家庭和社会的职责，个人随着自己的意愿所从事的活动，其目的在于获得放松、娱乐，或扩充知识，促进社会参与、实践创造能力。

（3）从心态角度来看，社会心理学家认为休闲是心灵上的自由或是驾驭自我的内在心理状态。也就是说，只要心灵摆脱了所有责任感，而准备追寻愉快的心理状态，即不必刻意、努力地去做任何事情，都是休闲❶。

休闲是每个人生活中必不可少的重要组成部分，作为一种重要的生活方式，休闲在现代社会被看作是人人都应当享有的基本权利。

2. 休闲活动的作用

虽然休闲活动在青少年的日常生活中，仅占据很小的一部分，但是它对于每位青少年的心理发展却有着特殊的、不可忽视的甚至是学习活动所无法替代的作用。休闲教育是引导学生如何正确合理地利用休闲时间，以提高自己、完善自己的教育活动。

（1）休闲能很好地促进个体身心的松弛。学习、工作之余的休息不一定能获得身心的松弛。因为休息时虽然学习和工作停止了，但与学习和工作有关的问题仍然会留在脑子里，挥之不去，继续耗神。而休闲时，通过听音乐、打球、下棋、跳舞、逛公园等娱乐活动，可以转移人们的注意兴奋中心，使人们将工作和学习暂时抛诸脑后，从而使因繁重的工作和学习引起的高度紧张的神经得到松弛和调节。对于学生而言，在闲暇时间里，如果以积极进取的方式取代消极的打发日子的方式，就能让休闲活动变得充实有益、丰富多彩，起到消除学习疲劳，缓解因学习紧张而带来的心理压力的作用❷。

（2）休闲能满足个人的需要和兴趣。由于各种主客观的原因，学生所学的内容可能不完全符合自己的兴趣，上学期间既不能完全按照自己的意愿行事，也不能充分展示自己的

---

❶ 胡敏．大学生心理健康教育与指导［M］．上海：上海中医药大学出版社，2005.

❷ 朱敬先．健康心理学：心理卫生［M］．北京：教育科学出版社，2002：125-126.

能力和才华。在这样的状况下，休闲活动能增加一些满足心理需要的机会，使人感到愉快，能提高人的自尊心和自信心。另外，与家人一同进行的休闲活动，可以增进与父母间的感情；与朋友、同学同乐，可以增进人际关系。

（3）休闲可以扩展知识和生活经验。学生大多数时间都在学校学习，所接触的人和事，相对比较固定。休闲活动可以使学生与一些和自己平时生活无关的人、事、物、环境发生接触，可以扩展学生的生活知识和经验，丰富其生活底蕴。中、小学生利用闲暇时间，或游览自然风光，或参观展览，或从事文化、科技、艺术等创造活动，或钻研自己感兴趣的新问题，不仅有利于拓宽知识面，还可能激发创造性思想火花，对于自身文化素质的提高和创造性才能的发展都有巨大的作用。正如杜威在《民主主义与教育》一书中写的那样："富于娱乐性的休闲不仅在当时有益于身体健康，更重要的是它对性情的陶冶可能有长期的作用。❶"

（4）休闲有助于促进个人身心的发展。一方面，休闲活动可以充分发挥学生在学习中未能很好运用的身心组织，发展自己的才能；另一方面，休闲活动可以弥补平时学习中的角色挫折，使压抑、沉闷、愤恨不满的情绪，甚至破坏性的冲动力量，以艺术化和升华的方式表达出来，防止可能产生的偏激心理和行为。

3. 学生休闲活动现状

在传统观念中，人们常常把休闲和学习、工作对立起来，认为工作和学习才是有价值的，休闲就是闲荡、荒废时间，是不求上进的表现。在这样的观念指导下，在安排和设计青少年学生的各项课余活动时，一切与升学等功利目标无关的活动，不但不会被列入优先次序，而且经常被挤占，受到成人严格的限制。

2006年公布的研究报告《中国少年儿童发展状况调查》显示，有半数以上的少年儿童休闲时间、睡眠时间均不符合国家规定的标准。他们学习时间过长，学业负担过重，闲暇时间过少。总的来说，在休息日，城市孩子做作业的时间多于农村的孩子，高年级多于低年级。调查表明，初中学生在休息日平均做作业在180分钟以上的高达27.6%。从总体上看，在闲暇时间，孩子们能够从事自己喜欢的活动的时间非常有限。这种情况迄今为止仍未能得到改善。据傅宏（2008）报告，在中小学生中，每周参加课外补习时间不足1小时的学生占46.1%，1～4小时的占37.1%，5～8小时的占9.1%，超过8小时的占7.7%❷。

沈杰对青少年闲暇活动的调查结果显示，青少年喜欢的闲暇方式，依次为与同学或朋友聚会、到郊外游玩、在家里、逛街、去书店或图书馆、去运动健身、上网吧、去公园、去电影院、去酒吧、去游戏厅。这些选择中，绝大部分是与同伴的交往性活动，这表明满足交往的需要在青少年身上显得尤为迫切❸。

随着社会经济的发展，休闲活动的变化主要表现在以下几点：首先，上网人数、时间不断增加，网络成为青少年的重要休闲方式，一些青少年甚至沉迷于网络的虚拟世界中不能自拔；其次，健康意识明显加强，业余时间从事体育健身活动的比例有所增加；最后，

❶ 吴增强．学校心理辅导通论：原理·方法·实务［M］．上海：上海科技教育出版社，2004：158.

❷ 傅宏．江苏省青少年心理健康与心理健康教育蓝皮书（2008）［M］．南京：南京师范大学出版社，2009：93.

❸ 冯江平，安莉娟．青年心理学导论［M］．北京：高等教育出版社，2006.

业余时间学习新技术，进行阅读的青少年占较大的比例。

4. 不同休闲活动特征

每个人都有适合自己的休闲方式，并且有自己的偏好，但是过于单调的休闲方式不利于身心的健康发展。这在某种意义上，也是对宝贵的休闲时间的浪费，健康的休闲方式应该是在能放松心情或使情感得以宣泄的基础上，增强自身素质的一些活动。

（1）健康积极的休闲活动。健康积极的休闲活动具有以下特点：1）内容丰富多样；2）蕴含较强的知识性；3）活动具有情趣性；4）集体性高；5）健康合理；6）适度适量。

（2）不良的休闲活动。休闲活动应是克制而有度的，现如今有些青少年选择的休闲方式是上网、看电视等，如果将其控制在适当的时间内，能够起到一定的放松身心的作用。但是如果长时间沉溺于电视和网络，可能会使人丧失自制力，不能维持正常睡眠，造成体能过度释放，出现失眠、头痛、消化不良、恶心厌食和体重下降等症状。

不良休闲活动具有以下特征：1）休闲无度；2）内容不符合社会道德规范；3）休闲活动中独立性行为较多，集体性行为较少；4）上网在休闲生活中占过大比重。

（二）休闲辅导

休闲辅导是运用有关心理健康教育的理论和技术，帮助学生确立正确的休闲观念和态度，获得必备的休闲知识和技能，学会选择安排有益的休闲活动方式，从而使自己获得充实而丰富的休闲体验，发展自己才能与个性的一种教育活动。

1. 休闲辅导的目标

休闲辅导的目标是帮助每个学生确立正确的休闲态度和休闲目标，提高休闲生活的质量，学会安排丰富多彩、充实有益的休闲活动，进而培养学生良好的个性、高尚的情操，并使整个生活品质得到升华。

2. 休闲辅导的内容

休闲辅导的内容主要包括以下三个方面。

（1）认识休闲的功能。休闲既是一门科学，更是一种艺术。休闲对学生心理健康发展有松弛身心、满足爱好、获得成长三个方面功能。

（2）学会休闲活动的选择。休闲活动从内容上可分为娱乐、体育、交往、审美、求知五个方面。要教育学生选择那些能增强精神力量、充实精神生活和获得精神财富的休闲活动。学生在选择休闲活动方式时，要掌握以下三条原则：休闲活动宜以兴趣为主、休闲活动以和学习互补为宜、休闲活动以实施便利为宜。

（3）懂得休闲的伦理。首先，要防止消极的、公害性的休闲活动方式；其次，休闲要遵守社会伦理道德，不得损害他人利益、不得损害社会良好风气；再次，休闲要遵守生态伦理道德，即休闲时要爱惜环境、保护环境，如在旅游景点不乱涂乱写、不乱丢垃圾等。

3. 休闲辅导的实施

学生的休闲活动涉及校内校外，因此，休闲辅导也应在这两方面同时进行，具体的实施包括以下几个方面。

（1）开设休闲辅导课程。休闲辅导作为心理健康教育的内容之一，是学生心理健康教育课程的重要组成部分。通过辅导活动课，可以向学生讲授休闲知识，让学生了解休闲的功能，帮助学生确立正确的休闲观念和态度。其课程内容可包括：休闲的涵义、休闲的意义、如何安排休闲活动、休闲的内容和种类等。

（2）组织学生休闲群体。休闲是一种隐性教育，可促进学生自我教育和自我成长，因此应发挥学生正式群体（如班、团、少先队）和非正式群体（如各种自发的兴趣小组）的作用。辅导员和教师应积极组织学生休闲群体，使学生在这些群体中通过各种有益的休闲活动促进交往、丰富知识、开阔视野、收获成长。

（3）积极开展课余休闲活动。学生在校除了课堂学习时间外，还有部分课余时间。在课余时间积极开展休闲活动，可以帮助学生消除身体疲劳、缓解精神压力、调节情绪、恢复精力，从而提高课堂学习效率。课余时间可引导学生听广播、看电视、阅读书报、上网查询资料、参加健康体育运动与游戏活动、欣赏音乐和绘画、回归自然、参加科技和社会实践活动等。为此，学校应加大课余休闲活动设施和设备的建设和投入。

（4）建立社区休闲活动中心。社区内的学校、街道、企业等单位可共同协办，建立学生休闲活动中心。中心可以分年龄、分科类设置活动区域，由辅导员和教师指导，让学生自由选择时间和项目内容，开展各项休闲活动。

（5）开展家长休闲辅导。家长休闲辅导主要是为家长举办有关学生休闲辅导的讲座，提高他们的认识，丰富他们的知识。还可为家长进行休闲活动咨询，引导家长参与学生休闲辅导，共同关心和指导学生的校外休闲活动。

（6）开辟休闲活动基地。除了建立独立的社区休闲活动中心外，还要充分利用少年宫、科技站、文化站、图书馆，甚至医院、工厂、部队等单位及场所，进行共建活动，建立学生休闲基地，拓宽学生休闲活动的渠道。

阅读材料

闲情的分量

在中国文人身上，从来有励志和闲情两面。励志，就是经世济用，追求功名，为儒家所推崇。闲情，就是逍遥自在，超脱功名，为道家所提倡。我发现，我所欣赏的古典作家和作品，往往是闲情这一面特别突出的。阮籍、陶渊明、袁宏道、李白、苏轼纵情山水，我从中看到的是对生命本体的热爱和对精神自由的追求，而人生最宝贵的价值岂不就在于此？对闲情不可等闲视之，它是中国特色的人性的解放，性灵的表达。只有励志，没有闲情，中国文人真不知会成为怎样的俗物。所以，我用“闲情的分量”做书名，来概括我品评中国古典作品的视角。

资料来源：周国平的《闲情的分量》，陕西师范大学出版社2007年版，第159页。

【本章要点】

（1）学习心理辅导主要包括学习动机辅导、学习方法辅导和考试心理辅导。学习动机辅导主要目标是要培养和激发学生的学习动机。学习方法辅导的主要内容是包括预习方法辅导、听课方法辅导、复习方法辅导和作业辅导。考试心理辅导主要关注两点：如何排解考试焦虑，怎样提高应试技能。

（2）人际关系辅导主要是亲子关系辅导、师生关系辅导、同伴关系辅导和异性交往辅导。亲子关系辅导涉及双向的理解和尊重，父母学会理解和尊重子女，子女学会理解和尊重父母，子女的换位思考与问题解决。师生关系对学生和教师都有很重要的影响，从教师的角度看，应该建立新型师生关系，要建立一种双向互动的民主、平等的师生关系；采取民主型的教育管理方式，调动学生积极性，培养学生协调和交往能力；通过教师良好的人格品质可影响、改善和促进师生交往；利用教师的期望效应促进师生良好互动。同伴关系辅导可以从六个方面来实现：利用课堂教学，促进同伴互动；了解同伴关系现状，科学处理同伴冲突；建立班级规则，合理利用团体；创设良好班风，和谐同伴关系；提高人际认知水平，调整交往认知结构；学习社会交往技能，主动参与交往活动。

（3）自我意识是个体对自己本身及与周围客观世界关系的意识。人不仅能认识自身周围的环境，且能对自己本身产生认识。自我意识是认知、情感、意志三种成分的结合体。自我意识的教育与辅导是指运用有关心理健康教育的理论和技术，帮助学生科学地认识自我、悦纳自我、激励自我、调适自我、管理自我，促进学生良好自我概念的形成和自我意识的发展，形成自尊、自信、自重、自爱、自强、自制的健康人格的一种教育活动。

（4）情绪情感辅导，也称情感教育，是指运用有关心理健康教育的理论和技术，帮助学生认识、接纳和恰当地表达自己的情绪，识别他人的情绪并能有效地沟通，掌握控制、疏导不良情绪的适当渠道和方式，是避免和克服消极、冲突的情绪，培养良好情感品质的一种教育活动。情绪情感辅导的主要辅导内容包括：情绪情感认识辅导、情绪情感识别辅导、情绪情感沟通辅导和情绪情感调控辅导。

（5）网络行为辅导主要从两方面入手：一是引导健康网络行为，包括主动提前预防、利用网络开展有意义活动、培养学生的自控能力等内容。二是开展健康网络行为的教育，具体措施有开展网络使用主题班会，鼓励学生积极地交流讨论；建立班级特色主页，及时更新有益的引导信息；将家庭教育与学校教育相结合，家校合作促进学生身心健康发展；利用网络开展心理健康教育，点面结合。

（6）职业规划辅导，也称职业生涯辅导，是指教育者运用心理健康教育的理论和技术，以学生的职业生涯发展为着眼点，帮助学生树立正确的职业观，帮助学生认识职业、探索职业、选择职业、准备职业、安置职业，并在职业上取得成功的一种教育活动。

（7）生命教育不仅要教育学生尊重自己的生命和他人的生命，还要引导学生尊重动物，甚至是植物的生命，形成对“生命”的崇敬，主要开展内容有开设生命教育课程和实施分享与体验教学。生命教育的最终目的是达到对学生价值观、情感态度的培养。

【学习与实践】

（1）模拟家长会，讨论学生在与父母互动过程中遇到的困扰，从家长或其他长辈的角度考虑、分析和处理问题，通过换位思考的方式，反思自己，理解父母。

（2）设计一个关于同伴关系主题的班会并组织同学讨论分析。

（3）请设计一个异性交往的问题集，并针对问题集上的问题与父母进行大方、坦诚的交流。

（4）进行性格和气质类型测试，参考职业规划辅导的内容写出一份职业规划书。

【复习思考题】

（1）学校心理健康教育主要包括哪些内容？

（2）谈谈人际关系辅导包括哪些内容？

（3）情绪情感辅导的具体策略有哪些？

（4）考试焦虑的表现与辅导策略有哪些？

（5）简述职业与个性的关系。

（6）学生异性关系的健康发展具有哪些积极作用？

（7）生命教育的含义和主要内容有哪些？

【推荐读物】

1. 阴国恩，非智力因素及其培养，浙江人民出版社，1996。

2. 刘视相、郑日昌，中学生心理健康教育，开明出版社，2012。

3. 吴增强，学校心理辅导通论——原理、方法、实务，上海科技教育出版社，2004。

4. 雷雷、张雷，青少年心理发展，北京大学出版社，2003。

5. 李群、方双虎，学校心理健康教育，安徽师范大学出版社，2016。

6. 姚本先、伍新春，学生心理健康教育，中国轻工业出版社，2008。

7. 吴增强、沈之菲，班级心理辅导，上海教育出版社，2001。

8. 崔丽娟，了解你的学生，北京大学出版社，2008。

9. 马建青，心理卫生学，浙江大学出版社，1990。

10. 姚佩宽，等，中国青春期教育概论，山东人民出版社，1996。

11. 姚本先，学校心理健康教育新论，高等教育出版社，2010。

12. 薛亚萍，青少年自我意识偏差的分析与调节、完善策略（论文），继续教育研究，2008（3）。

13. 胡永萍，等，学校心理健康教育，中山大学出版社，2010。

14. 陈家麟，学校心理健康教育：原理、操作与实务，教育科学出版社，2010。

15. 徐光兴，学校心理学教育与辅导的心理（第2版），华东师范大学出版社，2009。

16. 李志凯，中小学心理健康教育，国防工业出版社，2009。

17. 莫雷，青少年心理健康教育，华东师范大学出版社，2003。

18. 冯江平、安莉娟，青年心理学导论，高等教育出版社，2006。

19. 傅宏，江苏省青少年心理健康与心理健康教育蓝皮书（2008），南京师范大学出版社，2009。

20. 中国儿童与青少年心理健康网，http：//qsxl. psych. ac. cn/。

第五章　学校心理健康教育课程与活动设计

【本章导航】

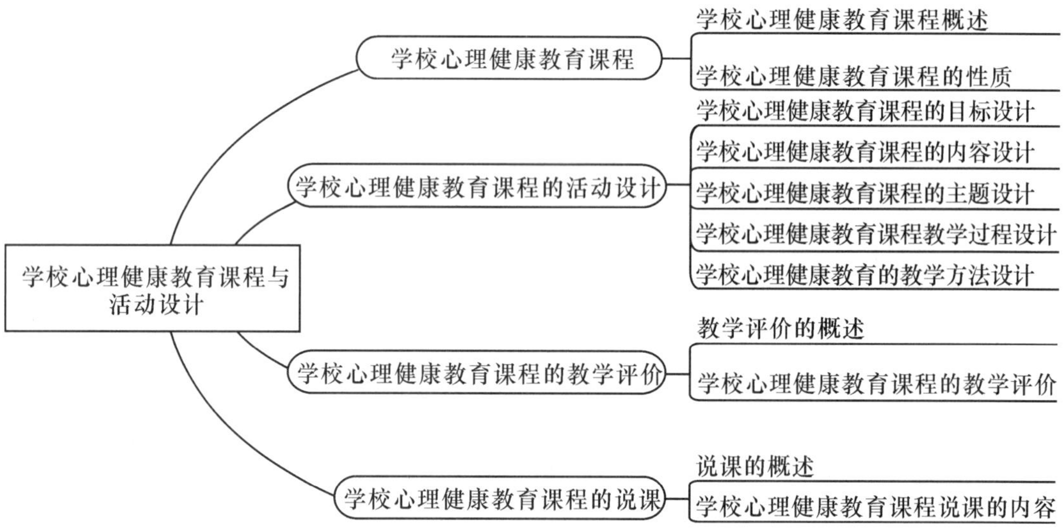

【学习目标】

（1）掌握学校心理健康教育课程的概念、意义与性质。

（2）掌握学校心理健康教育课程的活动设计方法，能够进行课程设计。

（3）掌握学校心理健康教育课程的教学评价方法，能够开展教学评价。

（4）掌握学校心理健康教育课程的说课方法，能够进行说课。

第一节　学校心理健康教育课程

学校心理健康教育课程是学校心理健康教育体系中最核心的组成部分，是学校心理健康教育最主要的工作内容。它以课程的形式向学生传授心理健康的知识、训练学生的心理素质、陶冶学生的心理品质，以达到全面提高学生心理健康水平的目的。

一、学校心理健康教育课程概述

（一）学校心理健康教育课程概念

课程的含义有广义与狭义之分，广义上是指为了实现学校培养目标而规定的所有学科的总和，或者学生在教师指导下各种活动的总和；狭义是指一门学科。关于学校心理健康教育课程，有的学者将其定义为：为提高学生心理素质，促进学生心理健康，根据社会发展需要和学生身心发展的特点，依据心理学、教育学的有关原理，设立专门学科课程或开展各种辅导活动，有目的、有计划、有步骤地培养、训练、提高学生的心理品质的教育活动体系❶。陈家麟在《学校心理健康教育原理与操作》（2002）中定义为：着眼于受教育者的心理健康水平提高、心理素质优化和心理潜能开发，以心理知识传授、心理品质培养和心理问题辅导为内容的一门课程❷。《中小学心理健康教育指导纲要解读》中认为：学校心理健康教育课程是指学生在课堂情境中获得的关于心理健康发展、心理素质提高方面的全面教育性经验。学校心理健康教育课程是以提高全体学生心理素质、培养心理品质、开发心理潜能为目标，广义上由心理健康教育专门课程、心理健康教育活动课程、心理健康教育环境课程及与学校管理、班团活动、学科教学融合的课程；狭义上指心理健康教育专门课程❸。本章的学校心理健康教育课程专指课堂情境下，根据学生发展特点与实际需要，有目的、有计划、有步骤地传播心理健康知识，培养积极心理品质，开发心理潜能的学科。

学校心理健康教育课程已成为学校课程体系的重要组成部分，也是心理健康教育实施的专门途径。

（二）学校心理健康教育课程的意义

学校心理健康教育课程在学校心理健康教育工作中处于核心地位，是系统地向学生传递心理常识、训练心理技能、树立心理健康意识的主要途径。学校心理健康教育课程的设置符合现代教育发展的要求，符合人才培养的要求。

1. 开设学校心理健康教育课程有助于素质教育的全面推进

教育要以人为本，为人的全面发展服务。素质教育的本质是培养什么样的人、怎样培养人的问题。素质教育包含：思想品德素质、科学文化素质、专业技能素质、身心健康素质，心理健康素质本身就是素质教育的重要组成部分。没有健全的心理素质，其他素质也无法全面发挥。在学校心理健康教育课程中有认知能力的训练，包括：注意力训练、记忆力训练、学习策略训练等，这些内容有助于学生提高学习能力、学习效率，培养学习兴趣，培养终身学习理念与能力。自我意识的课程内容有助于学生客观全面评价自己，形成积极自我体验，树立积极自我概念。情绪调适上学习识别各种情绪，保持积极情绪，调节消极情绪，培养情绪管理能力，维护身心和谐。在人际交往上，学习人际交往的技巧，乐于交往，建立和谐的同伴关系、师生关系、亲子关系。社会适应与生涯规划上，培养适应能力、积极应对挫折能力、升学择业规划。在学校心理健康教育课程中培养的心理素质有助于思想品德素质、科学文化素质、专业技能素质、身体素质的发展，同样在综合素质的培养过程中有助于学生心理品质的发展。

2. 开设学校心理健康教育课程有利于优化学校课程体系

学生素质的全面发展有赖于学校的课程建设，通过课程可以有目标、有计划、全面、系统、阶段性地就某一素质进行培养。传统的课程结构要素不健全，可以培养学生的身体

---

❶ 于立杰．美国中小学心理健康教育课程研究［D］．保定：河北大学，2010：5.

❷ 陈家麟．学校心理健康教育原理与操作［M］．北京：教育科学出版社，2002：379.

❸ 中华人民共和国教育部发布．中小学心理健康教育指导纲要．2012.

素质、科学文化素质、思想品德素质、技能素质，缺乏对心理素质的关注及相应的教育。虽然其他素质的培养中包含心理素质的成分，但是内容不全面、方法手段不正确、效果也不理想。在教育过程中重视课堂教学，忽视课内外活动体验，重视核心课程，忽视综合课程，对情感、个性、人格等心理内容的教育目标不清晰，操作性不强，影响教育效果。开设学校心理健康教育课程是符合素质教育发展需求，优化学校课程结构与内容的必要之举。在国外，心理健康教育被认为是与学科教育同等重要的教育内容，心理健康教育的内容正式纳入教育课程体系。美国在 1995 年颁布了《国家健康教育标准》，在教师选拔与培养、课程设置等方面提出具体要求，使学校心理健康课程有了法律保障。美国密歇根州从幼儿园到高中均构建了心理健康教育课程体系。英国的学校心理健康教育课程一直处于发展变革的过程中，根据实践经验与当代心理健康教育发展方向不断调整课程目标、课程内容与形式，以提高学生心理健康水平，促进学校心理健康教育多样化发展。学校心理健康教育课程的开设符合国际教育领域对教育理念、教育目标、教育内容的发展性认识，符合学校课程体系发展的需求。我国的学校心理健康教育课程建设处于发展阶段，学校虽然开设了心理健康教育课程，但是存在教育目标、内容不具体，教材不统一，教学不专业，教学效果不理想等问题，开设学校心理健康教育课程将有助于推进课程体系的系统建设。

3. 开设学校心理健康教育课程有助于培养学生健全人格

健全人格是个体的生理、心理、道德、社会各要素协调发展，更好地发挥个人潜能。健全人格的培养包括：积极的自我意识、健康的情绪情感、个人与社会的和谐关系以及维护心理健康的能力。个体心理的发展是一个螺旋上升的过程，开展心理健康教育既要包含心理的各个要素，又要兼顾各年龄阶段的发展特点。学校心理健康教育课程的设置科学、全面的涵盖了学生心理发展的各方面内容。在年龄维度，各大、中、小学都设置有心理健康教育课程，根据各年龄阶段面临的发展任务，具体内容有所不同。在学习方面，小学低年级的主要任务是学习习惯的培养，中年级的重要任务是学习能力的培养，高年级的主要任务是学习态度的培养。在心理素质的结构维度，各年龄段心理健康教育都包含认识自我、学会学习、人际交往、情绪调适、升学择业及生活和社会适应等内容。在教学方法维度，学校心理健康教育课程注重采用讨论法、角色扮演法、操作法等，注重学生的反思、体验、升华、迁移，注重维护心理健康能力的培养。开设学校心理健康教育课程有助于学生在知、情、意、行等方面完善人格发展。

二、学校心理健康教育课程的性质

学校心理健康教育课程具有培养心理品质、训练心理素质、维护心理健康、开发心理潜能的任务，其课程具有与其他学科不同的性质。

（一）科学性

学校心理健康教育课程是一门科学性要求很高的课。它关系到学生身心发展、个性发展、未来发展等各个方面，只有科学地建设心理健康教育课程，科学地开展心理健康教育活动，才能切实提高学生心理健康水平。

学校心理健康教育课程的建设应遵循课程论的规律。从课程纲要制定、教材建设、课程实施及课程评价，完整的课程建设体系才能保障课程的顺利进行，课程目标的实现，教育目标的达成。在纲要制定上，国家在 2012 年修订了《中小学心理健康教育指导纲要》，为基础教育阶段心理健康教育的开展制定了目标与发展方向，已成为中小学开展心理健康教育工作的圭臬。高校的心理健康教育课程依据课程结构与需求自主制定大纲。教材建设上，各高校心理健康教育指导专家组织编写出版大量的心理健康教育教材与活动设计案例集，为教师合理开展心理健康课程提供范例。在课程实施与评价上，学校心理健康教育课程不同于其他学科，在教学组织上体现“我——你”关系，使课堂呈现平等、交流、互助、建构的过程，在“师生”“生生”互动中建构心理能力，注重选材生活化、组织多样性、师生和谐性、学生主体性、启发引导性。课程评价上除了在评价标准上从计划准备、目标达成、设计实施、影响效果等方面对课程进行评价，结合心理健康教育课的特点从教学内容选择与引导、活动形式的条理性与生动性、活动氛围的和谐性、辅导技巧的运用、学生感悟与成长角度进行评价。

学校心理健康教育课程的实施具有科学性。首先，心理健康教育课程内容的安排要具有科学性。学生心理的发展是一个由低级到高级、由简单到复杂、由量变到质变的过程，并具有连续性与阶段性，不同阶段随环境任务的不同，生理、心理发展的特点，开展心理健康教育课程的内容也有所不同，要遵循学生心理发生的规律实施课程。在人际交往上，小学低年级的主要内容是培养交往品质，乐于交往，感受友谊；小学中年级是培养集体意识，善于交往并在这一过程中学习开朗、合群、自立的心理品质；小学高年级开始步入青春期，这一阶段人际的主要内容是青春期教育，包括青春期的生理变化与心理变化及恰当的异性交往；初中年级，学生在与人交往中发展自我、体验积极情感，在同伴交往上掌握沟通技巧，培养团队合作精神，学习亲子沟通、师生交往的技巧；高中年级随着认知能力的发展在人际交往中会以性格、兴趣、对事物看法为标准选择朋友，这一阶段主要是提升人际沟通质量，学习与同伴、老师、家长和谐相处，正确对待异性相处，把握交往尺度。在心理健康教育课程的安排上既要具有连续性、一贯性，又要兼顾阶段性。其次，学校心理健康教育课程融合了多学科的理论与技术。在理论上包含：普通心理学、发展心理学、教育心理学、社会心理学、异常心理学、人格心理学、医学心理学、心理测量学、心理咨询与治疗等学科的指导。在技术方法上需要使用咨询中的倾听技术、共情技术、澄清技术等。在学校心理健康教育课程的教学环节上，遵循心理发生的主体性、生成性，教学设计上要多采用互动式、体验式的设计，促进心理发展。教师在课程中应秉承“价值中立原则”，为学生心理发生营造自由、安全、保护的环境氛围。

（二）发展性

学校心理健康教育课程是着眼于学生未来发展的课程。儿童阶段是各种心理品质形成的重要时期，这个阶段开展心理健康教育，开设学校心理课程有助于学生形成健全、积极的心理品质，培养维护心理健康的能力，是学生受益一生的内容。心理健康是以良好的情绪调节能力、人际交往的能力、自我悦纳能力、社会适应能力为标准，是一个动态过程，持续一生的过程。通过对学习品质的培养、人格的培养、适应能力的培养，使学生具备良好的心理品质，具备自我实现的能力，具备追求幸福的能力。

（三）全面性

学校心理健康教育课程要涵盖心理发展的各方面。心理是一个有机整体，知、情、意、行、个性等心理的各个方面融合为一体。在设置学校心理健康教育课程时，既要包含心理的各个方面，又要看到它们间的有机联系。在学生厌学问题上，既存在学习能力、学习方法、学习习惯的不足，也包含自卑、自我效能感低的体验，也存在意志力低、应对挫折能力不佳的原因，只有知、情、意多方面着手才能改善厌学情况。学校心理健康教育课程的设置已涵盖绝大部分学校教育阶段，包括：小学、初中、高中、大学。在 2019 年，由国家卫生疾病控制中心联合多部委发布的《关于印发健康中国行——儿童青少年心理健康活动方案的通知》中提出：学前教育、特殊教育机构要配备专、兼职心理健康教育教师。学前教育机构、中小学结合家长会等活动，每年对学生家长开展至少一次心理健康知识培训，提高家长预防、识别子女心理行为问题的能力。依托社区综合服务设施、社区卫生服务中心、心理咨询室、社会工作站等搭建社区心理服务平台。心理健康服务与保障涉及生命全程。在学校心理健康教育的课程建设方面，只有教育目标、教材与课程、教学内容、教学方法与手段、教学管理、教师素质提高全面发展建设，才能保障心理健康教育的有效性。在心理发展的过程中，需要学生、家长、教师、学校、社会的共同努力，创造心理发展的条件与环境，才能促进心理的健康发展。在心理健康教育教学过程中，对教学目标与内容的把握，对教学设计、教学过程的把握，对心理学专业知识与技能的把握等教师综合、全面的素质，才能保障心理健康教学效果。学生心理的健康成长需要各方面全面发展。

（四）全体性

学校心理健康教育课程是面向全体学生的课程。教育要面向全体学生，心理素质是学生综合素质的基础，心理素质的发展与心理健康的维护也要面对全体学生。衡量心理健康的标准从适应标准转为发展标准，具备良好心理品质、开发心理潜能、促进个体成长与自我实现是心理健康教育的目标，只有面对全体学生开设心理健康教育课程才能实现这一目标。儿童青少年时期是心理发生发展的关键时期，在发展过程中总会出现适应困难，通过学校心理健康教育课程可以起到促进心理成长、预防心理问题的作用。

（五）主体性

在学校心理健康教育课堂上学生是活动的主体，学生自己是心理发展的主体。心理的发生是外在环境要求与内在心理水平间矛盾运动的产物，只有学生积极主动地参与才能获得心理的成长。因此，要尊重学生的主体地位，尊重学生的独立人格，通过帮助学生解决具体问题，使其逐步获得应对将来问题的能力。在开展心理健康教育课时，教师要从学生的实际情况与实际需求出发，帮助解决实际问题为基准，活动组织中注重调动学生参与的主动性、积极性，通过活动体验帮助学生自知、自觉、自主，促进人格成长。

（六）生成性

学生心理的发展具有个体差异性，因此，一堂心理健康课虽然有其教学目标，但也不可能让所有学生依据一个设计模式，达到一个标准。学生在心理发生过程中是个体内在心理基础与外部环境互动的过程，这一过程本身就是开放的、自主建构的，不是完全按照课程计划、程序去推进的。因此，心理健康教育课程必然是一个生成的过程。教学应该是在一个情境催化的条件下，学生参与、讨论、体验、感悟、反思，从而建构起心理品质的过程。

（七）体验性

学校心理健康教育课程在传播心理学知识外更注重学生心理能力的提升。心理过程的发生，心理能力的发展是在活动参与的过程中内化、建构形成的。课堂教学的重点是参与活动的过程以及伴随产生的发自内心的体验。因此，在心理健康教育的课堂上，教师应确立学生的主体地位，创设学生能够亲身操作、体验的活动，在活动中运用各种心理要素，锻炼心理能力，从而获得心理素质的提高。

第二节　学校心理健康教育课程的活动设计

一、学校心理健康教育课程的目标设计

教学目标是关于教学将使学生发生何种变化的明确表述，是指在教学活动中所期待得到的学生的学习结果❶。课程结构、内容、要素的设置，教学过程的实施，教学评价都要以教学目标为依据。

（一）学校心理健康教育课程的目标结构

教学目标包括：教育目标、课程目标、课堂教学目标。教育目标是教学的最终目标，它要通过课程目标与课堂教学目标逐级实现。

1. 教育目标

学校心理健康教育的总目标就是学校心理健康教育课程的教育目标。2012 年修订的《中小学心理健康教育指导纲要》中指出：心理健康教育的总目标是提高全体学生的心理素质，培养他们积极乐观、健康向上的心理品质，充分开发他们的心理潜能，促进学生身心和谐可持续发展，为他们健康成长和幸福生活奠定基础。这一目标的确定着眼于全体学生的心理素质，着眼于学生心理能力，着眼于学生自我实现，着眼于学生终身发展，是适用于各年龄阶段的教育目标。

2. 课程目标

教育目标的实现依靠课程目标的实现。课程目标是指课程本身要实现的具体目标和意图。它是确定课程内容、教学目标和教学方法的基础。《纲要》中明确提出：心理健康教育的具体目标是使学生学会学习和生活，正确认识自我，提高自主、自助和自我教育能力，增强调控情绪、承受挫折、适应环境的能力，培养学生健全的人格和良好的个性心理品质；对有心理困扰或心理问题的学生，进行科学有效的心理辅导，及时给予必要的危机干预，提高其心理健康水平。结合各个年级生理、心理、环境的不同特点，制定了各年级的课程目标。

阅读资料

各年级心理健康教育的课程目标

（1）小学心理健康教育课程目标：

小学低年级目标（1~2 年级）：适应新的学校生活环境，完成由幼儿向小学生的角色转变；养成良好行为习惯，形成遵规守纪意识；养成良好学习习惯，体验学习乐趣。

小学中年级目标（3~4 年级）：学会关心他人，与同伴友好相处；掌握基本学习方法，

❶ 林崇德. 心理学大辞典［M］. 上海：上海教育出版社，2003：607.

完成每天的学习任务；学习调节情绪，形成乐观性格。

小学高年级目标（5~6年级）：学会合作，初步形成责任意识；认识自我，树立信心，形成乐观、坚韧的心理品质。

（2）初中心理健康教育课程目标：

初一年级目标：适应新的学校生活环境，适应新的学习内容和教师的教学风格；完成由小学生向初中生的角色转变，融入新的班集体；提高抗挫折能力，形成良好的自我认知。

初二年级目标：了解青春期生理和心理发展特点，适应自我身心变化；能够与同伴、父母、老师建立融洽和谐的人际关系；形成良好学习习惯，掌握有效学习策略。

初三年级目标：掌握情绪调节方法，积极应对学业压力；明确人生规划，把握升学择业方向；形成乐观、坚韧、合作等积极向上的心理品质。

（3）高中心理健康教育课程目标：

高一年级目标：适应新的学校生活环境，适应新的学习内容和教师的教学风格；完成由初中生向高中生的角色转变，融入新的班集体；具有良好的自我情绪控制能力，形成积极、完整的自我认知。

高二年级目标：有效应用各种学习策略，提高学习效率；提升人际交往技能，形成和谐的人际关系；了解和融入社会，增强社会责任感。

高三年级目标：积极规划人生，确定个人理想和发展目标；熟练运用情绪调节方法，积极应对高考压力；成功完成中学阶段的最后冲刺，做出升学或择业的合理选择。

资料来源：山东省教学研究室编，《中小学心理健康教育的理论与实践》，山东画报出版社，2012年版。

为实现课程目标可以将具体目标划分为主题单元目标。主题单元目标是围绕一个具体目标的内容开展一系列教学体验活动。如：初中生人际交往主题，从交往对象上可以分为异性交往单元、师生交往单元、亲子交往单元；从交往能力上可以分为倾听技能单元、合作技能单元。具体心理品质、心理能力的实现则由课堂教学目标来完成。具体目标或主题单元目标一般依据布鲁姆的目标分类学划分为认知目标、情感目标和动作技能目标。

3. 课堂教学目标

课堂教学目标是指教学活动预期达到的结果，是教育目标和课程目标的具体化，也是教师完成教学任务所要达到的要求和标准。课堂教学目标是教学内容设计、教学方法选择、教学过程设计的重要依据，要准确、规范、充实、全面。

（二）学校心理健康教育课程的目标分类

按照布鲁姆的教育目标分类法，教育目标分为三大领域：认知领域、情感领域和动作技能领域。以此为依据，心理健康教育课程目标分类具体包括：认知目标、情感态度目标和行为目标。

1. 认知目标

认知目标包括：知识、领会、运用、分析、综合和评价，帮助学生解决“是什么”的问题。除引导学生掌握先前学过的知识材料外，还应强化理解所学知识材料意义的能力、把学到的知识应用于新的情境及解决问题的能力、把复杂的知识整体分解成各部分以及理解各部分之间关系的能力、把所学各部分知识整合的能力、对材料价值判断的能力。在学校心理健康教育课堂上，认知目标一般指与心理现象有关的知识，如：概念、特点、规律等的理解、分析、判断等认知过程。

2. 情感态度目标

情感态度目标包括：接受或注意、反应、评价、组织、价值与价值体系的性格化，帮助学生解决“怎样做是正确的”的问题。情感指影响个体行为选择的一种心理状态，对外界刺激的肯定或否定的心理反应，如喜欢、厌恶等。态度决定行为，态度源于情感。基于此，教学要使学习者愿意注意某种特定的现象或刺激，使其主动参与，培养学生的学习兴趣，通过学习使学生获得成功的体验，并学会用正确的价值标准对事物做出判断，从而形成正确的价值观。如：在亲子关系的目标设计中情感态度目标表述为“感受父母无微不至的爱，理解父母，热爱父母”，学生能注意到父母的关爱与付出，接受理解父母、爱父母的标准，并形成对父母的感恩之心。

3. 行为目标

行为目标包括：感知、模仿、操作、准确、连贯和习惯，帮助学生解决“怎样做”的问题。通过感官获得信息以指导动作，然后做出固定的动作准备，通过教师指导或适当的标准判断操作的适当性，逐渐使学习者的反应成为一种习惯，并在此基础上熟练操作各种复杂模式，以及去适应特殊的环境需要。如：在时间管理的内容上，学生能认识到时间管理的重要性，并坚持运用时间管理四象限法安排自己的学习生活。

（三）学校心理健康教育课程的目标设计原则

1. 对于教学目标和课程目标的设计应遵循以下原则

（1）科学与全面原则。学校心理健康教育教学目标与课程目标的设计应做到科学、全面。二者是心理健康教育工作的总方向和终点，要依据心理学相关理论，融合多学科的研究来指导设计，涵盖心理发展的各个方面。目标的确定要考虑学生现在与未来的发展，素质与能力的培养，结构与要素的组织，全体学生与个别学生的需求。新《纲要》的目标中规定了在学生心理素质、心理品质、心理潜能上的教育与发展，促进学生未来身心和谐可持续发展，为健康成功和幸福生活奠定基础。从学习能力、自我意识、调控能力、适应环境等方面培养学生健全人格和良好心理品质。对待个别有特殊需求的学生给予必要的干预和辅导。科学、全面的教育目标将为学生健康成长提供保障。

（2）发展与适应原则。学校心理健康教育目标、课程教学目标应是不断发展、适应时代需求的。随着时代发展，外在的客观环境发生变化，对人的发展提出新的要求。人们面临信息化时代、大数据时代，要求人的素质进一步提高以适应生活，随之对人的心理的要求也进一步提高。新的时代环境，人的心理也发生了衍化，产生新的课题。教育目标的不断发展才能使教育出的人更好地适应时代、发展时代。随着心理学以及相关学科的进一步研究发展，人们对于心理发展有了更多的认识，这也促使教育目标、课程目标的调整。在2012版《中小学心理健康教育指导纲要》修订中融合了积极心理学、人类发展生态学理论，结合科学发展观、和谐社会理念，在素质教育改革的背景下重新修订了心理健康教育的总目标与具体目标，指明心理健康教育工作发展方向。

2. 对于课堂教学目标来说在目标设计上应遵循以下原则

（1）可操作性原则。课堂教学目标的设计上会从认知目标、能力目标、情感目标角度确定教学效果。在设计这些目标时应以外化、显性的标准来衡量，使其可观察、可测量，具有操作性。如“使学生能够积极、正面地看待自己”，这是一个认识自我的内容，这样的表述明确、具体、可操作性强，可以通过学生的课堂发言、自陈量表法等反映出来。

（2）具体化原则。课堂教学目标是教育目标、课程目标最具体化的表现。在课程目标下会设置主题单元目标，这一目标包含某一心理品质的要素。如：自我概念中包括认识自我、评价自我。课堂教学目标中就要设计出认识自我的哪些方面？如何评价自我呢？再结合各年龄阶段学生心理发展特点、发展任务，具体表现出来。如：对于小学高年级学生来讲认识自我就是要看到自己的优点，能够积极正面地认识自己，形成积极的自我意识；对于初中学生来讲，认识自我是从多个角度认识自己，能够全面地认识自己，形成客观的自我意识。

（3）认同原则。教师在设计一节课的时候，应了解学生的心理需求。虽然课程教育目标、课程目标是依据学生心理螺旋上升的发展规律、心理的要素的组织规律来制定的，但不同地区或特殊时期要根据学生的需求特殊设计。如：疫情后的复课，学生就面临着适应问题。有疫情带来的焦虑情绪和生活上的不便、生活作息上的改变、学业的压力，都使学生感受到身心的变化。可以通过与学生的交流、讨论，了解他们最关心的问题、最急于解决的问题，在此基础上形成教学目标与教学内容。只有学生认同的目标与内容，才能吸引学生的注意，积极参与到课程中体验、感悟，更好地实现课堂教学目标。另外，有些问题可能是来自家长、教师反映的现象，要善于转化为学生的心理角度，为什么会产生这种行为？背后的情绪、态度、需求是什么？反映在心理发展中缺少哪一部分的成长？总之，学生才是心理健康教育的主体，要关注学生的需求，获得学生的认同，才能发挥育人的作用。

（四）学校心理健康教育课程的目标设计策略

教学目标是预期达到的教学效果，是学生在课中、课后产生的心理与行为变化。传统的教学目标用教学要求代替学习结果，使教师在教学中仍然处于主体地位，以教授、灌输为主，忽视了课堂主体学生心理的生成，妨碍了教学目标指导功能的实现。在学校心理健康教育课程的目标设计中可以采用以下策略：

（1）教学目标的设计应体现学生主体性。教学目标体现的是学生的学习结果，体现的是学生的认知、情感态度、行为、观念的变化，教学目标的表述应体现学生的主体性，学生应该是行为的发起人，而不是教师。例如：在关于自我概念的教学设计中，将教学目标表述为：让学生认识到每个人都是独一无二的，树立客观的自我意识。“让”这个动作的发起者是教师，而不是学生，所以这一表述还是从教师的教学效果出发来设计的。为了体现学生的学习效果，应该以学生为动作主体进行表述“学生能认识到每个人都是独一无二的，树立客观的自我意识”。

（2）教学目标的设计应体现学生心理发展的内在需求。在教学目标以学生为主体的前提下，目标设计应该体现的是学生心理品质、心理能力发展的内在要素、需求的变化，而非外在管理的要求、规范、准则，体现的是内在态度、观念的变化，而不仅仅是行为的改变。例如：在异性交往的教学设计中，教学目标表述为“遵守异性交往的准则”，这样的表述虽然是以学生为行为主体，但是学生行为仅仅是外在表现，并且是外部的约束，没有体现出学习结果的内化。如果表述为“认同并运用异性交往的守则”，则表明是内在认知与观念的改变，是内在的自我管理，也表明在学习过程中获得了心理的成长。

（3）教学目标的设计应体现学生心理发展的序列性。心理发展是一个螺旋上升的过程，同一心理内容在不同年级、不同年龄教学目标的设计是有差异性的，要遵循学生认知发展特点、心理发展的阶段性任务来设计，总体来说表现为心理发展的序列性。如：自我概念设计中小学高年级学生的教学目标是“看到自己的优点和长处，增强自信心”，这是由于这一阶段学生自我概念的发展进入第二个上升期，帮助学生确立积极的自我形象，为人格健康发展奠定基础；初中年级的教学目标则是“多方面客观认识自己，从而接纳自己”，这一阶段学生面对生理、心理上的巨大变化，关注内在主观世界的感受，思维多维度发展，能够更全面地了解自己。

（4）教学目标的设计应体现聚焦性。在教学设计中存在多目标的情况，这时应采用聚焦策略。根据心理发生的规律，确定优先目标，突出教学重点。对其他子目标可以按轻重顺序排列，有些子目标在重点目标实现过程中已经体现，不必一一列举。

（5）教学目标的设计应体现可测量性。教学目标是教学评价的重要依据，教学目标的表述尽量使用外显、具体、可测量的指标。心理健康教育虽然关注的是认知、情绪情感、态度、意志、观念等抽象心理内容、心理品质的发展，但这些心理的内在变化必然会有外在行为表现。因此，教学目标可以多采用行为动词来进行表述。如：“学会称赞、肯定他人”这表明学生学会以积极的眼光看待他人，发现他人的优点。

二、学校心理健康教育课程的内容设计

学校心理健康教育课程内容是实现学校心理健康教育目标的重要载体。课程内容的设计要紧密围绕教学目标，从学生认知、能力、情感等角度设计活动，以达到育人的目的。

（一）学校心理健康教育课程的教学内容

1. 学校心理健康教育课程教学内容的结构

根据心理要素构成，心理健康教育教学内容的结构应包括以下五个方面：认知经验要素、意志品质要素、情感经验要素、社会经验要素和生活经验要素[1]。

（1）认知经验要素。认知是指认识、观念。心理健康教育课程中知既指知识，也指判断，也指观念。知识指的是在心理健康课上应传播心理学常识，如：什么是情绪？情绪调节的方法有哪些？学习知识的目的不是为了考核、评价教学效果，是为了更清晰地了解心理结构与心理过程，并通过相关的内容设计让学生觉察、体验，深入理解心理现象。如：可以通过情绪的外在表现，情绪产生的情境帮助学生理解这一抽象概念。在正确的知觉下形成正确的判断。如：能识别自己的不同情绪。观念有正确错误之分，就是要通过教师的引导树立正确、健康、理性的观念，减少非理性观念。

（2）意志品质要素。坚定的意志品质使个体在行动中有明确的目标，克服压力阻碍，坚持自己信念、行动的品质。意志品质具有动机的作用，推动个体表现出一定的行为。教学设计上可以让学生认识、体验某种观念或心理调节手段的意义、作用，从而在日常生活中乐于应用、坚持应用，逐渐内化为心理品质和心理能力，将有助于学生心理成长。

（3）情感经验要素。情是指情绪、情感。情也具有动机作用。心理健康教育的课堂就是要通过学生的体验唤起积极或消极的情绪情感，从而认同积极正确的观念行为，否定消

[1] 吴增强．现代学校心理辅导［M］．上海：上海科学教育出版社，1998：215.

极错误的观念行为。

（4）社会经验要素。社会经验要素就是让学生积极参与社会生活、社会活动，了解社会、适应社会、服务社会，在实践中感悟成长，形成自立、自强的品质，培养独立解决问题的能力，为学生适应社会打下基础。可以通过课后作业、假期社会实践活动来锻炼。

（5）生活经验要素。心理健康教育的目标是发展性的，是培养学生积极心理品质，维护心理健康能力，使学生具有追求幸福生活的能力。心理健康教育的内容应与生活相联系，迁移到生活中去。在教学内容选择上注重选择与学生日常生活经验密切联系的内容，在活动设计或课后作业中安排学生实践操作，使学习的内容为生活服务。

2. 学校心理健康教育课程的教学内容

（1）学习心理教育。学生的天职是学习，学习是学生的主要活动，也是协助学生培养其良好心理素质的重要途径。学习心理教育指的是运用学习心理学及其相关理论，指导学生的学习活动，目的在于培养学生良好的学习态度与学习习惯，使其掌握良好的学习方法，增强学习的主动性和自觉性，全身心地投入到学习生活中，体验到学习的快乐。学校心理健康教育课程内容设计主要从学习动机的激发、学习策略的使用等方面进行学习心理教育和训练。

（2）人际交往教育。随着学生人际交往的范围逐步扩大，人际关系的性质变得相对复杂。随着年龄的增长，学生结交朋友的意识增强，与同伴和朋友的交往逐渐密切，朋友的影响逐渐超过父母对学生们的影响，原因在于朋友间有更多的共同语言。在这个过程中，值得关注的问题是学生常常不懂得如何与教师、家长等进行沟通。因此，教会学生与他人沟通的方法和技巧，有助于双方的沟通顺畅、相互理解和缩小代沟。此外，随着青春期的到来，学生的性萌动引发了一系列的烦恼，尤其是与异性的交往和沟通。因此，学校心理健康教育课程内容设计主要从与朋友、老师、家长和异性的沟通与交往入手，进行人际交往的教育。

（3）情绪情感教育。随着学生年龄的增长，尤其是青春期生理发育的剧变，容易导致学生产生情绪情感上的动荡。这种动荡表现为学生的情绪和情感经常处于大起大落、此消彼长的两极状态，甚至有时表露出来，有时内隐难觅踪迹。例如，老师一句表扬的话可以让学生情绪飞扬，兴高采烈；同样，老师一句轻微批评的话又可以使学生愁眉深锁，沮丧不安。众所周知，积极的情绪状态，对个体的身心健康有促进作用，有助于充分发挥潜能，而消极的情绪状态则会对个体的身心健康产生不良的影响。学校心理健康教育课程内容设计主要涉及调节和培养情绪情感以及消除焦虑、抑郁、愤怒等不良情绪，以帮助学生学会调节和控制自己的情绪，形成积极、稳定、健康的情绪。

（4）意志品质教育。意志是人在完成一种有目的的活动时所进行的选择、决定和执行的心理过程。意志行动总是与克服困难密切联系着，既要克服内部的困难，如：疲劳、懒惰、分心等，又要克服外部的困难，如：学习、生活中遇到的困难和挫折等。良好的意志品质对学生的成长起着重要的作用，而这些意志品质更多的是通过后天培养的。学校心理健康教育课程内容设计主要从挫折应对、意志力磨炼和危机干预等方面进行意志品质教育，以期提高学生的挫折耐受力，使其形成良好的意志品质。

（5）生涯发展教育。升学和择业是人生发展过程中的必经之路。生涯发展辅导是为学生未来的职业生涯做准备的教育活动，它旨在帮助学生进行初步的人生规划与生涯设计，在了解自己的能力、特长，兴趣和社会需求的基础上，确立自己的职业意向，进行职业选择和准备，培养职业道德，掌握求职技巧，并正视社会问题，为今后顺利地进入社会打下良好的基础。学校心理健康教育课程内容设计主要从了解职业、了解自己的职业兴趣、职业能力和人格特征、职业选择等方面，开展生涯发展辅导教育活动。

阅读资料

学校心理健康教育课程教学模块与教学内容

学校心理健康教育的教学内容可以划分为十大模块与教学内容，具体内容整理见表5-1。

表 5-1　学校心理健康教育课程教学模块与教学内容

自我概念辅导	自我认识、自我体验、积极认知、自制力训练、自我肯定
人际关系辅导	走进人际世界、知己知彼、理解他人、表达自己、不良交往行为、有效沟通
情绪智力辅导	认识情绪、觉察情绪、欢迎“坏”情绪、管理情绪、提升情商
学习心理辅导	学习动机、学业情绪、学习策略、学习习惯、过渡期适应
积极心理品质辅导	爱、信念与希望、真诚与宽容、思维与创造力、领导力
性教育辅导	性生理保健、性心理保健、性伦理道德、人际交往技能、自我防卫技能、预防艾滋病等性病
生命辅导	揭开死亡的神秘面纱、生命的历程、生命的乐章、生命的挑战、自我与他我、自我实现
生涯辅导	认识生涯、自我探索、职业认识、认识专业和大学生涯决策、生涯管理

资料来源：刘宣文等编著，《学校心理健康教育课程设计与教法》，2020 年。

（二）学校心理健康教育课程内容设计的原则

1. 发展原则

学校心理健康教育课程应着眼于学生未来的发展。在教学内容的设计上着眼于学生未来需要的心理品质与心理能力，着眼于时代发展中学生心理需求的发展。联合国教科文组织出版的《学会生存》一书中写道“未来的文盲，不再是不识字的人，而是没有学会怎样学习的人”，这句话启示我们在信息极速发展的时代，培养一个高效的学习者是多么重要。这就要在学生的学习能力、学习策略上加以改变。在教学内容的设计上应该加入注意力、记忆力等认知能力的训练，还要加入信息组织加工策略、问题解决策略、元认知策略等内容，以提高学习效率。心理疾病的发生是心理发展的内在不协调，或内在发展水平与外在环境不适导致的，发展是最好的预防。通过心理健康教育工作使学生心理健全发展，更好地适应社会。

2. 全面原则

学校心理健康教育课的内容设计上应遵循全面性原则。在内容上包括学生心理发展中的重要结构与品质，在每节课的内容设计上都要包含知、情、行的内容，以保证心理的发生、发展。新《纲要》中已经设计了心理健康教育的内容，保障学生心理全面发展。每节课的内容设计都要考虑到学生认知观念的发展、情感态度的发展、行为的发展，保障心理健康教育的实效性。教学内容的设计上，既要关注学习经验，也要关注生活经验，帮助学生解决生活中的心理困扰，促进课堂教学效果向生活中的迁移，促进心理的全面发展。

3. 积极原则

心理健康教育课程的内容设计上应遵循积极性原则。积极心理学的发展改变了人们对心理健康教育的认识，由过去关注心理困扰学生转为关注全体学生心理健康发展。学校心理健康教育课程就是要培养学生积极心理品质，健全人格，促进学生潜能开发与自我实现，拥有追求幸福生活的能力。教学内容设计上要关注学生积极心理品质，可以设计积极心理品质的系列课程。在其他心理品质教学内容的设计中也可以涵盖积极心理品质，如：在亲子关系的内容中就包含爱、感恩等心理品质。案例设计中不应出现极端刺激伤害的事件，避免激发个别学生情绪，出现暗示与模仿。这类案例可以通过教学，在学生具备一定辨别能力，有较好心理建设的前提下，由教师合理引导，形成客观、全面的认识，目的在于促进学生从心理学角度理解社会事件，健全心理素质。在学习生活中的负面事件，教师也应合理引导、理性分析、转换视角，发现消极事件带给学生的积极启示。教师在教学过程中也要善于发现学生的积极心理品质，给予明确化、强化，让学生意识到积极品质带给自己的促进作用，坚持用积极的视角看待问题。积极的学校心理健康教育课程将引领学生自我实现，追求幸福。

4. 适宜原则

心理健康教育课的内容设计上应遵循适宜性原则。教学内容的选择要适宜学生心理发展任务，适宜学生身心发展特点与规律，适宜学生心理需求，内容的呈现要适宜学生认知特点。心理的发展有关键期，面临不同的心理发展任务，也会有不同程度的不适，适当教学内容的安排解决了学生心理中的不惑，减少不适感，促进心理的健康发展。如：小学高年级，学生开始进入青春期，性意识初步觉醒，觉察到男女之间的差别，出现害羞、好奇、疏离等表现，这是开展青春期教育的关键时期。教学内容的设计要适宜学生不同年龄阶段的特点，形成螺旋上升的内容体系，循序渐进地推动心理品质发展。如：在学习能力上，小学低年级的发展任务是感受学习的乐趣，重点是学习习惯、学习行为的培养与训练；小学中年级则是开始学习能力的培养，包括注意力、记忆力的训练，激发学习兴趣，培养探究精神；小学高年级进一步培养学习兴趣、学习能力，端正学习动机，调整学习心态。这样的设计体系遵循学生认知发展规律，由具体形象向一般抽象，由外在行为向内在认知与动机转化的过程。教学内容的选择除了遵循课程目标、教材的要求外，可以根据学生的特殊需求进行选择。发达地区学生心理的困扰与欠发达地区学生面临的困扰肯定不同，特殊时期、特殊情境，学生的心理困扰也会不同，教师应根据现实情况、学生心理需求安排教学内容。如：网络直播平台的出现、网红的出现对学生的心理发展产生冲击，一些学生的理想是做网红，挣钱很容易，教学内容就应做出及时调整，以适应环境变化，帮助学生树立正确的世界观、人生观、价值观。教学内容的选择不要超前也不要滞后，否则都容易使学生失去兴趣，影响教学效果。教学材料的呈现要符合学生认知特点，如低年级学生思维以具体形象为主，内容可以多以图片等形式呈现；高年级思维向抽象概括发展，内容可以以文字概括性表述。另外，也要结合具体教学环节安排，如：在案例导入、情境设置等环节配合图片更容易激发学生情感。教学材料选择也应多元化。

三、学校心理健康教育课程的主题设计

教学目标确立后，会根据课程教学目标与任务确定主题活动，并下设几次教学安排。

每次课程的主题名称会在课堂中呈现出来。一个好的主题名称能够突出重点、激起学生兴趣、引发学生思考，提高课堂教学的参与度，更好地达成教学目标。因此主题名称的设计也是一门艺术。

（一）课程主题名称的选择

心理健康教育不是一种学科知识型的课程，课程的结构也就不应按心理学知识的逻辑结构来编排。一般来说，学校心理健康教育课程是由为解决某一问题而设计的一个个主题组成。为保证教学取得较好效果，一个适宜的主题名称必须同时达到因人、因时、因地和因势制宜的要求。

（1）因人。在教育过程中必须顾及学生的差异性。每一年级、每一班的学生都有不同的心理共性。针对这些不同的共性，开展有针对性的心理健康教育活动，使每一年级、每一班的学生都能在原有心理水平的基础上得到提高。

（2）因时。一些特定的心理活动往往在特定的环境中产生，所以，心理健康教育课程的教学设计必须同时考虑到因时而异。例如：应试策略辅导在大考前夕进行才能收效最佳；另外，适宜的主题还必须考虑学生心理发展的年龄特点，不同的年龄阶段有不同的心理发展特点，因此，我们进行科学的选题，必须根据不同年级选择不同的心理素质训练侧重点，以做到针对性强、收效佳。

（3）因地。人的心理发展不仅受政治、经济、文化等因素的影响，而且也受地域的影响。因此，心理健康教育课程的科学选题必须考虑因地制宜，而不是按参考书依样“画葫芦”。心理健康教育课程的内容、实施方法要根据本地区的实际经济、人文环境等采取灵活措施来确定。如在经济落后地区，讲“攀比风我所见”“什么是酷”“怎样花钱”等就不太合适，当然也不会对学生心理发展产生什么影响，甚至会使学生对心理健康教育课程失去兴趣。

（4）因势。心理健康教育课程的选题只有具备时代感，触及学生所熟知、所关心的领域，结合学生所感兴趣的事物，才能收到预期的效果。也只有这样，心理健康教育课程才能更容易被学生接受，走进学生的心灵，使学生发生知情意方面的变化，从而达到提高其心理素质水平的目的。

（二）主题名称设计的策略

主题名称的设计既要符合学生发展特点，又要富有情趣，也要有思想性。可以参考以下方法：

（1）主题名称应紧扣教学内容。主题名称是教学目标、教学内容的集中体现，可以说是教学内容的中心思想。对教学内容应准确概括，避免题不达意。如：有的教学设计是关于认识情绪的内容，包括：什么是情绪、情绪的表现、情绪的产生，但却将主题名称设计为“我的情绪温度计”，超出了教学设计的内容。

（2）主题名称应避免专业术语。心理健康教育课程的任务是普及心理学常识，使学生具备一定的心理调节能力。学生并不是进行心理学专业的学习，教学更重要的是让学生由浅入深地了解心理要素、心理过程，以便更好识别和调节心理。因此，主题名称的设计应该通俗易懂。

（3）主题名称应具备积极的暗示作用。心理健康教育应该是进行积极正面的引导，帮助学生识别消极负面的情绪与行为，发现背后的心理动机，从而主动进行调节，维护心理健康水平。积极向上的题目名称会令学生产生积极的情感体验，具有暗示作用。如：关于厌学问题可以将名称设计为“我的学习发动机”。

（4）主题名称应体现学生的主体性。心理健康教育的主体是学生，课堂的主人是学生，主题名称的设计也应该从学生的经验、视角与感受上去设计。避免以成人的价值观来代替学生的思考。如：“早恋的危害”就不如“酸涩的青橄榄”，即表明青春期“爱情”的不成熟，也表现了“爱情”的体验。

（5）主题名称的设计应富有启发性。主题名称的设计应富有深意，引人思考，这样能激发学生的兴趣，使他们乐于参与。如：新生入学适应可以将主题名称设计为“初中，我来了！”即点明主题，又引人思索“初中是什么样的呢？”

（6）主题名称的设计应富有趣味性。主题名称设计要能引起注意，开拓想象，使人产生兴趣，积极思考。如：思维训练的课程“苹果里的五角星”，会让学生好奇“苹果里怎么会有五角星？”“苹果怎么能做出五角星？”从而培养学生的发散思维。

（7）主题名称的设计简洁、生动。名称一般不要太长，应该符合感觉登记的容量，让学生看一下就能记住，带着好奇去听课。可以采用流行文化中的表述，更贴近学生，如：《少年》《我的梦！》。

四、学校心理健康教育课程的教学过程设计

（一）教学过程设计应遵循的原则

（1）发展性原则。维果茨基提出，教学任务的要求只有落在“最近发展区”内，才能有效地推动人的发展。心理健康教育活动课程必须以发展的眼光看待学生，不应满足学生现有的心理发展水平，要尽可能地为学生创设新的最近发展区，鼓励学生在活动课程中发挥自己的主观能动性。

（2）主体性原则。心理的成长和发展过程是一种自觉主动的过程，需要使学生主动、积极、自觉地去获取知识，切忌“我教你学，我说你听”。

（3）活动性原则。心理健康教育活动课程的关键在“活动”，重在让每个学生在活动中感受和体验，在活动中锻炼和思考，在活动中领悟与成长。因此，选取适合学生年龄特征、新颖有趣、参与性强、内容“耐人咀嚼”的活动，是贯彻该原则的关键。

（4）全体性原则。心理健康教育活动课程是为全体学生服务的，旨在提高全体学生的心理素质和机能。因此，在活动课程中，应着眼于全体学生；但同时，也应处理好个别学生问题，给予及时、具体、隐性的帮助。

（5）体验性原则。心理健康教育活动课程不同于体育课、游戏活动，因为它强调学生在活动过程中的自身体验和感悟，而不是一种娱乐活动。体验和感受是个体心态发生变化的重要环节，也是活动课程实现其价值的重要途径。

（6）相容性原则。心理健康教育活动课程的成功在于彼此信任、尊重和坦诚相待，只有师生之间建立起真正的信任，才能促使教师真正了解学生的需求；只有互相尊重，才能彼此接纳；只有坦诚相待，才能触动深层情感体验。

只有遵循以上原则，才能更好地进行心理健康教育活动课程的设计与教学，达到促进学生心理健康发展的终极目标。

（二）学校心理健康教育四要素教学模式

“情境·认知·体验·内化”四要素心理健康教学模式（以下简称“四素教学模式”）是应对学生学习心理健康知识，并对学生进行心理健康教育的需求而创建的一种新模式。由于课程性质区别于传统学科知识课程，要始终把学生学习的主体性、主动性、体验性、互动性、反思性作为提炼资源、设计教程、选择教法、评价效果的主要维度，把四要素作为教学过程有机统一的结构单位：

（1）“情境”。“情境”是感知环节要素，就是将学生引入特定的生活场景或生活事件中，使他们通过具体案例发现问题，展开思考。

（2）“认知”。“认知”是理解环节要素，就是引导学生学习、领会与以上问题情境相关的心理健康知识，端正已有的认识，学会用正确的观念思辨和解决问题。

（3）“体验”。“体验”是运用环节要素，就是将学生带入新的问题情境，进行情境体察和同学间、师生间互动，然后分享、交流。

（4）“内化”。“内化”是反馈环节要素，这里包括两部分：一是强调在课外生活实践中实现内化；二是通过对以上学习过程的反思总结实现内化，形成正确的情感、态度和价值观。从一个主题教学（也是学生的主题学习）的教程来看，“内化”是这个主题教学的结束和反馈环节，同时，又是下一个主题教学的准备和起始环节。

（三）学校心理健康教育课程教学过程的设计

教学过程是课程组织的核心。把一堂心理健康课上好，教师必须抓好以下几个环节。

（1）创设情境，提出问题。心理健康教育要贴近学生的生活实际，要考虑学生的实际需求。创设情境，是拉近课程内容与学生心理距离的有效手段，或可以呈现学生熟悉的生活事件，或可以补充学生的生活所缺，目的是引起学生的直接关注。需要强调的是，情境素材必须精心选择，既要集中指向本教学专题的主题，又要能引起学生的思考，包含足够的思维容量。另外，情境呈现的方式可以多样化，既可以是视频、图片，也可以是文本、漫画，还可以是网上搜集的类似“心理访谈”的电视节目，还可以通过心理剧来展现。典型的贴合学生生活实际的问题情境在教学伊始阶段就能引起学生兴趣，激起学生的探究热情。

（2）主题解读，更新认知。在情境中学生提出疑问，讨论而不得要领的情况下，教师展示相关心理健康教育知识，引导学生集中解读。教师应随机做出指导，协助学生提炼知识要点，多层次、全方位、系统地理清知识的来龙去脉。如：教学“负性情绪的认知与调控”一节，教师向学生集中呈现合理情绪理论的方方面面，使学生得以了解合理情绪疗法的基本原理、合理信念与不合理信念的种种差别以及对情绪的影响。主题解读是整个教学的核心环节，也是心理健康教育课程的专业特征所在。以科学知识取代或纠正日常知识，以系统知识聚合零散知识，以专业知识拓宽学生视野，有利于优化学生的认知结构，建立正确的预防、辨识、疏解心理问题的心理机制。当然，知识的呈供不一定都在这一阶段完成，可根据学生的接受能力和有效程度分散到后续环节中逐步完成。

（3）参与体验，分享感悟。这一环节是就主题解读，更新认知环节所学知识的巩固、运用，也是对知识的补充、深化。通常做法是将学生引入某个特定的案例，让学生体验其中角色，进行角色扮演，然后分享角色感受及对事件的认识。如：教学《人际交往艺术》一章，让学生扮演“盲人”和“拐杖”，表演后让他们分别讲述自己的做法和感受，并让大家交流自己在现实的人际交往中遇到的问题，同小组的同学还总结出了改善人际交往的几点措施。心理学认为，人的体验和感受产生于人的行动。在积极心理学看来，只有当个体有了更多的积极体验，才会对自己提出更高的要求❶。因此，想要提高学生心理健康的认知水平，必须引导学生参与到特定案例所设定的活动中。活动体验有利于积累直接经验，然后在交流分享中其感悟才更具理性色彩。通过与别人感悟的碰撞、互补，自己对知识的领悟会更加深刻，也利于学习一些处理问题的技巧，提高生活实践能力。另外，学生在活动中的角色扮演其实也是其个性特征的一种投射，老师可以运用专业知识对其进行心理分析，提出改善建议，这对学生心理素质的提高也会产生很大帮助。

（4）实践拓展，内化提升。这一环节是课堂教学向课外的延伸。教师不应以完成课堂教学任务为满足，而应布置一些课后的实践任务或作业，让学生通过亲身实践，把课堂所学的知识技能加以综合应用，通过实践促进相关知识技能的内化提升❷。如：观看心理电影、排演心理情景剧、举办心理健康主题班会，还可以进行特定项目的心理测查、问卷调查，推荐学生阅读相关文章、专著等。维果茨基的“内化说”认为，内化是外部的实际动作向内部智力动作的转化。内化不仅可以通过课堂学习来实现，也能通过日常生活、劳动、游戏来实现。因此，根据教学目标，布置学生参与一些真实的或模拟的生活实践，可以进一步强化对心理健康知识的确认和内化。同时，这一环节还是整个教学环节的反思总结。学生不仅需要对参与课外实践活动进行反思，更需要对整个主题学习进行总结。通过这一环节，进一步促进新旧知识的联系整合，实现知识内化，形成认知智慧❸。

五、学校心理健康教育课程的教学方法设计

（一）学校心理健康教育课程教学方法

1. 认知法

该方法主要是依靠学生的感知、想象和思维等认知活动来达到教学目标。

（1）阅读和听故事。教师可向学生推荐优秀的和有针对性的读物，编印读书卡片，供学生阅读。课堂上还可以安排读书讨论，交换读书心得，可收到益智、怡情的效果，并有助于态度的改变和人格的发展。利用学生喜欢听故事的心理，讲述一些故事，以解决他们的困扰或拓展相应的知识。

（2）多媒体教学。根据教学规律和青少年年龄特点，适当设计、研制教学所必需的图表，搜集教学图片及适量运用电化教学片等教学媒体，激发学生的学习兴趣，活跃课堂气氛，促进学生对知识的掌握，影响学生的思想和行为，提高教学质量。

（3）艺术欣赏。通过音乐、美术和舞蹈等欣赏艺术之美，陶冶学生的情操、情趣，以起到心理教育、伦理道德教育的作用。在教学准备中，可以搜集某一主题下的相关歌曲，在课堂中以“竞猜”的方式予以体现。

（4）联想活动。教师可通过学生的联想活动，来训练学生的想象力和创造性，可以使

---

❶ 周凤琴，黄丽．“大学生心理健康教育”课堂互动教学模式探析［J］．西北成人教育学报，2013（1）：79.

❷ 周华，胡国良．“大学生心理健康教育课”分享·体验·内化”教学模式探索与实践［J］．东北农业大学学报：社会科学版，2013（6）：122.

❸ 刘一明．参与式教学与大学生专业综合能力的培养［J］．高等农业教育，2014（11）：76-79.

学生表达自己内心的感受和经验。例如：把一些不连贯的词或图画，联想成一个完整的故事；或者通过故事接力，每人说一段话，串联成一个故事。这样一则可帮助教师了解学生的内心，二则有利于激发学生的学习兴趣，寓教于乐。

(5) 认知改变。教师可通过暗示、说服和质疑等方法，改变学生的非理性看法，从而恢复和建立合理的思考方式，来解决学生的心理问题和促进学生健全人格的发展。例如：关于归因问题，有的学生因考试成绩不佳，就认为自己很笨，智力有问题；有的学生认为学习不好一切都完了等。对于这些非理性的看法，均可通过认知改变的方法来予以打破。该方法的运作，往往以情绪 ABC 理论为依据进行设计。在课堂教学中，常直接体现为语境、语词的分析和替换。

(6) 专题小调研。教师可组织参观爱国教育基地、博物馆等地，也可组织学生进行小调查等活动，增加学生的实践经验，拓展其视野。

2. 操作法

操作法作为一种教学方法，主要通过学生的言语和动作的操作活动来达到心理教育的目的。

(1) 游戏。游戏是学生普遍喜欢的活动，有益的游戏能给他们快乐并使他们从中受到教育。游戏有多种分类，它可分为竞赛性游戏和非竞赛性游戏。不同种类的游戏可起到不同的心理效果，如竞赛性的游戏，可以培养学生的竞争意识和团结协作精神；非竞赛性的游戏可以减轻紧张或焦虑，获得轻松愉快的情绪体验。因此，在教学中，教师可根据教学的需要和可行性，策划并组织相关活动。

(2) 劳动。借助各种“任务”（如集体打扫环境卫生、种树和布置墙报等）的完成，来培养合作精神。该活动的展开，有利于提升集体凝聚力。

(3) 测验。让学生做智力、性格、态度和兴趣等各种心理测验，能帮助学生自我反省和自我分析，了解自己特点、长处和不足，可以促进学生的自我发展。建议在选择“测验”时尽可能审慎，尽量选择符合心理测量标准程序的量表。类似“娱乐”意味的“测验”，不宜作为课堂教学的内容或素材。

(4) 讲演。通过讲演，创设一个学生展示自我的平台，这种方法还可以训练口才，培养机智，锻炼学生的自信心，增进同学间的相互了解。

(5) 绘画。通过绘画的操作活动，可以培养学生的想象力和创造力。

(6) 唱歌。通过唱歌活动，引起学生的情感共鸣，调动学生的情绪和积极性。

3. 讨论法

该方法可以集思广益，沟通思想和感情，促使问题解决。

(1) 专题讨论。在某段时间，针对学生普遍面临的问题，教师可组织专题讨论。

案例展示：《爸妈争吵，我有妙招》（设计者：庞慧然）

案例：圆圆是一名五年级学生，平时的成绩不好，经常不能完成作业，而且在最近的一次考试中全班排名倒数第一。圆圆的妈妈生气地责怪爸爸整天只知道工作，不关心圆圆的学习，从不辅导她的作业。爸爸却说妈妈天天在家待着，都没把圆圆的学习管好。两人为此大吵一架。圆圆该怎么办？

资料来源：许思安. 心理健康教育课程设计与组织［M］. 武汉：华中科技大学出版社，2012.

(2) 辩论。就争论性的问题进行分组辩论，提出正反两方的不同意见、根据和理由。

案例展示：辩论“先有鸡还是先有蛋”（设计者：王梦圆、胡现堃、林文杰）

正方：先有鸡再有蛋。反方：先有蛋再有鸡。

抽签决定正反两队，每队24人。每队随机分成4组，每组出一个辩手，共8个辩手。每队选出一位计时员。

给每个小组下发材料：辩论素材1张（1个观点）；观看“鸡蛋之争”视频，目的是启发学生的思维。

辩论规则：

1）给出3分钟的准备时间。

2）要求辩手结合信封中内容及自己小组的观点进行辩论。

3）每位辩手辩论时间最长为1.5分钟。若每队四位辩手辩论结束后总时间不足6分钟，则该队可由其他同学进行补充。

资料来源：许思安．心理健康教育课程设计与组织［M］．武汉：华中科技大学出版社，2012.

（3）脑力激荡。脑力激荡是由美国著名创造学家奥斯本提出来的。它利用了集体思考和讨论的方式，使思想观念相互激荡，发生连锁反应，以引出更多的意见或想法。

该方法实施的原则如下：

1）严禁批评：无论他人的想法多么荒谬，都禁止批评，对他人意见不做任何评价。

2）随心所欲：鼓励自由想象，鼓励新奇想法，不要受任何限制。

3）追求数量：想法越多越好，不要顾忌想法是否完美、可行。

4）寻求改进：可以改进自己和他人的意见，也可以把不同的观点加以组合。

案例展示：故事续编（设计者：陈雅珏）

故事的开头：这一天早晨，小明骑着自行车正在赶往学校参加某称考试的路上，但是，突然撞上了迎面而来的一辆自行车。

选择一种态度作为小明的态度，分组续编这个故事。

教学组织：

将全班同学分为4组。每组用抽签的方式选择四种态度中的一种，作为小明的态度。小组内讨论并进行故事续编。

鼓励同学们将故事变得有趣有新意。讨论过后，让同学们分组进行故事分享。故事分享后，邀请同学分享为什么设定这样的结局，以及有什么体会和感想。

旨在让同学们加深对各种态度的理解，并体验到各种态度的影响，让同学们主动意识到“我好，你好”这种态度的积极影响，激发同学们想要改善态度的心理。

资料来源：许思安．心理健康教育课程设计与组织［M］．武汉：华中科技大学出版社，2012.

（4）配对讨论。该组织形式是：就一个题目，两个人先得出结果，然后与另两个人就讨论意见进行协商，形成4个人的共同意见。再与另4个人一起协商，获得8个人的结论。这种讨论必须经过深思熟虑，参与感也比较高，因而讨论的效果会比较好。

（5）六六讨论法。这种方法要求分组讨论，每组为6人。小组讨论中，每人发言一分钟。在发言之前，最好共同对讨论题目静思几分钟。这是一种人人参与而且节省时间的好方法。

（6）意见箱。教师可根据学校的实际情况与学生的需求，设立意见箱。可要求学生平时将意见或问题投入意见箱中（可不署名），在课堂上，向全班宣读，大家共同讨论。这种形式有利于发展学生的主体意识，强化其对课堂学习的参与感。

4. 角色扮演法

（1）技术支持：角色扮演作为一种社会心理学技术，最早由奥地利精神病理学家莫雷诺于20世纪20年代始创。其核心在于使人置身于他人的社会位置，并按这一位置所要求的方式和态度行事，以增进人们对他人社会角色、自身原有角色的理解，从而学会更有效地履行自己的角色。这种技术的优势在于使人们能够亲身实践他人社会角色，从而更好地正确理解他人的处境，体验他人在各种情况下的内心情感。简单地说，角色扮演就是让学生以一种类似游戏的方式，表演出自己的心理或行为问题，进而起到增进自我认识，减轻或消除心理问题，发展心理素质的作用。

（2）常见组织形式：

1）哑剧表演：教师提出一个主题或一个情景，要求学生不用言语而用表情和动作表演出来。这种方法可以促进学生非言语沟通能力的发展。

2）空椅子表演：这种方法只需一个人表演。具体做法是：将两张椅子面对而放，让学生坐在一张椅子上，假设另一张椅子坐的是与主题有关的另一个人。让该学生先表演彼此间曾经有的或可能有的对话，然后坐到对面的椅子上，以对方的立场说话。如此重复多次。

3）角色互换：这种方法与前一种类似，只是参与的人有两个或者更多。例如：教师可以让一名学生扮演交往中的失败者（不能适应中学生活的失败者、学习方法有严重缺陷的失败者、与老师关系不良的失败者、与父母沟通有问题的失败者等角色），另一个学生扮演帮助者。两人对话一段时间后，互换椅子和角色。在教学的实际操作中，还可以选择互换“结论”的方式，让学生体验不同的选择下不一样的感受。

4）改变自我：在角色扮演中，教师可以让学生扮演自己改变后的情况。例如：学生上课时注意力常不集中，常和左右前后的同学讲小话，教师可以指导他扮演自己改变了的情景。如：上课认真听课、不再主动和周围的同学讲话、老师提问敢于主动举手发言等情景。这样有利于扮演者通过表演，体验不同情境中的不同感受，促使其向好的方向转变。值得注意的是，教师选择这种组织方式的时候，要注意选题、扮演的场所，避免因此给学生带来不必要的负面影响。因此，在课堂教学设计方面，往往以此理念为基础，展开基于不同“角色”的情绪分享等，以此触动学生进行感悟。

案例展示：《小分享，大收获》（设计者：林文杰）

1. 创设情景

东东和楠楠用自己的零花钱一人买了一小块巧克力，他们打开包装纸后打算一边吃一边开心地往家里走。可忽然楠楠绊到了一块石头，手一滑巧克力摔到地上不能吃了。楠楠很想尝尝巧克力的味道，于是请求东东分一点巧克力给他。

2. 情景演绎

请每个小组的同学们上台表演：“如果你是东东和楠楠，你们会有怎样的对话？你认为东东会怎么样回复楠楠的请求？”如果同学们表演的结局一边倒，则在表演进行到一半的时候提供两个结局：

（1）巧克力本来就不多，东东想好好品尝一下。最后东东考虑了一下，决定还是和楠楠一起分享美味的巧克力。

（2）巧克力本来就不多，东东想好好品尝一下，如果分给楠楠就没剩下多少了。最后，东东决定不把巧克力分给楠楠。

3. 体悟“分享”向表演者提问

（1）楠楠提出让东东分一点巧克力给他的时候，东东心里是怎么想的？

楠楠被拒绝了会有怎样的心情？东东拒绝了楠楠之后，会有怎样的心情？还能很愉快地吃巧克力吗？

（2）东东分享了巧克力之后，心里有什么感受？东东那么想吃巧克力，为什么还要把巧克力分享给楠楠呢？

（3）你更喜欢和谁做朋友？

4. 讨论并小结

（1）分享的时候你的心情体验？（分享树：分享的心情）

（2）分享的过程中你有怎样的收获？（分享树：分享的收获）让同学们把分享的内容写在纸上，待会儿贴到黑板上。

资料来源：许思安．心理健康教育课程设计与组织［M］．武汉：华中科技大学出版社，2012.

5）双重扮演：这种方法要求两个学生一起表演，一个是在某方面存在一定问题的学生，另一个是助理演员。该学生表演什么，助理演员就重复表演什么。如：他扮演学习习惯不良者，他表演学习中的不良习惯，另一位助理演员也重复表演他的行为。这样可以重现事实，帮助学生通过他人的表现认识问题，从而反省、认识自己。

6）魔术商店：教师可扮演店主，店里贩卖各种东西，如理想、健康、幸福、财富、成功等等。由学生扮演买主，说出自己最想要的东西及其原因。然后，教师问他愿意用什么来交换。用这种方法了解学生的需求和价值观，帮助学生树立正确的价值观和人生观。

5. 行为改变法

（1）技术支持：

行为改变的方法是以行为主义关于行为强化的学习理论为依据，根据该理论，通过奖惩等强化手段可以建立某种新的行为或者消除某种不良行为。

阅读资料

斯金纳的操作性条件反射的学习理论

1. “斯金纳箱”

学者斯金纳，是新行为主义的主要代表之一。他延续了桑代克的研究，用自己发明的学习装置“斯金纳箱”进行了系列实验。研究过程如下：一只小白鼠，被放置于“斯金纳箱”中，该箱子是一个迷宫。小白鼠可以自由活动，基于偶然，它将碰触箱子的内置机关，而一旦触及机关，连接机关的通道将打开，一个食团将被输送至箱子里。小白鼠因此而获得了食物。当小白鼠被观测到主动地触动“机关”，此时，斯金纳说，这只小白鼠已经“被操作了”。即此时，操作性条件反射已经建立。

2. 学习观

斯金纳认为，学习的实质在于：学习是指有机体的某种自发行为由于得到强化而提高了该行为在这种情景发生的概率，即形成了反应与情景的联系，从而获得了用这种反应应付该情景以寻求强化的行为经验。操作学习的过程，即操作性条件反射的形成过程，也就是反应—强化的过程。

所谓强化，是指在一种刺激情景中动物的某种反应后果有使该反应出现的概率提高的作用。而强化物则是能起到强化作用的反应后果。强化物每在相应的操作反应之后出现一次，这一操作反应便得到了一次强化。斯金纳区别了以下两种类型的强化。(1) 正强化：当环境中的某种刺激增加而行为反应出现的概率也增加时，这种刺激就是正强化，如白鼠按压杠杆得到食物，食物就是正强化物。(2) 负强化：当环境中的某种刺激减少而行为反应出现的概率增加时，这种刺激就是负强化。负强化物通常是一种厌恶刺激，是有机体力图回避的，它同样能增加动物的压杆反应。

在实际生活中，正强化和负强化都是经常被应用的方法。如教师给予微笑、赞扬、奖品，提供学生喜欢的活动等，都可以对希望学生学会的某种行为或本领进行正强化，而收回批评、停止打骂、取消学生不感兴趣的活动等都是在对上述行为进行负强化。

资料来源：许思安．中学政治学科课堂教学心理［M］．广州：广东高等教育出版社，2014。

(2) 常见操作：

1) 行为训练：教师在使用这种方法时，可让学生完成一些行为训练的任务。

案例展示：《冥想中的自我暗示法》

(设计者：邓绮媚、高梦霞、黎雅丹、吴文霞、林晓青、谭卓君)

班主任：嗯，同学们果然是有经验的老手啊！大家可以选择合适的方法来减轻自己的焦虑。不过啊，同学们想不想体验一种相对较为新奇的方法呢？黎老师为我们带来的这种方法可以让大家缓解紧张的情绪，感到放松舒适。下面请黎老师带着大家一起来进行。(播放放松音乐)

黎老师：请同学们配合老师，保持安静并跟随我的指令。

①好的，现在请你轻轻地闭上你的眼睛，随着这优美的音乐，以一个最舒服的姿势坐好。后背慢慢地靠在椅子上，双肩自然下垂，手脚慢慢放松、放松，保持自然张开的状态。然后慢慢地、深深地吸气，吸气时腹部鼓起来，吸到足够多时，憋气2秒钟，再把吸进去的气缓缓地呼出，呼气时腹部凹进去。呼气的时候跟自己说：我现在很放松很舒服。好的，吸气、呼气、吸气、呼气、吸气、呼气……(学生差不多进入状态时，进入下一步)

②现在，你已经完全放松了，你内心平静自然、心无杂念。此时此刻，你和每天早上一样，正走在上学的路上，微风轻轻地吹拂，树儿在缓缓地摇曳。你一边走，一边哼着歌儿。哼着哼着，这时，你想起了你待会要参加一门考试。

③你开始有点紧张，因为你还没有把所有的内容都复习过。这时，你回想起自己最高兴的一次考试。那次你取得了自己有史以来最满意的成绩。其实，那次你也不能100%保证考试内容你都复习过了。刚好考试的内容是你最有把握的，而这次，也是一样。只要把复习过的都答对，按时交卷就可以了。你开始放下你那颗悬起的心。

④毕竟你昨晚复习了挺久，甚至有点晚睡。你开始担心你昨晚睡得不是很好，会影响今天的考试。这时，你深深地吸了一口气，略带花草香味、清新的空气一直渗入到你的心里，渗入到你身上的每一个细胞，然后你缓缓地呼气，把身上劳累的气息彻底地呼出。感觉很舒服、很舒服。你再一次吸气、呼气。此时，你感到神清气爽，你觉得你今天的精神

真好，你一定可以考好。你刚刚绷紧的神经一下子就放松了。

⑤嗯，考试肯定有你不会做的题目。不过，你明白，考试只是在检验你学会了多少，这次不会的，没关系，下次认真学习，一定可以进步。你开始轻快地走向考场。

⑥暖暖的阳光让你很温暖很舒适，微风正轻轻地拂过你的脸庞，湛蓝的天空飘着几朵白云，它们在慢慢地漂移。你感到踏实宁静。此时你的一切烦恼、担忧、恐惧、不安，在这阳光的照射和微风的吹拂下都一去不复返了，你感到自己的身心非常放松，非常安逸，非常舒适。

⑦你觉得浑身都充满了力量，你的头脑开始渐渐清醒，思维越来越敏捷，反应也更加灵活，眼睛也非常有神采，你觉得这次考试，你一定可以应付！你不慌不忙地走进考场，坐在你的位子上，准备考试。

⑧准备好了吗？好，请你慢慢睁开你的眼睛，你觉得头脑清醒，思维敏捷，浑身都充满了力量，考试带来的焦虑不安没有你之前所想的那么大了。

资料来源：许思安.《心理健康教育课程设计与组织》[M]，武汉：华中科技大学出版社，2012。

2）示范：这是一种借助模仿来习得或掌握新行为的方法。运用这种方法，要求教师自身应起示范作用或为学生树立学习的榜样。

3）奖赏：可利用分数、表扬、奖章等精神与物质的奖励，鼓励和强化学生形成某种良好的行为。

阅读资料

翻转课堂

翻转课堂译自“flipped classroom”或“inverted classroom”，是指重新调整课堂内外的时间，将学习的决定权从教师转移给学生。在这种教学模式下，在课堂内的宝贵时间，学生能够更专注于主动的基于项目的学习，共同研究解决本地化或全球化的挑战以及其他现实世界面临的问题，从而获得更深层次的理解。教师不再占用课堂的时间来讲授信息，这些信息需要学生在课后完成自主学习，他们可以看视频讲座、听播客、阅读功能增强的电子书，还能在网络上与别的同学讨论，能在任何时候查阅需要的材料。教师也能有更多的时间与每个人交流。在课后，学生自主规划学习内容、学习节奏、风格和呈现知识的方式，教师则采用讲授法和协作法来满足学生的需要和促成他们的个性化学习，其目标是为了让学生通过实践获得更真实的学习。

实施步骤：

1. 创建教学视频

（1）明确学生需要掌握的目标，以及视频最终需要表现的内容。

（2）收集和创建视频，建议考虑不同教师和班级的差异。

（3）在制作过程中，可考虑学生的想法，以适应不同学生的学习方法和习惯。

2. 组织课堂活动

内容在课外传递给了学生，课堂内更需要高质量的学习活动，让学生有机会在具体环境中应用其所学内容。包括：学生创建内容、独立解决问题、探究式活动、基于项目的学习。

资料来源：http://baike.haosou.com/doc/7052431.html。

第三节　学校心理健康教育课程的教学评价

一、教学评价的概述

教学评价是指以一定的教学目标为依据，运用科学可行的评价方法对教学过程和教学效果给予价值上的判断，为改进教学、提高教学质量提供可靠的信息和科学依据❶。开展科学的教学评价，可以增强教学管理效能，提高课程教学质量，提高教学效果。

（一）教学评价可以保障教育方针的落实

通过教学评价可以明确教育方针是否得到落实，教学目标是否实现。根据课程教学大纲规定的教学目的、任务、内容是教学评价的基本依据，根据这些内容制定出教学评价的具体标准，对教学活动进行评价，判断教学活动是否遵循教育方针，实现教学目标，全面完成教学大纲规定的目的和任务，保证教学的正确方向。不注重教学评价会使教育管理者、教师与学生对教学内容、任务不明确，盲目开展教学活动，影响教学目标的实现与教育方针的贯彻。

（二）教学评价可以推动教学改革

教学评价就是对教学活动的价值进行判断。科学、客观、全面的教学评价可以帮助教育决策者就教学思想、教学目标、教学内容、教学方法、教学效果进行全面、正确的评估，修正教学方向，修订教学内容，出台提高教学质量的改革措施，从而推动教学改革的进行。另外，通过教学评价也可以评估教学改革进度和不当之处，进一步反馈调节，实现教学目标。

（三）教学评价可以强化教师队伍管理

教学评价可以帮助教学管理者考察和鉴别教师教学水平，了解教学效果，掌握优势和不足，从而为教师管理与培训、人员聘用与配置上提供依据。建立和健全教学评价制度，如实反映教师的教学思想、教学能力、教学态度，树立模范榜样，可以调动教师工作的积极性。

（四）教学评价可以提高教师教学能力

教学评价的反馈信息具有重要的调节功能。它可以帮助教师了解自己在教学方法、教学组织过程中的优点与不足，明确教学活动设计与教学目标实现之间的关系，从而更好地改进教学设计，提高教学效果，实现教学目标。教学评价也具有动机作用。它可以调动教师工作积极性，明确教学中取得的成就和努力的方向，可促使教师进一步地研究教学内容、教学方法，开展丰富的教学设计活动，以提高自己的教学水平。

二、学校心理健康教育课程的教学评价

学校心理健康教育课程的教学评价是其课程教学的重要环节，通过教学评价可以促进学校心理健康教育工作的开展，掌握心理健康教育目标的达成水平，推进教学质量的提高。

---

❶ 林崇德．心理学大辞典［M］．上海：上海教育出版社，2003：608.

（一）学校心理健康教育课程教学评价的原则

教学评价原则就是人们基于对教育评价规律的认识，对评价工作提出的基本要求。学校心理健康教育课程的教学评价有其自身学科特点，因此，在评价过程中，应遵循以下原则。

（1）综合性原则。个体心理是一个复杂、有机的整体，教学对学生的心理产生了怎样的影响？教学效果如何？不是通过某一个单一指标能评价的。可以采用专家评价、教师自评、学生评价的方式进行；也可以采用观察法、问卷调查法、访谈法进行；可以通过教学大纲、计划了解教师课前准备是否充分，通过听课了解教师的教学活动设计是否合适，通过教师课堂行为了解教学能力，通过学生的讨论、体验、感悟了解教学效果。总之，学校心理健康教育课程需要多角度、多手段、多方面进行教学评价，这样才能保证评价的科学、客观。

（2）发展性原则。教育培养的是适应未来的人才，在心理素质培养、心理能力的培养上应具有前瞻性、发展性。因此，对教学的评价应着眼于学生心理素质的发展特征和规律。如：高中心理健康课有关于职业选择的内容，看似与学生现实所处的阶段没有关系，实际是在学生高中阶段自我意识发展到一定水平，对自己有全面、深刻的认知基础上，对未来自己的发展进行的初步规划，会引起学生对当前学习内容的价值、意义的思索，激发学习动机，也是对升学、专业选择的初步设计。这是在发展轴上对教学内容的选择。

（3）主体性原则。在教学评价上要关注学生在课堂上的主体地位。心理发生的特殊性使学生必然要成为心理健康教育课堂的主体才能保证教学目标的实现。教学评价中要关注教学活动的设计是否有利于学生参与，教学环节的设计是否有利于学生体验、反思，教师的语言、技术的使用是否有利于营造平等、开放的氛围，从而促使学生生成积极心理品质。

（4）可操作性原则。教学评价的目的就是要对教学过程、教学效果的优劣给予评判，以更好地促进反思，提高教学质量。教学评价的标准应该是可测量的、可操作的。通过教学目标、教学内容、教学过程、教师素质等几个角度，制定出具体的评价要求，以打分的形式将教学评价量化。也可以通过调查法、访谈法等量化或质性的研究方法，进行教学评价。

（二）学校心理健康教育课程教学评价的标准与要求

教学评价标准是对教学活动效果做出的具体规定。学校心理健康教育课程的评价标准既要依托教学科学理论，又要考虑该课程的特殊性。对教师的课堂教学评价，可以从教学目标、教学内容、教学过程、教学效果、教师素养五个大的方面来进行评价。

1. 教学目标标准

学校心理健康教育课程教学目标的确定应以“提高全体学生的心理素质，培养他们积极乐观、健康向上的心理品质，充分开发他们的心理潜能，促进学生身心和谐可持续发展，为他们健康成功和幸福生活奠定基础”，这一总的教育目标为标准。在对教学目标的评价上应该做到“目标明确、具体、适切，符合学科课程标准和学生学习实际”。

结合心理健康教育的特殊性，教学目标的评价有以下要求：（1）适应时代需要。随着时代发展，人们对于健康、心理健康的概念与标准都在发生变化，从维护心理健康水平到具备心理保健的能力，在教学目标的设计中应体现对能力的培养。（2）应符合儿童心理发展规律。在教育总目标的指导下，结合学生各年龄阶段面临的主要发展任务和生理、心理发展的特点，要设置各年级的教学目标。结合主题与具体内容设置每节课的教学目标。目标设置应该符合学生年龄特征，选题具有针对性，符合学生实际。(3) 目标的设置要注重心理成分整体协调发展。心理的复杂性使得教学目标的达成需要小目标的整体实现。因此，在评价教学目标的时候要注意是否包含知、情、意、行各方面目标。一节课的教学目标也应参照一个主题的教学目标来进行评价。(4) 课堂教学目标要有可操作性，能符合本节课教学内容和教学形式的要求。

2. 教学内容标准

教学内容是教学目标实现的重要载体，教学内容的选择应依据教学目标来确定。心理健康教育课教学内容的选择有以下要求：(1) 内容正确，积极向上。教学内容的选择应符合国家教育政策与方针，符合时代与社会需求，具有正确的价值导向。(2) 内容丰富充实，符合学生认知规律。教学内容的安排能够使学生知、情、意、行得以发展，根据学生年龄及认知发展规律选择内容素材，保障教学效果。(3) 重点突出，联系实际。心理健康教育课程重视心理体验与心理能力的培养，在教学内容的选择与实施上要突出这两方面。教学内容也要选择学生关注的、有需要的，以促进教学效果的迁移，真正帮助学生解决发展、日常学习、生活中的心理困扰。(4) 教育资源的整合。可以通过课程延伸、课后作业，发掘同学、老师、家长、班级、学校、社会的教育资源，促进心理系统、全面、协调发展。

3. 教学过程标准

教学过程是实现教学目标与教学内容的重要手段，在学校心理健康教育的过程评价中有以下要求：(1) 教学活动设计的必要性。活动设计紧密围绕教学目标与教学内容，设计思路清晰，能够突出教学重难点，能够在知、情、意、行方面推动学生心理发展。(2) 团体活动氛围好。形成安全、接纳、温暖、自由的气氛，师生之间是平等、尊重、合作的关系。(3) 学生参与度高。学生乐于参与小组讨论，乐于互动，进行适当的自我表露，有认知、体验、评价等方面的改变。

4. 教学效果标准

教学效果是评估教学目标达成度的重要指标，也是衡量一节课成败与否的关键。学校心理健康教育课程的教学效果评价有其特殊性。在教学评价中有以下要求：(1) 教学中有体验反馈。学生积极参与讨论，有认识，有情感体验，有评价。(2) 有自我成长表现。学生能够运用课堂的内容，将知、情、意、行统一，指导自己的行为，能够提出解决问题的方法。

5. 教师素养标准

教师素养对心理健康教育课程的顺利开展起到重要作用。心理健康教师是引导学生进行内在探索的引路人，是否有正确的价值观，是否有接纳、尊重、关爱的态度，是否有引导的能力都对课堂教学效果起到重要作用。对教师素养的评价有以下要求：(1) 教师能够创设良好的团队氛围。教师能够以客观、公正、平等、接纳、尊重的态度，创设团队氛围，使学生感受到尊重、安全，乐于参与、敢于分享、善于反思。(2) 教师能够熟练灵活使用辅导技巧。教师能够灵活应用关注、共情、澄清、鼓励、提问、引导等技术，促进学生参与、分享和反思。(3) 教师专业知识与技能熟练。具备一定专业知识基础，能够将心理技术运用于课堂。

（三）学校心理健康教育课程教学评价的内容

在教学评价的过程中，教学评价的标准与评价要求提供了评价的结构维度与度量维度，还需要观察师生在课堂的具体表现，这就构成了教学评价的内容。对于一节心理健康教育课程可以从以下内容进行评价：

1. 目标

对于教学目标的评价可以从以下几个方面进行：

（1）教学目标是否与课程目标、教育目标一致？

（2）教学目标是否包含心理要素的组成，包括：认知、情感、行为？

2. 教学内容

对于教学内容的评价可以从以下几个方面进行：

（1）教学内容的设计是否适合学生身心发展特点？满足学生心理需求？

（2）教学内容的设计是否能促进学生认知、情感、行为的发展？

3. 教学过程

对于教学过程的评价可以从以下几个方面进行：

（1）教学过程是否完整、流畅？

（2）教学活动是否主题鲜明，重点突出？

（3）团队气氛是否和谐活跃，学生参与度高？

4. 教学效果

对于教学效果的评价可以从以下几个方面进行：

（1）学生在教学活动中是否有适度感悟、体验、自我表露？

（2）通过教学评价学生是否在认知、情感、行为上有所变化？

5. 教师素质

对于教师素质的评价可以从以下几个方面进行：

（1）教师是否有扎实的心理学专业知识基础？主题、概念、原理有无重大偏差？

（2）教师是否尊重学生？以平等的态度对待学生，具有亲和力？

（3）是否能够对学生进行正面、积极、有效的引导，以促进心理发展？

（4）能否采用适当的教学方法进行有效教学，并掌握相应心理方法的操作技术？

（5）能否熟练运用倾听、共情、鼓励、引导等教学技术？

在教学评价中可以采用多元化评价方式。从评价的方法上说可以使用量化研究方法和质性研究方法。具体可以使用心理测量法、问卷调查法、观察法、访谈法、作品分析法等。为了保障评价的客观、全面、有效，可以综合使用以上方法。

教学评价也是课程建设中的重要环节，通过这一过程可以知道教学目标是否达成，教学设计与方法是否合理，最终目的是促进教学效果，促进教师发展。

第四节　学校心理健康教育课程的说课

随着教育改革不断深化，全面素质教育不断推进，学校教学研究、教学交流与探讨的形式也需要不断创新，“说课”正是在这一背景下产生的教研活动形式之一。说课是教师在备课基础上的理性思考，能促进教师理论素养的提高，能促进教师由经验型向理论型转变，由感性认识向理性认识飞越，由理性认识向创造性认识升华。

一、说课的概述

（一）说课概念及要素

说课起源于20世纪80年代的中国，是在教师备课的基础上授课教师对同行教师或教育行政领导，系统地谈自己的教学设计及其理论依据，然后由听者评说，达到相互交流、共同提高的目的。说课教师主要说明教什么、怎么教、怎么做、为什么这样教、为什么这样做。它能集中而简明地反映教师的教育理念、教学技能与教学风格；能较好地反映教师的教学智慧，架通了备课、上课与评课之间的有机关系；使教师的教学实践能上升到一定的理性层面，解决教学与研究、实践与理论脱节的矛盾，是一项基于学校、面向教师、服务实践的教学活动❶。

说课基本要素构成：（1）理念——以教学理论为指导，解读教学行为、表达教学行为的理论依据；（2）主体——教师（包括说者与听者）；（3）客体——所教的课程与教材；（4）中介——以语言表达为主，配以文字、图像或实物演示；（5）形式——个体阐述，群体评析、研讨。

（二）说课的性质

说课作为一种独立的教研活动形式，有其自身独特属性。

1. 科学性

科学性即真理性，是在科学理论的指导下，运用科学的方法，反映客观事物本质及规律。学校心理健康教育的说课具有科学性。教学内容的选择具有科学性，学校心理健康教育的课程内容是依据学生心理成长发展过程中的主要特点与主要内容设置的，结合普通心理学、发展心理学、教育心理学、社会心理学、人格心理学等专业心理学科的内容，以邓小平理论、“三个代表”重要思想和科学发展观为指导，践行社会主义核心价值体系，吸收积极心理学、人类发展生态学理论等先进理念，是科学的教学内容；对学生的认知与准备具有科学性，要根据不同年龄阶段学生认知特点、心理特点、经验建构水平来设计课程，需要教师掌握相应学科知识，而不仅仅是个人经验；教学方法的选择具有科学性，教学方法的选择要依据教学内容、教学目标、教学对象、教学条件等方面选择，学校心理健康教育侧重于经验性、感受性，除了使用讲授法外，讨论法、角色扮演法、操作法也是常用教学方法，遵循心理发生规律，选择适当的教学方法，获得好的教学效果就是科学性的体现；教学程序的安排具有科学性，教学程序的安排要依据教学设计原理，搭建起旧知识与新知识的联结，搭建起感性经验与理性经验的联结，通过设置情境，激发兴趣，促进智力与能力发展，促进知识与技能迁移。

2. 理论性

理论是系统化的认识，是在实践中总结出来的，是对实践的升华。说课本身就是对备课、上课的实践经验、实践过程进行概括、升华、理论化的过程；是在理论性角度，从专业学科知识、教育学与心理学知识、教学论与传播学知识角度对课程再认识的过程。在说

---

❶ 方贤忠．如何说课［M］．上海：华东师范大学出版社，2008：1-4.

教学内容部分，不仅要提出教学内容选择的依据、出处，更要说清楚为什么在这个阶段选择这个教学内容，这就要求教师不仅熟悉教学内容，还要研究教材设计意图，教学内容在整个知识体系中的地位、前后知识间的联系，对于学校心理健康教育课程讲授该部分内容对学生心理构成的影响、对学生心理发展的影响。可以使教师从专业学科知识体系角度自上而下审视教学内容，提高教学内容理论化水平。在说学情部分，教师则要分析学生已有知识经验、能力、思维、人格、学习水平等多方面情况，透过学生日常的随机化表现发掘内在发展的规律性，这本身就是一个理论升华的过程，可以使教师由表及里掌握学生特点，另外，对于一些不明朗的表现也可以借助相关学科知识予以解读，加强理论指导水平。在说教学法部分，理性层面的说课促使教师研习教学方法，根据教学内容、教学目标、学情来选择教学方法，并探求理论依据，使教学不再是传统经验的传递，个人经验的积累，而是上升到理论层面的具有创新性的活动。

3. 指导性

无论是专家参与的说课，还是同行间的说课都具有指导性。专家与同行间的评价、交流，帮助教师通过具体的教学过程，透视自己的知识观、学生观、教师观、教学观等，透视对课程目标、课程大纲的理解，透视对教法、教学设计的掌握，明确教师专业发展目标与方向，专业素质与能力，对教师发展、教学发展具有指导意义。

4. 预见性

说课要从各学科角度探索“教什么、怎样教、为什么这样教”的依据，超越了教师个人经验性，是在专业学科规律、课程论规律、教学规律、学生规律等知识角度判断教学内容、学生状况、课堂状况，能够预见学习过程中、教学过程中学生可能出现的状况、教学的难点及可能的解决方案。使教师在课前做好更充分的准备，做好备教材、备教学、备学生。

5. 反思性

反思是对自己的思维过程、思维结果进行再认识的检验过程。说课过程就是对备课过程的反思，是在备课过程之上的审视、监督、调节。运用专业及相关学科知识与技能对教材、教学方法、教学过程、学生情况再认识，对准备不充分、认识不正确、不深入的内容进行调整，对有创新性、个性化的内容总结、升华，提升备课能力、教学能力。课前的说课可以帮助教师监督、调控自己的备课方案，提升备课效率与授课质量；课后的说课可以使教师结合教学过程与教学效果，检验教学方案的合理性，总结实践经验，提升理论水平。

6. 示范性

各种类型的说课都具有示范性，为教师间提供指导、学习的机会。通过说课可以更高效地传播新的教学理念，与课程内容的结合，对教学内容、学情的理性分析，教学方法的选择、教学过程的设计使教师明确新理念内涵及其应用，深化教学改革与研究，提高教学效果。教师间可以就个性化教学思想、方法、经验进行展示，优秀、骨干教师可以面向广大教师群体展示优秀课程设计，为其他教师提升教学能力提供范例。

7. 综合性

说课活动具有综合性，是集教师教育理念、专业学科知识与能力、课程与教学知识与能力、教学方法与教育技术能力、思维能力、语言能力等综合素质的表现。通过说课活动，无论对主讲教师或者专家、同行，可以透过教学活动过程这一表象深入认识教师的知识观、学生观、教师观，了解并促进教育理念交流。通过说课活动，展示提高教师专业学科水平，优秀教师的示范作用也为其他教师提供学习的机会。通过说课活动，促进教师思考每课教学内容在学科知识体系中的地位，围绕学生知识体系的构建如何开展教学。通过说课活动，展示使用的教学方法，分析使用教学方法的依据，扩展相关学科知识与技能，说课过程中也有多媒体技术的应用，示范、表现、激励了教师综合素质的提升。另外，说课过程中，说得是否条理清晰、富有逻辑性，语言的丰富性、流畅性，都展示了作为教师的思维品质与语言能力，是教师综合素质的表现。

8. 交流性

说课是教师向内与理性自我交流教学依据的过程，是专家与教师、教师与教师之间双向交流的过程，是说课者与听评课者贴近教学设计与教学实践的教研过程。教师在准备说课过程中要融入新理念、寻找教学设计的理论依据，促使教师在上升到理性层面审视教学经验、知识结构、教学技能，是一个理性与感性交流升华的过程，促使教师素质的提高。说课过程中教师不仅是展示自己的课程设计，也是听取专家、同行的指导、评价，关于教学内容、教学目标、教学方法、教学过程、学生情况相互交流、学习的过程，对于缺少教学经验的教师也是一个学习提高的机会。

9. 简易性

说课的过程简洁、便利，对时间、空间、人数没有过多限制。时间可以从五六分钟到十几分钟，可以在短时间内就一节课的设计进行讨论、交流；空间上可以是教研室、教室、会议室等，人员上可以是教研组成员、同行老师、专家，不需要学生配合，不需要能容纳下学生的大空间教室，整个过程更便利。

（三）说课与备课、上课、评课的关系

说课是连接备课、上课、评课一系列教学活动的深层次教研活动，是在教师教学感性经验的基础上反思、发掘蕴含在教材、课程与授课过程中的理论基础，提升教师综合素质、理论素养、教学水平的理性思考的过程。

1. 说课与备课的关系

备课是教师根据学科课程标准的要求和本门课程的特点，结合学生的具体情况，选择最合适的表达方法和顺序，以保证学生有效学习的过程。[1]

说课与备课之间的相同点：（1）主要任务相同，都是课前的准备工作，都是为上好课服务；（2）主要做法相同，都是分析具体课题的教材和学情，设想教法和学法，设计教学过程；（3）检验方式相同，说课与备课质量高低，都要接受课堂教学实践的检验。

说课与备课之间的不同点：（1）概念内涵不同，说课属于教研活动，要比备课研究问题更深入，而备课时教学任务如何完成的方法步骤，是知识结构转化为学生认知结构的实施方案，属于教学活动。（2）对象不同，说课是要向其他教师说明自己为什么要这样备课，而备课是要把结果展示给学生，即对学生去上课。（3）目的不同，说课是帮助教师认识备课规律，提高备课能力，而备课是以面向学生为方式，以促使教师做好教学设计，优化教学过程，提高课堂效率为目的。（4）活动形式不同，说课是集体教研活动，备课是个体教学活动。（5）基本要求不同，说课者不仅要说出每一具体内容的教学设计做什么，怎么做，还要说出为什么这样做，即说出设计的依据是什么，备课的特点在于实用，强调教

[1] 方贤忠．如何说课［M］．上海：华东师范大学出版社，2008：64.

学活动的安排，只要写出做什么、怎么做就行。

说课使教师的备课由个体形式转为集体形式，增加同行之间的交流研讨；使教师的备课由静态思维转化为动态思维，促使教师深度解析教材，研究学情，优选教法学法，合理设计教学环节；使教师备课由直观经验性转化为科学系统性，运用教学设计的理论方法开展教学设计准备，丰富教师专业知识结构，提升教师教学、科研水平。

2. 说课与上课的关系

上课是教师在特定环境中，以教案为依据，以目标为导向，以学生为对象，实施以引起、维持和促进学生学习的所有行为。说课与上课都要以课程标准为导向，以教材为依托，根据学生水平对教学由设计转为实践的过程。二者之间的不同点在于：(1) 目的不同。说课是以研究、探讨为目的，向听众介绍一次课程的设计，通过评议与讨论，使教师掌握教学内容设计意图，实施教学的依据，以及可能遇到的问题。上课的目的是将教材内容转化为学生可理解的形式，进而培养学生能力，进行各类教育。(2) 内容不同。说课主要是要讲清"为什么这样教"，上课的主要内容是学生需要掌握的知识和培养的能力，并采用合适的教学手段。(3) 对象不同。说课的对象是领导、同行或专家、评委，听者往往掌握一定教育理论，具备一定评议、指导能力，上课的对象则是学生，在以教师为主导的课堂上获得知识的主体。(4) 信息传递方式不同。说课以单向传递为主，整个过程中以教师讲解课程设计意图与依据为主，上课则是一个师生双向互动的过程，通过教师设置情境，师生问答互动使学生获得知识与能力的过程。

说课的过程使教师更加深入理解上课内容，选择适当的教学方法，思考上课环节的设计，为上课做好了充分准备，更使课前设计与构思显性化、理性化，经过上课的实践检验，教师的总结、反思，可以再次进行说课，循环往复，提升教师教学能力与教学质量。

3. 说课与评课的关系

评课是用教学理论评价教学实践，用教学目标评价教学过程的教学评价过程。说课与评课都是对课堂教学的理性思考与分析，由同行或专家对课程设计、实施进行指导和研讨。说课是对一堂课的构思、预演，是结合教师个人经验与教育理论的设计，反映了教师对教学内容、教学设计、教育学、心理学等内容的掌握情况；评课则包含了教学实施的表现，检验了说课的教学设计是否合理，也检验了教学过程中对教学目标、重难点、教学环节处理是否得当，还检验了教师的教学能力、教学管理能力。

说课与评课的双方都具备一定教育理论，从教学内容发掘、教学设计进行理论思考，提高教师的理论水平与教学水平。

（四）说课的意义

1. 说课促进教研活动的深入开展

说课是教学改革的产物，丰富了教学过程论的内容，提高教研活动的实效性。说课环节的设置一方面为教师提供了集体研讨、交流的平台，专家或者同行可以与说课教师交流教学经验、学生经验、就教学设计的内容进行讨论，可以从理论高度研讨教学设计的依据，从理性层面审视教学设计的合理性，深入推进教研活动；另一方面通过专家与同行的评价，可以使说课教师发现、觉察自身价值取向、知识结构、教育素养、教学能力等方面的不足，取长补短，修改调整备课、说课、上课方面的弱点，循环往复，提高教研活动的质量，提高教学质量。

2. 说课促进教师的专业发展

教师是一项专业性很强的职业，有人提出教师专业的标准：应具备较高水平的专门知识和技能，掌握学科领域发展前沿方向，经过专门训练有较高职业道德，有不断进修的意识和能力，有合理的知识结构，必须实行教师资格证书制度，终身学习。著名学者舒尔曼提出教师的知识框架应包括：一般教育理论知识；学科知识；学科教育知识；课程知识；有关学生的知识；有关教育背景知识；有关教育目的，历史价值观的知识；实践智慧。这就要求作为一名教师不仅要掌握本学科的专业知识能力，还要掌握教育学、心理学、教学论、课程论等相关学科的知识与能力，并坚持终身学习。反观教师队伍，年长教师具备多年教学经验与技巧，缺乏相关学科知识的系统学习，教学具有经验性、现象性，缺少理论指导；年轻教师具有学科专业知识、相关学科知识，但缺少实践锻炼机会，能力经验不足，教学上可能出现脱离学生实际，教学效果不佳等情况。

通过说课为教师间教学交流提供了平台，同行、专家的指导、点评可以使教师及时发现自身不足，学习修正方法，发现研学方向。说课为教师提供一个深入钻研教材机会。传统的备课中，教师会关注于“教什么”“怎么教”，更多是根据自己教学经验的设计，很少思考“为什么教这个”“为什么这么教”，说课中对于教材的分析要求教师思考该节知识点在学科的知识体系中的地位，对于学生建构知识中的作用，从而深入理解教材内涵，设计意图、课程标准，促使教师深入、立体地掌握学科知识，为教学提供深厚专业理论基础。说课为教师提供深入认识学生与学生学习的机会。在备课过程中有备学生的环节，教师要了解学生的认知水平、知识水平、兴趣与动机、问题解决能力等方面的基础准备，在传统备课中教师忽视学生学习的主体性、生成性，忽视学生学的过程与规律。即使在备学生过程中涉及学生的特点，依靠的是教师的个人教学经验、学习经验，具有潜在性、偏差性，降低了教学的效率。在说课过程中有说学情、说学法的环节，这样的会使教师在理性层面关注学生学习，扩展发展心理学、学习心理学、教育心理学等相关学科内容，更多关注学生的学习现状，学习过程的特点与规律，更科学、准确解读学生表现。教师也要更多学习教育学相关内容，掌握学生学法，以学生为教学主体，以促进学生知识建构、思维发展为主要任务。

二、学校心理健康教育课程说课的内容

说课内容是说课活动的核心，反映了教师对所教内容的把握，对学生的认识，对教学过程的设计；反映教师专业知识与技能，教学相关学科知识与技能，教学经验的积累。说课内容一般包括：说教材、说学生、说教学方法、说教学程序四个部分。

（一）说教材

说教材是对教材的全面正确的分析、理解。目的是提出教学内容选择的依据，分析教学内容在知识体系中所处的地位，在学生知识建构中起到的作用。说教材是明确“怎么教”和“教什么”的重要基础。

1. 说教材地位及内容

教材地位和作用体现教学内容在知识体系中的地位，通过对教材编排体系和知识内容结构，有利于教师科学运用教材，准确把握教材地位和作用。首先要完成对相应学段国家颁布《纲要》的深入理解，进而有针对性地选择适应本区域学校教学实际需求的合适教材。以“中小学心理健康教育课程”为例，教材分析要在《中小学心理健康教育指导纲

要（2012年修订）》指导下，分析本课内容所属教材版本、年级、册目及单元章节，重点分析本节内容与教材中知识的前后联系和地位。

教材是说课之本，是教师说课活动最基本最主要的依据和来源。心理健康教育教科书是教学最主要和最基本的教材，承载心理健康教育课程的理念，是师生双方教学活动的中介，也是向学生普及心理知识的载体。对教材内容的把握，需要在总体上了解教材知识结构与逻辑体系，从宏观上分析本课内容在知识体系中的独特作用，以及从微观上厘清知识点之间的关系。随着新课程改革不断推进，心理健康教育教材版本也有所调整，教师要具有新旧教材版本之间内容整理与新课程资源开发意识。教材分析应建立在教材的具体内容、教学价值、知识之间的具体联系以及教材与学生原有知识能力基础之间距离的准确把握之上。只有充分挖掘教材价值，实现与教材编著者对话，才能从整体上安排教学，体现出心理健康教育的科学性，解决"为什么这样教"的问题。

案例展示：初中心理健康教育《珍爱生命，关爱自我》说课稿

说教材：《珍爱生命，关爱自我》是北师大版初中心理健康教育八年级下册第32课的教学内容。本单元主题内容为加强自我认识，客观评价自我。本节课主要向学生展示生命的重要意义，在认识接纳自我的前提下，珍惜生命价值，维护自身安全，促进学生认识生命可贵，形成正确的生命观。

资料来源：https：//wenku. baidu. com/view/5aadd991185f312b3169a45177232f60ddcce7a9. html。

2. 说教学目标

教学目标是对教材分析之后，对教学任务的安排，是教学总体设计的出发点和落脚点。教学目标设计需要明确、具体、具有可操作性，才能反映出教师对教材的充分认识，合理安排教学内容。心理健康教育课时目标要在课程标准总目标指导下，以提高全体学生心理素质，培养健康向上的心理品质，充分开发心理潜能为目标设定要求。紧密结合具体目标和学段目标，从知识与能力、过程与方法、情感态度与价值观三个维度去设计课时教学目标。知识与能力，即学生通过学习理解和掌握具体的心理知识，发展特定的心理能力。过程与方法即学生参与学习的过程并掌握心理健康学习方法。情感态度和价值观主要指通过心理健康教育课程学习，学生的思想价值观念发生了何种转变。在准确制定具体教学目标时，更要说出制定目标的理论依据，用语言描述学生应达到相应层次。合理科学的教学目标设置应该具有一定的梯度，目标表述准确易于理解，制定目标便于观察测量，符合学生思维发展和认知规律。在设计教学目标时，尤其重视指导动词的正确使用。

案例展示：高中心理健康课《驾驭情绪 主宰自我》说课稿

1. 知识与技能目标

通过学习，学生深入了解有关情绪的心理学常识，正确认识产生情绪波动的心理原因，辨别情绪波动带来的正负面影响。通过自我教育和教师的点拨，引导学生克服负面情绪的影响，形成积极向上的良好心态。

2. 过程与方法目标

学生通过自主学习，利用情景剧表演、现场访谈、即兴辩论等形式，学会调节情绪的方法。同时学生在过程中提升对信息的搜集、筛选和整合能力。

3. 情感态度与价值观目标

学生通过体验情绪，正确表达情绪，优化个性发展，形成善于驾驭情绪、乐观向上的积极心理品质。

资料来源：https：//wenku. baidu. com/view/fccb5bacd05abe23482fb4daa58da0116c171fee. html。

3. 说教学重难点

教学重点是教材的关键点，需要教师重点解释和学生必须掌握的知识、技能和思想方法。教学难点是学生难以准确理解的知识或技能，与学生认知水平存在差距较大。分析教学重难点要依据课程标准和教材内容，结合学生实际情况来制定。在说明教学重难点时，要着重分析重难点知识设置原因。

案例展示：高中心理健康课《驾驭情绪 主宰自我》说课稿

教学重点：借助情绪波动在学习生活中的带来的正负面影响，认识驾驭情绪的重要性。了解有关情绪的知识，认识产生情绪波动的原因，认清情绪波动带来的正负面影响。通过自我教育和教师的点拨，引导学生克服不良情绪的影响，树立积极向上的良好心态。

教学难点：学会调节情绪并指导于生活实践。

原因分析：了解情绪相关心理知识，有助于分清情绪正负面影响，进而形成积极向上的良好心态，是教材中的重点知识，也是顺利完成本课教学目标的重要途径，因此将其设为重点。情绪调节需要有一定心理技能，并且离学生现实生活有一定距离，需要教师专业指导，因此将其设为难点。

资料来源：https：//wenku. baidu. com/view/fccb5bacd05abe23482fb4daa58da0116c171fee. html。

（二）说学情

心理健康教育的最终目标是促进学生身心和谐可持续发展，为他们健康成长和幸福生活奠定基础。教师要深入把握学生情况，了解学生现有知识结构、兴趣爱好、思维状况、认知发展规律、个性特征等都是把握学情的切入点。心理健康教育课程应关注以下三方面学情内容：首先是学生已有的知识经验，包括对心理健康知识的了解程度，对心理调节方法的认识程度，掌握心理保健常识和技能程度。其次是学生的学习能力，包括观察判断能力、知识迁移能力、实践操作能力等。最后是班级情况和学生个性发展，包括任教班级班风、学风、合作精神和团队意识等，进行全面客观的分析，注意学生个体心理差异。

（三）说教法和学法

教法和学法两者密切相关。教法是为了完成一定教学任务，教师在教学过程中所采用的方法，教法的选择要符合教育教学规律和学生身体发展规律。需要说明本课运用何种教法，为什么运用这种教法。心理健康教育课程可以选择与心理学联系比较紧密的方法，如情境设计、角色扮演、游戏辅导、合作探究等方法。科学合理的教学方法能有效激发学生学习的积极性，达到理想教学效果。

学法即教师给予学生学习方法指导，培养学生自主学习能力，提升学生学习效果的方法。心理健康教育课程主要学法包括思考评价法、自主探究法、总结反思法、体验式学习法等。在说课时表达清楚如何根据班级学生的年龄阶段、认知情况、心理特点运用教育教学规律指导学生学习。学法选择要体现学生主体性原则。

说教法学法是要说明教师为完成教学任务采用的方法及其理论依据，为突出重点和突破难点教师所采用的手段和方式，为处理某个环节教师所采取的策略和措施。选择何种教学方法，关键在于教师对教材特点和学生心理认知特点的把握，无论选取哪种方法，都要始终贯彻“具有启发性”“注重思维性”“突出主体性”三个原则。

案例展示：高中心理健康课《朋友一生一起走》说课稿

教法：情境教学法、自主探究法

依据本课教学目标任务以及高一学生对人际关系的认知水平，选择以上两种教法可以激发学生学习兴趣，增强心理体验，通过探究认识到人际交往和交友的正确方式，体现学生的探究意识。

学法：合作讨论法

通过小组成员内部讨论和组间讨论，学生自己体悟人际交往原则，更能体现学生学习自主性。

资料来源：https：//wenku. baidu. com/view/b11a698376232f60ddccda38376baf1ffd4fe317. html。

阅读资料

教学方法的选择

教学目标不同，选择的教学方法也就不同——依据教学目标选择教学方法。如：要使学生掌握新识记性的概念，就常用讲授法、谈话法；而如果让学生了解一些感性的知识，则常用演示法、参观法等。

教学内容不同，选择的教学方法也会不同——依据教材内容特点选择教学方法。如：语文、外语学科常常采用讲授法，物理、化学、生物学科常用讲解与演示相结合的方法，音乐、美术学科多用练习法等。在教学进程中的某一阶段，随着具体教学内容的不同，也要采用不同的方法。如语文教学，在教诗歌时，朗读的训练较多，教小说题材的文章时，较多地应用谈话法；理科讲公式、定理时多用讲解法，讲科学家传记和发明创造时多用讲述法。

教学对象的年龄特点不同和认知水平不同，采用的教学方法应不同——依据学生实际特点选择教学方法。如：低年级学生注意力易分散，理解力不高，教学方法宜多样化且具有新颖性；高年级可适当采用谈话法或讨论法。如果学生缺乏对所学内容的感性认识，可采用演示法；已有相应的感性认识时就不必再使用演示法。

教学环境及条件也是影响选择教学方法的一个因素——依据教学环境条件选择教学方法。如：不少教学方法的运用需要一定的设备条件。如演示教学法需要一定的直观教具，实验教学法需要一定的仪器、材料，程序教学法需要有程序教材和教学机器等。学校不具备相应的条件，教师可因陋就简，尽量创造条件加以运用，但不宜过分强调。

根据教师自身素质选择教学方法。使用某种教学方法需要教师具有相应的素养。有些方法虽好，但教师缺乏必要的素养，驾驭不了，就不能产生良好的效果。教师在选择教学方法时应扬长避短。

资料来源：https：//wenku. baidu. com/view/598a07c54028915f804dc2bd. html。

（四）说教学过程

教学过程是说课重点和主体部分，能够充分反映教师教学理念、风格和特点。教学过程即课堂教学的步骤安排及依据，是课堂教学能否按照计划进行，顺利实现教学目标的保证。符合新课程改革理念的心理健康教育教学过程要实现以下四方面的要求。

（1）从授课对象实际生活经验、兴趣点或社会热点问题出发，创设情境导入新课，引发学生的兴趣和求知欲，利用团体游戏、心理情景剧等方法，结合教材内容，突出学生主体地位，营造良好探究氛围。

（2）依据教材和学情要求合理设置教学目标，教学内容安排设计层层递进，符合逻辑，使学生容易理解。

（3）教学各个环节紧密相连，构建知识间的联系，自然过渡，突出重难点，引导学生在知识、能力、情感态度价值观等方面迅速提升。具体说清教学过程的总体结构及各教学板块的连接，明确主要环节的设计思路。重点说明重难点的突破与化解。

（4）课堂总结清晰准确，简练有度，形成知识结构逻辑脉络，板书设计符合知识体系要求。

教学过程设计需要注意以下两个问题：首先，注重说理，强调理性思考下的课程设计理念过程与方法。根据课程内在逻辑顺序和结构体系进行理性表述，在教学理念指导下采用某种教学策略与方法，在教学规律中感悟出理性认识。心理健康课程教学过程即“理论依据”的表现形式。其次，要突出教学重点，依照课程知识体系的主次关系，进行详略得当的处理。不仅表现在时间的先后顺序，还要将教学策略和教学艺术融入其中，构成教与学的有机整体。将线性思维与多元思维有机结合，在教学内容、教学目标、重难点、教学方法等做出具有较强逻辑性的表述。

案例展示：高中心理健康课《朋友一生一起走》说课稿

为实现教育目标，制定教学流程如下：

（1）根据教育心理学家奥苏伯尔提出的先行组织者原理，以小游戏热身，导入到本节课主题——“朋友一生一起走”。请同学畅谈对人际交往的认识，引发学生对本课主题兴趣。

（2）依据课程内容，介绍人际交往概念，与学生共同探讨生活中人际交往的原则和技巧。从即兴情景剧中总结出人际交往中的几类不良心理。此部分为本课重点内容，需要学生与教师通过探究，得出相应结论。

（3）借助心理小测验，激发学生热情，使学生了解自己受欢迎程度，并给予心理常识解答。

（4）学生了解自己的人际交往所属类型后，会对自身人际交往的优缺点有所认识，借此引入各种人际交往策略所带来的影响。

（5）通过提问方式，现场访谈学生对不良人际交往心理的认识。通过信任背摔拓展训练活动，学生学会互相信任，形成良好的人际关系。此环节为本课难点，需要教师组织并制定安全措施。

（6）教师小结。本环节分为两个部分，教师的小结和作业的布置。

教师最后总结本课知识体系。

结合教学目标和重点难点，布置作业：如果你在人际交往中遇到不良心理，你怎么解决？

资料来源：https：//wenku. baidu. com/view/b11a698376232f60ddccda38376baf1ffd4fe317. html。

阅读资料

说教学程序的注意事项

1. 注重说理，强调理性思考下的过程设计

说教学程序也要按说课的基本思路："教什么""怎样教""为什么这样教"来表达。不能简单地理解为教学程序就是教学过程的简述，缺乏应有的理性分析。教学程序中的"说理"，"理"在何处？首先是教材展开时自身的逻辑顺序和结构体系；其次是教师所采用的某种教学策略或教学法自身的要求；再次是教师在日常教学所积累的实践经验和教学基本规律中悟出的理性认识。总之，"说理"在说教学程序中是不可或缺的，而教学程序自身的说明则是"理论依据"的表现形式和载体。

2. 突出重点，强调教学过程的机理

说教学程序，要求教师对整个教学过程做详略与主次的处理，突出阶段性和关节点，大胆删除无关紧要和过细的具体内容。"教学过程"不仅表现在时间的先后和"阶段"的变换，还表现在教学方法融入其中，教学艺术交汇其中，构成一个充满教与学的整体。因此，无论是说程序，还是说结构，都要将线性思维与多元思维结合起来，将教学程序与教材、教学目标、重难点之间对应关系以及所采用的教法等做有重点有侧重的交代。

资料来源：方贤忠．《如何说课》［M］．上海：华东师范大学出版社，2008：15。

（五）说课的注意事项

说课可以是由省、市、区、校等不同级别组织的竞赛型说课，也可以是区、县教学骨干展示的示范型说课，还可以是教研组集体备课过程中，上课前集中开展的教研型说课。为了更好地展示说课的效果，说课过程中有一些注意事项：

（1）在时间上，一般时间在10~15分钟左右，说课的形式短小精致，可以在短时间内展示教学理念、教学设计及其理论依据，展示教师的表达能力，教师间的交流学习可以高效提高教师素质。通过说课可以传播新的教学理念，树立教学典范。

（2）在内容上，说课不等于备课，不能照教案去说。说课要撰写独立的说课稿，与教案有相同的内容也有不同的内容；说课不仅是展示教学设计过程，更是对教学设计的说理，是备课思路的显性化表现，是在教学设计基础上的理论思考。

（3）在交流方式上，说课不等于上课，不能视听课对象为学生去说。说课属于教研活动，不是教学活动；面对的是同行或者专家，而不是学生；说课的过程是展示、交流的过程，不是上课的过程；说课的用语规范、合理，上课的用语会根据教学环节的设计，在语言、语调有所变化；说课是对于教学过程概括地说，关注于过程设计的合理性，而不是教学的具体实施过程。

（4）在语言上，说课不等于背课，不能一字不漏的照稿背。语言是思维的载体，"说"是内在思想的表达，说课应该是对课程的理解、研究、设计的基础上，与同行、专家就教学的思路、理论依据的交流、对话，在具有说理性、严谨性的同时要富有情感性、

交流性，不能是对说课稿的背诵。

（5）在环节过渡上，为了保证说课整体流畅性，环节过渡的自然，过渡语可以为："基于对教材的理解和分析，本次活动的教学目标为……""基于教材和学情的分析，本次活动的教学方法为……""为顺利实现教学目标，活动的教学准备过程为……"。

阅读资料：

说课方法

1. 说课的准备方法

（1）选好要说的课；

（2）寻准教法的依据；

（3）把握说课程序；

（4）突出重点，呈现个性；

2. 说课过程中的方法

（1）说课是"说明书"；

（2）说课是"新闻发布会"；

（3）说课是"真诚的告白"。

3. 说课的表达方法

说课中主要注意如下六点：（1）守时守信，不要随意拖拉；（2）说态自然、谦逊、大方；（3）语言简练、流利，速度适中；（4）条理清楚，层次分明，逻辑性强；（5）表述完整，理由充分，具体实在；（6）个人特长显现，有感染力。此外，说课时还可适当展示有关板书设计、教学程序结构的示意图表和有关教学设备。

资料来源：方贤忠.《如何说课》[M]. 上海：华东师范大学出版社，2008：24-27。

学校心理健康教育课程还处于发展阶段，心理健康教育课程从教学内容、课时安排、教学设计、教师素质各方面有很大发展空间，通过说课可以加强心理学专家对教师的指导，帮助教师掌握学校心理健康教育的目标与任务，更好掌握心理健康课程的教学设计特点，从而提高教学的实效性，提高学生心理素质。

【本章要点】

（1）学校心理健康教育课程专指课堂情境下，根据学生发展特点与实际需要，有目的、有计划、有步骤地传播心理健康知识，培养积极心理品质，开发心理潜能的学科。学校心理健康教育课程在心理健康教育中处于核心地位，是开展心理教育的主要途径。开设学校心理健康教育课程有助于素质教育的全面推进，有利于优化学校课程体系，有助于培养学生健全人格。学校心理健康教育课程具有科学性、发展性、全面性、全体性、主体性、生成性、体验性等独特性质。

（2）学校心理健康教育课程的设计需要从教学目标设计、教学内容设计、主题名称设计、教学过程设计、教学方法设计等角度入手。教学目标可以分为认知目标、情感态度目标、行为目标。教学目标的设计应体现学生主体性、心理发展的序列性、聚焦性、可测量性。教学内容设计结构应包括：认知经验要素、意志品质要素、情感经验要素、社会经验要素和生活经验要素。设计内容包括：学习心理、人际交往、情绪情感、意志品质、生涯发展。教学过程设计可遵循情境、认知、体验、内化的模式进行。教学方法上可采用认知法、操作法、讨论法、角色扮演法、行为改变法。

（3）教学评价是指以一定的教学目标为依据，运用科学可行的评价方法对教学过程和教学效果给予价值上的判断，为改进教学、提高教学质量提供可靠的信息和科学依据。教学评价可以保障教育方针的落实，可以推动教学改革，可以强化教师队伍管理，可以提高教师教学能力。教学评价过程中要制定评价标准与要求，根据具体评价内容，采用多元方法进行。

（4）说课是在教师备课的基础上授课教师对同行教师或教育行政领导，系统地谈自己的教学设计及其理论依据，然后由听者评说，达到相互交流、共同提高的目的。说课具有科学性、理论性、指导性、预见性、反思性、示范性、综合性、交流性、简易性。要从说教材、说学情、说教法和学法、说教学过程四个方面掌握说课。

【学习与实践】

（1）请根据学校心理健康教育课程的内容设计一节活动课。

（2）请根据教学评价的标准与要求听评一节心理健康教育课。

（3）请根据说课的内容，结合你的教学设计撰写说课稿，进行说课。

【复习思考题】

（1）如何理解学校心理健康教育课程与学校心理健康教育的关系？

（2）如何理解学校心理健康教育课程的意义与性质？谈谈你的认识。

（3）如何开展学校心理健康教育课程？

（4）作为一位学校心理健康教育教师应具备哪些素质？

（5）如何提高学校心理健康教育课程的教学效果？

【推荐读物】

1. 刘宣文，等，学校心理健康教育课程设计与教法，中国人民大学出版社，2020。

2. 中华人民共和国教育部，中小学心理健康教育指导纲要，2012，http://www.moe.gov.cn/s78/A06/jcys_left/moe_710/s3324/201001/t20100128_81970.html。

3. 教育部中小学生心理健康教育专家指导委员会，中小学心理健康教育指导纲要解读，北京师范大学出版社，2013。

4. 方贤忠．如何说课，华东师范大学出版社，2008。

5. 山东省教学研究室，中小学心理健康教育的理论与实践，山东画报出版社，2012。

第六章　学校心理健康教育隐性课程

【本章导航】

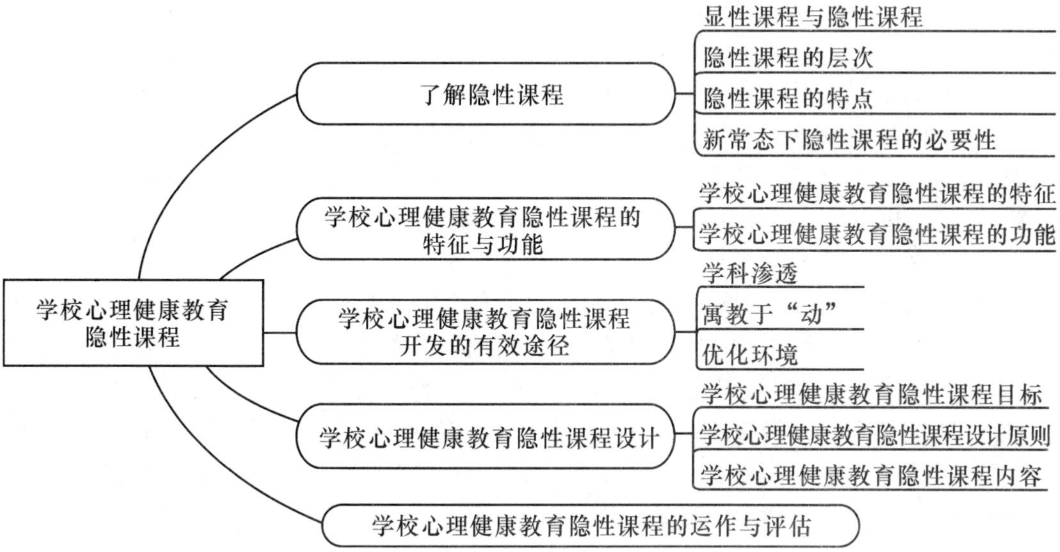

【学习目标】

（1）了解隐性课程的概念、层次与特点。
（2）掌握学校心理健康教育隐性课程的特征与功能。
（3）熟悉学校心理健康教育隐性课程开发途径。
（4）明晰学校心理健康教育隐性课程的目标、设计原则与内容。
（5）清楚学校心理健康教育隐性课程的运作流程与评估方式。

【教学内容】

也许人们对教育的最大误解就是认为人类只学习他正在学的东西。

——约翰·杜威

第一节　了解隐性课程

2012年教育部修订的《中小学心理健康教育指导纲要（2012年修订）》中明确要求：“学校应将心理健康教育始终贯穿于教育教学全过程。全体教师都应自觉地在各学科教学中遵循心理健康教育的规律，将适合学生特点的心理健康教育内容有机渗透到日常教育教学活动中。要注重发挥教师人格魅力和为人师表的作用，建立起民主、平等、相互尊重的师生关系。要将心理健康教育与班主任工作、班团队活动、校园文体活动、社会实践活动等有机结合，充分利用网络等现代信息技术手段，多种途径开展心理健康教育。”❶

一、显性课程与隐性课程

完整的教育课程，包含了显性课程和隐性课程，显性课程是指为实现一定的教育目标而正式列入学校教学计划的各门学科以及有目的、有组织的课外活动，它是学校教育的主要实现形式。而对此学校教育活动的关注最早可以追溯到1916年，美国教育学家杜威和他的学生克伯屈相继提出了“附带学习”“附学习”等概念。1968年，美国学者菲利普·W·杰克逊首次提出了“隐性课程”这一概念，后来的研究者们针对这一研究领域提出了多种不同的术语和概念，包括隐含课程、内涵课程、无声课程、潜在课程、无形课程等，反映出研究者们对“隐性课程”含义的理解不一，甚至借此对教育权力的界限进行了再讨论❷，但同时也承认这种课堂课程之外的综合性影响因素是学校教育中所存在的一环。

隐性课程这一概念是相对于显性课程而言的，是学生在课堂内外无意间习得的由教师以特定方式呈现的文化序列❸。即在教育环境中对学生产生间接的、潜在的影响，使学生无意识地受到感染、熏陶和认同，对学生产生价值导向作用、情感激励作用、行为规范作用的一类课程❹。它是显性课程教育的重要补充，二者相互作用，在一定的条件和意义下，二者可以相互转化，对教育效果的发挥和体现有着重要的作用。从对受教育者的影响程度讲，隐性课程对学生身心发展的影响可能意义更加重大，隐性课程是学生思想意识形成的重要诱因，是进行道德教育的重要手段，是使学生主体成长发展的重要精神食粮❺。

学校心理健康教育是以提高学生的心理素质、开发心理潜能为宗旨，而良好心理素质的形成是一个复杂过程，它需要利用周围环境的潜在作用。彼得罗夫斯基认为：“人的活动所创造的对象世界制约着人的心理的全部发展。”这里的对象世界可以理解为周围环境中各个方面的教育因素，因此，充分挖掘这些因素，对于学校心理健康教育隐性课程的开发以及学生心理素质的发展，起着不可替代的作用。目前，学校心理健康教育的课程类型有专门课程、活动课程、潜在课程等。专门课程过于重视间接经验的获取，忽略学生的情感体验；活动课程也只是在有限的情境中对学生进行心理健康教育，无法也不可能涉及学生“生活世界”的各个方面；而隐性课程，正是以学校情境生活为媒介，通过个体无意识心理活动潜移默化地影响学生的心灵成长，重视学生内在的心理体验，融合在学生生活世界的方方面面。因此，学校心理健康教育隐性课程作为学校心理健康教育课程的有益补充，作用十分重要❻。

---

❶ 俞雷．学校心理健康教育隐性课程开发的几种途径［J］. 天津教育，2007（3）：37-38.

❷ Ashley Casey. Student interactions in the hidden curriculum［J］. European Physical Education Review, 10.1177/1356336X16642189, 2016, 23（3）：366-371.

❸ 傅建明．“隐性课程”辨析［J］. 课程·教材·教法，2000（8），55-59.

❹ 黄婕，吕春艳．高职心理健康教育隐性课程设置探究［J］. 教育教学论坛，2015（41）：221-223.

❺ 任丽娟．关于“隐性课程”的几点思考［J］. 沈阳师范大学学报（社会科学版），2007（4）：46-48.

❻ 余皓，陈家麟．学校心理健康教育潜在课程设计［J］. 教育科学研究，2003（z1）：82-83.

二、隐性课程的层次

隐性课程与其上位概念课程一样存在一个层面问题。不同的课程定义其实关注的是不同层面上起作用的课程。倘若只注意一个层面而忽视其他层面，不利于对课程全貌的把握，但从操作角度来讲又难以面面俱到，否则就会陷入空泛。出于这种考虑，我们在此把隐性课程分成三个层面❶。

(一) 教科书中的隐性课程

教科书是“从一定社会文化里选择出来的材料”，是经过特殊筛选，并加以定式化、组织化的社会共同经验。在选择和组织的过程中必然会融进社会的主流意识，编者的价值观、情感、思想等东西。作为课程具体表达形式之一的教科书，除了外显的知识、技能的载体功能之外，同时，也是社会观念、规范、价值观等的载体。可以说任何一本教科书都有外显的价值和内隐的价值两个方面。如我国古代童蒙教材《三字经》蕴藏有丰富的封建伦理文化和道德规范。人民教育出版社出版的小学语文和中学英语教材的故事性课文及其插图中男性角色明显多于女性，而且承担的角色也明显不同。女性以小学教师、护士、保育员、营业员、纺织工、服务员等为多。在角色塑造上一般男性总是知识渊博、志向高远、顽强进取、独立自主，而女性则无知低能、目光短浅、温和美丽、寻求同情和保护，同时还兼有一些不良品德，如吝啬、虚荣、不明是非等。这些都是教科书中内含的隐性课程因素。由于历史思潮的原因，此类现象难以避免，因此，更需要各学科教师在授课时加以甄别与弥合❷。

(二) 教学活动中的隐性课程

教学是在教师指导下，在掌握知识过程中发展能力的活动。就其实施场所看，又可分为两个方面：课堂教学活动和课外教学活动。

课堂教学活动是人类文化传递的主要形式，也是个体社会化的基本途径。在课堂教学过程中，课堂环境、教学组织、教法的选择与运用、师生互动关系、教学效果测评等都隐藏无数的教育影响因素，润物无声地陶冶着学生的心灵，像一只无形的手操纵着学生的言行和思维。

课外教学活动泛指在课堂（教室）之外进行的一切在教师指导下的在掌握知识的过程中以发展学生能力的活动。例如，兴趣小组活动、参观访问活动、社会调查活动、见习实习活动等。由于从事活动的人、从事活动的环境、组织活动的方式、活动的目的等，均不相同，必然会给学生带来一些非预期的学习经验。

(三) 教学活动之外的隐性课程

这包含一个极为宽泛的内容。泛指学校内除教学活动之外的所有的物理环境、制度环境、心理环境给学生带来的影响。这些因素有意或无意地对学生的某些方面产生一些影响，有时甚至非常巨大。

如果从动态的、立体的角度对隐性课程进行分析，则可以构建一个隐性课程的三维结

---

❶ 俞雷. 学校心理健康教育隐性课程开发的几种途径 [J]. 天津教育，2007 (3)：37-38.

❷ Kamasak R, Ozbilgin, M, Atay D. The cultural impact of hidden curriculum on language learners: A review and some implications for curriculum design. Beyond Language Learning Instruction, 2020.

构图（见图 6-1）：

α：地点维，指隐性课程存在的地点，如教室等。

β：内容维，指影响的具体内容，如知识、价值观、情感等。

γ：对象维，指施加影响的主体，如教师、环境、教材教具等。

α、β、γ 每一维中的任何一个变量组合在一起，就构成了隐性课程的一个因子。如果 α 维取教室，β 维取创新意识，γ 维取环境，则形成教室环境对学生创新意识的影响这一课程因子。

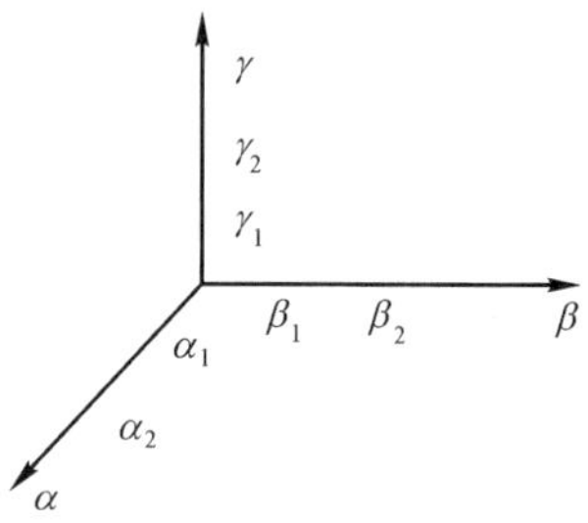

图 6-1　隐性课程的三维结构图

三、隐性课程的特点

作为学校教育中的一种重要的课程模式，隐性课程有着以下四个方面的特点[1]：

（1）教育目的的隐蔽性。与显性课程有目的、有计划、有组织的特点不同，隐性课程的教育目的隐藏于各种的教育载体中，并建立在有意识和无意识心理活动相统一的基础上，利用周围环境中各个方面的教育因素去开发学生的生理潜力和心理潜力，使学生在“润物细无声”中获得潜移默化、熏陶感染之效。

（2）教育对象的全体性。不同学科领域的显性课程，会针对一定群体的学生而开设。但是，隐性课程的开设不是针对某些特定的学生，它主要通过各种学校教育环境中的各种因素对学生产生影响，一经实施就会对整个学校环境中的全体学生都产生相同的影响，使每一位学生都能公平、自由地受到熏陶和感染。

（3）教育内容的多样性。对显性课程而言，其教育内容和教学方式根据学科的特点一般是较为固定和统一的，但隐性课程则渗透于学校生活的方方面面，它的内容和形式丰富多样，又是不断变化的。学校的办学理念、教学指导思想、校风校纪、规章制度、校园物质环境、教室布置、校园文化活动及教师自身素养等都能无形中对学生的身心状态产生影响。

（4）教育效果的持久性。显性课程的开设往往带有明确的目的性和强制性，对于“填鸭式”教学存在逆反心理的学生来说有时是难以主动接受的[2]，所以也导致了学生中存在学习积极性不高、学习兴趣不浓厚的心理特点。但隐性课程是通过无形的、间接的、隐蔽的方式逐渐对学生进行影响，学生对此并没有任何的抵触反应，因此，所形成的教育效果往往较显性课程更为深刻和持久，通过这种长期熏陶下形成的人格特征将伴随终生。

（5）教育互动的生态性。根据布朗芬布伦纳的生态系统理论，个体的发展从内到外受到作为微系统的自身通过中间系统、外部系统、宏观系统以及包括整个生态系统的时间系统影响。尽管儿童/个人与家庭、学校和同龄人的直接互动主要位于微观系统和中间系统（一个关注家庭、学校和同龄人之间互动质量的系统），但其他系统也促进其他形式的社会互动，在社区（外部系统）和社会层面（宏观系统）慷慨地提供各种形式的学习、成长和发展，同时，考虑生命过程中发生的任何重要里程碑（时间系统）。根据这一理论，尽管外部社会影响可能影响社区、学校/机构、家庭和个人，但这些影响似乎是双向的。这

[1] 傅建明．“隐性课程”辨析［J］．课程．教材．教法，2000（8）：55-59.

[2] 苏鑫．试论中小学校隐性课程中的心理健康教育［J］．青年文学家，2013（23）：126-127.

意味着处于分层系统核心的人也能强烈地认识到隐性课程对其他系统的影响❶。

四、新常态下隐性课程的必要性

学校作为一个社会化场所，不可避免地受到社会历史阶段与社会风潮的影响，从经验主义到宏大理论，学校内部的生活批判教育深深地根植于学生个人和其所在社区的经历之中，也深深根植于学校之外的政治、经济和意识形态的力量中，这些力量影响着学生日常的学校互动和生活常规。在此种境况下我们不能将课程——更不用说评估——局限于如此狭窄的结构之中。如果我们要理解诸如留守儿童、边疆受限教育条件下学生的困境，我们更需要在现存的课程之下寻找“隐性课程”——我们需要在课堂和学校之外寻找这些困境中的学生是如何与远远超出他们经验范围的问题和议程相联系的。这样的学生所接触到的课程只是学校生活的一部分——而他们所遇到的大部分都存在着超出其师生理解范围的可能性。在历史与政策协调的遥远旅途中，我们尤其不能放弃这样的学生❷。

阅读材料

电子游戏中也存在“附带学习”的价值❸

美国著名教育学家杜威认为学生的经验是教育的核心，学生不仅直接从显性课程中学习，而且从所参与的活动中学习，他把后者称为“附带学习”（也有人译为“伴随学习”或“间接学习”）。杜威说，也许人们对教育的最大误解就是认为人类只学习他正在学的东西。其实，除了经由专门学习有意获得的知识外，还存在一种无意识中学到的知识，它包括通过交往、评价等在学习过程中所获得的理想、情感、兴趣、意志等，这就是“附带学习”的价值所在。杜威强调，“附带学习”可能比学校中有关地理、历史等的学习更重要，因为它可以培养学生面对未来生活最根本的态度。而电子游戏强大的吸引力在于其独特的交互性、虚拟性与智能性，玩家不同的操作与判断都能得到及时的反馈。玩电子游戏时思考的内容是什么并不重要，重要的是思考方式。与书籍、电影或音乐不同的是，电子游戏迫使你“做决定”。书籍能启发你的想象力，音乐能激发强烈的情感，电子游戏则要求你决定、选择和区分主次，即学会如何解决问题和做出决策。这便构成了杜威所说的“附带学习”，它的重要性一点也不比专门的学习逊色。

第二节　学校心理健康教育隐性课程的特征与功能

一、学校心理健康教育隐性课程的特征

作为学校心理健康教育课程的补充与拓展，隐性心理健康教育课程具有以下特征❹：

❶ Dely L Elliot, Søren S E Bengtsen, Kay Guccione, Sofie Kobayashi. The Hidden Curriculum in Doctoral Education. Switzerland: Palgrave Macmillan, 2020.

❷ Ren Y Kushner S, Hope J. China's hidden curriculum: Hukou, floating labour, and children left behind [J]. Critical Education, 2020, 11 (9): 1-21.

❸ 游艺风．“精灵”还是“妖魔”——电子游戏的社会价值．http://www.chinaamuse.com, 2012-03-03.

❹ 李志．隐性心理健康教育课程的开发 [J]. 中小学心理健康教育，2005 (6): 4-7.

（1）隐性心理健康教育课程是学校情境中学生获得的全部经验。隐性心理健康教育课程作为心理健康教育课程的一个下位概念，是心理健康教育课程的一个组成部分，其外延不能超出心理健康教育课程所规定的范围。一般都包含在学校情景之中，就“学校课程”而言，是学生在学校情景中获得的全部经验。

（2）隐性心理健康教育课程是非学术性的。隐性心理健康教育课程就其内涵来讲，是非学术性的，它不直接指向学科内容，而更多的是属于非实体性的精神文化，如学校价值观念、团队精神、行为规范、人际气氛等，是学校经验中隐蔽的、无意识的那部分。

（3）隐性心理健康教育课程与显性心理健康教育课程共同构成心理健康教育课程体系。学校中外显的、有计划的正规心理健康教育课程为显性课程，学校中的其他一切教育因素均为隐性心理健康教育课程。

（4）隐性心理健康教育课程主要以学科教学和各种文化活动为载体。活动性、互动性是心理健康教育课程的突出特征。学生在学校开展的各种各样的活动中经受锻炼，取得经验，获得感悟，提升心理素质。

（5）隐性心理健康教育课程与显性心理健康教育课程的划分也是相对的。在实践中，两者是互相联系、互相渗透并且互相转化的。显性心理健康教育课程中潜含着隐性心理健康教育课程的成分，隐性心理健康教育课程中强化着显性课程所传递的经验（有时也存在着弱化甚至对立的情况）。显性心理健康教育课程和隐性心理健康教育课程是互动互补的关系。这种互动，使学校心理健康教育课程从显性到隐性深层地发展，范围也不断扩大。

（6）隐性心理健康教育课程的“计划”是意图性、预期性的。“计划”是课程的主要特征之一。事实上，学校的各种设施都是为了适应教育的需要营造出来的。因此，隐性心理健康教育课程只是没有显性心理健康教育课程那样的教学计划与授课时序，它的教育“规划”，是一种总体设想，是一种处于意图性、预期性状态的“计划”。

（7）隐性心理健康教育课程教育方式的潜在性和濡染性。这也是隐性心理健康教育课程与显性课程的显著区别之一。

隐性心理健康教育课程的教育因素具有隐约性和潜在性，学生只有通过观察、体验和熏陶，才能将其挖掘出来，从而在潜移默化中接受各种教育因素。

二、学校心理健康教育隐性课程的功能

隐性课程主要通过学生的态度体验与情感体验来促进知趣、情感、态度、信念等非认知心理成分的发展，并在这些成分发展中通过情意结构的调整来达到非认知心理结构的改善。同时，它还可以通过这种体验，对思维力、想象力、观察力、领悟力等部分认知心理成分产生影响，并在对这些成分的发展中使认知能力得到增强，从而达到对认知心理结构的部分改善❶。总结起来，学校心理健康教育隐性课程具有如下几方面的功能❷❸：

（1）认知导向功能。隐性课程主要通过学生的态度和情感体验来促进其人格、情感、

❶ 黄安云．开发和优化隐性课程对高职心理健康教育的作用初探［J］．企业家天地，2011（11）：86-87.

❷ 陈立春．心理健康教育隐性课程及其设计与优化［J］．中小学心理健康教育，2009（11）：8-10.

❸ 周晓东，周玳宜．试论隐性课程参与大学生心理健康教育的有效途径［J］．南昌教育学院学报，2013（5）：134-135.

信念、文化与价值观等认知心理成分的发展，并在体验中通过情感结构的调整来达到改善认知心理结构的目的，隐性课程在培养学生成为心智与人格全面综合协调发展的人的过程中有着十分重要的意义。学生的认知及其能力形成既需要一定的理论灌输，也需要通过经常生活于其中的可知可感的具体生动的环境影响。在现实校园环境中，从人际关系到行为准则，从物质环境到文化氛围，从教师的仪表仪容到学校宿舍的美化装扮，都给学生提供一个直观形象的参考系，给学生以暗示，且传递出一定的价值观信息，进而起到十分积极的导向作用。

（2）陶冶情感功能。心理学研究表明：情感的重要特征之一是"情境性"，情感的产生总要在一定的情境下进行。因为隐性课程具有形式生动、内涵丰富、具体多样等一系列特点，因而在陶冶学生情操等方面有着得天独厚的优势。从隐性课程的构成要素来看，无论是积极向上的校风班风，还是丰富多彩的校园文化活动；无论是整洁文明的校容校貌，还是井然有序的学习环境，都是美化心灵、陶冶情操、培养情感的重要条件。隐性课程提供的现实情境可以让学生体验感悟，可以使学生能够更好地培养积极向上的健康情感。

（3）发展个性功能。个性是指个人在一定社会条件下形成的、具有一定倾向的、比较稳定的心理特征的总和。隐性课程是通过隐性的、间接的方式作用于受教育者，它的实施没有明显的教育行政命令，受教育者往往都是自主随意地接受来自周围的各方面的信息，在无形中受到潜移默化的熏陶，自主的选择行动方式和情感类型，在接受影响的过程中也不会受外在环境压力的影响。所以，在隐性课程环境中，人的行为和活动常常是在轻松自然的状态下进行的，人的这种主动性表现无疑对其个性发展是有利的。

（4）社会规范功能。由于学校中的物质环境、精神氛围、师生交往等都渗透着学校的道德要求与教育意志，是一个有情感色彩的具体生动的心理健康教育环境，它可以通过暗示、舆论、从众等特殊机制对学生产生潜在的心理压力和动力，使学生自觉感受到这种要求并按照这种要求去规范、约束自己的行为，使这种影响不带有强制性。当学生生活在一个讲文明礼貌蔚然成风的环境中，学生往往会注意自己言行的文雅；当学生生活在一个勤奋求实、积极进取的校园氛围中，就会逐渐改掉松懈、不思进取的心态。总之，一个积极健康的公众舆论比有形的规章制度对学生的心理和行为更具有约束力和惩罚力。

第三节　学校心理健康教育隐性课程开发的有效途径

尽管心理健康教育隐性课程因其作用需要与学生的学习生活相匹配会随不同学段、不同目标的学校而具有差异，但总结起来，可以从以下几个途径入手展开课程的开发工作[1]。

一、学科渗透

学科教学蕴含着十分丰富的心理健康教育资源。具体来说，先进的教育理念引导着学生价值观的形成，科学的课程体系有助于学生知识结构的全面构建与均衡发展，丰富而完善的教学内容能够对学生产生强大的感染力和震撼力，和谐的师生关系可以调动学生的潜

[1] 俞雷．学校心理健康教育隐性课程开发的几种途径［J］．天津教育，2007（3）：37-38.

能，促进学生的自主发展。从心理学层面看，学科教学还涉及心理学的许多分支学科，如教育心理学、发展心理学、社会心理学等，这些心理学理论均可在教学实践中得到充分应用，这一应用也可对学科教学起到促进作用，增强学科魅力，调动学生学习的积极性。学科渗透大致可通过以下方式开展：

（1）建立科学的学科教学目标。教学目标作为教学的方向和灵魂，决定着教学内容、教学过程、教学方法、教学评价和教学效果，从而直接影响教学全局。传统的教学目标只注重知识、技能的传承，忽视心理素质的培养，因而学生心理问题不断。因此，要端正教学目标，将心理健康教育融入其中，着眼于主体性的学生观、系统性的知识观、发展性的教学观，使学生在掌握知识的同时形成正确的学习态度、科学的学习方法和良好的学习习惯。

（2）建立新型的师生关系。良好的师生关系是学生获得知识的前提和关键，是推动教育教学活动发展的内在动力，是和谐的课堂氛围的直接体现。新型的师生关系要求教师尊重学生人格，关心爱护学生，提倡师生平等，同时，要求师生都注重感情投入，增强凝聚力和向心力，形成坚实的教师集体和团结互助的学生集体，创造良好的师生人际交往氛围，这样才有助于学生良好心态和健全人格的形成。

（3）掌握必备的心理辅导技能。当代教师不仅要掌握所教学科知识，更要具备健康的心理、强烈的心理健康教育意识和实施这种教育所必备的修养和技能。教师的劳动向来具有很大的示范性和感染性，学生有着近乎本能的向师性，教师自身的心理健康水平对学生有着明显的导向作用。提高自身心理素质、健全自身人格也是学科教师实施心理健康教育的重要一环。教学同时也是一个育人的过程，对于教学过程中学生出现的有关学习态度、情绪、方法等方面的问题，教师不能做单一评价，而要从学生心理健康教育的角度出发，进行必要的心理辅导，帮助学生从根本上解决问题，改善学生的学习心理状况。

二、寓教于“动”

寓教于“动”是指通过各种课外活动的开展来达到实施心理健康教育的目的。课外活动是学校心理健康教育的载体，包括教育性活动、知识性活动、科技性活动、体育性活动、文艺性活动等。这些活动的开展有利于开发智力、陶冶情操、塑造人格，有利于发挥学生的积极性、主动性和创造性，有利于学生进行自我教育，挖掘学生的心理潜能。课外活动大致可按如下分类进行设计：

（1）以启发智力为主的活动。智力是人们在认识客观事物的过程中所形成的稳定的心理特征的综合，包括观察力、注意力、记忆力、思维力和想象力。帮助学生科学认识智力的实质、智力发展的制约因素、智力与学业成绩的关系，对于正确了解学生的学习潜能、维护学生心理健康有重要意义。根据加德纳的多元智能理论，凡是有助于培养学生的语言能力、数理逻辑能力、视觉空间能力、身体运动能力、音乐节奏能力、人际关系能力及自我认识能力的活动都可以经常开展。学校可以经常组织读书活动、演讲比赛、学科知识竞赛及智力游戏等，在宽松愉悦的活动氛围中激发学生的兴趣，培养学生的求知欲，提高学生的多元智力水平。

（2）以激发情感为主的活动。情感教育关注教育过程中学生的态度、情绪、情感及信念，可以促进学生的自主发展和社会性人格的形成。情感教育活动以激发情感为主，目的是要满足学生的精神需要，要求每一个学生都参与其中，通过教师与学生、学生与学生的心灵交流，使学生不仅从教师那里，更重要的是从活动形成的氛围中获得心理支持和经验，优化情绪品质，增进心理健康。学校中的集体娱乐活动，如联欢晚会、运动会以及各种联谊活动都可以营造出沟通情感的氛围，在这类活动中教师对学生的关怀、期待更具感染力，学生能够领悟到人与人之间的真诚、理解，有利于他们产生积极的情绪体验，形成乐观合群的良好心理素质。

（3）以塑造性格为主的活动。性格是人对客观现实的稳固态度以及与之相应的习惯化了的行为背后隐含的心理特征。性格是个性心理的核心特征，对个性心理的其他特征和倾向（如气质、能力、兴趣等）起支配作用，决定着个人的活动方向。学校可以经常开展夏令营、野炊、春游等活动，培养学生活泼、乐观、开朗、豁达的性格以及坚强、忍耐、细心的意志品质，从而使他们树立正确的学习态度，养成健康向上的行为习惯。

三、优化环境

环境可能影响到其中活动群体的感知与体验，在身体健康与心理健康层面均有价值，一般来说，我们可以在如下层面对校园进行优化：

（1）创设优美的校园硬环境。硬环境是学校教育教学活动赖以进行的物质基础，包括自然环境和设施环境。硬环境之中隐含的价值、观念、美感等，对学生的心理发展具有诸多功能：以暗默的方式传递世界观、人生观、价值观的信息，对学生的认知起到导向的作用；使学生置身于内涵丰富的情境之中，形成良好的心境，使其热爱生活，感悟人生；以良好的环境外观激发学生的审美意识，培养高尚的审美情趣，提高其热爱美、鉴赏美、创造美的能力。其中，自然环境是指学校所处的气候条件和自然地理位置。尽管自然因素使学校风格各不相同，但充分利用自然环境扬长避短，加以绿化、净化、美化，也可达到学校心理健康教育的目的。所以，从心理健康教育的目标出发，学校的自然环境建设必须按美的法则来进行，使学生身心愉悦，健康发展。设施环境指校园的建筑设计和教室内的布置。据资料显示，好的设施环境可以使用脑效率提高 15%~35%，并可减轻和消除脑力疲劳。从促进学生身心发展的角度来说，设施环境不仅要符合建筑学原理，还要符合心理学、教育学原理，应融知识性、教育性、创造性为一体。学校还可以设置表现一定教育理念和价值追求的标语、字画等，形成极具特色的整体氛围，以利于学生的心理体验、心理感受和心理发展。

（2）营造民主的校园软环境。软环境指由学校内部许多无形的社会、心理因素构成的一个复杂的环境系统，包括制度形态的软环境和精神形态的软环境。制度形态的软环境是学校各种规章、守则、规范和组织等的总称，体现着学校管理者的思想观点、价值观念，规范和引导着学生的心理和行为习惯。在制度文化中应加入心理健康方面的考虑，体现人文关怀。校规、校纪要明确具体，对学生产生约束力，促使学生不断调整思想和行为；行为规范要真正落实，内化为学生的心理素质。制度形态软环境的优化关键是要体现出紧张而不失宽松、严肃而不失活泼的特点，使学生既有规范得体的行为方式又有开朗活泼的性格心态。精神形态的软环境是校风、学风、班风的总称，通过暗示、感召、移情、认同、模仿、熏陶等方式逐步使人的心理品质发生变化，达到常规教育教学所无法达到的效果。校风、学风、班风作为精神形态软环境的精髓，追求轻松、和谐、民主、文明的理想境界，注重对学生心理品质和行为方式的养成教育，凭借良好的人际关系熏陶学生，强化学生的责任感和主体意识，促使学生形成积极健康的心态。

以上所说的学科渗透、寓教于“动”、优化环境，能够从不同角度达成学校心理健康教育的效果，是学校心理健康教育隐性课程开发的重要途径和内容。事实上，从影响受教育者心理发展的过程来看，他们并不是孤立的单个影响因素，而是综合发生作用的。学校心理健康教育隐性课程正是基于整体效应的发挥，学生的心理素质才能在感染、熏陶乃至矫正中得到发展。当然，强调学校心理健康教育隐性课程并不意味着否定学校心理健康教育显性课程，而是呼吁广大教育工作者在注重显性课程的同时，挖掘教育中的隐性课程资源，提高学生的心理健康水平。

阅读材料

传统文化中的心理健康教育[1]

常州工程职业技术学院充分开发民族传统文化中的精髓融入学生心理素质教育中，如将仁、义、礼、智、信、忠、孝、廉、毅、和为主题的中华传统文化思想，以及传统文学、民族音乐、琴棋书画传统艺术、地域文化、民间风俗等文化内涵，融入校园文化中，通过读书节、传统文化节、书画和武术社团、文化沙龙、主题教育等方式，将民族文化与心理品质元素有机融合，形成稳定的文化心理结构，大学时代是接受新事物最为活跃的时刻，这种文化心理结构使高职学生在价值判断和选择方面形成很强的心理定势，从而积累沉淀为自身稳定的心理品质。

第四节　学校心理健康教育隐性课程设计

一、学校心理健康教育隐性课程目标

学校心理健康教育隐性课程应体现学校心理健康教育的总目标[2]，其特殊性在于实现方式。设计学校心理健康教育隐性课程应在“提高全体学生的心理素质，培养他们积极乐观、健康向上的心理品质，充分开发他们的心理潜能，促进学生身心和谐可持续发展，为他们健康成长和幸福生活奠定基础。”[3] 这一大方向上基于学生易受暗示、无意识的心理特征，通过对学校环境中的教育性因素进行总体设计，引导学生掌握科学的学习方法和生活观，帮助他们正确认识自我与社会，提高自主自助和自我教育能力，增强调控情绪、承受挫折、适应环境的能力，培养学生健全的人格和良好的个性与积极的心理品质，开发心理潜能，鼓励他们追求自我的实现。

二、学校心理健康教育隐性课程设计原则

学校心理健康教育隐性课程虽然是潜隐地、非预期地、潜移默化地对学生产生影响，

---

❶ 薛丹．从文化层面看高职院校心理隐性课程资源的开发与利用［J］．中国成人教育，2013（24）：137-139.

❷ 余皓，陈家麟．学校心理健康教育潜在课程设计［J］．教育科学研究，2003（z1）：82-83.

❸ 中华人民共和国教育部．中小学心理健康教育指导纲要（2012 年修订）．教基一〔2012〕15 号．2012-12-07.

但并不表明不能对其进行有意识、可预期的教育设计，否则，就不能称之为课程。同时，进行设计可以更好地剔除消极因素，追求正向隐性效果，防止负向隐性效果。学校心理健康教育隐性课程设计应遵循以下原则：

（1）系统性原则。要求注重系统性和整合性，使环境中各教育性因素对学生心理整体协调地发生作用，不能只是零散地挖掘和研究其中某一因素或某几因素，将其无限制地泛化，这样必然会遮蔽对学校心理健康教育隐性课程的认识，实质上弱化了此种隐性课程的作用，无法发挥其功能。

（2）适应性原则。要求考虑不同年龄学生的心理特征，适应学生心理发展需要，如幼儿园、小学、中学和大学的心理健康教育隐性课程设计应根据不同学校和学生的特点而有所不同。

（3）主体性原则。要求贯彻以人为本的思想，充分发挥师生在环境构建中的能动性和创造性，充分调动学生的无意识心理活动，挖掘学生潜力。实践证明，学校心理健康教育隐性课程目标的实现和达成程度，主要取决于学生主体性激发的程度。

（4）情感性原则。要求注重营造情感陶冶的现实情境，注重习得过程的心理愉悦性，注重态度、动机和情感等非认知因素的激发和启动。促进同学之间、师生之间积极的人际情感环境形成，加强师生之间、学生之间的理解和沟通，学习他人的思维方式、情感体验方式、对事物的态度、价值取向等，对健康心理的形成具有重要的现实意义，同时还有助于公民意识与情感能力的培育❶。

三、学校心理健康教育隐性课程内容

根据学校心理健康教育隐性课程内涵以及学校文化所具有的潜在教育特质，我们从动态—静态、有形—无形角度将学校心理健康教育隐性课程划为物质—空间、组织—制度、文化—心理三类。这三类课程由外向内，影响力递增。如前述语文教材中所采选的童蒙教材《三字经》，学科上属于语文，但其中所表述思想则具有封建伦理文化和道德规范的性质，在身为传统文化经典的同时，也受到成文时代社会制度、组织形态及风俗对认知的限制与对儿童多方面的期望，其中存在不适合当代儿童心理健康的部分。此外，在语意的时代流传之中“养不教，父之过。教不严，师之惰。”也更需要符合时代的解读，这些蕴含在其他学科、其他层面之中的心理健康教育导向教育便是隐性课程的一部分，而这些工作是不可能全部依靠学校心理健康教育课堂课程达成的，各学科、各部门的老师、教工，有责任与义务在其所教授学科内容与现代心理健康培育发生摩擦之际进行具有科学性、符合学生认知的解析。

在这框架下，我们亟须用一个远景视角对学校的构成进行解析，以补足其可能暗含的影响心理健康建构的各个成分：

1. 从空间维度来看

学校的物质空间既是教书育人的场所，也隐含着一定的价值、观念、美感等，对学生心理品质产生潜在影响，是塑造和强化行为的重要力量。物质空间类学校心理健康教育隐

---

❶ Russ-Sellers R, Blackwell T H. Emergency medical technician training during medical school: benefits for the hidden curriculum [J]. Academic Medicine Journal of the Association of American Medical Colleges, 2017, 92 (7): 958.

性课程包括自然环境、人文景观、教室环境等。

自然环境是指学校所处气候条件、地理位置、自然景观构成的氛围，在很大程度上由学校的自然地理位置决定。因此，学校自然环境的选择应适应学生心理特点，扬长避短，既做到净化、美化、绿化，又充分利用它们来发挥学校心理健康教育的作用。

人文景观包括校园建筑设计和景观设计。学校建筑作为育人场所的组成部分，应体现心理健康教育的特点和育人价值，通过对其结构、线条、造型、布局等进行科学设计，适应学生心理需要，促进隐性课程心理健康教育功能的发挥。景观设计包括草坪、树林、花坛、喷泉、雕塑、校园壁画等，在带给学生美的享受的同时，促进积极情感等良好心理品质的形成。正像苏霍姆林斯基所说："一所好的学校连墙壁也能说话。"

教室环境包括班级规模、座位排立、声音、温度、色彩、光线等。教室是学生学习的场所，暗含着潜在心理健康教育功能。因此，对其设计十分必要。

2. 从组织制度维度看

从校园文化角度看，组织制度是学校组织文化和制度文化的总称，包括学校组织与领导方式、教育教学评价方式、学校规章制度舆论等。它们通过心理体验、思想认同、舆论导向等途径对学生的心理和行为产生影响。在组织制度类心理健康教育隐性课程中，对学校心理健康教育影响最直接、最具体的因素是校风和班风。

校风指一个学校的社会气氛，包括学生学风、教师教风和领导作风。良好校风能潜移默化地影响学生，产生"随风潜入夜，润物细无声"的心理效应。良好校风设计应遵循以下规则：运用定势规则，通过有组织的教育、提倡、宣传和感染过程，使所倡导的风气，成为群体规范，深入人心；运用认同机制，通过多种途径如校友会、校史展等培养师生集体荣誉感和自豪感；运用模仿机制，利用人的心理活动定势规律，适时检查，不断强化，并运用一定的奖惩手段，使之内化为全体师生的自觉行动。

班风指正确的集体舆论在班级里持久地发挥作用而形成的一种班级风气。班风是班级的灵魂，良好的班风一经形成，对教育班集体每个成员都产生潜移默化的作用。研究表明：民主型班风的师生之间、同学之间相互信任，关系和谐，班级成员情绪高昂，自信心、自尊感和成就感较强；专制型班风的成员之间互不信任，关系紧张，学生之间由此而产生的是烦闷、恐惧、厌恶的情感态度与彼此攻击的行为模式。学校心理健康教育隐性课程设计，应通过强化集体荣誉感、乐于助人、关爱他人等优良品质，协调好竞争与合作的关系，形成民主型班风，促进学生良好心理品质和行为的养成。

3. 从文化心理维度看

文化心理类心理健康教育隐性课程包括师生关系、生生关系、学生文化、课堂心理气氛，这是学校心理健康教育隐性课程中无形但影响巨大的方面。

课堂心理气氛是指在课堂教学中，通过师生相互作用而产生和发展起来的一种综合的群体心理状态。黄秀兰（1986）认为存在积极、消极、对抗三种课堂心理气氛，积极的课堂心理气氛有利于学生知、情、意、行等各种心理品质提升。因此，需通过增加教师在课堂教学中的情感投入，增强教师在教学中情绪的自我调节，改革教学方法和教学手段，激发学生的学习兴趣和动机，促进师生间形成积极而愉快的互动，促进积极的课堂心理气氛形成。

师生关系指教师和学生在教育教学过程中形成的相互关系。和谐的师生关系蕴含着丰富的潜在教育资源，对于促进学生学习兴趣和完整人格的形成有着重要意义。学校心理健康教育隐性课程对其设计表现为：促进教师了解期待的效果，充分发挥教师期待的积极影响；倡导民主型的领导风格，让学生有更多讨论、合作、创造的机会，发展对话、合作的新型师生关系；重视教师言语、体态、面部表情、个性品质和心理健康等方面对学生的潜在教育作用。

生生（同侪）关系在学生适应学校和社会过程中起着重要作用。对学生同辈群体的研究表明：良好的生生关系有利于学生社会价值获得、社会能力培养、学业顺利完成以及认知和人格健康发展，而生生关系不良有可能导致学校适应不良，甚至会对成年以后的社会适应造成消极影响。因此，学校心理健康教育隐性课程设计应有意识、有计划地培养学生交往能力，注重营造适合个体成长的群体氛围，使生生关系进入良性循环，产生正向隐性效果，促进个体健康成长。

学生文化是学生特有的价值观、思考方式、行为方式的总称。学生文化对学生心理和行为的外在影响常常表现在他们穿着打扮、言谈举止、现代时尚等方面，潜在地影响着学生的认知能力、个性品质、价值取向和社会化程度。因此，对学生文化进行恰当指导和干预，会有效地达成学校心理健康教育隐性课程目标。

需要注意的是，在课程内容的把握上，正规教学课程获得的良好行为知识很可能会与学生所遇到“现实生活”不符，不良行为的感知造成的不一致存在令学生不安的可能性。在这方面尤其是教师应发挥引导作用，以弥合这种不安感❶。

物质空间、组织制度、文化心理共同构成学校心理健康教育隐性课程，并综合发生作用。因此，在实施过程中，一方面要合理组织、优化隐性课程中各个要素，使它们处于最佳状态，发挥最大功能；另一方面要注意发挥学校心理健康教育隐性课程整体功能，产生综合的心理效应。

第五节　学校心理健康教育隐性课程的运作与评估

（一）学校心理健康教育隐性课程的运作

课程设计和运作是相互依存的两个环节，只研究课程设计不研究课程运作的课程是欠缺的，课程设计得再好，如果不能很好地运作，课程设计也没有任何意义。学校心理健康教育隐性课程运作方式主要有：

（1）体验。借助于主体自身阅历、内在体验，通过创设物质、人际、心理的情境，利用其中蕴含的潜在教育因素，在潜移默化中影响学生的心理成长。

（2）暗示。通过含蓄、间接的方法，充分调动学生的无意识心理活动，使学生接受学校心理健康教育的潜在信息，对他们的心理和行为产生影响。

（3）互动。借助师生、生生相互交往互动过程，以语言、表情、动作为媒介，引起个体相应的情绪反应，并扩展到心理其他方面；以他人良好的行为为榜样，并仿效其言行，最终使自己言行与之相适应，达到学校心理健康教育的目标。

---

❶ Joynt G M, Wong W T, Ling L, Lee A. Medical students and professionalism-Do the hidden curriculum and current role models fail our future doctors? [J]. Medical Teacher, 2017: 1-5.

（4）认同。通过学生对其所处情境中蕴含信息的认可以及对学生文化的认同等，使个体与情境协调、融合，以达到学校心理健康教育的目标。

（二）学校心理健康教育隐性课程评价

学校心理健康教育隐性课程是否合理，功能是否得到最大发挥，必须通过科学的评价才能回答。同时，对其科学评价也能进一步促进其目标的达成，提高工作成效。由于心理健康教育隐性课程偏于非认知领域，而且其效果显现是一个长期的、间接的过程，无法像专门课程那样通过考试及其他类似测量与评估的手段对其效果进行预计。因此，学校心理健康教育隐性课程重视过程性评价，重视学生的心理体验，关注学生的认知、情感、人格的发展和良好行为养成。此外，在具体评价过程中，要注意综合采用多种评价方法，如学生自评法、师生民主评议法、观察评价法、交谈法和问卷法等。评价要客观、公正，并及时强化，对评价结果也要谨慎有效地使用。

另外，需要注意的是，在隐性课程这一教育视域下，切忌使用应试等手段进行此方面的效果评估❶。考试作为学生学校生活的一部分，依然属于隐性课程范畴之内，如果仅以应试作为标准，则学生们得到的隐含信息是，“显性课程是高于隐性知识的”。学校环境与学校文化常常被视为一种学业成就的“锦上添花”，从这一角度看，学生可能通过隐性课程获得应有的文化素质，也可能被有害的形式主义所束缚。这样的“隐性课程”的影响是非常恶劣的，也是现今大多数学校未尝顾及的。我们的教育不应成为“小孩子粉碎机”，而应是一个机制，为参与教学过程中的每一位个体提供一种期望与可能之间的平衡❷。

【本章要点】

（1）隐性课程是相对于显性课程而言的，是学生在课堂内外无意间习得的由教师以特定方式呈现的文化序列。隐性课程是在教育环境中对学生产生间接的、潜在的影响，使学生无意识地受到感染、熏陶和认同，对学生产生价值导向作用、情感激励作用、行为规范作用的一类课程。它包含在教科书里、教学活动及活动之外，具有隐蔽、以全体为对象、多样而持久的特征，是显性课程教育的重要补充，二者相互作用，在一定的条件和意义下，二者可以相互转化，对教育效果的发挥和体现有着重要的作用。

（2）学校心理健康教育隐性课程是学校情境中学生获得的全部经验，应是非学术性的、与显性心理健康教育课程可进行相对划分并一起共同构成心理健康教育课程体系。它以学科教学和各种文化活动为载体，具有潜在性和濡染性的同时也是具有意图性、预期性的。

（3）学校心理健康教育隐性课程具有认知导向、陶冶情感、发展个性与社会规范功能。

（4）学校心理健康教育隐性课程开发的有效途径有学科渗透、寓教于“动”、优化环境几种方式。

---

❶ Hafferty F W, Martimianakis M A. A rose by other names: some general musings on lawrence and colleagues' hidden curriculum scoping review [J]. Academic Medicine Journal of the Association of American Medical Colleges, 2018, 93 (4): 1.

❷ Martimianakis M A, Michalec B, Lam J, Cartmill C, Taylor J S, Hafferty F W. Humanism, the hidden curriculum, and educational reform [J]. Academic Medicine, 2015, 90: S5-S13.

（5）学校心理健康教育隐性课程应体现学校心理健康教育的总目标，同时又有其特殊性。在设计时需考虑系统性、适应性、主体性和情感性原则。其内容应包含物质—空间、组织—制度、文化—心理这三类。

（6）学校心理健康教育隐性课程的主要借助体验、暗示、互动与认同感进行运作，在实施学校心理健康教育隐性课程后，我们可通过量表评价对其运作效果进行科学的评估。

【学习与实践】

（1）请根据所学内容评估自己所在学校的心理健康教育隐性课程表现，并分析这些方面在针对学生心理健康形塑方面有何作用。

（2）请对5名同学进行调查访谈，了解同学对学校心理健康教育隐性课程的认识。

（3）假设你是一名小学校长，你打算如何设计你所在学校的学校心理健康教育隐性课程？

【复习思考题】

（1）何为“隐性课程”？其特点是什么？

（2）学校心理健康教育隐性课程应该是什么样的？

（3）学校心理健康教育隐性课程具有哪些功能？

（4）有哪些可供参考的途径帮助我们设计学校心理健康教育隐性课程？

（5）学校心理健康教育隐性课程的运作方法是怎样的，我们又该如何评价？

【推荐读物】

1. （美）约翰·杜威，学校与社会·明日之学校，人民教育出版社，2005。

2. （美）约翰·杜威，杜威教育名篇，教育科学出版社，2006。

3. 李晓文，青少年发展研究与学校文化生态建设，教育科学出版社，2010。

第七章　学校心理辅导的实施——个别咨询

【本章导航】

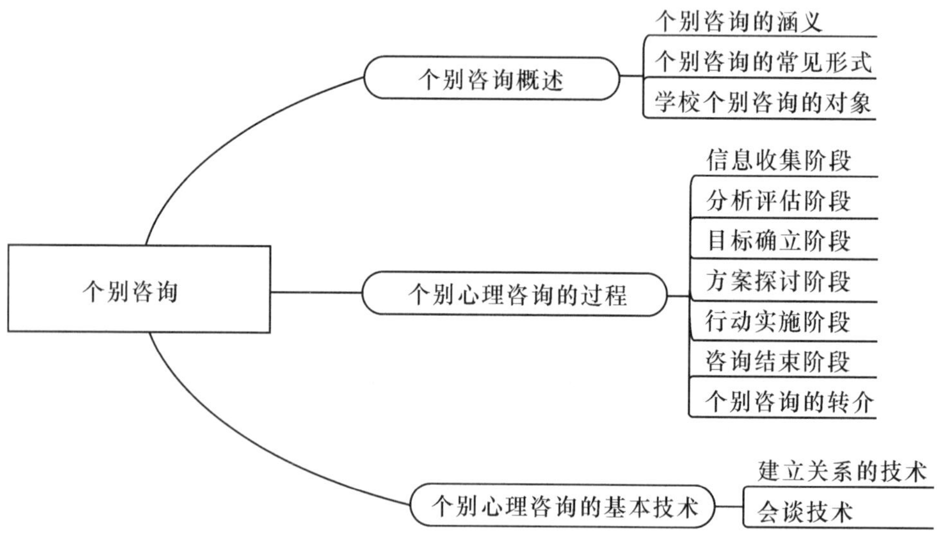

【学习目标】

（1）了解个别咨询的概念及其特点。
（2）理解实施个别咨询的一般过程。
（3）理解咨询关系的要点，掌握如何建立良好的咨询关系。
（4）理解和掌握倾听、共情、影响性和非言语等会谈技术，并能熟练应用。

在学生心理健康教育体系中，心理咨询是极其重要的组成部分，是专业化程度最高的教育内容。心理咨询包括个别咨询和团体咨询。心理咨询的作用主要体现在它对一个人的人格建设、潜能开发以及全面发展具有正向引导及促进作用。本章将介绍个别咨询的基本涵义、特点、咨询过程及基本的咨询技术，下一章将讨论团体咨询的相关内容。

第一节　个别咨询概述

个别咨询也称为“一对一”式的咨询，适于较深入地探讨来访者个人化的心理问题，提供深层而持久的心理支持与帮助。由于心理咨询是由个别咨询发展而来的，因此，狭义的心理咨询就是指个别咨询。它在学生心理健康教育中具有非常重要的地位。

一、个别咨询的涵义

（一）“个别咨询”的概念

1942 年，罗杰斯（C. R. Rogers）在《咨询与心理治疗：实践中的新概念》一书中指出：“咨询是一个过程，在这个过程中来访者能从咨询师所提供的关系中获得一种安全感，从而可以从容地开放自己，甚至可以正视自己过去曾经否定的经验，然后把那些经验融合于已经转变了的自己，做出整合。”

华中师范大学江光荣老师对心理咨询的界定：心理咨询得以产生效果的首要条件是咨询师与当事人之间的一种人际关系。在这种透着信任、关怀和理解的关系气氛中，当事人可以安全地、无顾虑地进行自我探索，把平时有意识地或无意识地掩盖着的、自己的真实需要、动机和内心冲突表达出来，发掘出来。这时候当事人往往可以明白自己的一些情绪和行为——包括那些令自己困扰的情绪和行为——后面真正的原因。咨询过程又会促使或引导当事人去观察自己对于环境（主要是人的环境）中一些影响自己的因素做出了何种反应，以及自己习惯性的体验方式、思考方式和行动方式。这样一种自我省察可以帮助当事人明了自己跟环境的关系：环境对自己做了什么，自己对环境做了什么，自己对环境所做跟环境对自己所做之间有什么关联。然后很自然地，当事人会去评价自己跟环境的关系，去评估自己跟周围的人和事打交道的方式是否正是自己希望的那种方式，是不是一种给自己带来幸福的方式。

在这种自我探索和自我认识的基础上，当事人会产生一种改变的欲望和动力，他/她会主动地去探求新的生活目标，去发现新的行为方式，并采取实际行动去学习新的行为方式，追求新的目标。在这整个过程中，当事人并不是一个被动、接受的角色，相反，所有这些自我探索、领悟和行动，都有赖于当事人积极主动的活动。咨询师会设法启动、支持、陪伴当事人的自我探索和自我新生的过程，并在必要时给予提示、解释或指导，但他并不替代当事人去做这些事情❶。

（二）个别咨询的特点

1. 心理性

个别咨询解决的是来访者心理或精神方面存在的问题，而不是帮助他们处理生活中的具体问题。例如，一名考试焦虑的中学生，希望咨询师替他和学校交涉缓考的问题等。很显然，这些问题都不属于心理咨询的工作范围。咨询师应对此加以解释，并引导来访者把解决问题的着眼点放在自己的心理问题上，通过咨询使来访者的消极情绪得到调整，以积极的态度面对自己生活中的实际问题。

2. 职业性

个别咨询是一种职业化的助人行为，而不是一般的帮助活动。在日常生活中，人们也可以互相帮助，通过谈心交流来缓解别人的紧张情绪，缓解别人的伤感，但这不是个别咨询。个别咨询有特定的目的和任务，解决问题有专门的理论与方法，它是一种有目的、有意识的职业行为，它重在帮助人们分析内心的矛盾冲突，探讨影响其情绪和行为的原因，协助他们进行自我改变，而不是人与人之间一般意义上的社会交往。

---

❶ 江光荣．心理咨询的理论与实务（第 2 版）[M]．北京：高等教育出版社，2000：17-18.

（三）书信咨询

通过书信形式进行心理咨询也是心理咨询的一种常见形式。其优点是可以打破空间距离的限制，向心理咨询机构请求书面帮助。也有人对自己存在的心理障碍不愿向咨询人员当面诉说，为了避免当面交谈可能带来的尴尬局面而愿意诉诸笔墨。书面咨询还有简单易行、运用方便、涉及面广等优点。但书面咨询也有不足之处：由于咨访双方不能直接见面和对话，因而不易深入了解情况、询问详由，因此，只能提出一些原则性的疏导意见，很难给予深入具体的指导；另一方面，受信询者文字表达能力的限制，有的来信存在表达不清、陈诉不详等情况，致使咨询人员无法把握要点而影响了对信询者心态的分析、帮助和指导。

（四）网络咨询

已经有许多学校开始利用电子邮件、自建心理健康教育网站的论坛和公众号，通过即时通讯工具（如QQ或微信）进行网络咨询。其优点为：方便快捷且咨询时间相对自由和宽松、受学生喜爱、便于存档、隐秘性高、避免来访者产生紧张感和压迫感；其缺点为：对咨询双方的计算机设备和使用水平有要求、咨询师不易把握来访者的真实情况（由于缺少面对面的交流，来访者情况反映得不够全面，对其分析难度加大）、保密方面有漏洞。可以预见，在不久的将来，网络咨询会迅速发展并发挥重要的作用。

（五）现场咨询

现场咨询是咨询机构的专业人员深入到基层，为广大来访者提供多方面服务的一种心理咨询形式。咨询人员深入现场，通过观察、调查，现场提出解决方法，不仅对当事人本身，对现场其他人也有较积极的作用。目前，我国学校心理咨询服务尚缺乏足够的人员和有力的技术保障，专业人员适当深入基层开展心理咨询，能够较好地满足广大人民群众特别是中小学生的需要。

三、学校个别咨询的对象

（一）学校个别咨询对象的选择

学校情境中个别咨询最一般、最主要的对象是健康的或存在一般或严重心理问题的学生，和心理治疗的主要对象不同。即使排除了来访者患有精神病、严重人格障碍和脑器质性病变等生理原因的可能性之后，也不是所有来访学生都适合个别咨询。在选择适合个别咨询对象的过程中，要注意来访者的特点应包括以下几点：

1. 具有一定的智力基础

来访者的智力一般需要在基本正常的范围内，因为他们需要能够叙述自己的问题以及其他相关情况，要能理解咨询师的意思，还要有一定的领悟能力。所以，一定的智力水平是必需的，否则，咨询进行起来将相当困难。

2. 内容符合个别咨询的范围

并非任何与心理有关的问题都可以通过个别咨询获得较满意的解决。有些内容适合个别咨询，而有的内容则不太适合。一般说来，心因性问题，尤其是与心理社会因素有关的各种适应不良、情绪调节问题、心理健康教育与发展问题等，适合个别咨询的领域。特别严重的神经症病人，发作期、症状期的精神疾病求助者，由于与外界接触不良，缺乏自知力，难以建立人际关系，因此，一般不属于个别咨询的范围。

3. 具有基本的沟通能力

那些能够较清楚、明白地表达自己的问题，能顺利体会咨询师话中的含义，并随之采取行动的人，较适合进行个别咨询。相反，年龄过低、不能表达自己的意愿、因为各种原因不能与人交流的人，都不太适合进行个别咨询。

4. 具有正确的求助动机

来访者有无正确的求助动机会直接影响到咨询的效果。那些缺乏咨询动机、经咨询师反复做工作后仍缺乏动机的来访者，一般不适合做个别咨询。来访者不仅要体会到自己有心理或行为的问题，而且确实因其问题而感到痛苦。因有痛苦，才会想解决问题，减轻和消除症状，改善心理与行为。来访者要有相当的勇气，能承认自己的短处、缺陷或问题，而且愿意与咨询师谈论自己的短处、缺陷或问题，而这些都取决于来访者接受个别咨询的动机。

（二）学校个别咨询对象的分类

1. 学生与师长

学校个别咨询对象群体中人数最多的是学生。随着社会的发展、人们心理健康意识的加强，越来越多的学生主动或被师长建议前往学生心理健康教育机构中的心理咨询部门。他们越来越多地使用心理学资源来为提高自己的心理健康水平服务。一个很好的趋势是寻求发展的学生越来越多，他们更加愿意探讨自己的性格特点、职业规划等。

学校个别咨询对象群体中人数比例较小的是教师和家长。他们来访的共同的原因是为了学生的心理健康。当他们发现靠自己已经不能解决“有问题学生”的困难时，才会想起利用学校个别咨询。这些咨询更多的是围绕着调适甚至是矫治学生的心理问题而展开。当然，也有教师因为自己的心理困扰来访，这在目前学校个别咨询中所占的比例极小，但这也说明了学校个别咨询的作用和影响越来越大。

2. 主动与被动

学校个别咨询对象群体中人数最多的是学生，大部分学生是自己主动预约咨询的。自愿前来咨询的学生一般比较配合，也积极进行自我探索，收获也较大。年龄越大的学生，自愿咨询的比例越大，这是因为他们自我意识的水平较高，也更加关注自己的心理健康状况和问题。

前来咨询的学生中也有被师长建议甚至是要求而来的。他们可以说是被迫前来的。他们一开始往往不太配合咨询师的努力，但经过咨询师的工作，有些学生在咨询意愿上可能会发生转变，进而也会积极进行自我探索，收获也较大。年龄越小的学生，被动咨询的比例越大，这是因为他们自我意识的水平较低，没有太多关注自己的心理健康状况和问题。

第二节　个别心理咨询的过程

心理咨询与治疗是一个有开始有终结的过程，如同其他很多专业助人工作一样，心理咨询包括一连串有序的步骤和阶段，了解和重视每个阶段的任务以及重点、难点和注意事项，有助于咨询师的工作定向，使咨询变得有结构。对这一点，每一位从事心理咨询或即将从事心理咨询的人都要有足够的认识。当然，这些阶段是人为划分的，划分的方式也不止一种，在实际应用时要灵活掌握，不宜过于拘泥。

如，可以问他心目中有吸引力的标准是什么？现在有哪些不足？经过分析，使模糊的目标逐渐清晰起来，通过一个一个具体的步骤来实现。

（2）可行。目标的实现超出了来访者可能的水平（如让一个根本不会游泳的人在一个月内成为游泳健将），或超出咨询员所能提供的条件等，则目标就很难达到。对于不可行的目标，咨询员要帮助来访者重新修订以符合实际，比如，调整目标或把目标分解为一个一个可行的具体目标。对于因为咨询员自身条件而难以达到的目标，要向来访者讲清楚，或重新制定目标，或终止咨询，或转介给其他合适的咨询员。

（3）积极。这一条容易被人忽视，但意义很大，目标的有效性，在于它是积极的、是符合人们发展需要的。有些目标的达到虽然能暂时解决来访者的问题，但却是消极的解决，这对于来访者长期的发展是不利的。

（4）双方均可以接受。无论是咨询员还是来访者提出的目标，都要经双方讨论、认可。因为双方可能有不同的价值观，如果目标有悖于其中一方，咨询效果就会受影响。

（5）心理学性质。咨询的目标应该属于心理学范畴。对于有躯体疾病而又有心理问题的来访者，心理咨询的目标并不是解决躯体疾病，而是针对躯体疾病引起的心理不适，针对引起躯体疾病的心理因素。

（6）可以评估。目标无法评估，则不能称其为目标。及时评估，有助于看到进步，鼓舞双方信心，可发现不足，及时调整目标或措施。当然，咨询目标的达成，有些可直接表现为行动，有些则可能是观念的转变、情感的调节，后者也可以用心理测验等来评定。

（7）多层次统一。咨询目标是多层次的：既有眼前目标，又有长远目标；既有特殊目标，又有一般目标；既有局部目标，又有整体目标。有效的目标应是多层次目标的协调统一。只重视眼前的局部目标，虽可促进来访者的变化，但其改变可能是个别的、局部的、表面的或暂时的。只有把这些变化纳入一个更庞大的变化、发展系统之中，才能使来访者发生更大的、根本的变化。

四、方案探讨阶段

主要任务就是根据问题性质及其与环境的联系，还有来访者自身的条件、资源、能力、经验等，结合既定的咨询目标，设计达到目标的方案。通俗地说，也就是双方共同拟订类似日程表一样的方案，明确双方在什么时间做什么事，怎么去做，做完如何等。此阶段应考虑以下问题：

首先是咨询方案应由双方共同探讨、协商确定，不能由咨询员单方面直接拟订，也不能仅由来访者拟订。

其次是有效性、可行性，应首先设想多种可能的方案，然后对这些方案的优劣进行权衡、评估，最后选择一个合适的、有效的、可行的方案。当然最后选定的方案还应该是经济的、简便的。

五、行动实施阶段

主要任务就是根据拟订的方案，采取行动，达到咨询的目标。行动实施阶段是咨询过程中最具活力的环节。在这一阶段，咨询师根据目标和方案，以一种或数种治疗理论为指导，通过分析、解释、指导、训练等方式来影响当事人。当事人积极参与这一活动，产生出理解、领悟、模仿，学习新的认知方式和行为方式等，向目标方向取得积极的改变。

这个阶段在整个治疗过程中也是一个维持时间较长的阶段。人格改变的困难和复杂性在这个阶段体现得最为明显。当事人经常出现进一步，退两步，反反复复的变化。此阶段应注意以下问题：

首先，咨询员要介入来访者的行动过程中，对遇到的困难，不明白之处予以及时讨论或指导。

其次，保持对行动过程的监控或做必要的调整。

另外，随时注意评估进展情况，并创造一种积极的氛围，保持双方良好的关系。

六、咨询结束阶段

结束阶段是完整咨询过程的一个重要环节。但在实际治疗中它常被忽视，尤其是一些简短的咨询中更是如此。其实结束的工作跟其他环节一样，也应该认真对待。

此阶段主要任务，首先，是对咨询情况做一小结，帮助来访者回顾工作的要点，检查目标的实现情况，做一个总结性评价，指出来访者的进步、成绩和需注意的问题等。

其次，是处理好关系结束。在即将结束咨询关系之际，当事人会对咨询师、对结束咨询关系产生一种称作分离焦虑的情感，在长时期且关系良好的咨询中这种情况更易发生。当事人会感到即将失去一位可信赖的朋友或导师，并将在没有咨询师支持的情况下独自面对自己的生活，因而产生或强或弱的焦虑反应。对这种反应，咨询师需要谨慎对待。因此，咨询员应及时说明，今后会仍然关心他的情况，还会有一些随访，以提供一些必要的支持。

最后，为学习迁移和自我依赖做准备。针对来访者的情况，咨访双方要讨论：在离开咨询后一段时间如何自我依赖，并运用在咨询中学到的知识和技能处理新问题，或应用到以后的生活里，从而扩大咨询效果，促进成长发展。

一般来说，无论咨询时间长短、运用何种咨询理论与方法、来访者的情况有何不同，一个完整、有效的咨询过程都必然包含基本的、必须经过的阶段，每一阶段又有其特定的咨询内容，只不过侧重点有所差异。在具体的咨询过程中，咨询员对于咨询阶段的划分要灵活掌握。因为咨询阶段的划分是相对而言的，各个阶段既相互衔接，又相互交叉。各个阶段中的所有要素始终都贯穿于整个咨询过程中，例如，建立良好的咨询关系就应贯穿于整个咨询过程的始终，而不仅仅是信息收集阶段。

七、个别咨询的转介

个别咨询的转介是指把不适合咨询师的来访者介绍给其他咨询师或专科医生的过程，转介的原因主要是该来访者不适合做个别咨询或该来访者不适合某一位咨询师。下面总结了需要转介的来访者的特点，可供大家参考。

（一）咨询内容与咨询师不匹配

这种转介是最常见的一种。由于每位咨询师所受训练的不同，加之自身年龄、性别的限制，其擅长或适宜咨询的内容也会有所不同。比如，有些来访者的问题已经达到重性心理疾病的程度，而咨询师没有能力予以解决；又如，学校咨询师可能对家庭婚姻咨询不是很熟练等。在学校实际咨询工作中，一旦遇到这种情况，恰当的做法是把来访者转介给其他适宜的咨询师或专科医生。

（二）价值观念与咨询师不相容

在个别咨询活动中，咨询师要想完全避免或隐藏自己的价值观是不可能的，而且要想完全排除价值干预或价值影响也是难以做到的。随着咨询的进行，有些咨询师发现，自己与来访者在根本的价值观念上有明显分歧或尖锐对立时，则往往不适合继续做个别咨询。比如，咨询师在性的问题上很保守，而来访者在性的问题上过分开放；咨询师是坚定的无神论者，而来访者是虔诚的宗教徒等。遇到这样的情况，若条件允许的话，咨询师最好将来访者转介给合适的咨询师。

（三）个性与咨询师不相容

有些咨询师与来访者在个性等方面存在着某种不协调。比如，有的咨询师不能容忍来访者的盛气凌人，有的咨询师不喜欢过于内向、退缩的来访者，有的害怕异性来访者、害怕有移情发生等。在这种情况下，如果咨询师没有能力去排除这种因素对咨询活动的影响，就需要进行转介。

（四）与咨询师有双重关系

有些来访者与咨询师有双重关系。比如，来访者是咨询师的亲戚、朋友、熟人等。来访者与咨询师之间的这种关系，常常增加来访者的顾虑，影响其诉说自己的内心私事，增加双方的尴尬，这无形中增加了咨询的阻力。此外，咨询师给予指导和建议时，也常会失掉其客观性及职业性，影响咨询效果。一般来说，咨询师应避免给那些与自己有私人关系的来访者做个别咨询，要将其转介给没有私人关系的其他咨询师。

第三节 个别心理咨询的基本技术

个别咨询不仅仅是交流信息，还是一种具有特殊意义的人际交往和关系。有效的个别咨询是需要技巧的，所以要提高个别咨询效果，就必须掌握个别咨询和团体咨询都涉及的咨询技术。学校心理咨询的基本技术一般包括建立关系的技术、基本会谈的技术等。

一、建立关系的技术

咨询关系是存在于需要心理帮助的人与能给予这种帮助的人之间的一种独特的人际关系，它有助于当事人的良性改变。在咨询师与当事人之间建立和维持一种坦率、信任的关系是咨询过程中头等重要的事情，是有效咨询的前提条件。有大量的、从不同角度进行的研究，证明咨询关系对于心理咨询效果的重要作用。咨询关系是公认的心理治疗的共同因素之一，各个流派都格外重视它在改变过程中的价值。咨询关系对于个体改变有两方面的意义：其一，咨询关系本身即有治疗作用；其二，咨询关系是其他改变因素的载体和支持物。在建立良好关系的过程中，咨询师的态度和相应技术起着主导作用。罗杰斯认为，建立关系的基本态度和技术有共情、尊重、温暖、真诚和积极关注等[1]。

（一）共情

共情又叫共感、同感、移情、同理心等。所谓共情，罗杰斯认为就是能体会来访者的

---

[1] 卡尔·兰塞姆·罗杰斯（1902—1987），美国心理学家，“来访者中心疗法”创始人。

内心世界、仿佛身临其境。通俗地说，共情是能设身处地去体会来访者的内心感受，达到对来访者境况的心领神会。用别人的眼睛看世界，就是共情的形象说法。在个别咨询过程中，咨询师不但要有能力正确地了解来访者的感受和那些感受的意义，同时，还要将这种对感受的理解和体会准确地传达给双方。由于共情，来访者感到自己被理解和接纳，这样有助于建立良好的咨询关系，使咨询师了解来访者更多的情况。

咨询师要准确地表达出共情，应注意：(1) 要从来访者内心的参照系出发，设身处地体验他的内心世界；(2) 要以言语准确表达对来访者内心体验的理解；(3) 可借助非言语行为如目光、表情、姿势、动作变化等表达对来访者内心体验的理解；(4) 表达共情应适时、适度、因人而异；(5) 重视来访者的反馈信息，必要时可直接询问对方是否感到被理解。

咨询者不仅要明白来访者的感受、信念、价值观等，而且要善于把对来访者的共情传达给对方。然而，不同的咨询者所表达的共情会有高低层次的差异。不同的层次代表了不同的共情质量，会产生不同的咨询效果。可以将共情分成两种类型：一是初级共情(primary empathy)，咨询员回应的是来访者清晰表达的信息和情感，它往往适用于咨访关系不够良好的情境或者咨询初期；二是高级共情（advanced empathy)，咨询员回应的不但是来访者清晰表达的部分，而且是来访者未知或者逃避的内容，此时对咨询者的要求更高，它往往适用于咨访关系良好的情境或者咨询的中后期。

例：

来访者：“王老师，我讨厌自己这么弱小。班级里有几个高个子同学经常欺负我，每次下课都让我帮他们去小超市买东西，我心里很不乐意，但又怕得罪他们，只好去买了。他们最近越来越过分，我真的快受不了了，不知道该怎么办才好。”

咨询员：“班上有同学欺负你弱小，经常让你跑腿，你心里不愿意，又怕他们怪罪，只好去买了。近来他们更加过分了，你也不知道怎么处理，你不接受自己的弱小身体，觉得受不了了。”(初级共情)

咨询员：“班上有同学欺负你弱小，经常指使你，虽然你心里不愿意，却无力反抗，你痛恨他们欺负人，也讨厌自己长得弱小不能保护自己。近来他们更加过分了，你更加觉得难以忍受，可还是想不出办法来。”(高级共情)

可以看出，在初级同感反应中，咨询师所表达的理解跟当事人自己的了解差别不大。在高级准确的同感反应中，咨询师对当事人的理解更准确、更贴切，并且显然比当事人能够意识到的更深一层。

阅读资料

岳晓东论同感共情力

同感共情即以真诚与平等待人为先决条件，学会设身处地地以另一个人的思想与情感去感受、体会周围的人和事物。

同感共情就如同旧式的135、120型号照相机一样，需要不断地对焦来调整镜头的清晰度，否则就会给人含混不清，似是而非的感觉。

空谈问题不谈情绪，会给人以冷冰冰的感觉；空谈情绪不谈问题，又会使人感到茫然不知所措。两者应当相辅相成，互为补充。

生活中的一般安慰和劝说，往往仅是想让当事人尽快忘掉那些痛苦的经历，劝他们不要再回忆啦，要往前看。其做法固然用心良苦，却无助于真正解开他们的心结。这种非同感共情性语言正如人们常抱怨的那句话一样：你真是站着说话不腰疼。

对于当事人来说，过去的伤心事在尚未谈出来、说清楚之前，很难达到真正意义的“忘”。

人只有想明白了，才能从根本上甩掉包袱，放松精神，获得平衡而不再沉迷于对往事的追悔和懊恼当中，无法自拔❶。

（二）尊重

无条件的尊重，就是对来访者接纳、关注、爱护的态度，意思是指要尊重来访者的现状、价值观、权益和人格。这是建立良好咨询关系的重要条件，也是使来访者人格产生建设性改变的关键条件。尊重来访者，其意义在于可以给来访者营造一个安全、温暖的氛围，这样的氛围可以使其最大限度地表达自己，获得一种自我价值感。特别是对那些急需获得尊重、接纳、信任的来访者来说，尊重和接纳具有明显的助人效果，是咨询成功的基础。

为了表达对来访者的尊重，咨询师需注意以下几点：（1）尊重意味着完整地接纳一个人，包括他身上的消极面和缺点；（2）尊重意味着以真诚为基础，并非无原则的迁就；（3）尊重意味着一视同仁，不管男女、贫富、出身、职位；（4）尊重意味着以礼相待，对来访者热情相待，礼仪周全；（5）尊重意味着信任对方；（6）尊重意味着保护对方的隐私。

（三）温暖

温暖是让来访者有如沐春风的温馨感觉。温暖的含义与积极关注、尊重等相似，且常常被放到一起使用，但温暖的距离比尊重更近一些。尊重是以礼待人，平等交流，富有理性色彩。仅有尊重而没有温暖会使咨询关系显得公事公办，缺乏人情味，只有两者结合，才能情理交融。

温暖体现在咨询的全过程。从来访者一进门时的主动迎候，到来访者出门时的热情相送，都会让来访者觉得，自己得到了充分的尊重，受到了友好的接待。温暖也体现为咨询时的耐心、认真、不厌其烦。当来访者思维不清、语无伦次、不知从何说起时，咨询员的宽容与温暖会让来访者放松下来，理清头绪。在对来访者做指导、解释、训练时，咨询员更应充满温暖，必要时要反复讲解。同时，要多注意来访者的意见。在咨询结束时，咨询员应送别来访者，告知有关注意事项，这会让来访者将温暖带到咨询以外的环境中去。

（四）真诚

真诚就是咨询师在咨询关系中真实地展现自己，表里一致，言行一致，诚恳忠实地对待来访者。真诚有两层涵义：一是咨询师真实地展现自己；二是真诚地对待来访者。真诚对于咨询关系是非常重要的，因为咨询师的真诚不仅给来访者一种安全感，而且为来访者提供了一个榜样。受咨询师的真诚感染和暗示，来访者也会逐渐诚实地开放自己，表达自己，袒露自己的内心。真诚与其说是一种个别咨询技术或方法，还不如说是一种人生态

❶ 岳晓东．心理咨询基本功技术［M］．北京：清华大学出版社，2015：111.

度。若要有效地帮助来访者，则需要更高层次的真诚。

恰当地表达真诚，不仅是一种技术，更是一种艺术，因为那是一种真诚的自然流露。因此，咨询师需注意：（1）真诚不等于说实话。真诚与实话实说有联系，但不能等同。真诚应符合对来访者负责、有助于来访者成长的原则，所以真诚不是什么都可随意地、直接地说出来，有时实话未必要实说。（2）真诚不是自我的发泄。过多地宣泄自己，会产生负面效果。真诚应实事求是，不装腔作势。

例：

来访者："我非常喜欢和您在一起的感觉，我常常幻想和您一起打球、吃饭、看电影、逛街，去做朋友可以做的任何事情，晚上一起吃饭，好吗?"

咨询员："我必须承认，我也喜欢我们在一起工作的感觉。然而，我也要告诉你，咨询是一个特别的职业关系，而不是现实生活中的朋友关系，它存在的唯一理由是帮助你应对面临的困难。所以，我不能接受你的邀请。我倒想邀请你讨论一下，我们在一起感觉良好背后的东西，你有兴趣吗?"

（五）积极关注

积极关注也称之为正向关注，是指以积极态度对待来访者，对来访者言语、行为中的积极面、光明面、长处、优点予以有选择的、特别的关注，强调正面的优点，使来访者逐渐拥有正向的价值观。

积极关注是一种温情的态度，涉及对人的基本认识、基本评价和基本情感。如果咨询师想帮助来访者有所改变，就必须相信他是能够改变的，而且已具有改变自身的积极因素，不仅如此，相信每个人身上都有优点和长处，都有一种向上成长的动力，都可以通过努力改变自己，使自己变得比现在更好。这一观点对咨询师来说，十分重要。没有这样的理念，个别咨询就不可能真正发挥作用。

咨询师对来访者的积极关注不仅有助于建立咨询关系，促进沟通，而且本身就有咨询的效果。积极的关注往往能帮助来访者全面地认识自己和周围的环境，发现自己的长处、光明面和未来的希望，从而树立信心，增强战胜困难的勇气。

有效地使用积极关注，应注意要立足于实事求是。积极关注不能无中生有，应以事实为基础，要符合来访者的实际情况，否则，来访者会觉得咨询师只是哄自己、安慰自己、取悦自己，是咨询师无能的反映，这样的积极关注会适得其反。

总之，要建立良好的咨询关系，咨询师需要掌握各种专业技能。但是，如果没有咨询师本人的全身心投入，技术发挥不了多大作用，甚至可能适得其反，因此，真正能带进咨询关系中的最重要的、最大的资源就是咨询师本身。

二、基本会谈的技术

咨询员在会谈中通常以两种方式作用于来访者，一种是言语表达，另一种是非言语表达。所谓会谈技术，就是咨询员在会谈过程中巧妙地使用言语表达和非言语表达，并将两种方式有机地结合起来，以达到最佳咨询效果的技术。有效地使用会谈技术是优秀咨询员的重要标志之一。言语技术包括倾听技术和影响技术；非言语技术包括目光注视、形体动作、声音特征、距离和角度以及沉默等。

(一) 倾听的技术

听,是对对方尊重的表现、理解的表现,信息收集的手段,关系建立的保障。

——岳晓东

倾听是咨询工作的基础。倾听是做出所有咨询反应和做出策略的先决条件,是咨询过程中最先做出的反应。如果咨询师不能很好地倾听,可能导致得不到正确或完整的信息,就有可能讨论错误的问题,或过早地提出干预的策略。所以,掌握有效的倾听技术是非常重要的。但是,在心理咨询中,倾听又常常是最困难、最容易出问题的环节之一。

1. 倾听的涵义

"倾听"一词的英文是attending,有投入、参与、专心、注意之意,译成汉语"倾听"虽比较贴近原意,但易误解为聆听(listening),其实它不是指单纯地听,它包含着更多的反应。

倾听时理想的身心状态是全身心地专注于当事人,不是只用耳朵听,而是用整个身心听,做到与当事人"同在",同时自然地"忘我"。为了做到这一点,开始接待当事人之前,咨询师需要有一点时间准备自己:安静下来,让占据自己的那些事务、思考的问题、焦虑或兴奋的情绪暂时退开,尽可能"清空"自己。同时,要开始准备让当事人进到你的世界里来,准备接受他。在整个会谈期间,咨询师也要尽量维持专注于当事人。

2. 常见的倾听技术

善于倾听,不仅在于听,还在于对来访者作出反应。不仅是为了向来访者传达自己的倾听态度,鼓励来访者叙述,促进咨询关系,同时也是为了澄清问题,促进咨询员对来访者的情况和对自身的了解。常见的倾听技术包括开放式提问、封闭式提问、鼓励、澄清、释意、情感反应、概述(归纳总结)等。

(1) 开放式提问。所谓开放式提问,就是咨询师在对话中,不断提出那些可以有多种答案的问题,以广泛地获取所需了解的信息。由此,咨询师要在谈话中多使用开放式提问来推动来访者看到自己平时看不到的问题,发现自己的思维、情感的误区和盲点。

通常以"请描述一下……""请谈一谈……""能不能""什么""为什么"等形式发问。它能促使来访者主动地、自由地敞开心扉,自然而然地讲出更多的有关情况、想法、情绪等,而无须搜肠刮肚地回忆、思考,或者仅仅以"是"或"不是"等开始。在会谈中,各种问法要根据当时情形合理使用,不能固着于其中一种问法。尤其是以"为什么"为始的发问,有些咨询师主张慎用、少用。因为过多地这样发问有使咨询关系疏远化的作用,而且涉及当事人困扰的原因的这种提问,若当事人早已知道答案,他多半就不用来找你咨询了。以"能不能告诉我""愿不愿谈谈"这样的形式发问能导致最开放的回答,它像对当事人谈话的一种邀请,不带强制性。

开放性提问要建立在良好的咨询关系的基础上,否则,来访者就可能产生被讯问、被窥探、被剖析的感觉,从而产生怀疑和抵触情绪。有些提问,语气、语调、词语的选择既不能过于随便,也不能有咄咄逼人或指责的成分,尤其是涉及一些隐私时更是如此。此外,咨询员要记住,询问是咨询本身的需要,而绝不是为了满足自己的好奇心或窥探隐私的欲望。还需要指出的是,提出开放性问题后,要给来访者足够的时间来回答问题,要知道,来访者可能没有现成的答案。让来访者产生急于回答的感觉是有害的,因为他可能为使咨询员高兴而回答问题。

（2）封闭性提问。当会谈内容较为深入，需要进一步澄清事实、缩小讨论范围或集中探讨某些特定问题的时候，可以适当采用封闭性提问。封闭性提问通常以“是不是”“要不要”“有没有”“对不对”开头，如“你喜不喜欢学校？”“你来这儿是否因为同学关系问题？”“你确实这样想过吗？”而来访者多以“是”“否”或其他简短的语句作答。可以用来收集特别的资料，以澄清事实，由于这种提问限制了来访者的回答，所以它还可以制止来访者喋喋不休、漫无边际的叙述。除此之外，封闭式问题也可以帮助咨询员把来访者偏离某一主要内容的话题重新牵引回来。譬如，“我们能否继续接着讨论刚才的问题？”

但需要注意的是，封闭性提问不宜过多使用。否则，会使来访者产生被讯问的感觉，压制来访者自我表达的愿望和积极性，甚至对咨询关系产生破坏性影响。因为来访者前来咨询的需求之一，是向咨询员表达自己的感受，若总是处于被动回答的地位，就会降低它的求助动机。另外，一次不要提出多个问题，否则，会使来访者产生混乱，结果可能只回答了最不重要的那个问题。

（3）鼓励。鼓励是借助一些短语，或复述当事人谈话中的一两个关键词或语气词，或点头、注视等表情动作来完成的。它的首要作用是表达出咨询师对当事人的接受，对所谈的东西感兴趣，并希望不要中断这样一些意思。因此，它起着支持当事人说下去的作用。例如，以某些词语如“嗯”“好”“接着说”“后来呢”“我明白”等来强化来访者叙述的内容，并鼓励其进一步讲下去。

鼓励的另一个功能是咨询师通过对来访者所述内容的某一点、某一方面做选择性关注而引导来访者的谈话朝着某一方向做进一步深入。面对当事人谈出一系列情况，你选择哪一话题做出鼓励反应，直接决定着下面谈话的方向。因此，鼓励虽然是个不起眼的技巧，却深深体现着咨询师对谈话中有治疗价值的东西的敏感和判断。

例：

来访者：“我和宿舍里的一个同学总是相处不好，主要是对事情的观点总不一致，我说东，他肯定说西，总是和我对着干。宿舍里的其他人都持中立，总是在一旁看我们笑话。有时我也想谦让他一下，可我一听他说话就憋气，就想和他抬杠，结果就吵了起来，我为此很烦恼，晚上常回想吵架的情境，总失眠，不知怎么办好。”

此例关系到许多个主题，心理咨询老师可选择任何一个予以关注。比如，“你说你和宿舍里的一个人总是相处不好，是吗？”“宿舍里的其他同学都看你们吵架的笑话，而不表明立场，是这样吗？”“你晚上常因白天与同学吵架的事，睡不好觉是吗？”“你说你现在因此很苦恼，并且失眠，不知道怎么办好？”等，鼓励不同的句子，就可以引导来访学生朝着不同的方面继续叙述，达到从不同的角度探讨一件事情的目的。

因此，咨询老师应把握来访者所谈的内容，根据经验并结合需要有选择性地给予鼓励。上例中，选择“你现在因为与那位同学相处不好，感到很苦恼，并且失眠，不知怎么办好。”作为重复或许是最好，因为，这样说，一方面抓住了来访者此时情绪的核心；另一方面还鼓励了来访者对他所困扰的问题做更进一步的描述和分析。

（4）澄清。来访者由于心理困扰而来求助，其表达的大部分信息出自内部的参照系统，因而有些内容可能是模糊而混淆的。在咨询师感觉重要的地方出现模糊和不确定，就需要进行澄清。

澄清就是对当事人陈述中的模糊、意思不明确的地方，或隐含而又意义不清楚的表达，要求当事人做出进一步的说明、解释或补充。一个最容易出现笼统、模糊的场合是当事人使用所指不确定的代词，如“那个”“他们”“那样”等。澄清的主要目的是使双方对所表达信息的确切含义取得共识。这样才能避免一些无效的、像打太极拳一样的假互动。另外，有少数当事人，模糊笼统成了他们的一种认识风格，或者一种防御方式。澄清和具体化对于他们理清自己的头绪，乃至逐渐学会以比较清晰、确定的方式思考问题，或者突破防御，也有一定好处。

例：

来访者：有时我真想完全地摆脱它。

咨询员：你能描述一下“完全地摆脱它”的意义吗？

来访者：我总是有很多的事情要做——我总感到落在同学的后面，压力很大。我想摆脱这种难过的感受。

在此例中，澄清反应帮助双方明确了来访者说出的和咨询员听到的信息内容。

（5）释意（内容反应）。释意是将当事人表达的意思，经过咨询师的理解后，再反馈给当事人。这种反馈一般是比较简明扼要的，直接引用当事人的原话中的关键词句是经常使用的方法。布拉默认为，释意的作用之一是检查咨询师是否准确理解了当事人所说的话；作用之二是传递给当事人这样的信息：我正认真听你的谈论，我的思想一直跟着你（Brammer，1993）。这对咨询关系是有益的。艾维则指出释意的另一个重要作用，是使当事人有机会再次审察其困扰，并重新加以组织。综合起来看，释意的基本功能一是“澄清”，即在双方之间对当事人谈论的内容的实质取得共识；二是协助当事人更好地表达自己。其他作用，如当事人感到被理解，都是由这一基本功能派生出来的，且依释意的准确性而转移。

释意反应的要领包括：获取当事人表达的信息，尤其要注意和分辨当事人想要表达而没有表达出，或想要表达而没有表达好的信息；提纲挈领地向当事人转述当事人表达中的基本信息，尽量用不同的话，用更贴近当事人本意的话来表达；观察当事人的反应或线索，看当事人是否感到被准确理解了。

（6）情感反应。情感反应就是咨询师用言语的和非言语的方式，来表达当事人所谈到、所体验到的感受，简单地说，就是重现当事人的情绪感受。在会谈中，咨询师会特别敏感地对待那些当事人虽感受到却不曾清楚地意识到的感受。

情感反应与释意是同一类反应。它们应用在会谈中的情境，就好像咨询师为当事人举起一面镜子，让他们有机会听到、看到自己说了什么、感受到什么。二者的分别仅在于，释意着重于对当事人所谈的认知性内容的反映，情感反应着重于对当事人感受的反映。

例：

来访者：同宿舍的那个小丽经常背后说我的坏话，这实在令我忍无可忍。

咨询员：你说你同宿舍的同学在背后经常挑拨是非。（释意）

咨询员：你似乎对她很生气。（情感反应）

咨询员：你同宿舍的同学在背后挑拨是非，你为此感到很气愤，是这样吗？（同时做出释意和情感反应）

情感反应的要领和步骤是：（1）体认和知觉；（2）反馈性描述；（3）检查和判断。情感反应的基础和前提是对当事人情感的把握。当事人有时是用言语描述情绪感受，有时是以非言语实实在在地表现着情绪，还有许多时候当事人情绪感受的线索是隐蔽不易察觉的。所以咨询师需要能够体认和察觉当事人的感受，这比听当事人用言语表述自己的情绪要困难，但却更紧要。在把握到当事人的情绪之后，咨询师需要将其符号化，即在自己意识中准确地表征当事人的情绪，然后将自己的表征以言语和非言语的方式向当事人转述。不少学者提到准确表征他人情绪的困难（如林孟平，1988），学习者须做一些练习：一方面是要丰富自己的表征情绪的概念和词汇；另一方面是要仔细分辨相近程度、相近性质的情绪，学会贴切地描述人的情绪感受。最后是观察你的反应产生了什么效果，判断它是促进了当事人的自我领悟还是没有作用。

准确的情感反应有助于加强咨询关系，不准确的反应，尤其连续出现不准确的情感反应，则会伤害咨询关系，当事人会产生失望、不耐烦甚至不满。要做出准确的反应，关键在于咨询师真正进入了当事人的内心世界，全身心地体察当事人的感受。

（7）概述。概述又称归纳总结，概述就是把当事人的口语叙述、情绪感受和行为进行分析综合，以整理过的形式向当事人表述出来。概述可看成一个谈话段落或一次会谈的总结。通过概述把前面讨论的当事人的各种情况（情感、事实、观点看法等）系统清理一遍。可以形象地把它的作用比喻为梳辫子、穿珠子。

概述的作用主要在于给当事人一种运动感，感到在探索思想、情感以及问题原因方面正取得进展。同时，概述也让咨访双方对前一段会谈的内容有一个重新审视的机会，当事人通过这次审视也许能更好地认识自己，或得以补充资料，或得到反馈以确定咨询师是否正确地理解了自己。另外，概述往往自然地构成会谈的一次单元式收束，让双方有一个喘息之机。布拉默提出做出概述要注意以下几点：当事人谈话时留心各种主题和情绪性表现；把关键性的观念、情感的基本意思加以综合，用概括的语句表述出来；不要增添新的东西；确定是否需要做出概述，或者请当事人自己来概述。

（二）影响性技术

倾听技巧重在引导当事人自我探索、自我认识，在咨询师方面侧重于听。咨询师不主动地干预当事人的探索，而是起支持作用。倾听固然是必要和重要的，但单独使用则使咨询的进展变得缓慢。影响性的技巧的使用使咨询师更积极主动地进入会谈过程，对这一过程发挥影响。

影响性技巧虽然作用力较大，但不宜过多使用。因为，一般来说，咨询师主导色彩太浓会损害当事人的独立自主性。而且影响性技巧也存在较大的风险，技巧使用不当会危害咨询关系并进而妨害咨询效果。所以，在实际咨询中，倾听技巧的使用比例远比影响性技巧要高——当然这也得与理论流派的取向联系起来，行为治疗和认知治疗使用影响性技巧是毫不犹豫的。

影响技术包括解释、指导、提供信息、情感表达、影响性概述、自我开放、面质等。

1. 解释

解释（interpretation）是对当事人的问题、困扰做出超越其现时认识的诠解，从而使得当事人能够从一个新的角度来看自己的问题。在咨询中，咨询师会发现当事人常常对自己的思想、情感和行为方面问题的原因要么根本就不曾探索过；要么就是找到了一个自我损害的解释，并且被这一解释“套”住了，挣脱不开；还有的是陷入各种矛盾对立的混乱状况中，理不出头绪来。咨询师如果适当运用解释技术，提供自己对当事人问题原因的理解，有助于扩展当事人的视野，使其从一个新的参考系来看自己的问题，从而获得新的领悟。

解释是最重要的影响技巧之一，它能帮助来访者超越个人已有的认识，以一种新的方式（或者说从另一个参照框架）重新看待它们自身的问题，从而对问题有更好的理解，甚至还可能使他们的世界观产生认知性的改变。

2. 指导

指导简言之就是直截了当地指示当事人做什么和说什么，或者如何做和如何说。指导可能是影响力最强的技巧之一。指导的本质在于直接造成行为改变，它明白地指示改变什么、学习什么，以及如何改变、如何学习。所以指导有强烈的行为取向。行为疗法中很多技术方法都要用到指导，例如，行为管理、情绪性想象、放松训练等。但也有一些派别反对使用指导，如以人为中心疗法。但不管怎样，多数咨询师还是或多或少地运用指导。

正因为指导主要是行动定向的，单纯的指导是有局限的。对于不满足于“知其然”而希望“知其所以然”的当事人，指导应配合一定的说明和解释。

给予什么样的指导，与咨询师的理论取向有密切联系。我们可以大致把指导分成两类：一般性指导和作为某一疗法的实用技术的指导。作为实用技术的指导有一定的“套路”，需要结合不同流派的治疗策略或技术进行专门学习，例如，精神分析的自由联想方法中的指导、各种行为疗法的指导等。一般性的指导是咨询师针对某一问题，以基本心理学原理或个人实践经验为依据，创造性地设计出的指导。例如一考生在复习时一会儿搞数学一会儿抓历史，成天紧张兮兮效率却不高。咨询师根据学习和记忆的有关规律指示他如何合理分配复习时间，如何激发复习时思维的积极性等。把这类指导称作一般性指导，是因为它们没有特定的套路和固定的内容，并且在大多数咨询场合都会用到。

3. 提供信息

提供信息是指就来访者关心的问题向其提出建议和忠告，给予指导性和参考性的信息，以帮助来访者思考问题，做出决策。在与来访者面谈时，咨询师提供信息、提出建议、提出劝告都是十分必要的，在个别咨询中尤为重要。在学校个别咨询中，因为学生的经验、阅历、知识有限，咨询师提供建议和忠告的价值则更大。但在使用这一技巧时，需注意：（1）防止这一技术技巧给会谈带来潜在的危害，如来访者对建议或忠告不以为然，这将会妨碍咨询的继续进行；（2）要注意建议和忠告的话语含蓄而委婉，如“如果我是您，我可能会……”；（3）提供的建议和忠告一般不宜太多，过多使用会失效。

4. 自我开放

自我开放也叫自我表露、自我揭示等，是咨询师公开、开放、暴露自己的某些经历、经验、思想、情感等，与来访者共享。自我开放，有利于建立良好的咨询关系，为来访者树立好的榜样，从而增进来访者自我开放的程度，以达到影响对方的目的。自我开放有两种形式：一种是向来访者表明在会谈时对来访者言行问题的体验，如“我很高兴，你这么信任我”“我和你一样，感到失望”；另一种形式则是告诉来访者自己过去的有关经历和情绪体验，如“你说的这种情况，我过去也遇到过……”。

例：

咨询师：“我能体会你当时的那种感觉，我接到高考录取通知时也是充满了高兴、自豪的感觉，恨不得告诉每一个人…… ”（过去积极的自我表露）

咨询师："你的这种感觉让我想起我第一次上讲台时的心情，当时我的感觉是非常紧张，生怕讲砸了，有点儿想逃开，可又清楚地知道逃不脱，又慌又乱……我这种感觉跟你相似吗？"（过去消极的自我表露）

自我开放需建立在一定的咨询关系之上，而且要适量。咨询师过多开放和暴露自己，就会挤占来访者的时间，并可能超出其心理预期，认为咨询师的心理也不太健康。另外，有的咨询师容易沉浸于自己的经验回顾中，大谈自己，使谈话的焦点离开当事人转到咨询师身上。更有甚者，有的咨询师在自我表露中不自觉地拿自己之长反衬当事人之短，这不仅离开了当事人，还会损害当事人的自我评价，抑制当事人的表达。

所以，自我开放技术的使用要考虑一些重要的规则。首先是咨询师要意识到自己的动机。你是基于对当事人的考虑，出于对促进会谈的需要的判断，还是出于自己的表现冲动而想要作自我表露？如果是后者，你需要抑制这种冲动。第二是要考虑自我表露的时机。关于自我表露的研究发现，过早的自我表露不仅不能引起信任、好感，反而引起不适和戒备。所以，自我表露应该在已经建立起较自由的交流气氛的基础上进行。第三是要考虑自我表露的深度。原则是，以跟当事人当时所表露的层次相当的层次做自我表露，并且与当时咨询关系的密切程度相适应。

5. 影响性概述

咨询师把自己所叙述的主题、观点、意见等组织整理后，以简明扼要的形式表达给来访者，这就是影响性概述。当会谈的一个自然段落完成或一次会谈结束时，咨询师可使用概述作为一个小结。影响性概述的作用之一是使会谈显得有结构、富有条理，避免会谈混乱；作用之二是使双方有机会对刚才的谈话做一番检查，强调某些重要内容，加深印象；作用之三是为下一步会谈的主题做好准备。

影响性概述与前面的倾听性概述的不同之处在于，前者是咨询员表达的观点，而后者是来访者叙述的内容，因而，前者较后者对来访者的影响更为主动、积极和深广。运用影响性概述时，要注意：第一是条理分明，重点突出；第二是简明扼要，通俗易懂。

6. 面质

面质技术是当咨询者发现当事人语言与非语言行为不一致、逃避面对自己的感受和想法、语言行为前后矛盾、不知道善用资源、未觉察自己的限制等行为时，咨询者指出来访者矛盾和不一致的地方，协助当事人对自己、对问题有进一步的了解。面质的意义不在于否定对方，贬低对方，而在于开启对方，激励对方。面质的目的在于使当事人超越咨询者对他的对质，认识到他认知与思维方法中的偏差，产生新的领悟。

例：

来访者："我感到很舒服"（言语信息），而同时又坐立不安并搓动双手（非言语信息）。

咨询者："你说你感到很舒服，可是你同时又在搓手"。

咨询师的面质虽然不是批评、责备，但是仍然容易引起当事人的反感。因此，面质的使用要谨慎、适当，为此，要注意如下几点：

（1）面质应以事实为依据。对质的基础是事实，当事实不充分、不明显时，一般不宜采用面质。避免个人发泄和无情攻击。不能将面质当成咨询者发泄情绪乃至攻击来访者的工具。要记住，面质的前提是真诚、理解、温暖，一旦脱离这些基础，将面质当成卖弄自己智慧与能力的机会，或借机发泄对来访者的不满，就失去了面质的意义。

（2）应建立在良好的咨询关系的基础之上。很多面质所涉及的问题对来访者可能具有一定程度的威胁，有可能导致危机出现，因此，在使用之前，一定要确认咨询关系已经具有相当坚实的基础。良好的咨询关系可以给来访者以支持，而充满理解、真诚的面质又可以减少面质的负面作用。

（3）可以使用尝试性面质。可适当应用一些尝试性面质，比如："我不知道我是不是误会了你的意思，你上次说你和班主任相处没问题，可这次你好像说你一见班主任就紧张、出汗，不知哪一种情况更确切？"如果来访者愿意就此说明，当然很好；如果对方不愿涉及，这时就不必追问下去，免得来访者难堪、惊慌，可以留待适当时候再行尝试。因此，面质在心理咨询中既是必要的，又是需要谨慎使用的。

（三）各种非言语技术

个别咨询并非只是说和听、问和答，人们不仅用口头语言说话，咨询时还要通过非言语的表情、声调、姿态、手势等进行交流。个别咨询是言语内容和非言语行为交互作用而达成的，许多时候，非言语行为所表达的信息比言语表达的信息更多、更准确、更真实。

1. 目光注视

在人的面部表情中，眼睛具有十分重要的意义，人们形象地称眼睛为"心灵的窗户"，可见它的意义所在。咨询师与来访者在会谈时，常会有目光的接触，通常咨询师注视来访者，表示对他的谈话感兴趣。当咨询师说话时，他与对方视线的接触会少些。一般讲话多的人比听话多的人更少注视对方，如果一方开始说话了，就会先把目光从对方身上移开，说话结束时，又会重新注视对方。视线的接触在会谈时因谈话的内容、气氛、场合等有不同的反应和表现形式。咨询师应注意自己的目光，如果对方谈话时，咨询师却在那里看着别的东西，或者东张西望，目光游移不定，就会妨碍来访者继续表达。目光的使用怎样才比较合适呢？一般情况下，当咨询师倾听对方叙述时，目光可直接注视着对方的双眼，目光注视的范围以人的面庞为宜。另外，目光不要始终注视对方，如发现对方有意避开目光接触时，就不要紧盯着对方。

2. 形体动作

人的姿态、手势是极为丰富的，是一种特殊的身体语言。咨询师在来访者面前，总的原则应是使自己的身体语言融入到咨询过程中，以有利于个别咨询。比如，会谈时，咨询师借助于一些手势能加强言语表达的涵义，但会谈不是讲课和演讲，手的动作不宜过大，也不要对来访者指指点点。还有，在倾听来访者谈话时，咨询师要使自己面对对方，身体稍微倾向于来访者，并用点头示意等表示对对方的注意和肯定。另外，在来访者面前，咨询师不必正襟危坐，但应注意姿态端正，不宜过于随便，如有些咨询师在来访者面前跷起腿，这是可以的，但翘起的腿抖动不停，让来访者感到心烦意乱就很不合适。总的原则是，在会谈中，咨询师的身体既要真正表现出自在自如，又要表现出对对方的真切关注。

3. 声音特征

声音特征指咨询师说话的音量、音调、语速、语气和节奏等。这些特征的变化，对咨询关系的建立和咨询的效果均会产生影响，来访者在听咨询师说话时，咨询师说话的内容对来访者来说是理性化的东西，而从声调、语气中，他可以感受到某种情绪和态度，并由此诱发出来访者自身的态度和情感。那么，作为一个咨询师，其声音是否能让对方感到舒服、顺耳、温暖，就特别需要注意了。例如，当一个来访者进入咨询室的时候，咨询师语言表达的内容是欢迎和关心，但声音是淡漠和敷衍，来访者更相信声音的涵义而不是语言的意义，因为语言比声音容易作假。只有对来访者做到真切关心和尊重，咨询师的语言中才有了灵魂，说的话语才能打动人心。为此应注意，咨询师说话的声音不要太大，以等于或低于来访者说话的音量为宜，语速应稍缓，尤其是来访者激动时的语速加快，咨询师的语速应更缓，让对方平静，语调要有些抑扬顿挫，不要太平淡、单调。还有一点，咨询师要注意使用停顿，以引起来访者重视，集中注意力，产生领悟和思考等。

4. 距离和角度

咨询会谈时，咨询师与来访者的空间距离和相对角度也是一种重要的非言语行为。每个人都有一个无形的空间，以保持自己的独立、安全和隐私的需要。侵入这一空间，人就会产生不安、焦虑、不满和反抗。咨询中，双方相距太远会使对方产生冷漠、疏远、孤独的感觉；相距太近，又会使对方感到局促不安。双方距离的适宜性，应视具体情况而定。如室内和室外、同性和异性等，就有区别。一般来说，不宜太远，接近一些较好。当然，所谓距离的远近，应以来访者觉得合适为宜。双方位置互成直角较好。因为完全正面相对，会使人产生无法回避的感觉，易导致局促不安。直角相对既可以相向又可以侧身，能保持视线既不长久对视又可随时接触，使人感到轻松。

5. 沉默

会谈时出现沉默，并由此产生一种无形的压力，可能使双方不知所措、严重时影响双方继续进行咨询的信心。对此，咨询师既不能听之任之，也不能惊慌失措。出现沉默时，咨询师应迅速判断和分析沉默的形式：创造性沉默、自发性沉默和冲突性沉默，同时，还要分析沉默是来自于咨询师还是来访者。在这些问题比较清楚时，咨询师应付沉默就会自如了。例如，当看到来访者陷入长久的沉默之中时，咨询师可以适时地问“能告诉我你在想什么吗”，如果来访者由于思考而沉默时，咨询师最好以微笑、目光、微微点头表示自己的关注、理解和鼓励，以等待对方打破沉默，若沉默时间过久，咨询师可以关切地询问提示对方。总之，沉默并不可怕，表面上看，它可能是咨询中出现的危机，但也可能是一种巨大的契机。咨询师对沉默现象应予以高度重视，仔细分析，把握机会，跟踪追击，这样往往就会有大的突破。

【本章要点】

（1）学校心理咨询具有心理性、职业性、限制性、保密性、成长性和专业性特点。

（2）学校心理咨询过程包括：信息收集、分析评估、目标确立、方案探讨、行动实施和咨询结束六个阶段。

（3）咨询员与来访求助的来访者之间的关系，是心理咨询工作中最重要的方面，更是决定心理咨询成败的关键因素。在建立良好关系过程中，咨询员的态度和相应技术起着主导作用，主要包括共情、尊重、温暖、真诚和积极关注等。

（4）积极关注也称为正向关注、积极关怀，是指以积极态度对待来访者，对来访者言语、行为中积极面、光明面、长处、优点予以有选择的、特别的关注，强调正面的优点，使来访者拥有正向的价值观。

（5）倾听技术包括开放性提问、封闭性提问、鼓励、澄清、释意、情感反应、概述等。

（6）影响技术包括解释、指导、提供信息、情感表达、影响性小结、自我开放、对质等。

（7）非言语技术包括目光注视、形体动作、声音特征、距离和角度以及沉默等。

【学习与实践】

（1）咨询师对当事人做反应能否只用倾听技巧，完全不用影响技巧，并且达到很好的帮助效果？答案是肯定的。请应用小组角色扮演形式，进行以下活动："咨询师"仅用倾听技巧（其中提问技巧尽可能不用或少用）对"当事人"做反应，持续 10 分钟，然后小组分享。分享结束后换另一对"当事人"和"咨询师"，依次进行。分享时组员应聚焦于"咨询师"反应的长处和短处做出评论，尽可能不把焦点放在当事人的问题上。这个练习对于帮助学习者养成多听少说的习惯很有好处。

（2）从学校咨询机构或其他助人机构取得一个真实、完整的咨询会谈记录的逐字稿（注意该资料的取得须合法及合伦理规范）。请完成以下工作：

1）制作一个三栏（列）多行的表格。三栏（列）的标题从左至右分别是"谈话轮""会谈技巧"和"评论"。

2）把会谈逐字稿划分出"谈话轮"，并按顺序把每个谈话轮内容填入每行的第一栏。"谈话轮"是指当事人—咨询师之间的一个说话轮次。每个谈话轮包括一个当事人反应和一个咨询师反应。

3）根据本章对各种谈话技巧的说明，在第二栏标出该谈话轮中，咨询师所使用的谈话技巧。然后，在第三栏写下你对咨询师的反应的评论。评论的角度包括但不限于：反应的合适性、有效性、创造性。

4）从全部谈话轮中，挑选出你评价最高和最低的谈论轮各三个。对每一个都试着想想：如果换了你，在这里你会做出什么反应？请对你的反应进行评议。

【复习思考题】

（1）学校心理咨询的特点是什么？

（2）学校心理咨询的常见种类有哪些？

（3）学校心理咨询的过程包括几个阶段？

（4）试述积极关注的涵义。

（5）简述常见的倾听技术。

（6）简述常见的影响性技术。

【推荐读物】

1. 岳晓东，登天的感觉：我在哈佛大学做心理咨询，民主与建设出版社，2018。

2. 岳晓东，心理咨询基本功技术，清华大学出版社，2015。

3. 江光荣，心理咨询的理论与实务（第 2 版），高等教育出版社，2000。

4. 马丁·塞利格曼、卡伦·莱维奇、莉萨·杰科克斯、简·吉勒姆，教出乐观的孩子：让孩子受用一生的幸福经典，北京联合出版公司，2017。

5. 姚本先，学校心理健康教育新论，高等教育出版社，2010。

第八章　学校心理辅导的实施——团体心理辅导

【本章导航】

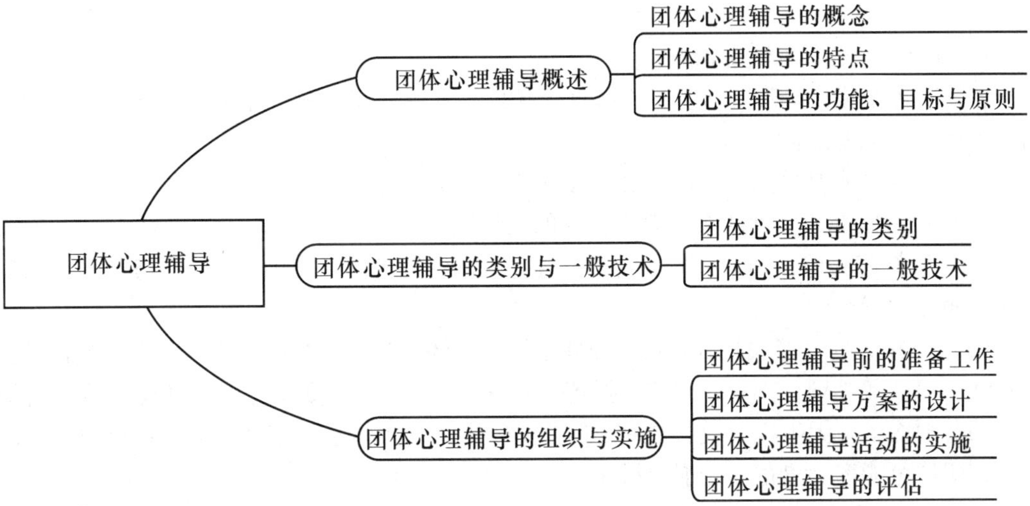

【学习目标】

（1）了解团体和学校团体心理辅导的特点。
（2）掌握团体心理辅导的概念、特点、功能、目标与原则。
（3）理解团体心理辅导分类标准与类别。
（4）掌握团体心理辅导的一般技术，能够熟练应用。
（5）探讨团体心理辅导实施的技巧和效果、评估方法，能够带领团体心理辅导。

阅读资料

● 名人名言

“在帮助那些有着类似问题和困扰的人时，团体辅导是一种经济而有效的方法。心理辅导教师如果把自己可以胜任的工作仅仅局限于个别辅导的话，他也就限制了自己可以提供服务的范围。”

——Gladding（美国心理辅导教育家，1996）

第一节　团体心理辅导概述

团体心理辅导是从英文“group counseling”翻译而来的。group 可译为小组、团体、群体、集体，counseling 可译为咨询、咨商、辅导，所以团体心理辅导与小组辅导、团体咨询、团体辅导等概念相同。随着我国心理健康教育工作越来越受到政府、社会、大众的关心和重视，团体心理辅导的技术和方法也被广泛应用在社会生活的各个方面❶。

一、团体心理辅导的概念

心理学研究证明，团体对一个人的成长与发展有着重要的影响。因为人是社会人，人必须作为团体的一分子，每个人的成长都离不开团体。心理辅导的实践已经充分证明，在帮助那些有着共同成长课题和有类似问题及困扰的人时，团体心理辅导是一种经济而有效的方法。

（一）团体的基本概念

团体是两个或两个以上独立的个体通过彼此互动、互相影响的个人集合体。但并非任何个人的集合都是团体。

一个有意义或有功能的团体，必须具备以下四个要素：

（1）有一定规模，即两个或两个以上的人组成。

（2）彼此有共识，即有共同的目标、理想、兴趣、价值，志同道合、荣辱与共，共识越多，团体的凝聚力就越强。

（3）互相影响，即成员有互动，彼此了解、关怀、支持、鼓励、欣赏、协助等属于正向互动；而彼此挑剔、责备、讽刺、挖苦、欺骗、打击等属于负向互动。团体内成员若缺乏互动，则冷漠且无生机；成员之间正向互动越多，则团体越健康越有活力；负向互动越多，则团体可能离心离德、分崩离析。

（4）形成规范，即通过共识和互动，形成团体规范，且为大家所共同遵守。明文的规范如生活公约、校规、法律等，潜在的规范则是团体成员间的一种默契，包括道德、风俗、习惯等，规范越清楚，且为大家所遵守，团体越健全、稳定。若团体缺乏规范，成员将会处于“无序”状态，易导致团体的解体。

团体的类型非常多，可以按照不同的标准把团体分成不同类型。比如，依组织程度可分为正式团体与非正式团体；依人数规模可分为大型团体和小型团体；依成员与团体的关系可分为隶属团体和参照团体；依团体的功能可分为教育团体、讨论团体、任务团体、成长团体、咨询团体、支持团体等多种形式。不同的团体对成员的影响程度不同，了解不同团体的特点有助于领导者有效带领团体。

人在成长的任何阶段都需要团体的陪伴和支持。团体不仅能够协助人们达成目标，而且可以满足人的多种心理需要，如获得安全感、归属感、满足自尊、增强自信和力量感等。团体在人的成长中扮演着重要的角色，尤其到了青少年时期，人的思想、观念、行为、态度更受同辈团体的影响。

团体对个人成长的影响，可能产生助力，也可能产生阻力。以成长小组而言，在温暖接纳的气氛下，成员可以自由表露，探索自我、互相反馈，解除心理障碍，促进情感的成熟和增进人际沟通的技巧，这是团体的助力。然而，在团体中，也可能由于依赖他人而产生责任分散的局面，或由于团体压力而导致成员焦虑紧张、手足无措，这就是团体的阻

❶ 樊富珉，何瑾．团体心理辅导［M］．上海：华东师范大学出版社，2010.

力。这要求团体领导者对团体动力的性质和作用有所了解，善于运用团体策略，发挥团体的效能。运作一个团体所面临的主要问题是如何发挥团体的助力，减除团体的阻力，帮助团体成员获得成长与发展[1]。

（二）团体心理辅导的定义

团体心理辅导是在团体情境下进行的一种心理辅导形式，它是通过团体内人际交互作用，促使个体在交往中通过观察、学习、体验，认识自我、探讨自我、接纳自我，调整改善人际关系，学习新的态度与行为方式，以发展良好适应的助人过程。团体心理辅导是运用团体动力学的知识和技能，由受过专业训练的团体领导者，通过专业的技巧和方法，协助团体成员获得有关信息，建立正确的认知观念与健康的态度和行为的专业工作。

团体心理辅导的特色在于培养人的信任感和归属感，由对团体的信任扩大到信任周围的其他人，由对团体的归属感扩大到对学校、社会及国家的认同感和归属感。由于团体心理辅导的独特之处和积极的效果，已得到广泛的发展，应用于学校、企业、医院、社区、司法等各个领域。

随着社会发展与物质生活的极大丰富，人们的生活节奏越来越快，人们所承受的心理压力也越来越大。不同行业、不同年龄段的人都有不同程度的心理压力和心理困扰，如学生的学业发展、异常行为、情绪问题、人际关系等，中年人的职业倦怠、家庭问题、药物滥用、突发事件的危机管理等，以及老年人的抑郁、孤独、临终等。社会对心理辅导的需要日益增多，而我国目前心理辅导领域的专业人员有限、人手不足，且主要集中在医院、高校和一些专业机构中，工作方式以个别辅导为主。因此，供小于求。在这种情况下，开展团体心理辅导非常必要，可以在有限的时间内为更多的人提供服务，更好地满足人们对心理辅导的需要，也可以弥补个别辅导的一些不足。

（三）学校团体心理辅导

我国从20世纪90年代初开始探索团体心理辅导在心理健康教育中的应用，实践证明了团体心理辅导的有效性，团体心理辅导已经成为学校心理健康教育工作的一种重要形式。

团体心理辅导之所以在学校中适用且有效，至少有以下三点理由：

（1）学生有团体生活的倾向。学生喜欢三五成群，一起学习，一起游戏。他们可以从同伴那里得到支持和安全感，看重同学对自己的评价。他们比较容易对朋友吐露心中的烦恼，也容易受到朋友的影响。学校团体心理辅导可以为他们提供安全的同伴交流气氛，成为学生自我探索、自我教育的机会。

（2）学生有共同的成长课题。学生都将面临着人生的一系列共同选择，如学业、交友、人际关系、升学或择业等，有着共同的发展课题。他们需要了解自己的思想、感受和行为，需要建立协调的师生关系、同学关系，需要克服种种困难完成学业，需要了解自己的职业价值观并求职择业，需要培养自信和掌握社交技能，需要改善适应水平保持心理健康等。通过团体活动，不但能充实学生在校生活的内容，提高学习的兴趣及解决问题的经验，而且能培养学生的社交能力、组织能力，增进友谊，树立团体意识。

（3）学生有类似的困扰。从心理发展角度看，青少年时期人的身体、情绪、智力、人

[1] 樊富珉. 团体心理咨询［M］. 北京：高等教育出版社，2005.

格都急剧发展，正从未成熟走向成熟，情绪起伏不定，易冲动。由于缺乏生活经验，以及来自自身、家长、学校和社会的各种要求和压力，青年学生常常会出现一些相似的心理适应问题和困扰。用团体心理辅导的形式提供帮助，不仅可以满足更多学生解惑的需要；同时，在团体中通过互相倾诉，使成员了解同龄人多有类似的问题，可以减少孤单和不幸的感觉；也可以用团体的力量共同探寻解决问题的途径与方法。

二、团体心理辅导的特点

（一）团体心理辅导与个别心理辅导的相似处

1. 目标相似

均为助人自助。积极方面，都在帮助个人由自我了解、自我接纳，增强自信以达到自我统整和自我实现；消极方面，都在帮助个人解决问题、减除困扰、缓解症状。

2. 原理相似

都强调提供接纳的、温暖的、自由宽容的气氛，以尊重和坦诚去除当事人的自我防卫，使个人能自由表现自己的感情和经验，自在地检视自我，产生自信，自主进行人生选择，并能对自己的决定负责。

3. 技术相似

都需要心理辅导老师熟练掌握接纳、同感、反馈、澄清、复述、面质、自我表露等技术，从而使来访者能够更加深入地观察自己和他人，增加了解自己和他人的能力，增强自我觉察和领悟的意识。

4. 对象相似

均以正常人为主，以发展中的个体为主，且以有适应困难者为优先。即以有正常发展问题的个人为服务对象。针对个人的要求、兴趣与经验，通过一些专业方式有针对性地帮助他们解决人生中的问题。

5. 伦理相同

都强调严守保密原则，尊重当事人的隐私权。都认识到了心理辅导教师的个人局限性和辅导方式的局限性。

（二）团体心理辅导与个别心理辅导的相异处

1. 互动程度不同

个别心理辅导的情境中，人际互动为一对一的形式，是一种深度的心理互动，但因人数原因，心理互动的广度有限；团体心理辅导的情境可以提供更多的、方式更丰富的交往机会，可满足成员社会性的需求，得到多方面的交流回馈，获得他人对于行为交互作用的反应与启示，但是，交流的深度没有个别心理辅导那么深。

2. 助人氛围不同

个别心理辅导情境中来访者主要是被帮助的对象，不容易体现出其对别人的帮助作用，较欠缺合作、互助、分享的关系和气氛；团体心理辅导的条件下，“我助人人，人人助我”，求询者不仅可以得到接纳、援助，也可以给予别人援助，团体越有凝聚力，成员之间就越能互相扶持，这种合作的、参与的关系有利于成员增进亲近感。成员的相互作用可以促进互相教育、互相启发，影响成员行为改变。

3. 问题类型不同

个别心理辅导比较适合处理个人深度情绪困扰问题；团体心理辅导在处理人际关系问题时，通常更优于个别心理辅导。

4. 辅导技术不同

团体心理辅导情境中，人际互动丰富且多变，领导者面临的问题非常复杂，领导者要有较好的敏感力和观察力，必须了解来访者的感情，帮助他认识自己的感情，而且要观察辅导的内容对其他成员带来什么影响，引导各个成员参与讨论。所以，他不仅要了解讨论的内容，同时，还要关心成员的相互作用及关系，不仅要有个别心理辅导的技巧，还必须敏锐觉察团体的特质和动态，使用各种“催化”技巧，以促进团体动力的形成和发展，发挥团体的潜力，达成团体的目标。

5. 工作场所不同

个别心理辅导仅需较小空间，有两把椅子或沙发、一个小茶儿，可以使心理辅导老师和来访者舒服地坐着交谈，布置得安静舒服即可；而团体心理辅导需要较大的活动空间，并需视活动内容、团体类型进行特别布置和安排。

（三）团体心理辅导的优势

团体心理辅导借团体的形式，助个人的成长，重视每个成员的成长与发展。团体心理辅导应用范围广泛，理论上讲只要有人群的地方，团体心理辅导就可以有用武之地。其具体优势体现在以下几个方面：

1. 感染力强，影响广泛

个别心理辅导的过程是辅导老师与来访者之间单向或双向沟通的过程，而团体心理辅导是多向沟通过程。对每一个成员来说，都存在多个影响源。每个成员在接受来自团体每一个成员的帮助的同时，也可以成为帮助其他成员的力量。此外，在团体情境下，成员可以同时学习模仿多个团体成员的适应行为，从多个角度认识和洞察自己的问题和烦恼，提升自己的适应能力，真正实现“我助人人，人人助我”。同时，团体心理辅导过程中，成员之间互相支持、集思广益，共同探寻解决问题的办法，减少了对领导者的依赖，增强了每个成员解决问题的能力和信心，并进一步促进个人更加开放，获得更多的突破和体验。

2. 效率高，省时省力

个别心理辅导是心理辅导老师与来访者面对面、一对一进行的帮助指导，每次心理辅导面谈需要花 50 分钟到 1 小时的时间；而团体心理辅导是一个领导者面对多个团体成员，即一个领导者可以同时指导多个有需要的人员，增加了心理辅导人数，节省了心理辅导时间与人力。团体心理辅导符合经济的原则，提高了心理辅导的效益。

团体心理辅导的效能还体现在防患于未然，避免问题的发生，利用集思广益的研讨方法，探索问题发生后的处理方式，这是解决问题最经济的方法。

团体心理辅导还可以缓解心理辅导人员不足的矛盾。从 20 世纪 40 年代以后团体心理辅导的迅速发展不难看出，第二次世界大战后心理障碍患者骤增，而专业人员极其有限，是强烈的社会需要使团体心理辅导得以大大推广。目前，我国发展心理辅导也存在专门心理辅导人员严重缺乏的问题。因此，开展团体心理辅导可以缓解人手不足的矛盾，在资源有限的前提下，为更多的需要者提供专业的服务，有效满足社会需求。

3. 效果容易巩固

团体心理辅导为我们提供了生活的重现和彩排经历，有助于帮助成员更好地看见与觉察自己的过往，更具主动性和意识性地开启新的生活。人生活于社会环境中，人的许多心理适应问题都是在人际交往中，在特定的社会环境中发生、发展的。为此，把来自社会环境、来自人际交往的问题放回到类似的环境中去再认识、重新调整，既有针对性，又有实际效果。

阅读资料

• 名人名言

“团体心理辅导的基本原理是它提供了一种生活经验，参加者能将之应用于日常与他人的互动中。”“通过团体历程，成员们经历了难以突破的瓶颈，也重现了早年决定的背景，因而学会做适当的新决定。团体历程帮助成员发现自己是如何扮演牺牲者的角色，并使成员在团体内与每天生活中，开始表现与过去不同的行为，而逐渐能控制自己的生活。”

——Gerald Corey

团体心理辅导创造了一个类似真实的社会生活情境，为参加者提供了社交的机会。成员在团体中的言行往往是他们日常生活行为的复制品。在充满信任的良好团体气氛中，通过示范、模仿、训练等方法，参加者可以发现和识别自己不适应的行为，并尝试与他人建立良好的人际关系。如果在团体中能有所改变，这种改变会延伸到现实生活中。即：实践的结果更容易迁移到日常生活中去。

4. 适应范围广泛

团体心理辅导对学生发展中的各种心理问题，诸如认识自我、提升自信、情绪管理、人际关系、时间管理、学习策略、人生规划等各种发展问题，均能够发挥有效作用。

同时，团体心理辅导对于改善人际关系有特别的作用。一般的青少年缺乏社会化的经验，在学校或社会里常发生人际关系方面的冲突或躲避与人接触，在团体心理辅导过程中可以得到改变。那些常年与同学、同事不能相处的人，也可以经由团体心理辅导来改善人际关系的适应。有些人因为缺乏客观的自我评价、缺乏对他人的信任，过分依赖或过分武断，难以与他人建立和保持良好、协调的人际关系，这种情况也可以通过团体心理辅导得到矫正。总之，团体心理辅导适用于更需要改善人际关系的人。

（四）团体心理辅导的局限性

“金无足赤，人无完人”，任何事物都有其优越性和局限性，团体心理辅导也不例外。了解团体心理辅导的不足，有利于更充分地发挥团体心理辅导的优势，避免其不利影响。一般而言，团体心理辅导的局限性体现在以下几个方面：

（1）在团体情境中不适合团体的个人特质。团体心理辅导可以应用到很多范围，但也不是万能的。团体心理辅导不可能适合于每一个人。在有些情况下，它的助人潜能将受到限制，甚至团体经验会给不适合团体心理辅导的个人造成负向的影响，如依赖性过强、人际焦虑过高或太自我中心的人，在团体中不仅难以获得好处，甚至还会妨碍团体的进展。

（2）在团体情境中个体差异难以照顾周全。由于团体领导者对每个成员都需关照，势必相对减少对每个成员的关注与交流，而无法满足特殊成员的特殊需求，或忽视个别成员的需要。而且，不同的成员个性不同，问题程度不同，个体差异难以照顾周全。因此，并非每个团体都一样有效，同样的团体，每个成员的收获和体验也是很不同的。

(3) 在团体情境中有的成员可能会受到伤害。在团体情境中，个人和团体在还没有充分准备的情况下，由于受到团体的压力而自我表露，会造成不安，有些成员甚至会受到伤害。在团体过程中获得的一些关于某个成员的隐私，事后可能不经意泄露，会给当事人带来不便。

(4) 团体心理辅导对领导者要求高。团体心理辅导对领导者的人格、专业训练、技术方法、临床经验、伦理道德等方面有更高的要求。不称职的领导者带领团体会给成员带来负面影响。要使团体心理辅导的优点充分发挥，局限性降至最低，可以采取一些相应的措施。领导者要意识到个人的特点和局限性，觉察自己的能力和不足，在带领团体时做好充分的心理准备，充分尊重每一位成员，经常了解成员的感受，评估团体对成员的影响，将团体心理辅导的负面影响降到最低程度。

三、团体心理辅导的功能、目标与原则

(一) 团体心理辅导的功能

团体心理辅导之所以被广泛应用是因为它具有积极的功能，一般而言，团体心理辅导具有教育、发展、预防及治疗四大功能。这四大功能相互联系，相互渗透，在心理辅导过程中共同起作用。

1. 教育功能

团体心理辅导的过程被认为是一个通过成员相互作用，来协助他们增进自我了解、自我抉择、自我发展，进而自我实现的一个学习过程。

阅读资料

● 名人名言

“学生在团体心理辅导中的学习内容有10项：学习对于真正的问题有所了解，并且能够面对它；学习分析问题的技术；学习在问题的研究和解决上能够利用许多资源；学习对于内心的了解，并改进行为；学习对于别人的了解，以及与人共处的方法；学习拟定长期的人生计划；学习对于当前的目标和长期的目标保持均衡；学习选择经验的标准；学习将知识、计划付诸实施；学习评鉴进步情形，及修正目标与计划等。”

——本耐特（M. E. Bennett，辅导学家）

团体心理辅导十分重视成员的主动学习、自我评估、自我改进，有助于学生自我教育；有助于培养学生的社会性，学习社会规范、适应社会生活的态度与习惯，以及互相尊重、互相了解、少数服从多数的民主作风，促进学生德智体全面发展；同时，成员对共同人生问题的分享经验、相互学习，有助于成员获得正确的观点和正当的态度、新的行为。

2. 发展功能

辅导心理学强调发展的模式，试图帮助每个成员得到充分发展，扫除其正常成长过程中的障碍。团体心理辅导最大的功能就在于它有益于正常人的健康发展。正常人的问题虽然不如有“问题”的人严重，但为数较多。特别是在学校里，理想的心理辅导工作不应该只关心问题学生的心理辅导，更要注意对正常学生的引导。团体心理辅导能给予正常学生以启发和引导，满足他们的基本需要、社会需要与自我需要，促进他们自我了解，改善人

际关系，学到建立充满信任的人际关系所需要的技巧和方法，养成积极面对问题的态度，对自己充满信任，对生活充满信心，对未来充满希望。可以说，团体心理辅导的积极目的在于促进人的发展。

3. 预防功能

团体心理辅导是预防问题发生的最佳策略。通过团体心理辅导，成员对自己有了更多的了解，懂得了什么是适应行为，什么是不适应行为；成员之间彼此交换意见，互诉心声，研讨以后可能遇到的难题及可行的解决办法，增强处理问题的能力，这可以预防心理问题的发生或减少心理问题发生的概率。同时，团体心理辅导中，领导者不仅能发现那些需要个别心理辅导的人，并及时予以援助；也能使所有成员对心理辅导有正确的认识、积极的态度，心理上有所准备，一旦需要帮助，能够主动求助。这也起到了预防心理问题发生与发展的作用，防患于未然。

4. 治疗功能

一般而言，治疗是减轻或消除已经表现在外的不正常行为。许多心理治疗专家强调人类行为的社会相互作用。在团体方式下，由于治疗的情境比较接近日常生活与现实状况，以此处理情绪困扰与心理偏差行为，易收到效果。目前在学校心理辅导中，许多团体治疗技术已经得到应用。尽管在学校心理疾病患者人数很少，但情绪不稳、适应不良、有心理困扰的学生却为数不少。这些有心理困扰的学生，经过团体心理辅导，问题不再恶化甚至减轻，这既可以说是预防，也可以说是治疗。既然他们有心理行为偏差，需要加以矫正，就可以说是治疗。因此，团体心理辅导的治疗功能是显而易见的。

当然，团体心理辅导是否能达成上述几种功能，还需视其方式与性质而定。一般而言，较大的团体，教育的意义强于预防和治疗的意义；较小的团体，预防治疗的意义则大于教育的意义。整体而言，心理健康教育是以预防为主，教育与治疗为辅，所以着重在教育、发展与预防的功能。

(二) 团体心理辅导的目标

团体心理辅导作为一种有计划的心理辅导活动，为了取得预期的结果，必须有明确的目标，领导者对团体的目标要有深刻认识。

1. 团体心理辅导目标的功能

任何一个团体心理辅导都必须有清晰而明确的目标。目标是团体行为的指引，为团体指出了共同努力的方向。

团体目标具有导向作用、聚焦作用、坚持作用和评估作用四大功能。在团体心理辅导过程中，目标为活动指明了方向，犹如地图，领导者可以此作为引导成员不懈努力的根据；目标可以帮助成员把注意力集中到活动中，心往一处想，劲往一处使；目标可以使成员有更多的坚持，不因过程中的暂时困难而泄气，不断努力进取，直到达成目标；同时，目标为领导者提供了一把尺子，用来评估团体的效果。

2. 团体心理辅导的一般目标

无论哪种特殊目的的团体心理辅导，在团体活动过程中都会包含一般目标，具体可概括为以下 7 条：

(1) 通过自我探索的过程帮助成员认识自己、了解自己、接纳自己，使成员能够对自我有更适当、更合理的认识，增强自信。

（2）通过与其他成员沟通交流，学习社交技巧和发展人际关系的能力，学会信任他人。

（3）帮助成员培养责任感，关心他人，能够敏锐地觉察他人的感受和需要，更善于理解他人，更有效地与人交往，愿意与人分享。

（4）培养成员的归属感与资格感、被接纳感，从而更有安全感，更有信心面对生活中的挑战。

（5）增强成员独立自主、自己解决问题和抉择的能力，探索和发现一些可行而有效的途径来处理生活中的一般发展性问题，解决冲突矛盾。

（6）帮助成员澄清个人的价值观，协助他们做出自我评估，并在此基础上进行修正与改进。

（7）帮助成员增强自我方向感，培养独立自主、自我解决问题和选择问题的能力，同时，协助他们把这些能力应用到日常生活和工作中。

3. 团体心理辅导的过程目标

团体心理辅导是一个发展的过程，需要经历若干发展阶段，每个阶段都有不同的目标。

团体创始阶段的目标：协助成员互相认识，了解团体的目标和结构，察觉自我的感受和行为，建立团体的契约以保证团体顺利进行。

团体过渡阶段的目标：协助成员分享感受和经验，经由团体练习促进成员之间的信任，并觉察自己与他人的感受和行为。

团体工作阶段的目标：协助成员检视自我困扰、焦虑，觉察有效的社会行为，学习问题解决，激发自我的改变与成长。

团体结束阶段的目标：协助成员总结已有的积极改变，巩固习得的适应行为，并制定今后的成长计划，将在团体中的所学应用于实际生活。

4. 团体心理辅导的短期目标、长期目标和终极目标

团体心理辅导的短期目标包括：以成功的团体经验来改善成员的自我观念；增强成员的语言表达能力；发展成员关怀自己和他人的能力；帮助成员敢于表露自己的能力和限制；发展成员倾听的能力；帮助成员真诚地讨论个人的困难、恐惧和焦虑，而不致流于批评和讪笑；帮助成员接纳自我并发展自我潜能；帮助成员有效解决日常生活中的问题。

团体心理辅导的长期目标包括：使成员对自己的特长和缺点具有敏感的觉察力；学习以社会能接受的行为来解决问题；提供成员学习社会期望的机会和场所；帮助成员觉察自己的行为对自己的未来和他人的影响；帮助成员在社会上发展自我，但不与社会冲突；帮助成员独立自主、不再依赖团体来帮助其解决问题；鼓励成员在团体内提供最大的贡献。

团体心理辅导的终极目标就是增进心理健康，促进人的成长，达成自我实现。

（三）团体心理辅导的原则

为了发挥团体心理辅导的作用，完成团体心理辅导的目标，获得理想的效果，团体心理辅导中应遵循一些基本原则。

（1）专业原则。团体心理辅导是一种有组织的活动，也是一项有计划的工作，应由接受过专业培训的人员负责，事先应制定周详的实施计划。团体领导者应具有丰富的能力与经验来引导团体发展。此外，对团体的效果要有客观的评鉴与记录。

（2）民主原则。民主的原则有助于促使团体保持轻松的气氛而有秩序，增强团体的凝聚力。为此，团体领导者应以团体普通一员的身份，尊重每一位参加者，并参与团体活动，鼓励成员发挥自己的创见，与他人平等沟通，共同关心团体的发展。

（3）共同原则。团体心理辅导是针对成员共有的问题而组织的，进展过程中始终要注意成员共同的志趣和问题，使个人与团体相互关注，保持共同的信念、共同的利益和共同的目的。例如，人际关系团体心理辅导活动的参加者都有想学习人际交往技巧的共同愿望。

（4）启导原则。心理辅导的根本任务是助人自助，团体心理辅导过程中应本着鼓励、启发、引导的原则，尊重每个人的个性，鼓励个人发表意见，重视团体内的交流与各种反应，适时地提出问题，激发成员思考，培养成员分析问题与解决问题的能力。

（5）发展原则。在团体心理辅导过程中，领导者要从发展变化的观点看待成员的问题，用发展变化的观点把握团体的过程。不仅要在问题的分析和本质的把握上善于用发展的眼光做动态考察，而且在对问题的解决和结果的预测上应具有发展的观点。

（6）综合原则。团体心理辅导的理论、方法、技术种类繁多。只局限于某种理论和方法往往难以获得满意的效果。因此，领导者应了解各种理论和方法，根据团体心理辅导的任务和性质，综合选取有效的技术，以达成团体心理辅导的目标。

（7）保密原则。尊重每一个团体成员的权利及隐私是团体心理辅导中必须坚持的基本原则。要求领导者在团体开始时向全体成员说明保密的重要性，并制定保密规则要求大家遵守，不在任何场合透露成员的个人隐私。离开团体要承诺对团体中发生的人和事不传言、不议论，保护成员的隐私权。如果需要研究或发表，必须征得本人同意，并隐去真实姓名，确保当事人的利益不受损害。

但保密不是绝对的，当当事人的情况显示他或其他人确实处在危险边缘时，应采取合理措施，通知有关人员或组织做出危险警告，或向其他专业心理辅导人员请教处理方法。从根本上讲，危险警告仍是为了保护当事人的利益。因为，保障当事人的生命安全是心理服务的最高准则。

第二节　团体心理辅导的类别与一般技术

一、团体心理辅导的类别

目前，关于团体心理辅导的分类还没有一个统一的标准。可根据不同的标准，将团体心理辅导分成多种类型。

（一）根据团体心理辅导功能分类

1. 成长性团体心理辅导

成长性团体心理辅导是应用最为广泛的团体心理辅导形式，特别是在学校教育中更受关注。成长性团体心理辅导的主要目的是通过团体成员的主动参与、表达自己进而找到大家共同的兴趣与目标，重点放在自我成长与自我完善。成长性团体的发展功能体现在：（1）使个别成员已失去的社会功能与技巧得到集体修正；（2）使成员能够掌握社会技巧以便自我解决问题；（3）团体可以帮助成员迈向自我完善、发挥潜能的境界。这些发展功能通过以下条件实现：让成员有宣泄的机会；团体给成员以支持；使成员对自己有新的认识；改善适应，促进成长。

成长性团体心理辅导应用范围广泛，尤其适用于培养领袖人才、协助个人成长等方面。同时，也适用于帮助那些缺乏自信或社会适应有问题的人。例如，自我成长工作坊、成功心理训练、生命觉醒训练营、领袖才能拓展营等。

2. 训练性团体心理辅导

训练性团体心理辅导所注重的是人际关系技巧的培养，强调通过团体环境中的行为实验来帮助成员如何解决问题、如何做决定、如何表达自己的意见等。与发展性团体相比，训练性团体不注重个人成长，而重视团体发展的过程，如每个阶段中成员互动的方式，它引导成员如何观察并改进自己的行为。

训练性团体的主要功能在于为成员提供一个实验室，着重帮助成员去学习新的行为，改变不适应的行为，并通过练习使新行为得到巩固。训练性团体心理辅导是在一个平和的气氛中，帮助成员认识自己特有的行为，并亲身体验自身的行为能否达到自己预期的目标。

训练性团体有三个特性：强调此时此地，不涉及成员过去的行为；强调过程，不强调内容；强调真实的人际关系，尊重他人，有利于他人的成长。例如，人际交往技能训练小组、时间管理训练小组、父母效能训练小组等。

3. 治疗性团体心理辅导

治疗性团体心理辅导是指通过团体特有的治疗因素，如团体中所提供的支持、关心、情感宣泄等，改变成员的人格结构，使他们达到康复的功能。治疗性团体一般持续的时间较长，所处理的问题也较严重，往往针对某种行为异常，如焦虑、抑郁、性问题等，团体心理辅导的重点放在过去的经验影响以及潜意识的因素，同时，或多或少必须改变个人的人格结构。因此，治疗性团体心理辅导对领导者的要求更严格。

需要说明的是，参加治疗性团体心理辅导的成员并不一定比成长性团体心理辅导和训练性团体心理辅导的成员更有问题。许多心智健康的人也参加治疗性团体，而且觉得有所收获。因为，治疗性团体提供一种特殊的团体气氛，使不健康的人走向健康，使健康的人更加健康。例如，家庭治疗工作坊、哀伤治疗团体、中风病人自强小组、抗癌斗士互助团体等。

（二）根据团体的计划程度分类

1. 结构式团体心理辅导

结构式团体心理辅导是指事先做了充分的计划和准备，安排有固定程序的活动让成员来实施的团体心理辅导。此类团体有预定的目标，比较注重针对团体所要达到的目标设计活动以引导成员参与团体学习。在这类团体中，团体领导者的身份易辨认、角色明确，经常需要采用较多的引导技巧，促进团体内互动。而成员自主性与自发性的行为相对减少。这类团体的优点是团体早期就能增加团体成员的合作，降低参加者的焦虑，容易聚焦。一般比较适合青少年，如大、中学生团体。

2. 非结构式团体心理辅导

非结构式团体心理辅导是指不安排有程序的固定活动，领导者配合成员的需要、根据团体动力的发展状况及成员彼此的互动关系来决定团体的目标、过程及运作程序。领导者常潜入团体中，身份不易被觉察，主要任务是催化、支持，多以非指导方式进行。非结构式团体也会适当运用团体活动和练习。像“大家谈”团体就是典型的非结构式团体心理辅导。一般适合年龄较长、心智成熟、表达能力较强的人。

3. 半结构式团体心理辅导

半结构式团体心理辅导是介于结构式团体辅导和非结构式团体心理辅导之间的一种团体心理辅导形式。一般有设计好的初步的团体方案和进程，但又不拘泥于已有的程序，在团体过程中给成员以一定的自由度❶。

（三）按照团体心理辅导参加者的固定程度分类

1. 开放式团体心理辅导

开放式团体心理辅导是指成员较不固定，不断更迭，新成员有兴趣可以随时加入，成员可根据个人情况、需求和意愿选择加入和退出团体。成员的流动性相对带来不同程度的冲击，会使团体气氛产生很大变化，彼此刺激，相互学习。开放式团体心理辅导对于需要紧急和暂时性帮助的成员特别有价值，比如正在经历危机的人。医院中的团体经常是开放式的，病人可随时加入和离开。

2. 封闭式团体心理辅导

封闭式团体心理辅导是指一个团体从第一次聚会到最后一次活动，其成员固定保持不变，熟悉程度高，团体凝聚力与信任感较强，使团体能够发挥很大的效能。成员加入或退出必然会像平静的水面扔下一颗石子，影响团体进展。一般情况下，团体心理辅导常采用封闭式的方式进行。

（四）按照团体成员的背景相似程度分类

1. 同质性团体心理辅导

同质性团体心理辅导指团体成员本身的条件或问题具有相似性，包括性别、年龄、学历、职业、婚姻等。例如，大学生团体心理辅导参加者都是年龄相近、文化程度相同、生活环境类似、社会地位一致的大学生，本身的背景、年龄、知识、经验相似，又抱有同样的发展课题或同样的苦恼。同质性团体的好处在于：团体成员因背景、条件相似而有更多的共同语言、共同体验，相互之间容易沟通，易产生共鸣，能互相关心，不会感到孤立，而且成员可以从其他人的经验中得到解决问题的启发。

2. 异质性团体心理辅导

异质性团体心理辅导指团体成员自身的条件或问题差异大、情况比较复杂，如年龄、经验、地位极不相同的人，同时，成员所抱有的问题也不同。成员经验和适应模式的不同增加了团体的趣味性和挑战性，彼此提供了不同角度的观点，易于形成不同的意见组合。然而，这类团体的成员常常因为志不同、道不合、话不投机而难以沟通交流，难以建立相互信任的关系，从而妨碍团体的发展。而且对领导者要求很高，领导者的知识、经验、能力直接影响最终效果。这类团体常常以“个案为中心”，好处在于可使其他成员成为问题者的协助人，使受助人从多种角度洞察自己，获得多方面的帮助和启发，促使人格快速成长。如两性关系成长团体。

（五）根据参加团体的对象分类

1. 针对儿童的团体心理辅导

针对儿童的团体心理辅导，能收到成长性、预防性或治疗性的目的。在学校里，对那

---

❶ 郑希付，罗品超．学校心理健康教育［M］．北京：中国人民大学出版社，2016.

些常常表现出过于好斗、不能与同学和睦相处、攻击性强，或在家缺乏管教、具有受人轻视的相貌特征的儿童，都可以参加团体心理辅导。团体能为儿童提供机会表达他们对这些问题的感受，并鉴别出有严重情绪与行为问题的儿童。

2. 针对青少年的团体心理辅导

青少年期是一个特殊阶段，依赖与独立的矛盾、接受与拒绝的冲突、自我认同危机、寻求安全感、从众的压力以及对赞同的需求是这一时期的问题。团体心理辅导尤其适用于青少年。因为团体为他们提供了一个情境去体验冲突的情感，探索自我怀疑，并由此认识到他们与同伴共有这些问题。在团体内，青少年可以表达自己关心的事情，学习如何与同伴沟通，从团体领导者提供的榜样中获益，能安全地检查自身的限制，学习自我了解与自我接受。同时，团体也为青少年提供了一个帮助别人的机会。

3. 针对大学生的团体心理辅导

大学不仅应该重视知识教育，更应该重视学生情绪与社会方面的发展。团体心理辅导正是满足学生发展需要的工具。大学生团体心理辅导的目的是为参加者提供一个成长的机会和处理他们所关心问题的情景。例如生涯决定、男女关系、认同问题、人际关系以及其他有关如何成为一个独立自主的人的问题。大学提供的结构式团体内容形式多样，针对不同学生的不同需要开展。

4. 针对年长者的团体心理辅导

团体心理辅导对于年长者也很有价值。随着年龄的增长，有人会产生孤独感，对自己未来的生活产生忧虑，因不再被重视和需要产生无价值感，甚至陷入抑郁情绪。团体心理辅导可以帮助年长者面对这些变化，克服孤独感，重新寻找自己的价值和生活的意义，从而更加充实快乐地生活。

二、团体心理辅导的一般技术

为了使团体心理辅导发挥其应有的效用，团体领导者必须了解和掌握团体心理辅导的各种技术和方法。团体进行过程中，技术、策略、方法、态度其实很难严格区分，所以方法、态度、策略或手段，都可以视为“技术”。团体领导技术运用的目的是促进团体成员间的互动，让团体依其特性与需要运作，发挥团体最大的效能。

在个别心理辅导运用的一般技巧均可使用于团体心理辅导，如：倾听、共情、复述、反映、澄清、面质等。团体技术的学习，一般而言，首先必须了解各种技术的内容、运用方式、使用的典型情境与功能。同时，必须训练自己发展出对团体介入的敏感性及意图，适当且灵活地在团体情境中运用各种技术。

阅读资料

● 名人名言

“领导者在运用技术前，需要对团体动力与团体事件的判断有所认识，并对团体的认知、价值与介入意图产生连结，这样运用技术与有意义的介入才能符合特定情境，达到效果。”

——Person（1985）

我国台湾学者吴武典将团体心理辅导的技术区分为反应技术、互动技术和行动技术三类❶。

（一）反应的技术

1. 倾听

倾听是最基本的反应技术，是每个团体领导者的基本功。倾听不仅仅是用耳朵听，更重要的是用心听，去设身处地地感受。不但听懂对方通过语言、行为所表达出来的东西，还要听出对方在交谈中隐含的内容。倾听时的非语言信息非常重要，如关注的眼神、前倾的身体、适度的点头等。倾听可以明了情况、建立良好信任关系，还能助人。倾听的技术需要训练。

2. 复述

复述不是简单地重复对方所说过的话，而是专注他的谈话后，以更清晰、更明确、更恰当的方式重新描述对方所传递的信息。它包括把信息加以浓缩、精简、突出重点，以准确的字眼传递回去给对方。复述包含了领导者的分析、理解、判断和概括，有助于对方更清楚地了解自己的感觉。

举例：

成员A：“今天真倒霉，一出门就下雨，赶到汽车站，车刚走，好不容易挤上一辆车，开出不远就熄火了，等赶到学校已经上完两节课了。”

领导者：“今天你遇到多件不顺心的事。”

3. 反映

反映是指领导者用心去关注和理解团体成员的感觉，包括面部表情、姿态、语调、动作等非语言的表达，并通过自己的语言、动作、表情全面地反映团体成员的感受，让成员体会到领导者始终与他一起处理心理的困扰。反映包括内容反映和情感反映。可以把反映比作照镜子，使成员更清楚地了解自己。

举例：

成员：“我不想当会计，整天坐在办公室里记账”。

领导者：“你不喜欢会计工作认为会计工作没有什么变化。”

4. 澄清

澄清主要是针对成员所表达不清楚或混淆的地方，领导者协助成员把遗漏的信息说出来，将混淆的地方重新整理，使意思更加准确。这不仅使领导者和其他成员能正确地了解表达者的意思，更重要的是使表达者了解自己和沟通信息的本意。团体成员的表达能力因人而不同，领导者需要澄清成员所欲表达的意念，且使之具体化，从而使成员学习自我探索与自我表露。

举例：

成员A：“我前不久交了一个男友，但是最近我觉得他怪怪的，感到挺不舒服的，不知道应不应该继续和他交往。”

领导者：“你刚才说你的男友最近怪怪的，你指哪些方面？能不能具体一点，比如个性、处事态度、行为方式……”

---

❶ 吴武典，等. 团体辅导［M］. 台北：“国立”空中大学印行，2002.

5. 应对提问

团体领导者经常可能听到成员向领导者或其他成员提出问题，如果领导者就事论事地回答，一方面可能让成员产生依赖；另一方面不利于其他成员的参与和沟通。因此，可以用反问句，或让其他成员表达意见。

举例：

成员 A："遇到这种情况，我们该怎么办呢？"

领导者："这确实是个难题，不过，你能否先说说你认为怎么办好？"或者"对于 A 提出的问题，各位成员你们的看法如何？可不可以谈谈？"

6. 摘要

摘要指团体领导者在团体告一段落或即将结束时，用简单的叙述概括地将团体发生的过程或内容向成员反馈，从而产生澄清、引导和增强的作用。

摘要和复述的不同在于，摘要是对时间跨度较大的、前面整个过程或之前数次辅导的内容做总结概括，而复述是对成员刚刚说的一段话进行概括。

举例：

领导者："今天团体的主题是怎样有效地管理自己的情绪。我们一共做了三个练习，有画脸谱、你做我猜、情绪龙虎榜，刚才大家分享了自己的收获，我也和你们一样有很深的体会。"

（二）互动的技术

1. 建立关系

建立关系是互动技术的基础。团体领导者必须具备无条件积极关注、真诚、尊重、共情等基本态度，使成员感到温暖、安全，从而在团体中开放自己，形成良好的团体气氛，形成尊重、接纳、关怀的人际关系，互相信任。

2. 解释

解释指团体领导者对团体成员语言陈述或非语言行为给予意义的过程，目的在于帮助成员从新的角度了解自己行为的含义，增进自我洞察。当成员对自我的行为有所曲解时，解释是必要的。但解释不是说服或说教，而是提供思考。且解释时，需考虑成员的文化程度和理解水平，采用清晰、准确、简明易懂的语言。

举例：

领导者："我认为团体这样长时间的沉默的原因之一，是我们可能缺乏对团体目标的讨论，导致因害怕所谈论的事不太适当而有所迟疑。"

3. 联结

联结是典型的团体技术。领导者将成员间所表达的观念、行为或情绪相似之处予以衔接、产生关联，或把成员未觉察到的一些有关联的片段资料予以串联，以帮助成员了解彼此的异同之处，增加彼此的认同感，提示重新审视自己。或者更进一步找出团体中产生的主题，以促进团体讨论共同关心的问题，提升团体效能与凝聚力。运用联结技术时，同时可鼓励成员间彼此直接自由地沟通，以促进团体的互动与效能。

举例：

成员 A："我交友是很慎重很认真的，对时下流行的所谓'不求天长地久，只求曾经拥有'的说法不敢苟同，毕竟是人生大事嘛，需三思而后行。"

成员B：“如果我遇到那种满嘴甜言蜜语，行为却极不负责的人，我是不会与他交往的。”

领导者：“你们两人对交友的看法好像有一些共同的地方，都是态度认真、重视人品。可以多说一些你们的考虑和各自的感受或想法吗？”

4. 促动

促动也称催化，指团体领导者采取行动促使团体成员参与，如热身、破冰，或介绍重要的资料给团体的一种技术。团体心理辅导过程中，资料的提供极其必要，包括程序的说明、各种指引以及与团体心理辅导有关的知识介绍。

5. 阻止

阻止的技术是团体领导者防止团体或部分成员的不适当行为所采取的措施，非针对个人，也避免贴标签。当出现不适当的行为，如攻击未出席的成员、讨论某成员的闲话、穷追不舍地逼问等时，领导者需要用坚定而温和的语气加以制止。

举例：

成员A：“晓琳今天没来团体，肯定去收拾她新买的房子。上次她讲了买房子的维权经历，花了那么多时间，一点都不顾及我们的感受。”

领导者：“晓琳今天没来是有点意外，大家有一些情绪想表达也是可以理解的。但真正缺席的原因还不清楚，建议大家不要做没有根据的推测，这样不合适。我们可以在团体下次聚会时再当面与她讨论，请她告诉我们。还有，她今天不在，我们先不谈论她的事情，我们需要等她在时，直接与她沟通。”

6. 保护

保护技术的使用是为了确保团体成员在团体中免于不必要的心理冒险，或者不必要的身心伤害而采取的必要性、安全性反应。因为在多人参加的团体中，难免会出现冲突或其他负向行为，领导者要及时觉察、安全疏导。

举例：

某成员因为求职失败很沮丧，其他成员七嘴八舌地盯住她问这问那，使她面有难色，明显表现出不耐烦。领导者：“大家好像非常关心她，很想帮助她，但现在她看上去心情不太好，一定很难过。不知道有谁愿意先来分享自己类似的经验，给大家参考？”

7. 支持

支持的技术是指团体领导者给予成员鼓励、增强其信心，也有助于提高团体凝聚力。团体成员在开始面对自己的心理困扰时，往往会表现出抗拒或不愿意坦率地表达。团体领导者要多鼓励、多支持，肯定成员的优点，感谢其为集体做出的贡献，表扬其已有的进步，让他们感到安全、有信心。

举例：

领导者：“刚才小文讲出了她小时候的成长经历，让我很感动，感谢小文对团体的信任、对大家的信任。看到大家都那么用心地听，积极地反馈，团体内彼此互相信任，我相信大家可以成长更多。”

8. 反馈

反馈也称回馈，给予反馈是团体最重要、最有效的技术之一，是领导者基于对成员的行为过程和了解，表达对成员具体及必要的反应，以利于成员利用这些信息改变自己的行为。反馈的时机要适宜，尽量用非判断性的语言。反馈也可以是成员之间自发地给予，也可以由领导者邀请成员给予。

反馈与反映的区别在于，反馈重在表达领导者的反应，而反映是对表达者表达内容和情绪的看法和表达。

举例：

领导者："京生，听你讲你读书的不寻常的经历，我看到你的毅力和坚持，让我很感动也很佩服你。"

9. 自我表露

自我表露也称开放自我，指团体领导者在适当的时机有意义、有建设性地分享个人类似的经验、感受和看法。领导者自我表露的内容必须与团体的主题有关，与此时此地成员关注的问题有关。自我表露有助于领导者与成员建立良好的关系，促进团体气氛，增强成员学习的效果，刺激成员的思考。

举例：

领导者："团体中三个人都谈到儿时的生活与经历造成今天与父母关系的紧张和不理解。我也有同样的经验……但我现在明白了我父母其实很关心我，但他们不会表达。我自己主动一些，情况就会改善很多。"

10. 折中

领导者以客观公正的立场，邀请团体中的成员表达不同的看法，以确保所有的意见都有一个被听到的公平机会。

举例：

领导者："似乎团体里对这件事有两种看法。我们刚听完反对学生宿舍晚上集中熄灯的意见，另外赞成熄灯意见的人，你们的意见是否也说说？"

11. 聚焦

聚焦包括建立、维持或转移焦点的技术。团体领导者要有能力判断此时团体的焦点是什么，以及了解此时此地最适当的焦点，才能适当地运用聚焦的技术。团体的焦点有时是个人，有时是一个主题或活动。通常，领导者可以运用活动或练习来建立团体的焦点，灵活使用绕圈或配对的方法使成员有效聚焦。如团体中有太多话的成员，领导者就要有技术地引导其他成员参与，阻止其占用团体太多时间，巧妙地转移焦点到其他成员身上或转移到主题上。

举例：

领导者："小李，你刚刚已经说了很多你自己对网上交友的看法，我们是不是也听听团体中其他人的看法？"

或"刚才平平谈到他个人的兴趣时，我发现大家转移了话题，热烈地讨论自己喜欢的歌星和他们的作品，我们的主题是探讨自己，我们还是把话题拉回到主题上，好吗？"

12. 引话

引话技术一般用在面对一些较害羞或较沉默的成员，领导者需要适当地鼓励他们发言的时候。团体领导者可运用活动，直接普遍邀请所有成员，指名，或用眼神或其他手势等非语言技术引发成员讲话。使用该技术的关键是领导者对团体的准确判断。引话时要让被引导者感觉到他们发言很重要，领导者与其他成员非常有兴趣，但要注意，不要强迫他们，以免他们因为紧张反而更加退缩。

举例：

领导者："小燕，我注意到你一直没有说话，我不知道刚才所谈的主题是不是也与你有关？你可以谈一谈你的想法吗？"

13. 运用眼神

团体进行过程中领导者常常需要用目光环视整个团体，即使团体集中在每个成员身上时，领导者也需要自然地运用余光来观察团体，这样能搜集到许多宝贵的信息，例如，有谁对说话者同意或异议、谁好像有话要说、谁的情绪反应强烈、特殊非口语的信号等，均为领导者随时介入的依据。另外，领导者也可运用眼神鼓励成员说话或有意转移视线阻止成员说话。

14. 观察

对团体过程的观察是领导者自始至终都需要使用的技术。同时，引导成员增进对团体过程的观察力与敏感性，是领导者重要的领导技术之一。如果一直将团体停留在成员们所谈的内容，而忽略了团体进行的过程（即此时此刻团体正发生的事情、互动模式和程序），将会忽略许多宝贵的资料。

举例：

领导者："我想指出我已经观察到的现象，这对我来说很重要。我已经注意到，每当在团体当中谈及我们这个团体要做某项活动时，好像大部分人会看着我，由我来解决这个问题，我想是不是你们会假设团体要做什么是我的责任。还记得团体之初我再三强调的话吗？团体是我们大家的。"

（三）行动的技术

1. 起始

起始技术也称开启技术，是领导者用来在适当的时机介入团体，让成员进入活动状态的技术。一般在团体之初、团体动力停滞或团体从一个方向转向另一个方向时使用。起始技术可以带出成员的参与感，转化为积极的团体动力。

举例：

领导者："期中考试刚结束，从你们的表情上看得出大家都很努力也很疲劳，为了彼此鼓劲，请大家站起来，围成圈，互相拍打穴位，帮助团体伙伴放松一下身体。"

2. 询问

询问是一项重要技术。询问的问题需与成员的自我资料有关，如与成员目前生活有关的内容、成员愿意努力并改变的内容、成员愿意冒险并承担责任的内容等。询问可以引导成员深入思考，帮助成员探索内心世界，明确成员个人可以改变的领域。询问包括开放式和封闭式两种。团体心理辅导过程中，领导者应尽量使用开放式语句引导成员自我探索，从而增进自我了解。

举例：

成员 A："我最近心情不好，总是打不起精神，什么都不想做。"

领导者："你能不能说说你从什么时候开始出现这种情况，当时发生过什么事情？"

3. 面质

面质是个别心理辅导和团体心理辅导的一种常用技术。当团体领导者认清成员在思想、感觉、行为方面的矛盾和不一致时，应明确指出，并要求回答，这就是面质。面质时要善用实际的资料，并表现接纳与认可的态度，目的是促进成员自我思考、勇敢面对现实，有助于其成长。面质运用不当时，成员会感到受攻击和受威胁。一般在以下几种情况下需要面质：成员现在所说的与所做的不一致；成员所说的与所感受的不一致；成员现在所说的与过去说的不一致；成员所说的与领导者所觉察的不一致。面质最好在建立了良好的关系后使用，面质时态度要尊重关怀，内容要具体正确。面质使用得当对成员的改变非常有效。

举例：

成员A："现在的研究生教育水平很差，学生在混，老师在忙自己的事，根本学不到真本事，简直就是浪费生命。"

领导者："你觉得现在的研究生教育水平不行，读研究生在浪费你的生命。但你仍然继续读着，能告诉我们这是为什么吗？"

或，领导者："你一直在说对同学远离你不在乎，没什么了不起，但你的语气却提高许多，听起来像很生气，你有没有觉察到？你愿意说一说吗？"

4. 调停

调停是指当团体时间使用不恰当，团体进行方向与步调偏离主题时所采取的干涉行动，如团体发展速度太快、成员不习惯或难以忍受团体气氛、团体讨论跑题的时候。需采取调停行动的情况有：成员反应含有敌意；大部分成员的意见不正确时；团体成员被迫接受团体的决定；团体制造过分的紧张或顺从的压力等。调停技术使用的目的是把团体心理辅导的焦点集中到与团体有关的内容上。

举例：

领导者："刚才小B在谈自己童年的经历时，小A情绪反应非常强烈，以至于大家都去关注她，说明我们的团体成员之间非常关心。但是，小B还没说完，我们还是把注意力先集中到这里，继续支持她自我探索。"

5. 示范

示范是指通过电影、录像及治疗者、同龄人的适应行为，为团体成员提供仿效的榜样，以矫正不适应行为。在团体心理辅导中，团体领导者无论愿意与否，他的言行都对团体成员起到示范作用。有些领导者还专门邀请与团体成员有相类似的背景，但适应良好的志愿者为团体成员提供一个良好的学习和模仿的榜样，往往能产生十分特殊的疗效。

第三节　团体心理辅导的组织与实施

团体心理辅导的组织与实施包括：准备工作、方案设计、实施和评估四个方面[1][2]。

一、团体心理辅导前的准备工作

在团体心理辅导活动正式进行前，需要有一系列的准备工作。准备工作的质量，直接

---

[1] 胡永琴. 学校心理健康教育［M］. 广州：中山大学出版社，2010：153-164.

[2] 樊富珉，何瑾. 团体心理辅导［M］. 上海：华东师范大学出版社，2010.

影响团体心理辅导的效果。具体来说，需从以下五个方面进行准备。

（一）确定团体心理辅导的性质和目标

团体心理辅导前的准备工作中，最重要的一环就是确定团体心理辅导的性质和目标。

1. 确定团体心理辅导的性质

学校里采用的多是结构式、封闭式、同质性团体心理辅导。事先需要充分的计划和准备，安排好固定的活动程序，确定预定目标；团体成员一般以班级为单位，人员固定且相似度高，绝大部分都是正常的、健康的、有着共同困扰和发展问题的学生。

确定团体是成长性团体、训练性团体还是治疗性团体。目前，各级各类学校中主要开展的是成长性和训练性的团体心理辅导。一般以班级为单位，增进学生对各种各样问题的讨论，加深对自我和对他人的认识，发展身心潜能，促进人格健康发展，同时，训练学生如何处理人际关系、训练社会技能、增进社会适应。当面对少数有比较严重的问题的学生时，一般采用治疗性团体心理辅导，帮助学生解决心理困扰。

2. 确定团体心理辅导的目标

确定团体心理辅导的性质后，明确本团体心理辅导的主题及整体目标和每个阶段的过程目标、每次团体心理辅导的具体目标。具体而言，指经过团体心理辅导后，成员在认知、情绪情感和行为方面应达成哪些改变。目标必须是具体明确、有可操作性的。

然后再根据目标设计相应的具体活动，在活动中通过学生的体验讨论和感悟，达到团体心理辅导的最终目标。

（二）确定团体的成员与规模

团体的成员最好是自愿的，这样成员意愿度高，容易提高辅导效果。参加团体心理辅导的学生必须具备以下三个条件：自愿报名参加，有改变自我和发展自我的强烈愿望；愿意与他人交流，并具有与他人交流的能力；能坚持参加全过程，并遵守团体的规则。一般来说，小组成员的来源途径主要是通过宣传手段，学生自愿参加。学校的团体心理辅导一般以班级为单位进行，需注意，那些性格过分内向、羞怯、孤僻、自我封闭、有严重心理障碍的学生不宜参加。

团体的规模直接影响团体中的沟通行为和最终的效果。团体规模过大或过小，都不利于团体效能的发挥。一个团体应该多大规模，必须考虑以下因素：

（1）团体成员的年龄和背景。随着年龄增加，人数可适当增加。一般少年团体 3~5 人为宜，大学生团体比较适合 8~15 人，成年人团体大小可根据团体目标而定。

（2）领导者的经验和能力。初学者和经验不足者，更适合带领小团体；经验丰富、能力较强的领导者，团体规模可适当扩大。

（3）小组类型。开放式团体人数一般较多，封闭式团体人数不宜过多。

（4）问题类型。治疗性质的团体人数不宜过多，以 6~10 人为宜；以训练为目的的团体人数居中，以 10~12 人为宜；以发展为目的的团体，人数可为 12~20 余人。

学校里的心理健康教育课程中，运用团体心理辅导形式时，一般多采用以班级为单位的形式进行，团体的规模与班级大小一致，也可根据以上因素，将班级分成小组进行。

（三）确定团体心理辅导的时间和频率

包括团体时间的总体安排、何时进行、所需时间、次数、间隔时间、每周几次、每次多长时间等。团体心理辅导的组织方式有持续式团体和集中式团体两种。

1. 持续式团体

持续式团体是定期活动，持续一段时间。一般以 8～15 次为宜，每周 1～2 次，每次 1.5～2 小时，持续 4～10 周左右。活动的间隔和每次活动的时间可以根据团体成员的不同而有所不同，可根据具体情况灵活掌握。

2. 集中式团体

集中式团体常常利用节假日休息时间，将成员集中住宿，组织安排活动，如假期各种主题的自助夏令营、冬令营等。一般 3～5 天为宜，最多不超过一周。团体成员同吃同住同活动，除团体心理辅导活动外，还可以有一些娱乐活动和参观游览活动。

学校的团体心理辅导多采用持续式团体，定期活动。一般一周一次，每次持续的时间考虑与学校的课时安排一致。

（四）确定团体心理辅导的场所

团体心理辅导的场所通常有一些要求，例如空间较大，环境安静、安全、不被打扰，舒适优雅等。且要根据具体目标，对活动场所的座位安排、陈设、色彩、挂图等进行一定的安排布置。团体活动的场所理想，有利于学生集中精力投入活动，身心愉快地完成任务。

集中式团体心理辅导一般选择远离市区、风景优美的地方，良好的自然环境有利于学生情绪放松，全身心投入。

学校的团体心理辅导一般在专门团体心理辅导教室进行。团体心理辅导教室往往根据团体心理辅导的目的，进行了一定的装修与装饰，有利于团体心理辅导活动的进行。条件受限时，也可在桌椅可移动的会议室、教室内进行。特别要注意避免电话等的干扰。

（五）必要的教学资料、教具准备

团体心理辅导活动往往需要借助于一定的资料和教具进行。因此，需要事先做好教学资料和教具的准备。领导者要提前搜集相关资料，如图书、电影、研究报告等。此外，还要精心准备相关教具，如卡片、纸笔、饰物、服装、道具等。

借助于教学资料和教具，激发学生对活动的兴趣，提高团体心理辅导的效果。

二、团体心理辅导方案的设计

团体心理辅导活动启动前，方案设计是必要的环节。

（一）设计原则

一般在进行方案设计时，要遵循下列原则：

（1）领导者要了解自己的特质、能力、偏好及带领风格，了解所带团体及其对象的特质、目的，评估自己与团体的适配性。从选择、设计自己熟悉或有把握的团体活动开始。设计新活动时，要在带领前至少实际操作一遍，以积累经验。

（2）方案设计要考虑成员的特征，如性别、年龄、表达能力、学业背景等因素。同时，还要考虑到成员的个别差异，要难易适中，要让每一个学生都能自愿参与进来，并解除心理防御。

（3）方案设计要实际、具体可行，内容要有一致性、前后连贯，要有弹性及安全性考虑。活动内容基本上都是由易到难、由浅到深，且与社会真实生活相结合，让学生在社会实践活动中接受训练。

（4）如果有多个团体领导者，要分工明确，同时，要有充分的沟通和讨论。

（5）方案设计后，应与督导者或经验丰富的领导者及同行进行讨论，适时修正。实际运作过程中，可根据团体成员的情况、辅导的效果，对方案进行修正。

（二）团体各发展阶段的设计重点

团体发展会经历一系列阶段，在每个阶段，团体会有不同的特点，不同的任务和目标，这就要求辅导者根据团体不同的发展阶段设计不同的活动。

（1）团体创始阶段。在团体创始阶段，团体的目标主要是营造安全温暖的气氛，帮助成员互相认识、熟悉。此阶段的设计重点包括：营造温馨气氛以开始团体；设计无压力状态下的互相认识活动；澄清成员的期望；拟定团体契约和规范；设计引发初步的自我表露。

（2）团体过渡阶段。团体过渡阶段，需要进一步巩固成员之间的关系，促进成员的表达。此阶段的设计重点包括：设计增加团体信任感与凝聚力的活动；设计引发中等程度的自我表露；设计此时此地的分享活动以激发团体动力；设计成员之间正向的反馈。

（3）团体工作阶段。团体工作阶段是团体心理辅导的核心阶段，团体关系稳固，重点是改变，同时，主题更加明确，各种冲突和问题暴露得也更多。此阶段的设计重点包括：设计引发深层次的自我表露；设计引发成员之间的反馈；设计探讨个人问题的活动；设计促进行为改变的活动。

（4）团体结束阶段。结束在个别心理辅导和团体心理辅导中都具有独特的地位。结束不是简单的终止，而是必须详细设计和考虑的环节。一个完整的、有效的结束不仅会给成员留下深刻印象，还会对正常团体心理辅导起到深化作用。此阶段的设计重点包括：回到中层、表层自我表露；让成员有机会回顾团体经验；让成员彼此给予和接受反馈；让成员自我评估进步程度与团体的进行状况；处理离开团体的情绪与未完成事项。

在每一个阶段，每次团体的设计框架类似，都包括热身活动（破冰活动）、主题活动和结束活动三个方面。热身活动是为团体开场打破僵局，让成员进入团体，关注当下，增加团体凝聚力，增进成员间的互动，为主题活动做好准备；主题活动是团体的核心活动，直接关系到团体目标是否达成；结束活动是指结束前 5 至 10 分钟进行的活动，包括团体总结，让成员分享心得、巩固所学，预告下次活动的主题以及布置家庭作业等。

（三）团体方案设计的内容

1. 团体名称及性质

团体名称包括学术名称和活泼化宣传用的副标题。名称设计要符合团体性质、团体目标以及团体对象的特征，力求新颖、生动、有吸引力。切记避免“标签效应”，不给成员贴上“失恋者”“后进生”“贫困生”之类的标签。

阐明团体的性质，是成长性、训练性、治疗性？结构式、非结构式、半结构式？开放式还是封闭式？同质团体还是异质团体？

2. 团体目标

团体目标包括整体目标、阶段目标和每次活动的目标。具体包括经过团体心理辅导后，成员在认知、情绪情感和行为方面应达成哪些改变。目标要具体可操作、可评估。

3. 团体领导者

团体方案中应明确团体领导者的基本资料，如：姓名、基本经验、专业背景、受过何种团体训练、带领过哪些团体。如果有多个团体领导者，设计方案时要明确各自的分工。

4. 团体对象

团体方案中明确指出团体招募成员的类型、来源、人数、招募与甄选方式等。

5. 团体时间

团体方案中明确团体时间的总体安排、每次时长、间隔时间、每周几次、总时间跨度等信息。

6. 团体场所

团体心理辅导在何处进行，对环境的具体要求，布置、陈设、座位安排、色彩、灯光、挂图摆饰等信息。

7. 团体依据

团体设计必须有理论支持。团体方案中需列出领导者运用的理论。可以是依据心理学的流派、疗法设计而来；也可以依据某些特定对象的适应理论，如用于亲职教育的“父母效能理论”“正面管教理论”设计而来；也可以依据一套设计方案，如压力处理训练、自我肯定训练设计而来。

8. 团体评估方法

团体评估必不可缺，评估团体心理辅导是否达到预期目标、成员是否满意、领导者工作方法和技术使用是否恰当、成员合作是否充分，为今后组织同类团体积累经验，提供改进建议。

9. 单元设计

可以使用表格，列出团体整个流程以及每次的具体活动。

10. 其他

包括团体经费预算、广告等宣传品、报名表、筛选工具、契约书、评估工具、参考文献及其他相关资料。

三、团体心理辅导活动的实施

在进行了充分准备和做好方案设计之后，接下来的任务就是运作与实施。

（一）团体的形成

首先，领导者做好工作，想方设法采用有效技巧，吸引团体成员自愿参与并喜欢团体心理辅导。领导者明确成员条件后，可通过口头宣传，海报、广告、小册子宣传，或电视、报纸、广播等传媒宣传的手段，招募团体成员。

对已经报名、自愿参加的申请者进行筛选，可通过面谈法、心理测验法、书面报告法等方法进行。

之后，引导有参加意愿者关心团体，可通过阅读有关文件、观看有关影视资料、筛选面谈时的承诺与建议、签订协约、召开预备会的形式进行。以期进一步了解成员的个别特质和问题，介绍和澄清团体目标，成员间深入了解。

（二）团体的起动

由此，团体进入实际操作阶段。团体创立阶段，重点是领导者宣布团体活动的法律和规则，要求全体成员遵守，这是团体顺利进行的保证。一般包括：保守秘密、坦率真诚、耐心倾听、真诚表达等。

第一次聚会的组织推荐在更活泼轻松些的场地进行，以亲切愉悦的态度迎接成员的到来，安排更自然、简单、有吸引力的游戏和活动，促进成员的互相沟通、相识，逐渐形成团体合作互助的气氛。

阅读资料

● 如何开始一个团体

雅各布斯（Jacobs，1994）建议有下列七种方式：

（1）先对团体的目的及性质开场白后，进行成员初步认识活动。

（2）团体领导者以一两分钟做简要说明后，即开始做自我介绍的练习，希望团体成员一开始就能投入，彼此分享。如：今天的心情、姓名简介、最喜欢的动物等。

（3）一个详细的指导说明，将有关事宜说得十分清楚，接着就进入团体内容。

（4）开始时简短介绍团体的性质，进一步说明团体的内容，较适合于任务团体。

（5）开始时，先简短的团体介绍，进而分组，讨论团体目标，再回大团体分享和讨论，分组可增加成员讨论的机会。

（6）先对团体做简单介绍，进而让成员完成“语句完成形式问卷”。引导成员聚焦于团体目标，适用于任务团体、心理教育性团体。

（7）先进行介绍性练习，练习的最后一项是对此团体目标最大的期盼。

（三）团体的运作

团体的运作是实现团体效果和团体目标的关键。

团体心理辅导的过程是连贯的、渐进的。成员以团体活动为媒介，通过活动体验、讨论交流、彼此沟通、达成共识，从他人身上领悟自身的问题，从他人的意见中得到启发。团体心理辅导的专业技巧以团体活动、团体讨论等的方式为主体。团体进行中，一定要给予团体成员充分的分享机会，促进相互影响的产生。

（四）团体的结束

妥当的团体结束过程，使团体成员将团体经验加以整理和巩固，可以达成深化、扩展团体影响的功效。团体领导者要充分而有效地利用各种形式把握结束的时机，使团体在温馨、积极、圆满的气氛中顺利结束。

团体结束阶段，领导者要提前宣告团体即将结束，带领成员回顾团体历程，进行团体成效评估，协助成员做好面对未来生活的准备，互相道别与祝福。此阶段可以采取总结会、联谊会、大团圆等活动进行。

四、团体心理辅导的评估

团体心理辅导的评估是指通过不同的方法，搜索有关团体目标达成程度、成员表现、团体特征、成员满意程度等资料，帮助领导者和成员了解团体心理辅导的成效。

（一）评估的目的及作用

团体心理辅导评估的目的大致分为四种：

（1）有效监控辅导方案的执行情况，辨明问题、及时修正；

（2）检验辅导目标达成状况；

（3）为今后改进同类辅导方案的设计、训练策略提供依据；

（4）协助领导者了解和改进领导机能，提升专业水平。

（二）评估的类型

一个比较完整的团体评估至少应该包括以下方面：

（1）团体计划的评估。包括计划相关资料的获得、需求的评估以及团体目标及成员目标的评估。检查计划相关的资料和信息来源；团体计划是否征询预备成员的意见和看法；团体目标是否清晰，团体中个人目标是否明确。

（2）团体过程的评估。包括团体的关系、气氛、计划执行、事件处理、团体结束是否妥当等方面。过程性评估是在整个团体过程中不断进行的，通过观察、问卷等方式了解成员表现和团体特征，改善团体过程。

（3）团体总结性评估。指在团体结束时做的评估，是团体心理辅导结束时一项必须做的工作。常采用事先设计好的评估表或事先选定的测验进行。通过分析，了解成员对团体的满意程度、对团体活动的看法、团体感受及行为变化状况，以便领导者客观评价，改进今后工作。也可利用领导者自己参与观察、请成员写总结、写感想等方式进行。

（4）团体效果评估。包括：

1）反应层面——对内容、领导者、方法、材料、设施、场地、招募的程序等的评估，是最易于进行、最基本、最普遍的评估。

2）学习层面——方法有演示、讨论、角色扮演等多种方式。优点是对成员和领导者都有压力，便于成员更投入、领导者更负责。

3）行为层面——观察成员的行为表现，可以直接通过成员的行为反映辅导的效果，是相对难做的评估。

4）结果层面——在团体结束后通过一些可测量的指标，如自信心、学习态度、成绩等，与参加团体前进行对照比较，以反映团体心理辅导的效果。需要时间长，需要必要的技术和经验，最好有一个参照组来对照评估。

（三）评估的方法

可以由团体督导者、团体领导者、观察员、团体成员或团体成员相关的重要他人从不同角度评估团体的过程和效能。

1. 行为量化法

行为量化法要求团体成员自己观察某些行为出现的次数比做出记录，或者请成员之间或与成员有关的人（老师、家长、朋友）观察及记录，以评估成员的行为是否有所改善。行为量化法可以用来记录外显行为，也可以记录情绪和思维。行为量化法的优势是具体、可操作，记录过程也是成员自我监督的过程，有助于行为改变；不足之处是费时，准确度难以把握。

2. 标准化的心理测验

心理测验是一种对人的心理和行为进行标准化测定的技术。通常有智力测验、人格测验、能力测验、职业适应性测验、临床诊断测验等。在团体评估中，运用信度和效度较高的心理测验量表，可以反映出团体成员行为、情绪的变化，以评估团体心理辅导的结果。心理测验法的优势是准确度高，比较常用。

3. 自编调查问卷

由团体领导者设计一系列有针对性的问题，让团体成员填写，搜集成员对团体心理辅导过程、内容、成员关系、团体气氛、目标达成、领导者的态度及工作方式等方面的意见。问卷内的题目可以是开放式的，也可以是封闭式的。自编问卷调查的优势是，能让成员自由发表想法和感受，能收集到第一手资料。

4. 主观报告法

主观报告法是指通过团体成员的日记、自我报告、领导者的工作日志、观察记录等方法来评估团体的发展和效果。主观报告法的优势是真实性较高，不足是资料的记录和量化不容易。

【本章要点】

（1）团体心理辅导是在团体情境下进行的一种心理辅导形式，它是通过团体内人际交互作用，促使个体在交往中通过观察、学习、体验，认识自我、探讨自我、接纳自我，调整改善人际关系，学习新的态度与行为方式，以发展良好适应的助人过程。

（2）团体心理辅导与个别心理辅导的相似处在于：目标相似、原理相似、技术相似、对象相似、伦理相同。相异处在于：互动程度、助人氛围、问题类型、辅导技术、工作场所。

（3）团体心理辅导的优势：感染力强，影响广泛；效率高，省时省力；效果容易巩固；适应范围广泛。

（4）团体心理辅导的局限性：在团体情境中不适合团体的个人特质；个体差异难以照顾周全；有的成员可能会受到伤害；对领导者要求高。

（5）团体心理辅导具有教育、发展、预防及治疗四大功能。

（6）团体心理辅导的原则：专业原则、民主原则、共同原则、启导原则、发展原则、综合原则、保密原则。

（7）团体心理辅导可根据不同的标准，分成多种类型。

（8）团体心理辅导的技术区分为：反应的技术——倾听、复述、反映、澄清、应对提问、摘要；互动的技术——建立关系、解释、连结、促动、阻止、保护、支持、反馈、自我表露、折中、聚焦、引话、运用眼神、观察；行动的技术——起始、询问、面质、调停、示范。

（9）团体心理辅导的组织与实施包括准备工作、方案设计、实施和评估四个方面。

（10）团体心理辅导评估可以由团体督导者、团体领导者、观察员、团体成员或团体成员相关的重要他人从不同角度评估团体的过程和效能，具体方法有：行为量化法、标准化的心理测验、自编调查问卷、主观报告法。

【学习与实践】

（1）请选择一个年龄段的学生，设计一个主题的团体心理辅导活动。

（2）请带领一次团体心理辅导，并对自己的带领效果、领导风格进行评估。

【复习思考题】

（1）应如何理解团体心理辅导？其特征是什么？

（2）团体心理辅导的功能和原则有哪些？

（3）团体心理辅导的类型有哪些？
（4）团体心理辅导的技术有哪些？
（5）团体心理辅导前需做哪些准备工作？
（6）团体心理辅导方案的设计包括哪些内容？
（7）团体心理辅导方案评估的作用及方法？

【推荐读物】

1. 樊富珉，团体心理咨询，高等教育出版社，2005。
2. 樊富珉、何瑾，团体心理辅导，华东师范大学出版社，2010。
3. 郑希付、罗品超，学校心理健康教育，中国人民大学出版社，2016。
4. 中小学教师心理健康教育教程编写组，心理健康教育教程，人民教育出版社，2004。
5. 胡永琴，学校心理健康教育，中山大学出版社，2005。
6. 聂衍刚，学校心理辅导，广东高等教育出版社，2012。
7. 叶一舵，中小学团体心理辅导活动 350 例，福建教育出版社，2018。
8. 吴增强、蒋薇美，心理健康教育课程设计，中国轻工业出版社，2007。
9. 樊富珉，结构式团体辅导与咨询应用实例，高等教育出版社，2015。
10. 俞国良，学校心理健康教育研究的回顾与展望（论文），中国教育科学，2018（9）。

第九章　学生心理健康的测量与评估

【本章导航】

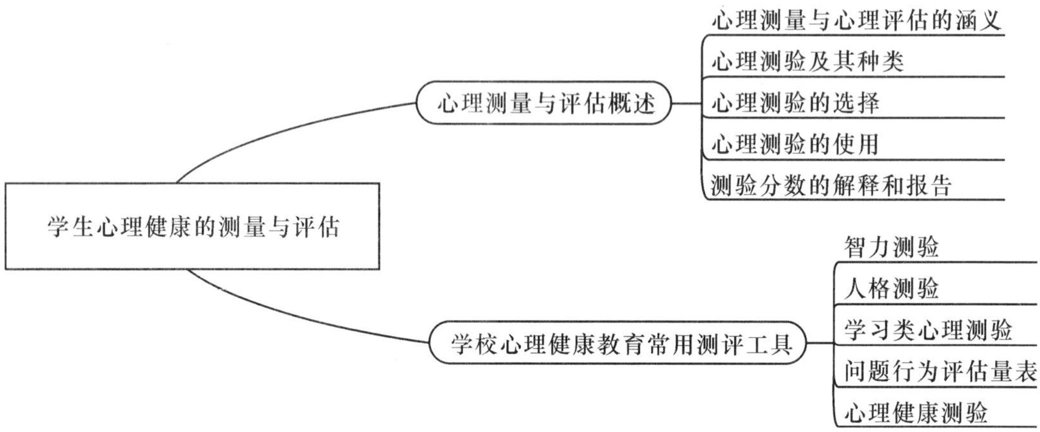

【学习目标】

（1）了解心理测量与评估的基本理论和方法。

（2）了解学校心理健康教育的常用测评工具。

（3）能够根据测评对象和目标，合理选择心理测验。

为了使学校的心理健康教育工作能有的放矢，心理健康教育工作者需要对学生的心理状况做客观准确的判断和把握，这就要求心理健康教育工作者掌握学生心理健康测量与评估的基本理论方法和技术，了解常用的学生心理健康测评工具。本章我们将从这些内容展开。

第一节　心理测量与评估概述

一、心理测量与心理评估的涵义

心理测量（psychological measurement），就是根据一定的法则用数字对人的心理特质的行为表现加以确定，即根据一定的心理学理论，使用一定的操作程序，给人的心理特质的行为表现确定出一种数量化的价值[1]。间接性和相对性是心理测量区别于物理测量的性

---

[1] 郑日昌，吴九君．心理与教育测量（第三版）［M］．北京：人民教育出版社，2011：20.

质。间接性是指我们无法直接测量人的心理，只能通过测量人的外显行为来推论他的心理特质；相对性是指我们判断一个人的行为时，没有绝对的标准，只有把他的行为与别人的行为加以比较，才能做出判断，这种推论是相对的。

心理评估（psychological assessment）是一套标准化的评估技术，应用多种方法获得信息，对评估对象的心理品质或状态进行客观的描述和鉴定❶。心理评估作为一种有计划的职业行为和技术，须由具有资格的心理学或相关专业的专业人员使用观察、访谈、测量等方法，广泛深入地搜集资料，依据一定的理论分析处理资料，对人的智力水平、人格特点、兴趣偏好等心理品质，以及情绪状态、意识状态和心理健康状态等心理状况做出正式的心理学评估，进而认识、理解评估对象。

一项完整的心理测评是由测量和评估两部分组成的。心理测量是心理评估最为重要的技术，它借助标准化的测量工具将人的心理现象或行为进行量化。心理测量的重点是搜集资料，特别是量化的资料。心理评估比心理测量概念宽泛，它还可通过访谈、观察、调查等方法搜集评估对象的所有相关资料，包括定性的或定量的、现在的或历史的资料。心理评估强调搜集各方面资料、整合资料并解释资料的意义，做出结论。从学科发展的角度来看，心理测量是心理评估的基础，心理评估是心理测量发展的必然产物。如果不对心理测量的结果做出适当的解释，心理测量就没有意义，心理评估就逐步地发展起来。随着心理评估理论和技术的发展，心理测量的方法技术也在不断地发展，二者相辅相成。

阅读资料

学生心理健康测量与评价的功能

第一，为学生的自我了解提供信息。将测评结果反馈给学生，可以帮助他们更加深入地了解自己，从而做到在学习、人际交往、自我发展等方面有意识地监控自己的行为，进行自我指导，并主动配合教师改正自身存在的问题。

第二，为教师科学施教提供依据。教师要想正确地把握学生心理问题的成因及特点，仅靠直觉经验和主观判断是远远不够的，应借助于心理测验等有效的测评手段和标准化测量工具才可以客观地诊断学生的心理问题，提高心理辅导的效果。

第三，为家长科学施教提供依据。科学、准确、全面的测评结果可以为家庭心理健康辅导提供有效的指导性参照依据，避免家庭教育过程中的随意性、盲目性和武断性。为学校的科学管理和科研工作提供依据。

另外，测评的结果为学校的科研部门提供了大量的第一手资料，不仅有助于科研工作者根据个别学生的心理问题进行深入研究，探讨出解决特殊问题的办法，而且可以探索学生心理发展的共同规律，预测学生心理发展的趋势。

二、心理测验及其种类

心理测验是心理测量的一种工具和手段，是通过观察人的少数有代表性的行为，对于

❶ 姚树桥．心理评估（第二版）［M］．北京：人民卫生出版社，2013：1.

贯穿在人的全部行为活动中的心理特点做出推论和数量化分析的一种科学方法❶。心理测验是了解人心理的工具，主要在“名词”意义上使用。而心理测量则是运用测验为工具，达到了解人类心理的实践活动，它主要在“动词”意义上使用。

自20世纪初以来，为了满足测量工作的需要，心理测量学家已编制了大量的测验。由于心理测验的用途十分广泛，根据目的及应用情境的不同，测验就有了不同的名称和类别。

按测验功能分类可分为智力测验、能力倾向测验、成就测验和人格测验。智力测验旨在测量个人的智力水平的高低。常用的婴幼儿智力测验有格赛尔发展量表、丹佛发展筛选测验、韦克斯勒学前儿童智力量表等。常用的儿童智力测验有韦克斯勒儿童智力量表、瑞文彩色推理测验等。常用的成人智力测验有韦克斯勒成人智力量表、瑞文标准推理测验等。能力倾向测验旨在测量个人的潜在才能，预测个人的能力发展倾向。成就测验旨在测量个人在接受教育后的学业成就。人格测验旨在测量个人在诸如兴趣、态度、动机、气质、性格等方面的心理特征。

按测验人数的多少分类可分为个别测验和团体测验。个别测验是指在某一段时间里由一位主试与一位受测者面对面进行的测验。像斯坦福—比内智力量表、韦克斯勒儿童智力量表、韦克斯勒成人智力量表、罗夏克墨迹测验等均属于这一类测验。团体测验是指在某一段时间里由一位主试对多位受测者同时进行的测验。像瑞文标准推理测验、艾森克人格问卷、卡特尔16种人格因素问卷等都属于这一类测验。

按测验分数的解释方法分类可分为常模参照测验和标准参照测验。常模参照测验是以常模作为解释分数的参照系统。常模是受测者所在群体的分数分布情况。常模参照测验关心的不是一个人的绝对水平，而是他在所属群体的相对位置。标准参照测验在对测验结果做出解释时不是与其他人比较，而是根据特定的标准对个体做出是否达标或达到什么程度的判断。这种测验常常用来检验学习的效果，看对指定的内容范围或技能掌握得如何，是否达到某一标准。

三、心理测验的选择

选择测验必须注意两个方面。

（1）所选测验必须适合测量的目的。由于每一个测验都有其特殊的用途和使用范围，所以测验使用者首先要对各种测验的功用及特长、优缺点有一个了解。不但不同的目的要选用不同的测验，而且不能只是根据测验名称盲目地选择测验。必须了解该测验的真正适用范围和功效，否则就会造成测验使用不得当。

（2）所选测验必须符合心理测量学的要求。选择测验还要考虑该测验是否经过了标准化，信度、效度如何，常模样本是否符合测试对象，常模资料是否太久而失效等。测验的标准化，是指测验的编制、实施、记分、解释等程序的规范性。标准化的程度是相对的，一般来说，标准化程度越高的测验，其测量结果的客观性程度也越高。信度，是指测量的一致性程度。一个好的测量工具必须稳定可靠，即多次测量的结果要保持一致，否则便不可信。效度指的是测量的正确性。效度所要回答的基本问题是：一个测验测量什么特性？

---

❶ 郑日昌，吴九君．心理与教育测量（第三版）［M］．北京：人民教育出版社，2011：20.

它对所要测量的特性测得有多准？在现实生活中，许多人将一些通俗读物或报纸杂志上的测验当作正式的心理测验来使用，实际上这些测验大多不符合心理测量学的要求，信度和效度低，仅能供娱乐消遣之用。

四、心理测验的使用

（一）做好测验的准备

首先，在测验前必须认真阅读测验手册。标准化的测验，必备有测验手册。在使用某一心理测验前，务必认真阅读该手册。阅读测验手册，为的是了解测验的结构与特点，掌握测验程序及方法，以便严格按照规定进行测量，提高测量结果的可靠性及有效性。在阅读时应着重把握如下内容：（1）测验编制依据的理论及特点；（2）测验的适用范围；（3）施测的程序及方式；（4）测验的指导语；（5）测验计分、评分标准及结果解释；（6）信度、效度方面的依据；（7）关于测验局限性的有关评述。

其次，要落实各项具体准备工作，主要包括：（1）做好测验前的联系工作，向有关人员交代测验的目的以及准备工作的要求。（2）检查测验所用的量表、计时器或其他器材是否齐全和完好，熟练掌握它们的使用技巧。（3）安排好测验环境，场地要安静、明亮、通风、简洁。（4）要尽可能事先掌握被试的基本情况，如年龄、年级、受教育程度、阅读水平、家庭背景等；对团体被试，则要了解该团体的成分、特点等基本情况。（5）要注意稳定被试的情绪，消除其可能的疑虑、猜忌、不合作态度，使其顺利地进入测验状态。

（二）规范测验操作

要做到测验操作程序规范，必须做到以下几点：（1）要以测验手册为依据，严格按指导语操作。指导语应不快不慢，忌带情绪色彩和暗示性。主试不能随意改变指导语，不能随意提示。当被试不理解指导语时，主试应按测验手册上的词语进行解释，不可随意使用手册规定之外的言语进行指导。（2）要注意协调好测验双方的关系，充分激发被试的测验动机，使其能配合做好测验，使被试乐于把自己的全部能力发挥出来，或把他的特征如实表现出来。（3）要注意控制测量误差。为此，一方面要注意排除各种干扰测验的无关因素，妥善处理测验中的偶发事件；另一方面，要尽力避免主试的主观态度对测验结果的影响，在测验过程中绝不可表露出赞同、反对、轻蔑、急躁之意，更不应给予启发或暗示。（4）要注意控制测验时间。能力测验和成就测验中反应速度是区分差异的重要因素之一，故必须按规定时间操作。（5）测验评分要客观。主试应熟悉计分方法、标准和范例。评分应避免“晕轮效应”的影响，即对被试的每一个反应，应仅仅就该反应本身来评定，不能因成见而影响评分。（6）测验过程要记录。诸如实施测验的时间、地点、反应、反应方式、所做符号、文字或口头答案，乃至健康状况、情绪、态度等，都要详细记录，为全面正确地分析、解释测验结果提供依据。

五、测验分数的解释和报告

对测验结果可依据常模或其他参照标准做出解释。一般在测验手册中对于各种分数的意义都做了详细的说明。

（一）分数的转化

施测之后，将受测者的反应与答案做比较即可得到个人在测验上的分数。这种直接从测验上得到的分数叫作原始分数。为了使原始分数有意义，同时，为了使不同的原始分数可做比较，必须把它们转换成具有一定的参照点和单位的测验量表上的数值。通过统计方法由原始分数转化到量表上的分数叫做导出分数。有了导出分数，才可以对测验结果做出有意义的解释。导出分数分为常模参照分数与标准参照分数两大类。

常模参照分数是把受试者的成绩与具有某种共同特征的人所组成的有关团体做比较，即根据一个人在常模团体内的相对位置来报告他的成绩[1]。心理测验中最常使用的常模参照分数是百分等级、标准分数以及标准分数的变式（T 分数和离差智商）。一个分数的百分等级可定义为在常模团体中低于该分数的人数百分比。等级越低，个体所处的地位越差。标准分数是将原始分数与平均数的差距以标准差为单位表示出来的量表。标准分数分为两类：线性转换的标准分数和常态化的标准分数。线性转换的标准分数，是将某人的原始分数减去常模团体的平均分，其差数再除以标准差得到。常态化的标准分数，先把原始分数转化为百分等级，然后从正态曲线面积表中查得对应的标准分数。当导出分数以 50 为平均数（即加上一个常数 50），以 10 为标准差（乘以一个常数 10）来表示时，就转化为 T 分数，即：$T=50+10Z$。韦氏量表的离差智商则是以 100 为平均数、15 为标准差的导出分数，即：$IQ=100+15Z$。

标准参照分数可以分为两种。一种标准是对测验所包括的材料熟悉或掌握的程度，将分数与此种标准比较可以弄清楚一个人知道什么和能做什么。因为涉及的主要是测验的内容，所以把这种分数叫做内容参照分数。另一个比较标准是用预期的效标成绩来解释测验分数，因为涉及的是后来的结果，所以把这种分数叫做结果参照分数。

（二）分数的解释

解释分数要注意以下几个问题。(1) 一个人在任何一个测验上的分数，都是他的遗传特征、测验前的学习与经验以及测验情境共同作用的结果，所以应该把测验分数看成对被试者目前状况的测量。在解释测验分数时，必须将个人在测验前的经历或背景因素，以及测验情境考虑在内。(2) 为了对测验分数做出确切的解释，必须有效度资料。不同的常模团体和不同的施测条件，往往会得到不同的结果，在解释分数时，一定要依据从最匹配的团体和最相近的情境中获得的资料。(3) 应该把测验分数视为一个范围而不是一些确定的点，也就是要对测验分数提供带形的解释，分数带的长短取决于测量标准误的大小。倘若使用确切的分数，应说明这些分数不是精确的指标，而是对真实分数的最佳估计。(4) 对于不同测验的分数不能直接加以比较。即使两个测验名称相同，由于所包含的具体内容不同（因而所测量的特质不完全相同），建立标准化样本的组成不同，量表的单位（如标准差）不同，其分数也不具备可比性。

（三）分数的报告

报告分数时要注意以下几个问题。(1) 使用当事人能理解的语言，心理测验具有自己的专业词汇，但并不意味着当事人能理解，所以应该用非专业性的用语来解释标准分数。(2) 要保证当事人知道这个测验测量或预测什么，如果分数是以常模为参照的，要使当事人知道他是和什么团体在进行比较。(3) 要使当事人认识到分数只是一个“最好”的估计。由于测验分数存在误差，所以对于一个团体总体来说有效的测验，不一定对每个人都

[1] 郑日昌，吴九君. 心理与教育测量（第三版）[M]. 北京：人民教育出版社，2011：169.

同样有效，但也不能让当事人感到分数是毫不足信的。(4) 要让当事人积极参与测验分数的解释，使其对自己的分数有最大程度的理解，使其知道如何运用他的分数，清楚测验分数在做决定过程中起什么作用。(5) 要考虑测验分数将给当事人带来的心理影响，对分数的解释会影响个人的自我认识、自我评价，从而影响其行为，所以在解释分数时一方面要非常慎重，另一方面又要做必要的思想工作，使当事人了解测验上的低分数能否由其他方面补偿，防止其因分数低而悲观失望。

阅读资料

心理健康测评的一般过程

(一) 确定测评目的阶段

不同的测评目的使用的方法、所收集的资料都不相同，因此，确立测评目的是整个测评工作的首要阶段。

(二) 收集资料阶段

为了客观、准确地测量和评价学生的心理健康状况，测评者必须全面了解学生的基本情况，根据情况决定从何入手去深入分析问题。可以从以下几个方面收集学生的详细资料。首先，通过与当事人的直接面谈得到相关资料。测评人员可以按事先拟好的谈话提纲直接询问当事人，通过当事人对这些问题的回答掌握有关资料。面谈过程中还应当注意观察当事人的行为表现、情绪反应、身体动作、言语特点等，对当事人形成综合印象。其次，测评者还可以通过与当事人有关的人员从侧面获取当事人的资料，比如与家长、教师、同学交谈，了解当事人在不同情境中的不同表现。也可以通过学生的家庭作业、绘画作品、周记等收集相关资料，因为它们往往能反映学生真实的内心世界。为了准确地对学生的心理问题做出判断，要恰当使用心理测验对学生的心理健康状况进行直接测量，客观分析当事人的心理特征。

(三) 分析、综合资料阶段

此阶段是在收集资料的基础上对大量的信息进行分类、整理的过程，以保证信息的真实性。首先，把所收集的资料进行分类，按信息描述的内容分类，分清哪些是对学生心理状况的描述（人际、学习、人格），哪些是说明问题发生的原因（家庭、社会、学校）。其次，还要区分外显的表层问题和内隐的深层问题。最后，在对所收集资料分析的基础上，对不同来源的资料相互比较，考察它们对学生的心理健康状况的描述及对发生原因的分析是否一致。要借助有效的测量工具判断其真伪，同时，要对不一致的原因做出合理分析。

(四) 发展干预措施阶段

对学生心理问题的性质及可能发生的原因做出分析之后，要进一步提出帮助学生解决问题的方法。针对问题性质，寻找合适的心理干预方法，对集体共同存在的问题，可以通过心理活动课、班队会等形式进行干预；对部分学生存在的问题，可以采取小组辅导与咨询的方法；对个别心理问题，视问题的严重程度，可以采取咨询或治疗的措施，特殊问题需要转介到专门的治疗机构。另外，根据问题产生的原因、主要来源，积极寻求家长、教师或同伴的配合。

第二节 学校心理健康教育常用测评工具

一、智力测验

（一）中国比内测验

比奈—西蒙量表是世界上第一个标准化的智力测验，由比奈和西蒙出于诊断异常儿童智力的需要于1905年编制而成。比奈—西蒙量表问世后，吸引了全世界心理学家的注意，各种文字的翻译本和修订本相继出现，其中，最为著名的当属1916年出版的由美国斯坦福大学的推孟教授修订的斯坦福—比奈量表。

1924年，陆志韦在斯坦福—比内智力量表（1916年版）的基础上，修订出中国比内—西蒙智力测验，1936年他又和吴天敏合作完成比内量表的第二次修订。1982年吴天敏主持推出第三个修订版，称为中国比内测验。中国比内测验共有51个项目，适用范围是2~18岁，每个年龄段有3道题目，按由易到难的顺序排列。施测时，首先，要计算受测者的实足年龄，根据他的实足年龄从测验手册的附表一中查找开始作答的题号，然后根据指导语逐题地进行测试。每题的内容和指导语都印在同一页纸上，有下划线的句子为对受测者的指导语，每一页的下方有答题时间要求、参考答案及通过标准。每通过一题记1分，未通过记0分，通过的题目数即为测验的原始分数。根据受测者的实足年龄和原始分数查测验手册后面的附表三，就可以获得受测者的离差智商。受测者完成整个测验大约需要30分钟~1个小时。此外，吴天敏根据临床的实际需要，从中国比内测验中选出8个项目，组成了中国比内测验简编，用于快速测查儿童的智力水平。

（二）韦氏儿童智力量表

韦氏儿童智力量表适用于6~16岁的儿童。历史上，韦氏儿童智力量表包含12个分测验，其中5个言语测验和5个操作测验是必做的，另外，还提供了数字广度和迷津两个备用测验。在解释分数时，测验手册为6~16岁儿童按每四个月为一个年龄组分别提供了常模表，并且韦氏儿童智力量表提供的量表分是在儿童自己所属的年龄组内进行转换的。各量表分是以10为平均数、3为标准差的标准分。言语智商、操作智商和全量表智商的平均分为100，标准差为15。2003年发行的韦氏儿童智力量表第四版（WISC-Ⅳ）与本量表的前期版本在划分理念与结构上有所不同。测验可得到全量表智商和言语理解、知觉组织、注意力集中或克服分心、加工速度等四个合成分数。

20世纪80年代初，林传鼎和张厚粲对韦氏儿童智力量表进行了修订，使之适用于中国儿童。修订后的韦氏儿童智力量表具有较高的信度和效度，但只有大中城市儿童的常模，在使用上受到一定的限制。

目前该量表在我国的最新版本为韦氏儿童智力量表第四版中文版（2008），由张厚粲主持修订。WISC-Ⅳ中文版面向6~16岁的中小学生，已制定出中国最新标准常模，由14个分测验组成。其测量结果提供一个全量表的总智商，用以说明儿童的总体认知能力，同时，也导出另外四个合成分数，用以说明儿童在不同领域中的认知能力。言语理解指数的各个分测验主要是用于测量学习语言的能力、概念形成能力、抽象思维能力、分析概括能力等。该项指数有助于教师和家长更好地了解孩子言语方面的能力，对于有言语发展障碍的孩子能起到较好的筛查作用。知觉推理指数的各个分测验主要测量人的推理能力、空间知觉能力、视觉组织能力等。与以往的量表相比，该项指数可以更精确地测查被试的非言语推理能力，有助于家长和教师更好地了解孩子的推理能力、空间思维能力等。工作记忆指数主要反映人的记忆能力、对外来信息的理解应用能力。工作记忆是人的学习能力的一个重要指标，该项指数可以准确地帮助人们了解孩子的注意力、记忆能力以及推理能力等。加工速度指数考察的是人对外界简单信息的理解速度、记录的速度和准确度、注意力、书写能力等。日常的学习生活往往要求个体既有处理简单信息的能力，也有处理复杂信息的能力。加工速度比较慢的个体往往需要更长的时间来完成日常作业和任务，也更容易产生疲劳。该项指数可以更有效地检测出孩子完成信息处理的能力。使用 WISC-Ⅳ可以对儿童的认知功能进行全面评估和鉴定，鉴别智力超常和智力落后，鉴别认知能力的强项和弱项，分析儿童认知能力的内部差异。

（三）瑞文推理测验

瑞文推理测验是由英国心理学家瑞文编制的一种非文字型的图形测验。瑞文将斯皮尔曼的智力一般因素划分为两种相互独立的能力：再生性能力和推断性能力。词汇测验是对再生性能力的最有效测量，而非言语的图形推理测验则是对推断性能力的最佳测量。

瑞文推理测验分为三种水平：瑞文标准推理测验，适用于 5.5 岁以上智力发展正常的人；瑞文彩色推理测验，适用于幼儿和智力低于平均水平的人；瑞文高级推理测验，适用于智力高于平均水平的人。主要任务是要求被试根据一个大图形中的符号或图案的规律，将某个适当的图形填入大图形的空缺部分。瑞文推理测验不受文化、种族与语言等条件的限制，既可个别进行，也可团体实施，结果以百分等级常模解释，直观易懂。

1985 年，我国张厚粲教授开始主持瑞文标准推理测验中国城市版的修订工作，基本保留了原测验的项目形式及指导语。测验共由 60 道题目组成，分为 A、B、C、D、E 五个系列，每一系列包含 12 个题目。项目系列由易到难排列，每一系列内部的项目也由易到难排列。每一项目均以“1”“0”计分，通过五个方面得分的结构，了解被测者智力结构，最后根据总分查得常模表中相应年龄组的百分等级。

瑞文标准推理测验中国城市版的常模团体根据人口普查资料取自全国大、中、小城市，从 5 岁半到 16 岁半每半岁为一个年龄组，17 岁至 19 岁为一个年龄组，20 岁以上每 10 岁为一个年龄组，70 岁以上为一个年龄组。分半信度为 0.95，再测信度在 0.79~0.82 之间，与韦氏儿童智力量表的中国修订本的各分量表及全量表的相关系数在 0.54~0.71 之间，与高考总分的相关系数为 0.45。

二、人格测验

（一）艾森克人格问卷

艾森克人格问卷（简称 EPQ）由英国心理学家艾森克于 1975 年编制。该问卷的理论基础是艾森克提出的人格三维度理论，由外倾性（E）、神经质（N）、精神质（P）和说谎量表（L）四个分量表构成。将 E 和 N 两个维度做垂直交叉分析，可得到四种典型的人格特征，即外向稳定型、外向易变型、内向易变型、内向稳定型。问卷分成人和儿童两种，儿童问卷适用于 7~15 岁的受测者，而成人问卷则适用于 16 岁以上的受测者。

我国学者陈仲庚、龚耀先和刘协和等分别进行了中国版的修订。陈仲庚等根据 634 人样本的结果，采用对每个项目和各个分量表之间的相关分析方法甄选项目，形成成人式问卷（85个项目），并编制了中国常模。他们检验了40人小样本的分半信度（0.34~0.7）和重测信度（0.67~0.92）。根据370名北京儿童被试的结果，修订形成了EPQ中国版少年式（85个项目），检验了分半和重测信度，并以班主任对部分儿童行为的评定为效标探索性地研究了问卷的效标效度（0.30~0.45，$P<0.05$）。龚耀先等的问卷修订更为深入，他们选择了相似的项目筛选方法，在全国六大区采集成人样本2517人，形成的成人式问卷共88个项目，他们计算了这些项目和原问卷项目的符合率（87.50%~97.82%）。根据被试的人口学特征，抽取形成一千人样本作为中国成人常模，并把各年龄组各量表的结果转换为T分数，根据E和N得分把被试的人格加以分型。并且修订形成了问卷幼年版，考察了中小学生的重测信度。

问卷记分采用记分键，按“是”“否”记1分、0分，或0分、1分。P、E、N、L四个量表分别记分，算出各分量表的原始分数。根据受测者的性别和年龄，对照常模表将受测者各分量表的原始分数转化为*T*分数，在剖图上找出各维度的*T*分数点，将各点相连就可以得到受测者人格特征曲线图。

$T>61.5$ 或 $T<38.5$ 为典型高低分；$61.5>T>56.7$ 或 $43.4>T>38.5$ 为倾向型；$56.7>T>43.4$ 为中间型。E量表上的高分反映外向的人格，低分则表示内向人格；N量表上的高分者倾向于情绪易变，低分者情绪反应缓慢轻微；P量表上的高分者倾向于好攻击、冷漠、自我中心及非社会化；L量表测定被试的掩饰或自身隐蔽，测定其社会性幼稚的水平。

（二）卡特尔16种人格因素测验

卡特尔16种因素测验（简称16PF）是美国伊利诺伊州大学的卡特尔编制。16PF英文原版有A、B、C三个复本，每个复本均有187题，适用于16岁以上的青年和成人。

16PF中国版的修订工作是在辽宁省修订本的基础上由戴忠恒与祝蓓里主持完成的，取得了全国范围内的信度和效度资料，制定了中国成人（男、女）常模、中国大学生（男、女）常模、中国中学生常模（男、女）、中国产业工人常模、中国专业技术人员常模、中国干部常模以及上海市的各种常模。

16PF测量如下16种人格特质：合群性（A）、聪慧性（B）、稳定性（C）、恃强性（E）、兴奋性（F）、有恒性（G）、敢为性（H）、敏感性（I）、怀疑性（L）、幻想性（M）、世故性（N）、忧虑性（O）、实验性（Q1）、独立性（Q2）、自律性（Q3）、紧张性（Q4）。一般50分钟左右完成，可进行团体施测。每个题目有a、b、c三种选项，分别记为0分、1分、2分或者2分、1分、0分。分别计算16个因素的原始分数，根据受测者的文化程度或者职业种类等将原始分数转化为标准十分制。将标准十分登记在剖面图上连成曲线，就构成了一个人的人格轮廓图。各因素据高低分描述解释，1~3分为低分，8~10分为高分。

16PF能根据公式进一步推算人格类型的次元因素，分别是：适应与焦虑型、内向与外向型、感情用事与安详机警型、怯懦与果断型。同时，16PF还能根据公式进一步推算出4个应用因子：心理健康因素、专业成就因素、创造能力因素、环境适应因素。

（三）自我定向探查表

目前职业兴趣研究中影响较大的是霍兰德的职业兴趣理论。1959年，霍兰德在长期职业指导和咨询实践的基础上首次提出了自己的职业兴趣理论，他认为职业兴趣就是人格的体现。1970 年，霍兰德编制出了第一个自我定向探查表（Self-Directed Search，SDS），1985 年进行了修订。霍兰德的 SDS 主要由职业类型测验和职业搜寻表两部分构成。其基本思想是先测定自己的兴趣特性（人格特点），然后根据自己的人格特点查找适合自己的职业。职业人格类型或特点与职业之间有一种内在的联系。

霍兰德把人格分成现实型（R）、研究型（I）、艺术性（A）、社会型（S）、企业型（E）和传统型（C）六种类型。每个人的人格都是这六个维度按不同的程度组合而成的。与此相应，职业所需要的特性与这六个维度也密切相关。为了标定个人的兴趣特性或人格特性，霍兰德采用三个维度。这三个维度的排列方式称为“职业三字母码”，如 RIA、ASE 等。这样，经过第一部分测验所确定的三个字母码就可以和职业搜寻表中的三个字母码相匹配了。

测验的基本内容和施测过程如下：第一步是根据个人的经历或感觉，确定自己感兴趣的职业，以便与后面测验的结果进行比较。第二步即进行测量。这个测验包括活动、能力、职业和能力自我评价四个方面的内容。每个方面的内容都按六种类型以 R-I-A-S-E-C 的顺序排列。而且每个方面的各种类型题目的数目都是相等的（能力自我评价除外，它主要是进行六种类型活动能力水平等级评估）。这些项目不是随机排列的，而是按六种类型分别集合在一起。第三步即确定职业码。具体方法是：把所有肯定的回答按六种类型计总分，取最大的三个维度按由大到小的顺序排列即可。第四步即根据这个职业的三字母码在职业搜寻表中找职业，而对职业的喜欢又有所不同。如果这些职业都不理想，则可以将三字母码重新排列，然后再在职业表中查找，这样，将喜欢的职业按顺序排列。一般来说，这些职业会与前面填的理想的职业基本一致。

国内尚没有将 SDS 的结果与大学专业进行连接，为了帮助建立二者的联系，龙立荣、彭平根尝试进行了探索性研究，建立了一套构建大学专业搜寻表的办法，对于优化人力资源管理、充分发挥高中生乃至大学新生的专业选择有一定的参考价值。霍兰德的职业兴趣理论及测量经过了历史的检验，获得了大量支持证据，职业的 RIA-SEC 分类也被其他职业兴趣测验吸收和借鉴。然而，霍兰德的理论在我国只得到了部分支持，其跨文化的适用性还有待研究。

三、学习类心理测验

（一）学习动机测验

叶仁敏等（1988）修订的由吉斯米与尼加德于 1970 年编制的成就动机量表（AMS）。主要用来测量人追求成功的动机和避免失败的动机。在编制者看来，成就动机强的人向往成功，有自信心，对成绩感到骄傲，喜欢富于冒险性、挑战性和难度高、充分发挥个人能力的工作，而且对失败并不感到特别在意和羞愧。该量表共有 30 道题，前面 15 道题测量追求成功的动机，后面 15 道题测量避免失败的动机，有适合中学生和大学生的常模，个别、团体施测均可，5~10 分钟即可完成。

（二）学习适应性测验

学习适应性测验（简称 AAT），由华东师范大学周步成等人根据日本教育研究所编制的“学习适应性测验”修订而成的，已经制定出中国常模，既有各分量表和内容量表的常模，也有全量表的常模，是目前普遍采用的一种标准化的学习诊断工具。

学习适应性是指克服学习困难、取得良好效果的一种倾向。ATT 测验的内容包括了影响学习活动的各种非智力因素：学习热情、学习的计划性、听课方法、读书和记笔记方法、记忆和思考的方法、应试方法、家庭和教师的影响、性格和身心健康的影响等。ATT 由四个分量表构成：学习态度、学习技术、学习环境、身心健康。每个分量表由若干测题构成。ATT 适用于中小学各个年级，测验项目分小学一、二年级，小学三、四年级，小学五、六年级和中学生四组。项目数随年级的升高而增多。ATT 属团体测验（也可个别施测），通常在教室中施测。施测时间约为 45~60 分钟，个别学生可能需要更长的时间。

（三）学习能力测验

林传鼎和张厚粲等根据澳大利亚教育学会制定的学习能力测验（TOLA）修订了适合我国小学四、五年级和初中一、二年级少年儿童的学习能力测验。此测验为团体测验，由找同义词、算数推理和语言类比三个多重选择分测验构成。找同义词，共 31 题，词汇全部选自小学生通用词汇，测验内容属于认知结构中的词语理解（V）因素，测验时限为 8 分钟；算术推理，共 22 题，测量学生的数学推理能力，测验内容属于认知结构中的推理（R）因素，测验时限为 20 分钟；语言类比，共 18 题，测量从前提推出结论的能力，属于 V 和 R 因素，测验时限为 5 分钟。

该测验主要测试了北京、天津和西安三地 1080 名小学四、五年级和初中一、二年级的学生，测验的分半信度在 0.62~0.90 之间，测验成绩与语文、数学的相关系数分别为 0.33 和 0.48，说明该测验是有效的，但尚需进一步扩大测验题目，更广泛地取样，取得更大范围的常模。

（四）考试焦虑量表

考试焦虑量表（简称 TAS）是目前国际上广泛使用的最著名的考试焦虑量表之一。1952 年，美国著名临床心理学家萨拉森和曼德勒编制了考试焦虑问卷（简称 TAQ）。在 TAQ 的基础上，通过不断增删修订，1978 年萨拉森编制完成了目前使用的 37 个项目的考试焦虑量表。

考试焦虑量表的项目涉及个体对于考试的态度、个体在考试前后的种种感受等。对每个项目，被试根据自己的实际情况答“是”或“否”。其中，有 5 个项目为反向记分。此量表适用于大、中学生群体，可进行集体或个别测试。

与其他测量考试焦虑的工具相比，此量表的特点在于，其测量的内容主要是考试焦虑的特质方面，即哪些人通常更容易产生考试焦虑，而非仅仅测量某次考前的焦虑状态的严重程度。这一测量特点是此量表在施测和应用方面的优势。从施测角度来说，由于不太受到状态的影响，此量表的施测既可以在考试期间，也可以在平时；从得分的意义方面来说，测量特质性的考试焦虑，鉴别出通常容易受到考试焦虑困扰的学生，比测量状态性的考试焦虑通常更具有实践意义。应用此量表，鉴别出具有较高考试焦虑特质的学生，对其预先进行辅导和治疗，有利于促进学生的学业成就。

四、问题行为评估量表

（一）阿肯巴克儿童行为量表

阿肯巴克儿童行为量表（CBCL）是由美国心理学家阿肯巴克及瑞斯寇拉于 1976 年编制、1983 年修订的父母用儿童行为量表，是一个评定儿童广谱的行为和情绪问题及社会能力的量表。作者在临床采样 2300 人，分为 4~5 岁、6~11 岁、12~16 岁男及女 6 个年龄性别常模，每个年龄性别常模根据主成分分析，提取 8~9 个不同的因子，各年龄性别常模的因子命名及组成不尽相同。1991 年，阿肯巴克对 CBCL 再次进行修订，将年龄范围扩大到 18 岁，分为 4~11 岁、12~18 岁男及女 4 个年龄性别常模，不同年龄、性别统一使用相同的因子名称和项目组成。CBCL 是美国最常用的儿童行为评定量表之一，可以用于流行学调查、临床行为评定，也可以用于追踪治疗效果。该量表被荷兰、加拿大、波多黎各、泰国、澳大利亚等国家引进及广泛应用，进行了一系列跨文化研究，一致认为其信度、效度较好。苏林雁以 1991 年版为蓝本，在湖南省城乡采样，制定了湖南常模。

CBCL 所评估的内容包括社会能力和行为问题两部分。社会能力包括 7 个项目：Ⅰ. 参加运动；Ⅱ. 参加活动；Ⅲ. 参加课余爱好小组（团体）；Ⅳ. 参加家务劳动；Ⅴ. 交往；Ⅵ. 与人相处；Ⅶ. 在校学习。这部分内容组成 3 个分量表，即活动能力（包括Ⅰ、Ⅱ、Ⅳ项）；社交能力（第Ⅲ、Ⅴ、Ⅵ项）；学校能力（第Ⅶ项）。计算社会能力总分，供 6~18 岁儿童使用。

行为问题共 120 项（包括 2 个由家长自行填写的开放项），按 0、1、2 三级评分。有些项目需描述，评分者应根据描述内容判断是否记分。4~11 岁男性女性有 9 个分量表：退缩、躯体主诉、焦虑/抑郁、社交问题、思维问题、注意问题、违纪行为、攻击性行为、性问题；12~16 岁为 8 个因子（无性问题分量表）。每一分量表由 7~20 个项目组成，将每一分量表的项目得分相加，即得到该分量表的粗分。按照行为问题两维度划分法，又分为内化性和外化性。内化性是以退缩、躯体化、焦虑抑郁为主要表现的情绪问题；外化性是以攻击、违纪为主要表现的行为问题。并计算行为问题总分。量表要求父母或与儿童密切接触的监护人填写，具有初中以上文化程度的家长一般 15~20 分钟即可完成。如果家长填写有困难，可以由调查者读给家长听并记录其答案。

（二）儿童孤独症筛查量表

2004 年北京大学精神卫生研究所的刘靖、王玉凤、郭延庆和贾美香发表了他们编制的儿童孤独症筛查量表。该量表共包含 17 个项目，其中，社会交互作用维度有 7 项，言语和交流维度有 6 项，兴趣与行为维度有 4 项。项目采取 3~5 级的评分方法，评分越高，受测者越具有儿童孤独症的特征；评分越低，受测者的儿童孤独症特征越轻；评分为 0 时，受测者无该项目描述的异常表现。该量表的每个项目、每个评分等级均有详细的描述，要求家长全面回顾儿童的生长发育情况，依据儿童症状最严重时的情况予以评分。如果受测者的量表总分等于或高于 24 分，就被诊断为孤独症儿童。每位受测者的施测时间大约为 10~20 分钟。

编制者对该量表的信度和效度进行了多方面的检验。在信度方面：三个因子的评定者信度系数分别为 0.976、0.988 和 0.944，量表总分的评定者信度系数为 0.933；三个因子的稳定性系数分别为 0.954、0.984 和 0.840，量表总分的稳定性系数为 0.986；量表的分半信度为 0.969；除“强迫仪式和强迫行为”项与其他各项间的相关系数为 0.196~0.37 外，其他各项目间的相关系数为 0.444~0.85，说明该量表具有较高的内部一致性。在效度方面：对儿童孤独症组和精神发育迟滞组、儿童孤独症组和普通儿童组、精神发育迟滞组和普通儿童组的各因子评分进行多重比较，结果为差异均达到显著性水平；对儿童孤独症组和精神发育迟滞组、儿童孤独症组和普通儿童组、精神发育迟滞组和普通儿童组的量表总分进行多重比较，结果为组间的差异也都达到了显著性水平。因子分析的结果表明该量表的因子结构基本符合原来的构想。即儿童孤独症筛查量表施测方法简便，结构设计合理，信度和效度均比较高，可用于我国儿童孤独症的筛查。

（三）儿童适应行为量表

1996 年，北京师范大学的韦小满对兰伯特等人修订的 AAMR 适应行为量表——学校版（ABS-SE）进行了修订，取名为儿童适应行为量表。儿童适应行为量表由两部分组成。第一部分主要评估一般适应能力，由动作发展、语言发展、生活自理能力、居家与工作能力、自我管理和社会化等 6 个分量表组成；第二部分主要评估不良的适应行为，由攻击行为、反社会行为、对抗行为、不可信赖行为、退缩、刻板与自伤行为、不适当的人际交往方式、不良的说话习惯、不良的口腔习惯、古怪的行为、多动和情绪不稳定等 12 个分量表组成。主试把题目逐条念给受测者的父母或老师听，在他们报告有关情况之后，对受测者的行为表现做出评定。在解释结果时，评估人员需要将总分及各领域的原始分数转换成百分等级和标准分数，以便判断受测者在各领域能力的高低。受测者在各条目上的得分情况也可以作为制订个别化教学计划的依据。

该量表的适用年龄范围是 3~16 岁，制订了智力障碍儿童常模、城市儿童常模和农村儿童常模三套常模，各年龄组的男女人数大体相等。在信度方面，首先检验了各分量表的内部一致性，结果是，根据三个常模样本数据计算得的第一部分的克伦巴赫 α 系数分布在 0.86~0.89 之间，第一部分各分量表的克伦巴赫 α 系数分布在 0.65~0.93 之间；第二部分的克伦巴赫 α 系数分布在 0.84~0.89 之间，第二部分各分量表的克伦巴赫 α 系数分布在 0.35~0.78 之间。让家长和老师同时对 58 名智力障碍学生进行评定，然后计算二者的一致性，所得的一致率为 90.1%，表明该量表的评分信度较高。在效度方面，对智力障碍儿童与普通儿童在各分量表上的得分进行差异的显著性检验，结果显示，大多数分量表对这两类儿童都有很强的区分力。根据小学生、中学生样本数据分别计算第一部分总分、第二部分总分与瑞文测验分数的相关系数，结果是，小学生的相关系数分别为 0.35（$P<0.05$）和 -0.40（$P<0.01$），中学生的相关系数分别为 0.22（$P<0.05$）和 -0.29（$P<0.01$），表明该量表符合理论构想。

五、心理健康测验

（一）心理健康诊断测验

心理健康诊断测验（MHT）是华东师范大学心理系周步成对日本铃木清等人编制的“不安倾向诊断测验”修订而成的，包含了中国常模，适用对象为小学四年级以上至高中阶段学生。

该测验共有 100 个项目，八个内容量表和一个效度量表。八个内容量表分别是：学习焦虑、对人焦虑、孤独倾向、自责倾向、过敏倾向、身体症状、恐怖倾向、冲动倾向等。每个项目后面有“是”和“不是”两个答案，要求被试根据自己的真实情况进行选择。测验的计分规则是：凡是选“是”答案者记 1 分；选“不是”答案者记 0 分。在整个问卷项目中，组成效度量表的项目共有 10 项，如果它们的得分合计起来比较高，则可以测验结果不可信，尤其是得分在 7 分以上者，可考虑将该份答卷作废，并在适当时候重新进行测验。

除去效度量表项目，将余下的全部问卷项目得分累加起来，即可得到全量表分。全量表分在65分以上者，即可认为存在一定的心理障碍，这种人在日常生活中有不适应行为，有的可能表现为攻击和暴力行为等，因而需要制定特别的个人指导计划。

由测验项目组成的八个内容量表的组成与含义如下：

(1) 学习焦虑。高分（8分以上）：对考试怀有恐惧心理，无法安心学习，十分关心考试分数。这类被试必须接受为他制定的有针对性的特别指导计划。低分（3分以下）：学习焦虑低，学习不会受到困扰，能正确对待考试成绩。

(2) 对人焦虑。高分（8分以上）：过分注重自己的形象，害怕与人交往，退缩。这类被试必须接受为他制定的有针对性的特别指导计划。低分（3分以下）：热情，大方，容易结交朋友。

(3) 孤独倾向。高分（8分以上）：孤独、抑郁，不善与人交往，自我封闭。这类被试必须接受为他制定的有针对性的特别指导计划。低分（3分以下）：爱好社交，喜欢寻求刺激，喜欢与他人在一起。

(4) 自责倾向。高分（8分以上）：自卑，常怀疑自己的能力，常将失败、过失归咎于自己。这类被试必须接受为他制定的有针对性的特别指导计划。低分（3分以下）：自信，能正确看待失败。

(5) 过敏倾向。高分（8分以上）：过于敏感，容易为一些小事而烦恼。这类被试必须接受为他制定的有针对性的特别指导计划。低分（3分以下）：敏感性较低，能较好地处理日常事务。

(6) 身体症状。高分（8分以上）：在极度焦虑的时候，会出现呕吐失眠、小便失禁等明显症状。这类被试必须接受为他制定的有针对性的特别指导计划。低分（3分以下）：基本没有身体异常表现。

(7) 恐怖倾向。高分（8分以上）：对某些日常事物，如黑暗等，有较严重的恐惧感。这类被试必须接受为他制定的有针对性的特别指导计划。低分（3分以下）：基本没有恐怖感。

(8) 冲动倾向。高分（8分以上）：十分冲动，自制力差。这类被试必须接受为他制定的有针对性的特别指导计划。低分（3分以下）：基本没有冲动。

（二）小学生心理健康评定量表

小学生心理健康评定量表（MHRSP），由郑日昌教授牵头的《儿童青少年心理卫生与心理咨询研究》小学协作组于1992年8月编制，可以筛选、诊断小学生在心理健康方面的问题。MHRSP共80个项目，每10个项目组成一个分量表，分量表以英文字母排序。A. 学习障碍，反映小学生学习困难综合症的症状和儿童厌学症的症状；B. 情绪障碍，反映小学生的焦虑状态、恐怖症状，第18~20题反映小学生的抑郁情绪；C. 性格缺陷，涵盖了常见的小学生的性格缺陷或障碍；D. 社会适应障碍，反映小学生的人际适应障碍，涉及挫折、应激等内容；E. 品德缺陷，所选项目系教师或家长公认的品德缺陷或障碍；F. 不良习惯，反映小学生的不良抽动习惯，吮吸、嚼咬习惯；G. 行为障碍，反映小学生的强迫行为和多动行为；H. 特种障碍，反映小学生的排泄障碍、言语障碍、睡眠障碍和进食障碍。

此量表采用家长评定和班主任评定两种形式，采用三级累加计分模式。三级计分的含义是："没有"计0分，表示没有此种症状、缺陷或障碍；"偶尔"计1分，表示存在此种症状、缺陷或障碍，但表现不频繁、不严重；“经常”计2分，表示存在此种症状、缺陷或障碍，在被试身上已经成为习惯，反复出现，频度、程度均较严重。每一分量表的原始分数累加后，由计分人填入答卷纸最下方的对应空白栏内；各分量表的累加值相加后即为量表总分，量表总分由计分人填在答卷纸左上角的空白栏内。若一个分量表的累加分数达到10分以上，一般可以认为被试存在该方面的心理健康问题。

（三）中学生心理健康评定量表

中国中学生心理健康量表由王极盛教授编制，该量表能比较准确地测查出学生的心理健康问题和症状，有较高的信度和效度。该量表包括60个项目，每个项目均采用5级分制，分为10个因子。强迫症状因子，反映受试者做作业必须反复检查、反复数数，总在想一些不必要的事情，总害怕考试成绩不好等强迫症状；偏执因子，反映受试者觉得别人占自己便宜，别人在背后议论自己，对多数人不信任，别人对自己评价不适当，别人跟自己作对等偏执问题；敌对因子，反映受试者控制不住自己脾气，经常与别人争论，容易激动，有摔东西的冲动等；人际关系紧张与敏感因子，反映受试者认为别人不理解自己，别人对自己不友好，感情容易受到别人伤害，对别人求全责备，同异性在一起感到不自在等问题；抑郁因子，反映受试者感到生活单调，感到自己没有前途，容易哭泣，责备自己，无精打采等问题；焦虑因子，反映受试者感到紧张、心神不定，无缘无故地害怕，心理烦躁、不踏实等问题；学习压力因子，反映受试者感到学习负担重，怕老师提问，讨厌做作业，讨厌上学，害怕和讨厌考试等问题；适应不良因子，反映受试者对学校生活不适应，不愿参加课外活动，不适应老师的教学方法，不适应家里的学习环境等问题；情绪不平衡因子，反映受试者情绪不稳定，对老师、同学、父母以及学习的反应忽高忽低等问题；心理不平衡因子，反映受试者感到老师和父母对自己不公平、因同学比自己成绩好而难过和不服气等问题。

（四）症状自评量表

90项症状清单（简称SCL-90）又名症状自评量表，由德罗加蒂斯在其编制的霍普金斯症状清单的基础上改编而成。它能准确评估病人自觉症状特点，操作简便，广泛应用于心理咨询和心理治疗工作中。适用于16岁以上的被测试者（躁狂症和精神分裂症除外）。该测验不仅可以自我测查，也可以对他人进行核查。评定的时间范围是“现在”或“最近一个星期”。评定没有时间限制，一次评定约需20分钟。

SCL-90共90个项目，主要集中于以下9个因子：躯体化、强迫症状、人际关系敏感、抑郁、焦虑、敌对、恐怖、偏执和精神病性。这些因子有各自对应的项目。剩余的都归入其他因子。对这些量表的因素分析表明，它们彼此相关，因此，在鉴别诊断方面不太有用，不过其总体指标被证明是心理病理症状的可靠指标。

该量表每个项目都采取五级评分制。1~5分分别代表：自觉无该项症状；自觉有该项症状，但发生并不频繁，对受测者并无实际影响，或影响轻微；自觉有该项症状，其严重程度为轻到中度，对受测者有一定影响；自觉常有该症状，其严重程度为中到严重，对受测者有相当程度的影响；自觉该症状的频度和强度都十分严重，对受测者有严重影响。

SCL-90的统计指标主要有以下各项：（1）单项分：90个项目的各自评分值，表示某一症状严重程度。（2）总分：90个单项分之和。总分是代表受测者心理苦恼水平最敏感的单一数量化指标，能反映病情严重程度，其变化能反映病情的演变。（3）总均分：总分/

90。(4) 阳性项目数：单项分大于或等于 2 分的项目数，表示病人“有症状”的项目有多少。项目数越多，表示病人症状越丰富。(5) 阴性项目数：单项分为 1 分的项目数，表示病人“无症状”的项目有多少。(6) 阳性症状均分：阳性项目总分/阳性项目数。表示病人在阳性项目，即“有症状”项目上的平均分，反映病人自我感觉不佳的项目的严重程度。(7) 因子分：组成某一因子的各单项分之和。因子分高，表明这一组症状较严重，某一因子对诊断某一疾病可能有较大意义；因子分的变化还可以反映靶症候群的治疗效果。以各因子为横轴，因子分为纵轴，可画出因子轮廓图，直观反映症候群特点和变化。

20 世纪 80 年代引入中国，最初由王征宇翻译成中文（1984），后经金华、吴文源、张明园等主持的全国协作组对全国 13 个地区的 1388 名正常成人采样并以此制定常模。如果总分超过 160 分，或阳性项目数超过 43 项，或任意一个因子分超过 2 分，可考虑筛查阳性症状，做进一步检查。在 2002 年刘恒和张建新等对广州、四川、河南、甘肃 4 个地区 15 所学校的 2209 名中学生做了分析。该研究结果为我国中学生 SCL-90 建立了常模参照标准。SCL-90 在国内已被广泛使用，但关于其信度资料的报道却不多。陈树林等(2003) 报道了 SCL-90 在杭州市 1162 名中学生、2808 名社区成年人及 555 名 61 岁以上老年人中的内部一致性和重测信度。临床应用证明，它的评估具有较高的真实性，具有内容广泛、反应症状丰富，能准确描述病人的自觉症状等优点。

(五) 中小学生心理健康检测系统

中小学生心理健康检测系统是郑日昌主持的全国教育科学“八五”规划教育部重点课题“儿童、青少年心理卫生和心理咨询研究”、“九五”规划教育部重点课题“学生心理健康及教育问题研究”、教育部“十五”规划课题“学生心理健康教育评鉴系统研究”的主要成果，包含中小学生心理健康量表、中小学生学习状况量表、中小学生创新意识量表、中小学生情绪适应量表、中小学生性格量表、中小学生兴趣量表、中小学生道德判断量表等 29 个心理量表。整个系统以郑日昌教授提出的“全人教育模型”为理论框架，是适合中国国情的学生心理健康测评工具。

【本章要点】

(1) 心理测量（psychological measurement），就是根据一定的心理学理论，使用一定的操作程序，给人的心理特质的行为表现确定出一种数量化的价值。

(2) 心理评估（psychological assessment）是一套标准化的评估技术，应用多种方法获得信息，对评估对象的心理品质或状态进行客观的描述和鉴定。

(3) 心理测量是心理评估最为重要的技术，它借助标准化的测量工具将人的心理现象或行为进行量化。

(4) 心理测验是心理测量的一种工具和手段，是通过观察人的少数有代表性的行为，对于贯穿在人的全部行为活动中的心理特点做出推论和数量化分析的一种科学方法。

(5) 按测验功能分类可分为智力测验、能力倾向测验、成就测验和人格测验。

(6) 按测验人数的多少分类可分为个别测验和团体测验。

(7) 按测验分数的解释方法分类可分为常模参照测验和标准参照测验。

(8) 选择测验必须注意两个方面：1) 所选测验必须适合测量的目的；2) 所选测验必须符合心理测量学的要求。

（9）做好测验的准备。首先，在测验前必须认真阅读测验手册。其次，要落实各项具体准备工作。

（10）规范测验操作，必须做到以下几点：1）要以测验手册为依据；2）要注意协调好测验双方的关系；3）要注意控制测量误差；4）要注意控制测验时间；5）测验评分要客观；6）测验过程要记录。

（11）常模参照分数是把受试者的成绩与具有某种共同特征的人所组成的有关团体做比较，即根据一个人在常模团体内的相对位置来报告他的成绩。

（12）标准参照分数可以分为内容参照分数和结果参照分数。

【学习与实践】

（1）请根据实际研究问题中的测量对象和测量目标，选择合适的心理测验测评学生的心理健康状况。

（2）请根据测验结果向当事人科学合理地解释测验分数。

【复习思考题】

（1）心理测量、心理评估与心理测验是怎样的关系？

（2）怎样选择合适的心理测验？

（3）如何看待测验结果？

【推荐读物】

1. 戴海崎、张峰、陈雪枫，心理与教育测量（第4版），暨南大学出版社，2018。

2. 郑日昌、吴九君，心理与教育测量（第3版），人民教育出版社，2011。

3. 姚树桥，心理评估（第2版），人民卫生出版社，2013。

4. 韦小满、蔡雅娟，特殊儿童心理评估（第2版），华夏出版社，2016。

5. 戴晓阳，常用心理评估量表手册，人民军医出版社，2010。

6. 申继亮、陈英和、中国心理学会，中国教育心理测评手册，高等教育出版社，2014。

第十章　学校心理危机干预

【本章导航】

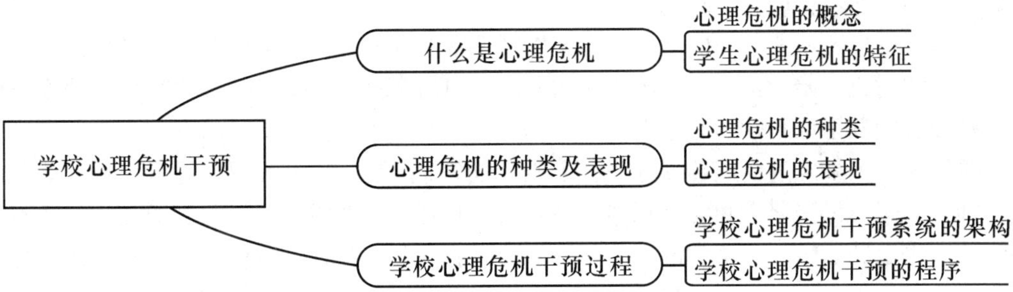

【学习目标】

（1）了解什么是心理危机。

（2）了解心理危机都有哪些特点和表现。

（3）了解学校心理危机干预系统的架构。

（4）掌握学校心理危机反应的计划过程。

（5）掌握学校心理危机干预的原则。

（6）掌握学校心理危机干预的过程。

学生的心理危机是学校管理者、校长、教师以及家长必须重视而且必须良好处理的问题，因为学生心理危机处理的好坏，直接影响着学生的学习和社会行为，也直接影响着学生未来的发展。

第一节　什么是心理危机

一、心理危机的概念

（一）心理危机的定义

心理危机理论最早于20世纪40年代由学者Linderman提出，在其发展过程中，越来越多的研究者对心理危机这一概念提出了自己的观点。

1954年，享有“现代危机干预之父”美誉的Caplan教授对“心理危机”这一概念给出了如下表述：当一个人面临困难情境，而他先前处理危机的方式和惯常的支持系统不足以应对眼前的处境，即他必须面对的困难情境超过了他的能力时，这个人就会产生暂时的心理痛苦，这种暂时性的心理失衡状态就是心理危机（龙迪，1998）。

Caplan 认为个体与环境之间在一般情况下是处于一种动态平衡状态，当面临生活逆境或不能应对解决的问题时，往往会产生紧张、焦虑、抑郁和悲观失望等情绪问题，导致心理失衡。而这种平衡能否维持，与个体对逆境或应激事件的认识水平、环境或社会支持以及应对技巧这三方面关系密切。他认为，心理危机是一个过程，且处于危机中的个体必须经历以下四个阶段❶。

阶段一：当一个人感受到生活突然发生变化或即将出现变化时，其内心失衡，表现为警觉性提高，开始感到紧张。为了重新获得平衡，个体试图用其惯常的方式做出反应。此阶段的个体一般不会向他人求助。

阶段二：经过一段时间的努力，个体发现惯常的方式未能解决问题，于是焦虑程度开始上升，同时也开始尝试各种解决问题的办法。但高度紧张的情绪会影响当事人的冷静思考，从而影响其采取行动的有效性。

阶段三：如果经过尝试各种方法，未能有效解决问题，当事人内心的紧张程度就会持续增加，并想方设法寻求和尝试新的解决方法。此阶段，当事人求助动机最强，常常不顾一切地发出求助信号，甚至尝试自己曾认为荒唐的方式。此时，当事人最容易受他人的暗示和影响。

阶段四：如果当事人经过前三个阶段仍未能有效解决问题，他就很容易产生习得性无助。他会对自己失去信心和希望，甚至把问题泛化，对自己整个生命意义发生怀疑和动摇。很多人正是在这个阶段中企图自杀。同时，强大的心理压力有可能触发以前未能完全解决的、被各种方式掩盖的内心深层冲突，有的人由此而走向精神崩溃和人格解体。此阶段的当事人特别需要通过外援性的帮助，才可能渡过心理危机。

“危机”，既包括“危”，也包括“机”。Caplan 只认为心理危机是一种由困难情境导致的心理困扰，强调了心理危机的危险性，却忽视了心理危机也是一种机遇。Mitchell 和 Resnik 认为危机是情感上的重大事件，该事件可作为人生变好或变坏的转折点，心理危机就是一种情感紊乱状态。胡泽卿、邢学毅认为，心理危机是由于突然发生的重大生活事件引起的暂时的心理失衡状态，它是一把双刃剑，既可引起焦虑、悲伤、愤懑等不良情绪，又可使人更加成熟。正常人都处于身心平衡状态，也就是他们的日常生活是思维、意志、情感和生理需要处于某种程度的和谐状态，在不适当的应激发生时，人的平衡状态可能会受影响，可能出现情感和思维失控，以致经历一种极端的情感紊乱，这时人就处于危机期。

美国加州大学的心理学教授 Kristi Kanel 将心理危机分成三个基本组成部分：

（1）危机事件（应激源）的发生；

（2）当事人因感知到危机事件而产生的主观痛苦；

（3）惯常处理应激的方法或机制失败，导致个体心理、情感和行为等方面的一般功能水平与危机事件发生前相比有所降低。

由生活变故产生的强烈的情绪失衡状态并不是持续终生的。绝大多数学者认为，人的心理危机状态大约要持续 4~6 周。在这 4~6 周中，由于处理危机的手段不同、个体先前

❶ 张风华，方来坛，高鹏．心理危机及其干预的研究［J］．世界科技研究与发展，2008（4）：504-508.

经历危机的体验不同、个体人格特质的不同，当事人的结局也不相同。一般来说，心理危机会产生四种结局[1]：

第一种，当事人不仅顺利地度过危机，而且通过这次生活的变故学会了处理困境的新方法，整个心理健康水平得到了提高。在这个结局中，危机对于当事人不仅是经历了一次威胁，而且也得到了一次生命成长的机会。这是危机干预追求的最佳结局。

第二种，危机虽然渡过，但当事人却在心理上留下一块“瘢痕”（psychiscar），形成偏见，留下痛点，限制其今后的社会适应。比如一位姑娘经历了失恋，就可能认为男人都是在逢场作戏，玩弄感情，回避再谈感情。

第三种，自杀。当事人经不住强大的心理压力，对未来绝望，以死解脱。

第四种，未能渡过危机，陷于神经症或精神病。从此，当事人经历的任何生活变故都会诱发心理危机。当事人的心理适应水平明显降低。

综上所述，我们将心理危机定义为：每个人都在努力保持一种内心的稳定状态，保持自身与环境的平衡和协调，当重大问题或变化发生使个体感到难以解决、难以把握，个体先前处理问题的方式及其惯常的支持系统不足以应对眼前的处境，即超过了个体的应对能力时，平衡就会打破，正常的生活受到干扰，内心的紧张不断积蓄，继而出现无所适从甚至思维和行为的紊乱，进入一种失衡状态，就会出现暂时的心理困扰。这种暂时性的心理失衡状态就是心理危机。

（二）心理危机的特点

心理危机有其自身的特点，了解心理危机的特点有助于我们正确认识和管理这种危机。一般说来，心理危机具有以下一些普遍特点。

1. 心理危机具有境遇性

心理危机的发生一定是环境引起的，这种环境可能是家庭内部的环境，也可能是个人心理内部的环境，也可能是学校环境，也可能是社会环境，甚至可能是国际环境。无论是哪一种环境，导致的结果都是一种心理上的冲击和解体的感觉。

尽管不同环境导致的心理危机的状况和表现相差不远，但是了解心理危机的境遇性，能更好地认识心理危机的诱因，有助于心理危机的干预和康复。

2. 心理危机具有评价性

并不是所有的环境变化都必然产生心理危机。心理危机的产生是指个体因已有的应对方法无法帮助个体恢复到正常的生活中去而产生的一种解体状态。因此，心理危机的产生取决于个体的评价，这种评价可能是有意识的，也可能是无意识进行的。所谓心理危机的评价性是指：是否产生危机取决于当事人的评价结果。这也就说明为什么同样的环境变化，对不同人产生的心理影响却不同。因为不同的人，面临同样的情景，评价性不同，自然其反应也不相同，是否产生心理危机的后果也不同。

3. 心理危机具有隐蔽性

心理危机是人们认知评价后的结果，是一种心理活动产生后的状态，因此，心理危机发生的过程是隐蔽的。一旦产生了心理危机，当事人的情绪、行为以及社会交往都可能会表现异常，但是这种外在行为和表情的改变是心理危机的结果，而不是心理危机本身的过

[1] 龙迪．心理危机的概念、类别、演变和结局［J］．青年研究，1998（12）：42-45.

程，因此，心理危机具有隐蔽性。心理危机的隐蔽性也给心理危机的防范和干预带来了困难。

4. 心理危机具有个体差异性

心理危机的评价性和隐蔽性，就显示出了心理危机的产生、发展以及干预结果的个体差异性。所谓个体差异性是指不同的人反应相互存在差异，每个人的反应带有自己个人的特性。

对于中小学学生来说，学生的个性特征、以往的生活经历、对家长的依恋程度、家庭的气氛、家庭的宗教观念等都可能会影响心理危机的发生以及表现方式，因此，心理危机的产生具有个体差异性。

正是因为心理危机的境遇性、评价性、隐蔽性以及个体差异性，所以在心理危机的干预以及管理过程中，一定要按照科学的程序和合理的方式来进行。

二、学生心理危机的特征

处于学习阶段中的学生，由于生理、心理尚未成熟，突发事件与应急能力不足（重大灾难、亲人亡故、身患重症、性侵犯、高考落榜、恋爱失败等），自身已有的资源和应激机制无法承受这些危机事件对其心理的冲击，从而使内心的平衡被打破并由此产生了痛苦的体验。从临床心理学角度看，学生的心理危机若不加以及时的干预和调节，可能造成更严重的后果，如自杀、杀人或严重的心理疾病。

（一）心理危机后果具有模糊性

所有的危机都意味着环境条件变化所带来的波动性。一方面，心理危机的发生是有害的而且是危险的，它可能导致个体严重的病态，可能产生伤人和自伤的观念和行为；另一方面，心理危机也意味着一种机会，因为它带来的痛苦会驱使当事人寻求帮助，如果当事人能够抓住这种成长机会，则心理危机干预能够帮助个体成长并达到自我实现。

学生的心理危机，危险与机遇并存的现象比较明显。学生的心理危机如果不能很好地应对，产生的伤害持续更为长久，影响更为深远。

（二）心理危机的症状具有复杂性

心理危机的症状和其他的公共危机表现形式不同，它的发生就像一个网，个体环境的所有方面都可能交织在一起，一旦危机出现，可能同时表现出多个方面的困难。个人的环境、社会支持、家庭、个人特性等会直接影响到问题解决和恢复到平静状态所需要的时间。如果中小学学生和教师都在同一时间受到危机事件的影响[1]，那么整个学校系统都可能会进入心理危机状态，因此，整个学校都需要干预。不仅环境因素会影响到心理危机的症状，个人的个性特点、行为方式等也会导致每个人对同样的危机表现出不同的症状。

（三）心理危机的过程具有变动性

在心理危机过程中，焦虑情绪和紧张情绪会一直存在，这种情绪导致的心理感受会成为变化和发展的动力来源。在很多情况下，适度水平的焦虑和紧张情况会让人们的行为受

[1] 张本，等．唐山大地震所致孤儿心理创伤后应激障碍的调查［J］．中华精神科杂志，2000（5）：46-49.

到激励。但是当焦虑和紧张超过一定的程度，在控制和激活水平上超过人们可控制的极限时，当事人就可能会认为他们对问题无法控制，处于完全混乱的状态。因此，在心理危机管理中，情绪的种类和变化程度是危机管理的关键，而且随着情绪的变化，其行为也在发展和变化中摇摆。情绪的变化是摇摆动荡的，其行为也表现出了平静和变化的不停转变。

（四）心理危机的应对缺乏万能和速效的方案

帮助学生处理心理危机的手段和方式多种多样，有些干预和治疗的手段关注短期效果，但是针对长期需要干预的问题，常常缺乏快速、简单以及万能的解决问题的方式。很多危机的当事人企图寻找到迅速解决问题的方式，这种想法是不正确的。作为管理者和教师，如果无视或贸然处理家长和学生寻求短期方法，可能导致的结果是危机的加深。因此，了解心理危机的复杂性，有助于正确面对这种"求医心切"的心态。

（五）心理危机的反应具有必要性

不管人们是否愿意，生活总是一个危机和挑战混合在一起的产物，所以心理危机一旦发生，就必须做出选择。尽管心理危机具有隐蔽性，但是这是一个过程的产物，如果要渡过这个过程，就必须积极应对，拒绝和否认都不是合理的方式。

（六）心理危机的发生具有规律性

不管是具有普遍性还是具有特殊性的危机，每一种心理危机都会伴随着当事人的不平衡和解体。说危机具有普遍性，是因为在特定的情况下，没有人能够避免，尤其是学校中发生的心理危机。学校作为一个整体系统，系统中的每一个方面顺利运行与否都会影响到整个系统的所有方面。说危机具有特殊性，因为即使每个人面对同样的情境，有些人可能能避免和成功解决危机，但有些人可能不能，另一些人可能还会出现心理崩溃。在心理危机的干预过程中，要更为灵活地处理心理危机的发生，同时，还要考虑每一个人的特殊性，提供更为灵活和可塑的处理模式。

（七）心理危机的发展具有独特性

心理危机的发展有时间的限制，集中发生最多能持续 6 到 8 周。一般说来，在危机的最后，主观不适的感觉会减轻。但是，区别于公共危机，人们对心理危机的应对和处理决定着危机是否会变成一种疾病倾向以及是否会转化为慢性状态。在这个转化过程中，有一个非常重要的过程就是危机的转移状态。所谓危机的转移状态是指：虽然一开始危机事件被压制在意识之外，且个体相信危机已经结束，但新刺激的出现又会将个体带回危急状态，这种状态就是危机的转移状态。危机的转移状态最关键的特征是：不管心理危机是由心理创伤、人格特质、物质滥用还是长期的环境刺激等原因引起的，心理危机的状态感受总是不能彻底消失，总是反复出现，而且维持在一定的程度上。虽然处于危机转移状态的个体能够维持最低限度的正常社会功能水平，但他们总是处于危机之中——任何单一的、小的、额外的刺激都可能打破平衡，使他们陷于危急状态之中。危机的转移状态并不是以一种规则的、可以预测的和线性的方式发生，转移状态的特点是，在寻求帮助、出现退缩和开始采取向前发展的行动步骤中出现反复行为。处于这种转移状态的求助者，常常会像重新面对危机事件时一样产生解体、失衡和支离破碎的体验。

第二节　心理危机的种类及表现

一、心理危机的种类

从理论上来看，心理危机可以分为三种类型，分别为成长性危机、境遇性危机和存在性危机，这三种危机的性质和原因都非常不同。

（一）成长性危机

成长性的心理危机也被称为发展性或者内源性危机、内部危机，成长性心理危机指在正常成长过程中，急剧的变化所导致的异常反应。在成长过程中，当人们认识到自我能力无法应对新的问题时，成长性危机就出现了。学生在成长过程中，要经历一系列阶段，处理一系列人生主题，逐渐走向成熟。在这一过程中，个人如果缺乏有关知识和技能，缺少社会支持系统，或缺少一定的物质条件和机遇，就往往不能渡过一个个人生转折，从而产生成长性心理危机。

按照埃里克森的理论，人生是由一系列连续发展的阶段组成的，每一个阶段都有其特定的身心发展课题。成长性危机强调的是当一个人从某一发展阶段转入下一发展阶段时，他原有的行为和能力不足以完成新课题和新的要求，而新的行为和能力又尚未发展起来，这时个体常常会处于行为和情绪的混乱无序状态。

成长性危机是可预见的，是在发展过程中产生的，因而也常常被认为是正常的危机。对于个体来说，入学、进入大学、离开父母、结婚、生孩子、退休等行为都有可能引发成长性危机。

对于学校的管理者和教师而言，中小学生的成长性危机是他们日常管理和教育的内容，他们的主要责任就是帮助中小学生发展解决新阶段所面临问题所需要的能力。

（二）境遇性危机

境遇性危机也被称为外源性危机、环境性危机或适应性危机。这种危机常常是由某种外部的能看见的或者看不见的、超常的、个人无法预测和控制事件引起的危机，就是我们通常所指的公共危机。

境遇性是随机的、突然的、震撼性的、强烈的和灾害性的，而且通常是人们来不及准备的。境遇性危机可以是物质的或环境的，如火灾、自然灾害等；也可以是个人的或者身体上的，如个人患急重病、交通意外、被绑架等；还可以是人际的或社会的，如亲友死亡、离婚等。

人们通常所讨论的校园危机、心理危机等，基本上都是指境遇性危机，而且通常境遇性危机发生非常迅速，造成的心理危机影响也十分明显。尽管人们非常努力地做出各种科学和经验性的判断，来防止境遇性危机的发生，但是总是防不胜防。

阅读资料

2020年新冠肺炎疫情给武汉人民带来的创伤。

一个60多岁的奶奶，确诊了。她告诉医生：“我先生两天前去世了，因为这个病。”

声音是木的，空洞的……她不呼天抢地，也不存在满面悲戚，拿着一堆片子，抽出几张，轻轻地说："这是我先生的，我要保管好，到时去殡仪馆领骨灰时要用……"

话里没有任何情绪。

查房的时候，主治医生叮嘱她："下次让家属带些牛奶来……"有人迟疑了一下，低声说，"她家里没人了，都在隔离。"

丈夫走了，儿子感染，自己感染，却"无动于衷"。

正常吗？当然不。

但这种不正常的反应，频频出现。

还有一个老人，去医院给儿子开死亡证明。老人满头白发，穿得破烂，一看就是贫苦的打工者。

他的儿子，32 岁，死于新冠肺炎。

老人没有哭。也没有眼泪。

他站在医生的桌子旁边，非常顺从地，沉默地，看着医生给儿子开死亡证明。

医生说：签字吧。

他就按照指示，在一张张纸上，郑重地，歪歪扭扭地，签下自己的名字。

依然没有反应。

这是看淡生死吗？

不是的。这是非常态的，也是危险的。

悲伤如果有眼泪，就只是悲伤。

悲伤没有眼泪，就会成为抑郁。

而哭不出来，这种命运重击所致的痛苦，就会百分之百地、整个地，全部内化入心，进入潜意识，变成根深蒂固的症结。

（三）存在性危机

存在性心理危机指伴随着重要的人生问题，如关于人生目的、人生价值、责任、独立性、自由与承诺等问题上的困惑而出现的内部的冲突与焦虑。这种危机可能是基于现实的，也可能是基于个人主观感觉的。

存在性危机常常是一种内在的、深层的危机状况，对自己的健康和未来形成一种潜在的伤害，这种危机并不完全发生在成年人身上，学生也同样存在这种危机。比如有的学生一受到挫折，就会产生厌世的想法，觉得活着没有什么意思，因此就会采取一些极端的行为，比如自杀。对于存在性危机，解释和干预都很困难，因此，这种危机必须伴随着社会和行为思想的理解才有可能转变。

阅读资料

某高校大学生跳下 10 楼。

"妈妈，您别拉我，我不会跳的，我就想抽支烟。"这是 20 岁大学生王强（化名），在出事当晚最后对母亲说的一句话，因为这句话，他的母亲至今都无法原谅自己，终日在悔恨当中以泪洗面。"王强是我的一切，是我生命中不可或缺的全部，更是我唯一的精神支柱，20 岁，才 20 岁啊，一个有着美好前程和人生的年轻人，本该风华正茂，现在却成了这个样子，叫我怎么能接受？"这是早已崩溃了的母亲，撕心裂肺的呐喊，她逢人就这样无休止地诉说着，而每个聆听者无不被她的哭诉感动到流泪。6 月 21 日早上 7 点 30 分许，王强在自己的家中，对母亲撒谎说了那句话，母亲信以为真，以为儿子真的是只想抽根烟，缓解一下心情，然而，就在她松开手的刹那间，儿子竟没有一丝犹豫地从 10 楼纵身跃下，没给母亲一秒能抓住他的机会，10 层楼 30 多米的高度，可见王磊死的决心有多大。

二、心理危机的表现

研究表明，当危机发生的时候，人们会普遍表现出生理的、心理的和行为上的变化，这些变化，可以成为专业人员或者教师识别心理危机、处理心理危机的重要线索。

简单地说，当中小学生面临严重的心理危机时，首先在生理上会表现出心跳加快、血压升高、出汗或者寒战、睡眠不好、嗜睡或者噩梦、怕黑、退行（行为倒退到更幼稚的状态）、食欲不振等，在情绪上的表现为震惊、悲伤、内疚、焦虑、惊恐、不断增加的无助感和无力感、挫败感、抑郁等负性情绪，从行为上会表现出拒绝，愿意独处等行为。在这些危机的表现中，情绪行为是最为引人关注的，因为情绪反应是心理危机反应的核心，所以对心理危机的情绪反应的理解，是心理危机应对和管理的前提。

（一）心理危机反应的阶段

可以将心理危机的情绪反应简单地分为三个阶段：危机刚刚发生的阶段、危机过后几天或者几个星期的阶段、危机事件结束后的阶段。

第一个阶段是危机刚刚发生的阶段。在这个阶段中，危机刚刚发生，学生马上就会经历恐惧、否认、混乱、悲伤、焦虑等多种负性情绪。在这个阶段，经历负性情绪的人通常会感觉到非常茫然，一种不真实的体验，在巨大的恐惧以后是一种情绪的麻木，甚至可能表现出缺乏某些记忆，表现出健忘或者根本不在乎的情绪和行为。

第二个阶段是危机发生以后的几天或者几个星期。对于学生来说，这个时候最为明显的特征就是退行行为、应激行为或者攻击性行为。所谓退行行为就是个体会表现出与年龄不相称的幼稚行为，这种退行行为可以分为生理性的退行行为和社会性的退行行为。所谓生理性的退行行为就是在生理行为上表现幼稚，比如上学的儿童可能表现出尿床、吃手指等；而社会性的退行行为就是在社会行为上表现幼稚，比如高中学生可能表现出很幼稚地大喊大叫，甚至用奶瓶喝水等。应激行为通常伴随有巨大的情绪反应，比如极大痛苦、恐惧、悲伤和抑郁等行为；还可能表现出对别人的情感麻木，或者对别人表现出敌意和攻击性等。如果这些行为没有危及自己或者他人的生理和心理健康，专业人员们会认为这种反应是一种正常的危机反应，而且这些危机反应也会随着时间的推移，症状逐渐减轻或者消失；如果这些行为没有减轻或者消失，那么这种情绪反应就会被认为是病理性的反应，需要专业人员的帮助。

第三个阶段是危机事件过后。如果此时危机当中的负性情绪依然存在，而且妨碍了学生们的正常上学和行为功能，那么这种行为反应可能就与精神病症有关，比如创伤后应激障碍。因此，这个阶段需要专业人士参与救治。

（二）心理危机的情绪反应

当一个学生面临危机时，他们首先的反应是一种情绪反应，而且情绪反应差异非常大。有的学生情绪反应非常少，只有一点点的痛苦；有的学生情绪反应强烈，比如恐惧、焦虑、抑郁、悲伤；有的学生反应过分强烈，比如回避、过度警觉和混乱。

专家们认为，这些情绪反应其实都是可以被预期的，是一段时间内的正常情绪反应，但是如果反应过度，情绪反应时间过长，则可能会伤害到学生进一步的健康，有发展为慢性疾病的可能性。

（三）严重的应激反应或者适应不良（创伤后应激障碍）

创伤后应激障碍（PTSD）是一种医学上的疾病，它是指个体对异乎寻常、威胁性的、灾难性的生活事件的延迟反应或持续存在的反应，以再度体验创伤为特征，并伴有情绪的易激惹和回避行为。如果学生经历了以下的情绪和行为反应持续一个月以上，而且这种不良情绪体验已经严重影响到了日常的学习和生活，这种情绪就需要专业人员的帮助。

阅读资料

下面是DSM-5（美国精神疾病诊断标准5）中有关创伤后应激障碍的诊断指标，这些诊断指标必须至少出现一个月，而且必须明显与当事人的正常合理行为受到损伤有联系。

A. 以下述1种（或多种）方式接触于实际的或被威胁的死亡、严重的创伤或性暴力：

1. 直接经历创伤性事件。

2. 亲眼目睹发生在他人身上的创伤性事件。

3. 获悉亲密的家庭成员或亲密的朋友身上发生了创伤性事件。在实际的或被威胁死亡的案例中，创伤性事件必须是暴力的或事故的。

4. 反复经历或极端接触于创伤性事件的令人作呕的细节中（例如，急救员收集人体遗骸；警察反复接触虐待儿童的细节）。

注：诊断标准A4不适用于通过电子媒体、电视、电影或图片的接触，除非这种接触与工作相关。

B. 在创伤性事件发生后，存在以下一个（或多个）与创伤性事件有关的侵入性症状：

1. 创伤性事件反复的、非自愿的和侵入性的痛苦记忆。

注：6岁以上儿童，可能通过反复玩与创伤性事件有关的主题或某一方面来表达。

2. 反复做内容和情感与创伤性事件相关的痛苦的梦。

注：儿童可能做可怕但不能识别内容的梦。

3. 分离性反应（例如，闪回），个体的感觉或举动好像创伤性事件重复出现（这种反应可能连续出现，最极端的表现是对目前的环境完全丧失意识）。

注：儿童可能在游戏中重演特定的创伤。

4. 接触于象征或类似创伤性事件某方面的内在或外在线索时，产生强烈或持久的心理痛苦。

5. 对象征或类似创伤性事件某方面的内在或外在线索，产生显著的生理反应。

C. 创伤性事件后，开始持续地回避与创伤性事件有关的刺激，具有以下1项或2项情况：

1. 回避或尽量回避关于创伤性事件或与其高度有关的痛苦记忆、思想或感觉。

2. 回避或尽量回避能够唤起关于创伤性事件或与其高度有关的痛苦记忆、思想或感觉的外部提示（人、地点、对话、活动、物体、情景）。

D. 与创伤性事件有关的认知和心境方面的负性改变，在创伤性事件发生后开始或加重，具有以下2项（或更多）情况：

1. 无法记住创伤性事件的某个重要方面（通常是由于分离性遗忘症，而不是诸如脑损伤、酒精等其他因素所致）。

2. 对自己、他人或世界持续性放大的负性信念和预期（例如，“我很坏”“没有人可以信任”“世界是绝对危险的”“我的整个神经系统永久性地毁坏了”）。

3. 由于对创伤性事件的原因或结果持续性的认知歪曲，导致个体责备自己或他人。

4. 持续性的负性情绪状态（例如，害怕、恐惧、愤怒、内疚、羞愧）。

5. 显著地减少对重要活动的兴趣或参与。

6. 与他人脱离或疏远的感觉。

7. 持续地不能体验到正性情绪（例如，不能体验快乐、满足或爱的感觉）。

E. 与创伤性事件有关的警觉或反应性有显著的改变，在创伤性事件发生后开始或加重，具有以下2项（或更多）情况：

1. 激惹的行为和愤怒的爆发（在很少或没有挑衅的情况下），典型表现为对人或物体的言语或身体攻击。

2. 不计后果或自我毁灭的行为。

3. 过度警觉。

4. 过分的惊跳反应。

5. 注意力有问题。

6. 睡眠障碍（例如，难以入睡或难以保持睡眠或休息不充分的睡眠）。

F. 这种障碍的持续时间（诊断标准B、C、D、E）超过1个月。

G. 这种障碍引起临床上明显的痛苦，或导致社交、职业或其他重要功能方面的损害。

H. 这种障碍不能归因于某种物质（例如，药物、酒精）的生理效应或其他躯体疾病。

对于小学生，他们可能会表现出PTSD的所有症状，包括易激惹和情绪上的孤独、抑郁等症状，而且他们常常也表现出注意困难，在学校中无法集中注意力。另外，他们表现出生理上的症状，比如头痛和胃痛。他们常常担心危机可能会扩散或者再次来临；他们也会常常问有关危机的问题，表达自己对未来的担忧；他们还可能通过游戏或者画画来重建痛苦的回忆。

对于初中以上的青少年，他们已经能够和成人一样经历全部的PTSD各种症状，他们可能会反复出现有关危机的观念，做与危机相关的噩梦，他们会感觉到焦虑、沮丧、无助、内疚，甚至会出现自杀念头。有时候他们可能会表现更多地使用一些不好的物品，比如抽烟等。另外，他们还可能出现反叛和反社会行为，如打架等。

第三节　学校心理危机干预过程

一、学校心理危机干预系统的架构

（一）心理危机干预

心理危机干预是指运用心理学、心理咨询学、心理健康教育学等方面的理论与技术对处于心理危机状态的个人或人群进行有目的、有计划、全方位的心理指导、心理辅导或心理咨询，以帮助平衡其已严重失衡的心理状态，调节其冲突性的行为，降低、减轻或消除可能出现的对人和社会的危害。

（二）学校心理危机干预系统的基本架构

学校心理危机干预是指建立在学校教育和学校管理基础上的心理危机干预。学校心理危机干预的对象主要是在学校学习的大学生、中小学生以及从事学校教育的教师和管理人员，以及与他们相关的亲属或亲属人群。

参与学校心理危机干预的成员主要是学校教育的管理者、学校心理健康教育教师、与学校教育相关的教育专家和心理专家，以及高级心理咨询师、医务人员、社会安全保障人员（公安、法律、火警等）和社区工作者等。

学校心理危机干预系统包括：学校心理危机干预的预警系统、学校心理危机干预的应急系统、学校心理危机干预的维护系统。

1. 预警系统

学校心理危机干预的首要任务就是积极预防在学校管理范围内重大恶性事件的发生。该系统要能在尽可能早的时间内预警可能出现的冲突性事件并能给予及时的疏导，要能对学校管理范围内的有心理危机倾向的高危人群进行必要的监控和疏导。

学校心理危机预警系统主要包括以下组成部分。

（1）心理健康测量和心理健康档案。教育部已有文件规定从2004年新学期开始，大学新生入校都要进行心理健康测试并建立心理健康档案。通过心理健康档案的建立和使用，可以比较有效地区分出容易产生严重心理危机的高危人群，以便有针对性地采取必要的控制和疏导措施。各地中学也可以参照执行。

（2）学生团队中的“心理互助员”。在学生群体中建立“心理互助员”队伍，是提高心理危机预警系统效能的重要措施。按照青少年心理发展的规律和特点，在整个青春发育期，伙伴关系是对青少年个体心理发展影响最大的因素。同学、朋友之间往往能够相互敞开心扉，讲内心的、真实的话。“心理互助员”是经过一定心理辅导知识和技能培训的、在学生中有较强交往能力的学生。他们的活动可以团队或兴趣小组的形式进行，受学校心理健康教育教师的指导和管理。他们平时在与同学、朋友交往中能主动运用学到的心理辅导知识和技能，当发现有心理危机发生可能的同学和朋友时，能及时向学校心理健康教育教师反映，从而发挥心理危机预警反应的作用。

（3）班主任队伍和学校团队、学生会工作者。学校班主任队伍和学校团队、学生会工作者队伍应该接受比较系统的心理健康教育、心理辅导与咨询、心理危机干预理论与技术的培训，使他们成为学校心理危机预警系统的主要组成部分。这些直接从事学生思想品德教育和学生管理的教师往往和学生接触密切，也比较容易得到学生的信任。只要对他们进行有计划的、有目的的培训，就能有效提高学校心理危机预警系统的反应能力。

（4）学校心理健康教育教师。学校心理健康教育教师队伍应该是学校心理危机预警系统中的骨干力量。他们经过专业培训，并应持有心理健康教育的上岗资格证书。他们的预警信息来源除了直接使用心理健康档案，接受和筛选来自上述两支队伍的信息外，预警信息的来源还包括学校系统的心理辅导（咨询）电话热线、心理辅导（咨询）室、心理辅导（咨询）信箱、校园网中的心理健康论坛（BBS）等。学校心理健康教育教师要认真做好有冲突性事件爆发倾向（自杀、自残或暴力）人员的心理干预，其岗位责任之一就是要为学校教育管理者及时提供学生和教师的心理健康状态以及存在的主要心理问题。

学校心理危机预警系统的直接领导者应是学校心理危机干预领导小组。

2. 应急系统

学校心理危机干预的主要任务就是，当在学校管理范围内发生重大恶性事件（自然灾害、灾难性事故、传染性疾病、暴力冲突、自杀自残自虐等）时，学校心理危机干预应急系统要能及时、有效地与负责危机干预的其他系统（教育管理、社会安全、医疗卫生、社会工作等）进行合作，有计划、有步骤地对事件当事人或人群进行心理干预，同时，协助有关部门对与当事人或人群相关的人群（同学、教师）和亲属人群（家长、亲戚）提供科学有效的心理援助和心理辅导。

学校心理危机干预应急系统主要包括以下组成部分。

（1）领导指挥组。学校心理危机干预应急系统的领导指挥小组是学校危机干预系统中的一个重要组成部分，负责在事件现场领导和实施对当事人或人群进行心理危机干预，负责协调与其他危机干预系统（管理、公安、交通、卫生、消防等）的各种关系。领导指挥组的负责人应由教育系统领导和学校负责人组成，他们应该接受过心理健康教育、心理咨询、心理危机干预等方面的理论与技术的培训。领导指挥组的成员还应包括心理健康教育的专家、有高级职称的心理健康教育教师、有高级职称的学校医务人员等。学校心理危机干预应急系统的领导指挥小组可在县（市、区）级教育主管部门设立。

（2）专家指导组。学校心理危机干预应急系统的专家指导组是在学校危机发生时由上级心理健康教育指导中心派往事件现场的、负责指导学校心理危机干预的专家工作组。它的主要责任是：1）对现场从事心理危机干预的指挥领导人员、心理健康教育教师、学校医务人员等提供心理危机干预方面的技术指导和监督，在必要时，直接进行现场干预；2）对心理危机干预效果进行评估；3）收集和整理与当事人或人群相关的心理健康资料、与心理危机干预操作过程相关的资料；4）对事件发生后的维护性心理危机干预提供方案或建议；5）为上级教育管理部门和心理健康教育指导中心提供与事件相关的心理危机干预专项研究报告。

（3）专业工作组。学校心理危机干预应急系统专业工作组的主要任务就是在事件现场对当事人或人群开展心理危机干预、提供心理援助和心理疏导。工作人员主要由本校的和本地区（或本学区）的学校心理健康教育专职（兼职）教师、已获得心理健康教育教师上岗资格证书的教师组成。在他们的下面还应该建立若干个临时性的工作小组，分别负责为事件现场外围的人或人群（同学、教师、家长）提供适当的心理援助和疏导。这些工作小组的成员可以由接受过专门心理健康教育培训的学校德育工作者、班主任和教师中的骨干教师、团队学生会干部、学生中的“心理互助员”等组成。

3. 维护系统

学校心理危机干预的维护系统是指在重大恶性事件发生后对当事人或人群，以及对与当事人或人群相关的人或人群提供补救性的、维护性的心理干预系统。维护系统的主要任务是：1）由于种种原因，在重大恶性事件发生时，心理危机干预人员无法到达现场，因而采取事后补救性的心理干预，比如，学生服毒自杀未遂，被抢救回来后的心理危机干预；2）重大恶性事件发生后，对当事人或人群的继续跟踪的、维护性的心理干预；3）重大恶性事件发生后，对与当事人相关的人或人群的维护性心理干预，比如，某学生自杀后，对与当事人有密切交往的同桌、室友、同学、朋友等人群的维护性心理干预。

学校心理危机干预维护系统主要包括以下组成部分。

（1）领导指挥组。维护系统领导指挥组的建立按事件发生的区域来确定。在一所学校范围内的，则以学校负责人为主；如果是在学区范围内的，则以学区负责人和相关学校负责人共同组成。领导指挥组还应有上级心理健康教育指导中心负责人和心理健康教育专家参加。

（2）专业工作组。维护系统专业工作组人员构成与应急系统专业工作组人员构成基本相同，其任务也基本相同。在进行维护性心理干预时，专业工作组的一项重要任务就是要科学区分和鉴别出已患有比较严重的心理障碍或心理疾病的人员，要及时向上一级心理健康专业工作者求助，或及时转介到当地医疗卫生部门。

（3）心理健康教育活动系列。心理健康教育活动课、团体心理辅导活动课、心理辅导讲座、心理健康教育展览等都是进行维护性心理干预的重要手段，尤其是在牵涉到的相关人群数量比较多的情况下。领导指挥组要根据所发生事件的性质和特点开设有针对性的心理健康教育的系列活动，帮助不同的人群认识事件的性质、了解事件对自己心理的影响、宣泄或转移内心的心理压力、掌握自我心理状态调节的技术。

二、学校心理危机干预的程序

（一）心理危机干预的计划过程

心理危机的发展有其规律。心理危机干预的计划过程，就是根据危机发展的阶段和个体对外界的需求来进行设计的，危机干预一定要掌握好适当的时机，以取得干预的最好效果。

校园心理危机干预的计划应该进行以下工作。

1. 组建紧急事务团队

紧急事务团队应该包括学校的管理者、心理教师、班主任、保卫处等多个部门的人员。在危机事件发生以后，这些人员需要在较短时间内获得相关的信息，做出判断，决定危机是在什么范围内，涉及多少教师和学生，是否需要向上级政府或者地区寻求援助，是否需要控制和紧急评估心理伤害等。紧急事务团队的工作责任非常重要，因为这个团队是决定组织做出什么样反应的第一责任团体。

2. 制定相关的文件和提供评估等相关的资源

在危机计划过程中，要设计出专门针对班主任、心理健康教师、普通管理人员等多个不同对象的文件。针对班主任的文件必须包括学生的花名册、可以紧急求助的对象和联系方式、纸笔等，让班主任能够在较短时间内掌握到学生的基本情况和判断学生的行为。心理健康教师应该定期对学生的心理健康问题进行检查，对需要长期关注的学生必须建立心理档案，针对有特殊和严重的心理健康问题的学生应该推荐他们寻求专业的帮助和服务。心理健康教师也应该有针对学生特殊危机事件的基本反应程序和基本表格，以记录学生的基本问题，为进一步进行管理提供信息。针对管理人员的文件应该包括在什么情况下可以寻求外界的专业帮助，应对媒体和家长的疑问，安排学生的放学以及接送等工作。

3. 应该有专门针对具有特殊需要学生和教师的心理危机反应计划

心理危机反应不仅会给普通的当事人带来危机本身所造成的困扰，而且会带给以前经历过心理危机事件的人更大的困扰，这种困扰加上以前的危机经验会让人们更难承受。因此，在危机反应和善后过程中，要特别关注具有特殊需要的学生和教师的反应，发展专门针对有特殊需要学生的和教师的危机计划。

前面已经讨论过，曾经经历过严重心理伤害的学生和教师，家庭气氛或者家庭功能非常不良、长期与家长分离的学生等都是需要特别关注的；对那些智力落后、发展落后于正常学生的儿童，以及那些身体残疾的学生都要特殊关注，因为这些学生本身应对危机事件的能力有欠缺；有的时候那些身体残疾的学生可能会对危机的反应更为敏感，因此，他们的反应也可能过度和夸大，这些都需要特别关注。

4. 按照危机发生阶段进行危机管理计划

除此以外，针对危机事件的发生和干预的阶段，应该做出有关危机事件和干预阶段的表格（见表 10-1），这样有助于清晰地标示危机发生的阶段和需要完成的工作。

表 10-1　危机事件和干预阶段

危　机　类　型	事件过程中	事件刚刚结束	几天/几周后	为未来预防防
大的学校危机（地震、建筑物火灾、校园枪击）				
小群体的危机（小的动荡、社区中的火灾、自杀）				
个人的危机（学生威胁要伤害自己/他人）				

（二）心理危机干预的基本原则

因为心理危机的影响后果深远，所以进行心理危机反应需要遵循相应的反应原则。

1. 立即反应——集中于修复平衡

当出现心理危机的时候，管理者和学校教师反应的第一个原则就是立即反应，努力恢复原来的社会、学习和生活的平衡。导致心理危机的本质就是当事人的心理上不平衡，原有的应对方式没有办法维持原来的状态。因此，在反应上，管理者和教师应该非常平静和直接地面对问题，提供可以公开的信息，同时，采用权威的方式来表达对局面的控制，对需要帮助的人提供良好的资源和尽可能提供的资源，采用问题解决的方式来面对灾难的发生。

在反应过程中，不要因为担心事情困难或者事情不好接受，就向学生撒谎。应该鼓励学生根据事件的真实状况来反应和处理，并给出明确的信息对发生的事情做出解释，告诉学生可能会出现什么样的行为，或者会出现什么样的状况。总之，不要给不现实的或者虚假的承诺。

在反应中，还应该与学生讨论他们的情绪反应，鼓励学生采用现实和建设性的方式和态度来处理问题，不要支持学生采用否认或者过分夸大的方式来解决问题。

在反应中，管理者还应该传递一种正面的期望和有希望的感觉，让学生相信，危机的改变也可能带来事情的转变，因此，要正确地面对和处理危机的影响。

2. 把学生从受害者变成主动者

在心理危机管理和反应过程中，一定要让学生改变他们的感觉，让他们不要觉得他们是受害者，是天下最倒霉的人，要让他们相信，无论发生什么事情都是有希望的。因此，当学生离开教室以后，要让他们实现他们的承诺，用他们可使用和合适的方式来为他们以后的行为做出计划；同时，帮助学生建构他们的应对策略，采用合适的策略来帮助学生解释和建构面对现实的观念。如果可能，让学生在一起相互帮助，尽快恢复他们的心理平衡。

3. 用可迅速得到的社会支持联系和帮助学生

在心理危机反应过程中，要尽快建立学生可得到支持系统，包括同伴、其他教师、社会工作人员和家庭，让这些支持系统给学生提供立即的支持、引导和援助，并且让学生在需要的时候能够随时得到这些支持系统的帮助。

4. 照顾照看者

在反应上，可能会有学生和教师受伤，他们甚至可能承受巨大的痛苦。所以在照顾学生的同时，也要照顾那些照顾学生的人。这些人可能是代课的教师，也可能是外界的医护人员；可能是救援的军人，也可能是社会上的志愿者。在选拔和替代教师之前，要确信这些人员能够有资格和能力来替代学校的教师，同时，也要管理和照顾他们。因为在心理危机的反应过程中，学生的情绪可能非常不稳，照顾者也可能承受很大的工作压力和心理负担，所以在心理危机反应过程中，要考虑涉及的所有人员，帮助他们以建设性的方式来面对。在危机心理咨询中，我们通常会把受到影响的人群分为三级不同的人：第一级人群是指幸存者、当场经历目击惨痛后果的人。第二级人群是指一线的救援人员和目击者等。我们通常会非常关注第一级人群，但是不能忽略对第二级人群的支持，因此，学校的心理危机管理计划应该包括第二级人群。第三级人群是指通过媒体渠道了解信息而受影响的人。通常第三级人群人数众多，分布广泛，所受影响程度也不同。对第三级人群的支持通常是采用心理健康宣传来进行，学校的心理危机管理计划一般不包括第三级人群。

5. 提供事件后的干预

危机影响和造成的混乱可能在较短的时间内能够得以平复，但心理危机的后果可能持续时间很长，有的甚至会持续人的终生。因此，学校的管理者要确信涉及到的每个人（学生和教师）能够得到后续的支持，尽可能地指导他们，在需要专业帮助的情况下一定要寻求专业的帮助和支持。

（三）心理危机的反应过程

因为心理危机的复杂性和专业性，所以心理危机的反应可以分为四个阶段：危机发生过程中的反应、危机事件刚刚结束以后的反应、危机事件发生以后几天或者几周需要做的反应以及危机事件结束以后需要做的事情。

1. 危机发生过程中的反应

因为危机的发生是猝不及防的，所以危机发生过程中做出恰当的反应非常重要。心理危机的反应更多地表现在心理行为和情绪上，因此，在危机发生过程中的反应是以沟通为主的。当情况很紧急的时候，沟通的第一步就是要示警，告诉紧急救助人员、医生以及专业的心理健康人员，了解有关事件的信息。如果需要的话，就必须立即开展心理的第一援助，同时，确定好心理援助开展的位置，控制谣言和心理恐慌感传染，启动危机应对团队，确立新闻发言人专门应对媒体，并记录和追踪涉及的教师和学生的行踪，与家长进行沟通，了解家长的担心并通报情况的进展，向上级组织或者社区组织汇报进展的情况。

在指挥、领导和协调方面，应该马上启动紧急事务团队，启动心理健康的信息网络和支持网络，监控事件的发生；同时，确保问题在需要的时候得到立即的解决，决定学校是否停课，还是学校进行封闭，禁止外界人员进入等危机应对措施。

在保证学生和教师安全和健康方面，要马上提供医疗和心理的第一援助，提供搜救、治疗、安全处置和疏散等多方面的行动计划，以减少对学生和教师的心理和生理安全的威胁。

危机发生过程的时间大约持续 24 小时，当然不同的危机事件紧急反应的时间有长有短，这需要按照危机发生的程度和持续时间而决定。

2. 危机发生 24 小时后的反应

当危机事件发生 24 小时以后，可以召集紧急救援人员、心理健康专业人士、班主任以及学生家长召开会议，讨论和分析事件发生的原因和影响事件顺利解决的因素，控制谣言的传播，提供从哪里可以得到医疗和心理支持的信息，帮助教师和学生得到足够的支持和帮助。

在保证学生和教师的安全和健康方面还是应该提供多方面的支持和援助，开始对教师和学生的心理伤害进行评估和早期的筛查，出现严重行为和情绪问题的教师和学生应该寻求专业的帮助。

3. 危机发生几天/几周后的反应

危机发生几天以后，学校还是应该积极与学生和家长沟通，定期向家长和社区提供学校的工作进展情况，比如学校是否继续停课。与此同时，学校管理者依然要监控问题的发展和问题解决的进展。在学生和教师的安全和健康管理方面，要在专业人员的指导下对人员进行筛查，为那些需要长期治疗的人提供转学或者直接的帮助和服务；给学生和家长提供得到长期治疗服务的信息，并且为他们提供可能的便利；为转出寻求专业服务的学生和教师建立档案，开展未来的案例管理。

4. 危机事件结束以后的反应

危机事件结束以后，管理者和教师应该召集会议，总结针对危机反应的经验和教训，同时，对危机反应过程中的文本进行整理，采用描述的方式来设计针对未来同类危机的预案计划，以减少不可避免事件所带来的影响。同时，还要修正危机反应的计划，增加相关的资源，将有关的人和团队进行相应的责任分析。

在保证学生和教师的安全健康方面，应该有针对性地开展安全教育和生命教育，提高教师和学生对危机的敏感程度和认知程度，提升教师和学生的心理安全感。

总结上面按照事件发展来开展的危机反应，可以看到干预者在事件不同发展时间的应急反应（见表 10-2）。

表 10-2 在事件不同发展时间的应急反应

行为管理	危机的反应过程中	危机事件刚刚发生后	危机事件发生几天/几周后	危机事件发生较长时间后
沟通	如果必要就要示警，分清处理步骤，提供有关事件的信息。如果需要，确定第一援助的位置，控制谣言，处理媒体，追踪师生的行踪，与家长互动，与社区和上级组织进行沟通	区分原因和影响，控制谣言，提供从哪里可以得到医疗和心理支持的信息	提供有关关闭的信息给学生、员工、家长、地区和社区	召开介绍情况的会议，分析针对危机反应的得失

续表 10-2

行为管理	危机的反应过程中	危机事件刚刚发生后	危机事件发生几天/几周后	危机事件发生较长时间后
指导和协调	启动危机应对团队，监控事件，解决问题	决定是否还有必要维持紧急应对中心，继续监控问题和解决问题	继续监控问题和解决问题	设计预防计划，把相似的危机进行归类，减少不可避免的事件的影响，修正危机反应计划，增加资源
健康和安全	保护学生和员工，减少损失，提供医疗和心理第一援助，提供搜救、治疗、安全和疏散	继续危机干预的行为	给那些需要长期治疗的人提供心理服务，同时进入到案例管理	对学校师生进行安全教育

成长和发展，不仅仅是学生的事情，也是教师和父母的事情，用成长的心思来面对所有已来的和未来的，人们才会更加健康。让我们共同努力吧，勇敢地直面未来不确定的人生，才是真正的成长和成熟。

阅读资料

校园危机应对案例及分析

2013 年发生在某中学的一起学生群体暴力事件。10 月份的一个下午，高中二年级两个班学生下午课外活动时间，在操场因踢足球发生纠纷，有推搡行为。后在同学劝阻下离开操场回去上课。晚饭时间，其中一同学跑到另一班级进行言语挑衅，引起打群架事件，导致一名同学头部受重伤。该事件经历长达半年之久，在各方面努力协调之下，最终得到妥善解决。

第一步：预防为主，建立预案，积极演练。

针对不同类型的校园危机事件，学校要以预防为主，时刻守护好安全第一道防线。提前做好各项预案，建立相关应急队伍，做好相关人员培训及演练，加强对学生的安全教育、法制教育。通过演练，不断完善预案内容，同时，做好校园安全宣传，形成良好的氛围。宁可千日不用，不能一日忘危。

在此案例中，就是因为对学生间的小纠纷、小矛盾没有引起足够重视，没有及时采取措施进行疏导和化解，使同学间的小矛盾升级，相关预案没有落实到位。

第二步：直面问题，启动预案，及时上报。

学校主要领导遇事要沉着、果断，保持头脑清醒，一旦发生突发事件，应迅速启动应急预案。接到报告后，在学校应急管理领导小组的指挥下，调集学校精兵强将和有应对突发事件能力的人员，分工合作，赋予应急管理人员特别权力，落实领导的决策，避免多头指挥。协调学校各部门的应急响应行动，形成及时、快捷、畅通的信息沟通网络。

在此案例中，学生头部受重伤属于重大伤害事故，校方首先拨打了 120、110 请求救援，并及时采取了相应的急救措施，分类施救，全力配合抢救伤员，使伤害程度降到了最低。与此同时，和家长取得了联系，并及时向主管部门和上级领导作了汇报，应对及时。

第三步：先入为主，保护现场，收集证据。

事件发生后，应安排专人，保护好事故现场，避免人为移动或损害，掌握第一手材料，留存好各种记录，全面积累证据，以备后期积极协助相关部门调查取证。同时，收集和分析掌握的信息，初步确认相关当事人行为与损害后果间的因果关系，积极提出对策建议。

在此案例中，由于经验不足，没有及时收集相关证据，导致后期处理过程中，责任认定不准确，出现当事人互相推诿的情况，延误事件的处理。

第四步：掌握主动，引导舆论，公布真相。

一旦校园意外伤害事件发生，关于危机事件的消息就会伴随着各种网络以及自媒体的介入传播，立即引起社会公众的普遍关注。学校作为主要的参与者，按照预案，统一安排，根据事件性质，经主管部门批准，安排专人负责，提供给新闻媒体全面真实客观的信息并予以公布，以正视听，避免社会上出现虚假消息和谣言的传播，引起大众不必要的恐慌。学校对媒体、记者以及大众，做好舆论导向工作，以礼相待、不卑不亢，态度要坦诚、语气要平和、信息要真实。对任何人不随意发布未经证实的信息。

在此案例中，学校掌握了主动，针对社会上的负面信息，及时在一定范围内公布了真实客观的信息，引导了舆论，为下一步处理奠定了基础。

第五步：上下同欲，依靠组织，注重协调。

学校作为业务部门，力量是有限的，只靠学校肯定无法独自应对特别重大的突发事件。在突发事件处置过程中，一定要坚定地相信和依靠上级党组织，充分发挥党组织的领导核心和战斗堡垒作用，一定要积极争取各级政府机构和各类社会力量的支持，建立有效的连接机制。

在此案例中，学校在教育行政部门的领导下，依靠当地政府、公安、检察和法院等部门协同配合，加速了此事件的处理。

第六步：争分夺秒，情理结合，快速处置。

危机事件发生后，学生伤害事故中的责任认定、责任承担、赔偿标准、处理方式等，要依据国家相关的法律法规来进行。在赔偿问题上，要坚持合理适当原则，根据责任认定依法赔偿。学校要了解和掌握当事人家庭基本情况和社会主要关系，与家长建立有效、积极的联系，抓住主要矛盾，锁定谈判主要对象，注意沟通方式和谈话技巧，采取有效策略，并及时提供物质、医疗、精神、道义上的帮助。立说立行，快速处置，避免发生其他连锁性事件。

在此案例中，校方真心安抚家长，热情接待，耐心倾听，分清责任并主动承担责任，与家长建立了有效的沟通，最终达成了相互谅解协议。

第七步：心理干预，反思总结，完善机制。

积极开展危机后的恢复工作，尤其是现场亲历者以及伤害者周围人群的心理恢复工作。危机过后，特别是一些严重灾害和事件过后，人们心中往往会留下阴影，甚至会造成心理疾病。因此，加强危机过后心理恢复工作十分必要。

在此案例中，学校首先通过心理咨询，及时关注有心理危机的学生的行为倾向。采取了心理辅导等方式，弥合当事师生因危机所受心理创伤，避免产生更多的危机。其次，在危机调查的基础上，进行了总结，检讨处置方法，消除危机的隐患，评估应急预案的实施情况，并对相关责任人进行了责任追究。再次，就导致危机发生的原因及过程，认真梳理存在的疏漏、失误，及时进行了整改，查缺补漏。举一反三，严谨总结，向师生、学生家长和社会公众做出必要的说明，以认真负责的态度做出了相应的承诺、取得了当事人及大众的理解，维护了学校的形象和声誉。

案例中，虽然前期应对不及时、不准确，但后期积极总结反思，采取科学、有效的措施，使事件的负面影响降到了最低，并最终化解了校园危机。

【本章要点】

（1）心理危机的定义：每个人都在努力保持一种内心的稳定状态，保持自身与环境的平衡和协调，当重大问题或变化发生使个体感到难以解决、难以把握，个体先前处理问题的方式及其惯常的支持系统不足以应对眼前的处境，即超过了个体的应对能力时，平衡就会打破，正常的生活受到干扰，内心的紧张不断积蓄，继而出现无所适从甚至思维和行为的紊乱，进入一种失衡状态，就会出现暂时的心理困扰。

（2）学生心理危机的特征：心理危机后果具有模糊性；心理危机的症状具有复杂性；心理危机的过程具有变动性；心理危机的应对缺乏万能和速效的方案；心理危机的反应具有必要性；心理危机的发生具有规律性；心理危机的发展具有独特性。

（3）心理危机可以分为三种类型，分别为成长性危机、境遇性危机和存在性危机。

（4）创伤后应激障碍是指个体对异乎寻常、威胁性的、灾难性的生活事件的延迟反应或持续存在的反应，以再度体验创伤为特征，并伴有情绪的易激惹和回避行为。创伤后应激障碍的诊断标准：经历过一个创伤事件；持续的重新经历事件；回避与创伤有关的刺激；整体反应上出现麻木症状；增加以前不存在的唤起警觉症状。

（5）心理危机干预是指运用心理学、心理咨询学、心理健康教育学等方面的理论与技术对处于心理危机状态的个人或人群进行有目的、有计划、全方位的心理指导、心理辅导或心理咨询，以帮助平衡其已严重失衡的心理状态，调节其冲突性的行为，降低、减轻或消除可能出现的对人和社会的危害。

（6）学校心理危机干预系统包括：学校心理危机干预的预警系统；学校心理危机干预的应急系统；学校心理危机干预的维护系统。

（7）心理危机干预的基本原则包括：立即反应——集中于修复平衡；把学生从受害者变成主动者；用可迅速得到的社会支持联系和帮助学生；照顾照看者；提供事件后的干预。

（8）心理危机的反应过程包括四个阶段：危机发生过程中的反应；危机发生 24 小时后的反应；危机发生几天/几周后的反应；危机事件结束以后的反应。

【学习与实践】

（1）请根据所学内容评估自己有没有经历过心理危机。

（2）请对 1~2 所学校进行调查访谈，了解学校有没有心理危机干预的架构。

（3）请使用下面的《危机面谈表》找几名学生进行访谈。

危机面谈表

面谈者：　　　　　　　日期：
怀疑的问题：
学生是否需要帮助：是　　否
性别：　　　　　　年龄：　　　　　　班级：

开场白：我们非常关心你过得怎么样，我们今天的谈话是为了让我们知道讨论什么东西比较好，讨论什么事情不太好。

（1）当事情发生的时候，你在哪里？（是直接在现场，在附近，还是不在那个区域？）

（2）你看到或者听到什么事情发生在那里吗？

（3）你现在感觉怎么样？

（4）你与那些涉及的人员关系怎么样？

（5）在以前，你或者你的家里人发生过这样的事情吗？

（6）这件事情会怎样影响你的生活？你觉得你的生活在发生这件事情之后，有什么不同吗？

（7）这件事情会怎么样影响到你的家人？

（8）对于发生的事情，什么令你最烦恼？

（9）你认为有人能做点什么事情来防止这件事情发生吗，是谁？

（10）回忆一下发生的事情，你对发生的事情是怎么感受的？

选　项	根本没有	一点	较多	很多
你对发生的事情感到生气吗？	1	2	3	4
你对发生的事情感到悲伤吗？	1	2	3	4
你对发生的事情感到内疚吗？	1	2	3	4
你对发生的事情感到害怕吗？	1	2	3	4

（11）因为所发生的事情，你的生活发生了什么样的变化？

（12）自从发生这件事情以来，你经历了什么样的新的困难？

（13）你最近感到最困难的事情是什么？

（14）你认为有人应该为发生的事情而受到惩罚吗，是谁？

（15）这件事情应该寻求报复吗，是谁应该去惩罚？

（16）对于这件事情你还有其他的什么信息吗？

（17）你是否认为跟别人讨论你所感受到的事情能帮助你，是谁？是否有一些事情我们应该现在就谈呢？

（18）当你需要别人帮助你处理一些事情的时候，你常常怎么做？

（19）你能与哪个朋友或者家里人来讨论这些事情吗？

（20）当你离开学校时你要做什么？如果你还不确定你应该做什么的话，我们现在来谈论好吗？

【复习思考题】

（1）什么是心理危机，其特点是什么？
（2）心理危机可以分为哪三种类型？
（3）什么是创伤后应激障碍，它的诊断标准是什么？
（4）什么是心理危机干预？
（5）心理危机干预的基本原则包括哪些？
（6）心理危机的反应过程包括哪四个阶段？

【推荐读物】

1. 胡平，中小学心理危机预警、干预及管理，清华大学出版社，2010。
2. 金晓明，等，大学生心理危机干预指南，浙江大学出版社，2015。
3. 李祚，心理危机干预，大连理工大学出版社，2012。
4. 边玉芳，青少年心理危机干预，华东师范大学出版社，2010。

参考文献

[1] [美] 艾肯. 心理测量与评估 [M]. 张厚粲，等译. 北京：北京师范大学出版社，2006.

[2] [美] 科尔斯基. 危机干预与创伤治疗方案 [M]. 梁军，等译. 北京：中国轻工业出版社，2004.

[3] [美] 科瑞. 心理咨询与治疗经典案例 [M]. 石林，等译. 北京：中国轻工业出版社，2004.

[4] [美] 克酣普，琼斯玛. 学校咨询与学校社会工作指导计划 [M]. 周司丽，等译. 北京：中国轻工业出版社，2005.

[5] [美] 克罗克，网尔吉纳. 经典和现代测验理论导论 [M]. 金瑜，等译. 上海：华东师范大学出版社，2004.

[6] [美] 克瑞尔. 心理调适——实用途径 [M]. 张清芳，等译. 北京：北京大学出版社，2004.

[7] [美] 迈瑞尔 K W，欧文 R A，金佩尔 G A. 21 世纪的学校心理 [M]. 刘翔平，等译. 上海：华东师范大学出版社，2007.

[8] [英] 查尔斯·杰克逊. 了解心理测验过程 [M]. 姚萍，译. 北京：北京大学出版，2002，7（1）：65-67.

[9] https：//www. sohu. com/a/363086386_120146316.

[10] 包陶迅. 校园心理卫生活动设计与组织 [M]. 哈尔滨：哈尔滨工业大学出版社，2009.

[11] 毕红升. 网络心理咨询业的开展与伦理困境 [J]. 中国医学伦理学，2007，20（5）：124-126.

[12] 曹梅静. 中小学心理健康教育课程设计 [M]. 广州：广东高等教育出版社，2004.

[13] 曾祥岚. 心理咨询的理论与实践 [M]. 北京：阳光出版社，2010.

[14] 陈发展，张洁. 有无临床督导经历的心理咨询师在职业伦理意识方面的对照研究 [J]. 中国民康医学，2008（23）：2746-2748.

[15] 陈国海，刘勇. 心理倾诉——朋辈心理咨询 [M]. 广州：暨南大学出版社，2001.

[16] 陈家麟. 学校心理健康教育：原理与操作 [M]. 北京：教育科学出版社，2002.

[17] 陈庆华. 青少年心理学 [M]. 合肥：合肥工业大学出版社，2011.

[18] 杜高明. 心理咨询与治疗理论 [M]. 成都：四川大学出版社，2008.

[19] 樊富珉，陈启芳，何镜炜. 香港高校学生辅导 [M]. 北京：清华大学出版社，2002.

[20] 樊富珉，何瑾. 团体心理辅导 [M]. 上海：华东师范大学出版社，2010.

[21] 樊富珉. 团体心理咨询 [M]. 北京：高等教育出版社，2005.

[22] 冯观富. 学校心理辅导的组织与管理 [M]. 广州：世界图书出版公司，2003.

[23] 冯江平. 儿童心理问题咨询与矫治 [M]. 杭州：浙江教育出版社，2000.

[24] 冯忠良，伍新春. 教育心理学 [M]. 北京：人民教育出版社，2004.

[25] 郭黎岩. 小学生心理健康与教育 [M]. 北京：高等教育出版社，2008.

[26] 何永东. 在优化学校环境中渗透心理健康教育 [J]. 安徽警官职业学院学报，2008.

[27] 胡永萍. 学校心理健康教育（第 2 版）[M]. 广州：中山大学出版社，2010.

[28] 江光荣. 心理咨询的理论与实务 [M]. 北京：高等教育出版社，2005.

[29] 姜淑梅. 中学生心理辅导 [M]. 北京：清华大学出版社，2015.

[30] 蒋将. 中学生心理健康教育 [M]. 北京：中国轻工业出版社，2008.

[31] 卡普兹. 团体咨询方法——培训师手册 [M]. 孙时进，等译. 广州：暨南大学出版社，2008.

[32] 李永鑫，李艺敏. 学校管理心理学 [M]. 上海：上海社会科学院出版社，2007.

[33] 李祚山. 心理咨询技术 [M]. 重庆：西南师范大学出版社，2014.

[34] 林崇德. 咨询心理学 [M]. 北京：高等教育出版社，2002.

[35] 刘嵋. 校园心灵剧场——学生心理剧心理辅导与咨询 [M]. 济南：山东教育出版社，2015.

[36] 刘视湘，郑日昌. 小学生心理健康教育 [M]. 北京：开明出版社，2012.

[37] 刘维良，齐建芳．中小学心理健康教育［M］．北京：华文出版社，2001.
[38] 刘晓明，李冬梅，孙蔚雯．学校心理咨询［M］．北京：中国轻工业出版社，2009.
[39] 刘学兰．中学心理健康教育［M］．广州：暨南大学出版社，2012.
[40] 卢家楣．青少年心理与辅导——理论和实践［M］．上海：上海教育出版社，2011.
[41] 任俊．积极心理学［M］．上海：上海教育出版社，2006.
[42] 任珊珊，殷梦婕，王莹莹．中国心理健康教育伦理问题综述［J］．学理论，2012（2）：196-197.
[43] 申仁洪．学习习惯：概念、构成与生成［J］．重庆师范大学学报（哲学社会科学版），2007（2）：112-118.
[44] 孙远刚．当代心理咨询与治疗概论［M］．长春：吉林人民出版社，2005.
[45] 唐子俊．心理动力督导模式［C］．诺商督导——实务篇，2002.
[46] 陶慧芬，李坚评，雷五明．心理咨询的理论与方法［M］．武汉：华中科技大学出版社，2006.
[47] 田文．中小学心理健康教育活动设计与实施［M］．北京：清华大学出版社，2013.
[48] 万增奎．现代学校心理健康教育［M］．北京：人民出版社，2011.
[49] 王道阳．学校心理健康教育课程原理与操作［M］．芜湖：安徽师范大学出版社，2014.
[50] 王浩．对中学心理健康教育管理体制的一些思考［J］．教学与管理，2001（3）：33-34.
[51] 韦有华．人格心理辅导［M］．上海：上海教育出版社，2000.
[52] 吴发科．中小学心理健康教育 实作与管理［M］．广州：广东高等教育出版社，2004.
[53] 吴武典．学校心理辅导原理［M］．广州：世界图书出版公司，2003.
[54] 吴增强，蒋薇美．心理健康教育课程设计［M］．北京：中国轻工业出版社，2007.
[55] 吴增强，沈之菲．学校心理辅导研究［M］．上海：上海科学技术文献出版社，2000.
[56] 吴增强．学校心理辅导实用规划［M］．北京：中国轻工业出版社，2012.
[57] 吴增强．学校心理辅导通论：原理、方法、实务［M］．上海：上海科技教育出版社，2005.
[58] 伍新春．心理健康教育概论［M］．北京：北京大学医学出版社，2006.
[59] 项灵羽，曹新美．学校心理咨询工具箱［M］．北京：教育科学出版社，2013.
[60] 徐光兴．学校心理学——心理辅导与咨询［M］．上海：华东师范大学出版社，2009.
[61] 姚本先，林家兴．心理辅导专业伦理规范与督导［M］．天津：新蕾出版社，2008.
[62] 姚本先，伍新春．心理健康教育［M］．北京：中国轻工业出版社，2012.
[63] 姚本先，伍新春．学生心理健康教育［M］．北京：中国轻工业出版社，2008.
[64] 姚本先．学校心理健康教育——理论研究与实践探索的整合［M］．合肥：安徽大学出版社，2008.
[65] 姚本先．学校心理健康教育新论［M］．北京：高等教育出版社，2010.
[66] 姚本先．咨询心理学导论［M］．北京：中国科学技术出版社，2005.
[67] 姚鑫山．个别心理辅导［M］．上海：上海教育出版社，2000.
[68] 叶一舵，严由伟．心理健康教育［M］．福州：福建教育出版社，2008.
[69] 易志丰．中学教师指导学生使用学习资源管理策略的方法［J］．新教育时代电子杂志（教师版），2015（8）.
[70] 俞国良，王琦．毕生发展视角：学习困难者的教育干预与展望［J］．中国特殊教育，2013（12）：59-64.
[71] 张大均，郭成．中学生心理健康教育［M］．重庆：重庆出版社，2006.
[72] 张德聪．心理辅导员的效能与训练［M］．天津：新蕾出版社，2008.
[73] 张明．小学生心理健康教育［M］．北京：中国轻工业出版社，2008.
[74] 张庆林．学校心理健康教育［M］．重庆：西南师范大学出版社，2001.
[75] 张永红．团体心理辅导［M］．重庆：西南师范大学出版社，2014.
[76] 浙江省中小学心理健康教育指导中心．浙江省中小学校园心理危机干预指导手册［M］．宁波：宁

波出版社，2014.
[77] 郑洪利，寇平平．中学生心理健康教育（全体教师用书）[M]. 北京：中国轻工业出版社，2008.
[78] 郑日昌，刘视湘．中小学心理健康教育 [M]. 武汉：武汉大学出版社，2010.
[79] 郑希付，罗品超．学校心理健康教育 [M]. 北京：中国人民大学出版社，2016.
[80] 钟志农．心理辅导活动课操作实务 [M]. 宁波：宁波出版社，2007.
[81] 周红五．心理援助——应对校园心理危机 [M]. 重庆：重庆出版社，2006.
[82] 朱翠英，高志强，凌宇．心理咨询理论与技能 [M]. 长沙：湖南科学技术出版社，2007.
[83] 朱静．中小学心理健康教育 [M]. 北京：高等教育出版社，2014.